"十四五"时期国家重点图书出版专项规划

院士风采录丛书

中国工程院
院士述情怀

方鸿辉 编

上海教育出版社
SHANGHAI EDUCATIONAL
PUBLISHING HOUSE

淡泊名利　潜心研究
（代 序）

（一）

中国工程院（Chinese Academy of Engineering）于 1994 年 6 月 3 日在北京成立，是中国工程技术界最高荣誉性、咨询性学术机构，国务院直属事业单位。

1980 年 11 月 5 日，中国科学院的两位学部委员——水利水电工程专家张光斗和固体力学家张维，经过长期思考和准备，撰写了一份《关于成立中国工程科学院的意见》，文中认为"要使我国工业生产大大发展，加强独立自主，自力更生，减少引进外国装备，增加我国工业产品在国际市场上的竞争力，必须重视并大力发展我国的工程科学……我国成立工程科学院，作为党和政府的咨询机构，能起这方面的作用"。

1981 年夏，中国科学院技术科学部在长春召开学部大会，提出了关于成立"中国工程与技术科学院"的议题，当即责成学部常委中的张光斗、吴仲华、罗沛霖和师昌绪四位学部委员对其成立的必要性和初步方案进行深入探讨。随后，在北京友谊宾馆开了几天专题研讨会，一致认为成立这一组织是必要的，并写了一份报告禀报中央。

1982 年 9 月 17 日，张光斗、吴仲华、罗沛霖和师昌绪四位学部委员联合署名在《光明日报》上刊登了《实现"四化"必须发展工程科学技术》的专题文章，旨在探讨为何必须大力发展工程科学技术和在中国如何大力发展工程科学技术。之后，人民来函、全国人大代表及全国政协委员们时有动议，转送中国科学院，或是要求成立中国工程科学院，或是建议扩大中国科学院技术科学部学部委员的名额……

1986 年，罗沛霖创议并起草了《关于加强对第一线工程技术界的重视的意见》，联合茅以升、钱三强、徐驰、侯祥麟等 80 余人，向全国政协提出了议案，再次明确提出建立工程院的建议。

有关中国工程院筹建的过程，当年直接参与者之一的师昌绪院士曾有这样一段自述："倡议成立中国工程院，早在 1982 年我就参与了。那时，受中国科学院技术科学部李熏主任的委托，由张光斗、吴仲华、罗沛霖和我四个人组成小组，研究成立工程院的必要性并提出初步方案，经过几天的讨论，形成了一个意见，上书党中央和国务院，未能实施。尔后，每年人大会、政协会以及个人均不断提出成立中国工程院或扩大中国科学院技术科学部的建议。1992 年 4 月 21 日，由张光斗、王大珩、张维、侯祥麟、罗沛霖和我，又提出了成立中国工程技术科学院的建议。同年 5 月 11 日，江泽民总书记作出了肯定的批示，并请中国科学院牵头商请有关方面提出意见。这项任务就落到技术科学部的头上。不久，成立了一个以宋健国务委员为组长、由 45 名科学家和部门代表组成的筹备组，我被指定为筹备小组副组长之一。在整个筹备期间，自然花费了很多精力，特别是有些难以解决的问题，作为发起者的'老科学家'，起到一些作用……"

中国工程院成立大会与中国科学院第七次院士大会于1994
年6月3日在北京中南海怀仁堂联合举行（中国工程院提供）

1993年2月4日，建立中国工程院的第一份请示报告正式呈报党中央和国务院。这份报告是建立工程院较完整的方案。包括以下几方面：

一是关于建立中国工程院的必要性，主要包括国际发展趋势和国内发展需要；

二是关于组建中国工程院的一些原则，包括名称、性质、作用、成员的称谓、院士的标准和条件、产生的方法等；

三是关于中国工程院的筹建工作及进度安排。

报告几经批示、修改，于当年8月再次上报。

1994年2月，国务院批转了建立中国工程院的请示。中国工程院将实行院士制度，第一批中国工程院院士将根据统一的标准和条件开展聘任。

中国工程院1994年成立之后，先后开展了联合培养博士生试点工作，实施了教育部工程科技人才培养研究专项、工程科技人才培养课题研究、"中国制造2025"战略研究。举办了国际工程科技发展战略高端论坛、中国工程管理论坛、冶金与材料工程学术会议等论坛或学术会议。出版了一系列学术期刊，诸如作为中国工程院院刊的 *Engineering*，这是一本致力于展示工程领域最新成就的国际性期刊；聚焦工程科技战略咨询的《中国工程科学》；还有被评为全国中文核心期刊的《高等工程教育研究》等。当然，还组织出版了不少专著以及与工程院相关的著述，诸如《中国工程院院士自述》、《中国工程院院士》（分卷影集）、《中国科学技术前沿》（系列丛书）以及各学部科学前沿学术研讨会的专题著述（如《转基因动物与医药产业》等）。

1997年5月，中国工程院正式加入了"国际工程与技术科学院理事会"（简称CAETS），由此开始深度参与世界重要工程科学技术问题的研究，以及国际工程技术事业的合作。

中国工程院所肩负的主要任务是促进全国工程科学技术界团结与合作，推动工程科学技术水平不断提高，加强工程科学技术队伍和优秀人才队伍建设与培养，为国民经济持续发展服务。

中国工程院由院士大会、主席团、院领导、专门委员会、学部与内设机构等组成。

院士大会是中国工程院的最高权力机构，由全体院士参加，每逢公历双年6月的第一周举行。院士大会的职能：审议并批准工程院的工作报告，制定和修订《中国工程院章程》，决定学部的设置与调整，选举院长、副院长及若干名主席团成员，开展学术活动，讨论重大工程科学技术问题，讨论并审议院士大会常设领导机构所提出的其他议题和议案。

主席团是院士大会闭会期间的常设领导机构。主席团由院长、副院长、当然成员、各学部主任以及若干名经院士大会直接选举产生的成员组成。中国工程院院长为主席团执行主席，主持主席团会议。

专门委员会分别是：院士增选政策委员会、科学道德建设委员会、咨询工作委员会、科技合作委员会、学术与出版委员会、教育委员会、产业工程科技委员会。

（二）

1994 年，在中国工程院成立的同时，设立了院士制度。

同年，31 位中国科学院院士被选聘为中国工程院的首批院士，也就是说他们既是中国科学院院士，也是中国工程院院士（1995 年中国科学院邵象华、严恺、吴良镛三位院士也被选为中国工程院院士），按姓名汉字拼音排序，他们分别是：常印佛、陈俊亮、顾诵芬、侯祥麟、李德仁、李国豪、刘永坦、路甬祥、陆元九、罗沛霖、闵恩泽、闵桂荣、潘家铮、钱学森、沈志云、师昌绪、石元春、宋　健、王大珩、王淀佐、王　选、王　越、吴阶平、严东生、张光斗、张宗祜、张　维、赵仁恺、郑哲敏、周干峙、朱光亚。

除上述 31 位外，其余首批中国工程院院士主要通过两个渠道推荐：一是有关部门推荐，二是领导小组成员推荐。只有两个渠道均被推荐的专家与学者才能成为被提名人。再经过专业小组评审、领导小组无记名投票，得票超过半数以上的专家与学者才能成为中国工程院首批院士。最终，1994 年首批当选的中国工程院院士共为 126 位（其中机械与运载工程学部 19 位，信息与电子工程学部 23 位，化工、冶金与材料工程学部 16 位，能源与矿业工程学部 13 位，土木、水利与建筑工程学部 14 位，农业、轻纺与环境工程学部 11 位，医药卫生工程学部 30 位）。

朱光亚院士为中国工程院第一任院长、党组书记。

1995 年，《中国工程院章程》正式通过。根据章程规定，凡在工程科学技术方面作出重大的、创造性的成就和贡献，热爱祖国，学风正派，品行端正，具有中国国籍的高级工程师、研究员、教授或具有同等职称的专家（含居住在我国香港、澳门特别行政区和台湾省以及侨居他国的中国籍专家），均可被提名并当选中国工程院院士。凡具有很高工程科学技术水平并在国际上享有良好声誉，且对中国工程科学技术事业发展作出贡献或在促进中国工程科学技术界国际交往方面有重要作用的外国籍专家、学者，可被提名并当选中国工程院外籍院士。

对年满 80 周岁的院士授予资深院士称号。

增选院士每两年进行一次，必要时，可提前或延后进行，由主席团决定。外籍院士增选与中国国内院士增选同期进行，必须获得不少于五位院士的提名。外籍院士如取得了中国国籍，可转为本院院士。

截至 2021 年 11 月，中国工程院先后共选出院士 971 人、外籍院士 111 人。已故院士 255 人、已故外籍院士 19 人。

眼下，中国工程院设立了机械与运载工程学部，信息与电子工程学部，化工、冶金与材料工程学部，能源与矿业工程学部，土木、水利与建筑工程学部，环境与轻纺工程学部，农业学部，医药卫生学部，工程管理学部，共 9 大学部。

（三）

《中国工程院院士述情怀》是院士风采录丛书之一。对"风采"一词，传统的词义是指人的风度与神采，多指美好的举止态度，也泛指景象和事物的面貌与格调。那么，"院士风采"是否也仅指院士的风度与神采？其实，我们关注的倒是院士的精神风貌、人格魅力、挚爱科学、造福人类、追求真善美的思想境界与行为方式。说得简练一点，是要如实地传播院士做人做事做学问的"格"与"道"。因此，我们力图客观公正地展现院士们所坚守的品格——"格物致知"的求索态度、诚实守信的学问风格，在努力探寻自然先定格律的同时，展现的为人处世的高雅格调与人格魅力。我们力图真实地告诉读者，院士们在孜孜矻矻探寻日月星辰运动规律和物质组构等自然之道（辨别真伪）的同时，也处处坚守着诚信为本、实事求是、不忘恩师、开拓创新、以人为本的做人（行为是非）风采与品位，以及不畏艰辛锲而不舍地寻找做事做学问的途径、方法、规律、原理与境界，诚所谓有一股"原天地之美而达万物之理"的韧劲，这其实也涵盖着"道可道，非常道"的意蕴。

1918 年 4 月在柏林物理学会举办的马克斯·普朗克 60 岁生日的庆祝会上，爱因斯坦说："在科学的庙堂里有许多房舍，住在里面的人是各式各样的，而引导他们到那里去的动机实在也各不相同。有许多人所以爱好科学，是因为科学给他们以超乎常人的智力上的快感，科学是他们自己的特殊娱乐，他们在这种娱乐中寻求生动活泼的经验和雄心壮志的满足；在这座庙堂里，另外还有许多人所以把他们的脑力产物奉献在祭坛上，为的是纯粹功利的目的。如果上帝有位天使跑来把所有属于这两类的人都赶出庙堂，那么聚集在那里的人就会大大减少。"但是，仍然会有一些人留在里面，其中有古人，也有今人，有外国人，也有中国人。我们中国工程院的院士

7

们大抵就是留下来的人。为什么能如此理解呢?

因为中国工程院的院士们都有浓烈的家国情怀,有"学成了就要为家乡出力"的朴素观念。本书中选编的袁隆平院士的《为民谋稻粮》、严东生院士的《责任和动力》、李国豪院士的《情系祖国的大桥》、路甬祥院士的《理想、勤奋与持之以恒》、陈清泉院士的《感悟与期望》都是情感真挚的美文。在曾经参与"两弹一星"、核潜艇与载人航天器研制的院士们笔端所流泻的情感更呈现了他们的拳拳报国心,王永志院士的《无悔的选择》、胡思得院士的《做一位有作为的科学家》、赵仁恺院士的《为祖国研制潜艇核动力》、彭士禄院士的《一家与百家》、闵桂荣院士的《走上航天之路》等自述都能让读者真切感受院士们秉持国家利益和人民利益至上,坚持以建设现代化强国为己任,着力攻克事关国家安全、经济发展、生态保护、民生改善的基础前沿难题和核心技术而不懈拼搏,突显了他们有浓浓家国情怀的人格魅力。

因为院士们有勇攀高峰、敢为人先的创新精神。本书所选编的王选院士的《做学问的人生抉择》、潘云鹤院士的《推动人工智能2.0取得突破》、倪光南院士的《高新技术与"中国制造"》、刘建航院士的《情系隧道》、江欢成院士的《创新才能进步》、汪燮卿院士的《抓住机遇　不断探索》、胡之璧院士的《继承与创新》等自述都表明,院士们能面向世界科技前沿,面向国民经济主战场,面向国家重大战略需求,抢占科技竞争和未来发展的制高点。他们敢于提出新理论,开辟新领域,探寻新路径,不畏挫折,敢于试错,在独创独有上下了苦功夫,在解决受制于人的重大科技瓶颈问题上强化担当与作为,不断开拓创新,成果丰硕。

因为院士们具有追求真理、严谨治学的求实精神。本书选编的顾诵芬院士的《第一架喷气教练机的设计》、陈吉余院士的《河口海岸情》、刘宝琛院士的《学问是自己努力创建的》、卢良恕院士的《走遍神州为兴农》、戴尅戎院士的《下好人生这盘棋》、张锦秋院士的《访古拾零》等自述的字里行间都涌动着院士们把热爱科学、探求真理作为毕生的追求。他们都用自己的科研生涯阐明了：学习和研究科学的人，其存心必须大公无私；对所学必须始终不渝；所见所言必须诚实无欺，丝毫不能虚伪；必须孜孜矻矻，不容懈怠；而尤其必须终身不忽，死而后已。必须具备这五种品格，才可研究科学，否则恐难有成就。这就是科学大家本应具有的"格"与"道"。院士们始终保持对科学的好奇心，坚持解放思想、独立思辨、理性质疑、大胆假设、认真求证，不迷信学术权威。坚持立德为先、诚信为本，在践行"利他"的价值观并引领良好社会风尚中率先垂范。

　　因为院士们具有淡泊名利、潜心研究的奉献精神。本书选编的师昌绪院士的《只问耕耘　不问收获》、张涤生院士的《矢志整复外科》、杜祥琬院士的《心纯如玉》、王红阳院士的《科学家要甘于寂寞》、李国杰院士的《淡泊明志　宁静致远》、顾健人院士的《要有"自甘寂寞"的勇气》、钱易院士的《心平如水　奉献永恒》等所袒露的心路历程，皆静心笃志、心无旁骛、力戒浮躁，甘坐"冷板凳"，肯下"数十年磨一剑"的苦功夫。从事技术科学研究，就要瞄准世界一流，敢于在世界舞台上与同行对话；既从事应用研究，更关注基础理论突破，以实现核心技术的自主可控。

　　因为院士们具有集智攻关、团结协作的协同精神。本书中王大珩院士的《我是时代幸运儿》、吴良镛院士的《拜万人师　谋万家居》、陈赛娟院士的《发挥优势 开拓创新》、胡启恒院士的《四海飞鸿寄情长》等篇，都强调要有学科融合的思维，努力寻找"通感"；倡导团队协助精神，建立协同攻关、构建跨界协作的机制。坚持全球视野，加强国际合作，秉持互利共赢理念，为推动科技进步和构建人类命运共同体而贡献中国智慧。

因为院士们既具有不忘父母、不忘恩师、不忘团队协助、继承优良师德师风的情怀，也重视认真传承前人的宝贵经验，且有甘为人梯、奖掖后学的育人担当。如朱光亚院士的《李政道物理生涯五十年》、王振义院士的《甘当人梯育新人》、庄松林院士《我就是那束可见光》、陈灏珠院士的《追求"医者父母心"之路》、李德仁院士的《老师教我做人和做学问》、邱蔚六院士的《仁术德为先》、李三立院士的《心碎肠断伴侣情》等篇，读来感人肺腑，催人泪下。院士们还能破除论资排辈的陈旧观念，打破各种利益纽带和裙带关系，善于发现培养青年才俊，敢于放手并支持年轻科研人才在重大科研任务中"挑大梁"，甘当提携后学的"铺路石"和"领路人"，让后起之秀脱颖而出。崇尚学术民主，鼓励不同学术观点交流碰撞，严肃认真地开展学术讨论和评论，勇于学术批评，尊重他人学术话语权，尤其能注重并鼓励年轻人大胆提出自己的学术观点，且能积极与学界长辈开展平等对话。

也因为院士们能始终尊重事实，严守科研伦理规范的学问之道，守住学术道德的底线，对违背科研诚信、科研伦理要求的，敢于揭短亮丑，秉笔直书。书中郭重庆院士的《培养思维能力 造就对社会有用之才》、王梦恕院士的《物我两忘 荣辱不惊》、薛禹胜院士的《懂得尊重事实、自己与别人》、张金哲院士的《我的修身之道》、赵梓森院士的《儿时兴趣 创新潜能》诸篇都反对科研的心猿意马、浮夸躁动、投机取巧，主动杜绝无实质性科研内涵的各种兼职和挂名。当然，院士们都有"功成不必在我"的襟怀，能主动打破相互封锁、彼此封闭的门户倾向，反对科研领域庸俗的"圈子"，破除各种利益纽带和人身依附关系，在引领社会正气上发挥表率作用。他们能身体力行、言传身教，展示正直科学家的人格魅力和独立思考的求索之道。院士们积极履行社会责任，还能主动走近青少年群体，传播爱国奉献的价值理念，讲述怎样做人做事做学问的生动故事，开展科普活动，引燃青少年头脑中科技创新的火苗，引导他们日后投身科技强国的事业之中。

胡耀邦同志在 1982 年 4 月给华罗庚学部委员的信中曾亲切且耐人寻味地说道："几十年来，你给予人们认识自然界的东西，毕竟超过了自然界赋予你的东西。如果自然界能宽限你更多的日子，我希望你能把你一生为科学而奋斗的动人经历，以回忆录的形式写下来，留给年轻人。你那些被劫走失散的手稿中的一些最重要的观点和创见，能不能夹在其中叙述呢？完成了它，我认为就是你在科学上的超额贡献了。"

作为院士风采录丛书之一的《中国工程院院士述情怀》，也就在于力求寻找并呈现那些"共和国科技脊梁"的工程技术科学大家们所作的"科学上的超额贡献"。展现在广大读者面前的这本院士们的自述集子，不是励志的"心灵鸡汤"，只是想给年轻的科研人员和广大青少年朋友提供一种人生的坐标，或者说是竖起一根成才的路标。因此，既没有假、大、空的言论，也没有权威自居的唬人说教，有的全是院士与读者坦诚的对话，讲述他们平凡的人生与科学成果的来之不易、道路的坎坷与拼搏的艰难过程。读者除了能真切地读懂他们娓娓道来的故事，在合上书本后兴许还能回味他们"有格"与"循道"之人生的甘甜。因此，尽管我们只选出了有代表性的 90 多位院士的自述，但其内涵已很丰厚了，院士们道出不少人生哲理，也抒发了他们的心声与情感。本书不是院士思想的大集成，但选编者还是尽力期望多视角地展现院士的风采。大音希声，大道无形，大智之人，不耽于形，不逐于力，不恃于技。期望读者能多多少少领略院士的思维之光，成功之道，为人之理和风采人格。

十分感谢各位院士以及他们的亲属与助手，参与了文稿的审定与确认。也衷心感谢中国工程院各学部办公室老师们的鼎力支持。感谢上海市上海中学冯志刚校长、刘茂祥老师悉心组织部分同学声情并茂地朗读了院士们的文稿。感谢上海教育出版社缪宏才社长、何勇副总编、徐建飞主任对选题的策划与文稿的细致审读；感谢美术编辑金一哲老师的版面设计与书稿的排版；感谢陆弦主任的装帧设计；感谢黄修远老师的音频电子文件的编辑与上传；也感谢马蕾主任、杨周主任和袁青老师等统筹了书稿校对、印制等各项工作。

钱三强院士在《居里夫人》一书再版时所写的序言中说道："科学不是为了个人荣誉，不是为了私利，而是为人类谋幸福。"呈现科学家的风采，传播科学精神与方法，积累科学思想与文化，也只有一个目的，那就是为人类谋幸福。

愿读者与我们有共识。

方鸿辉

2022 年 9 月

目　录

"夕阳无限好"。虽已年过八旬，但我仍有条件在医疗、教学和科研上继续辛勤耕耘，这是我的大幸。我理当为人民的卫生健康事业，努力奉献自己依然充沛的精力和全部的才华。

——陈灏珠

追求"医者父母心"之路

年轻时的梦

我出身于香港一户书香家庭。我的童年和青少年时期的生活条件比较优裕。当时，香港还处于英国殖民统治，但父母从小就把我送入由国人自己办的学校，接受传统中国文化的教育。1937年抗日战争全面爆发，1941年香港也沦陷了，我们全家只能逃难，回到原籍广东新会。那年，我还差一个学期就要高中毕业了，却无学校可读书，过着颠沛流离的生活。饱尝了被侵略者欺凌之苦，年轻气盛的我立志要为祖国的强大和国民体质的提高而贡献力量。

遭受两年磨难后，终于有机会在广东韶关恢复学业，完成了高中课程。随即，我考入当时流亡到粤、湘、赣交界处的国立中正医学院。战乱中，学校曾三度搬迁，直到抗战胜利，才迁回江西南昌。在战争和流亡的极艰苦条件下，最终我学完了医学院5

陈灏珠　院士
（2007，方鸿辉摄）

年的理论课程。由于学习成绩优秀，1948年我被学校推荐到中国人自己创办的第一所大型综合性医院——国立上海医学院附属中山医院实习。实习一年期满正式毕业时，上海解放了。我应聘留在中山医院内科工作。从此，走上了实现年轻时的梦——当一名临床医师，为改善国人体质而作贡献的道路，至今快60年了。

医术精湛来自无私奉献

要当好一名临床医师，首先要有忘我工作的劲头。

当年，我从实习医师到住院医师，再到主治医师，在中山医院集体宿舍住了整整六年，几乎没有节假日。"救死扶伤"的职责，时时督促自己，我是刚跨出校门的年轻医生，必须夜以继日地（24小时负责制）为病人服务，努力把学到的知识应用到实践中去，也要在临床中不断主动地积累经验。趁年轻，精力旺盛，应该继续努力学习医学典籍，提高医疗水准，诊治质量也该力求精益求精。

1950年，国家号召广大医务工作者要为解放军战士治疗血吸虫病。我立即响应号召，到浙江嘉善的解放军驻地。当年的医疗条件非常简陋，以静脉注射锑剂来治疗，危险性很大。由于我所治疗的解放军战士无一发生意外或严重并发症，为此我荣立了三等功。1951年，我又响应号召参加了"抗美援朝"医疗队，在东北军区第二陆军医院救治前线转送下来的伤病员，同时帮助创建东北军区的军医专科学校（现第一军医大学的前身），也由此荣获了中国人民志愿军后勤卫生部颁发的立功奖状。"文化大革命"中的 1968 年，我又参加医疗队赴贵州省威宁县巡回医疗，为边远山区的少数民族群众服务。那年头，山区的生活仍极艰苦，有些季节食物供应都会发生困难，医疗器械和药品更是奇缺。有时诊治一名病患常常要走一天山路，但我坚持天天出诊，并以自己热心的服务和求精的医术赢得了当地群众的信任和尊敬。为了提高当地的医疗水平，我还搞起了"副业"——培养了一批当地的基层医生，让这些医生像"种子"一样播撒开来，当他们能独立处理当地常见病、多发病后，我由衷地为他们高兴，也才放心地离开了贵州。1970 年，云南通海发生大地震，我又马不停蹄地加入了上海市抗震救灾医疗队，连夜飞赴灾区，与同事们一起冒着余震的危险，风餐露宿，不分昼夜地抢救伤病员、控制灾后传染病、解决疑难杂症，并坚守至最后一批撤离。回想我从医后这一系列难忘的经历，觉得"救死扶伤"是医生的天职，以精湛的医术治病救人是医生的本分，而医疗实践也大大提高了我的服务和技术水平，这就是"实践出真知"！

十年浩劫期间，年轻医生"闹革命"去了，年老医生很多受到了隔离审查，我时值中年，自然要更多地承担起医疗重任。有一段时间，我曾受命总管一个有 100 多张床位的特大病室，几乎每晚都不得安睡，半夜也常被唤起，去病房处理病情。我心里很明白：我是在实现年轻时的梦——治病救人，提高国人的体质。因此，我总能严格要求自己，要尽心尽力地为每一位病人服务好。为了提高治疗质量，即使在困难的年代，还坚持手不释卷地学习新知识、掌握新技能，来提高自己的医术。

改革开放后，来访的国外人士逐渐增多，我常被唤去抢救外宾患者。记得早在 1975 年来访的美国血吸虫病代表团副团长巴茨博士在江苏无锡参观时突发心肌梗死，生命危在旦夕，我受命前往抢救，并担任抢救组组长。那时，我曾婉言谢绝美方派医师来华主持抢救的要求，与无锡的同事们一起经过七昼夜不眠不休的监护和治疗，终于使病人脱离了危险。巴茨博士完全康复回国后，1976 年在美国权威的《内科文献》杂志刊文，详细报道了此事，美国著名心脏病学专家戴蒙德教授还加了评论："中国医务工作者用纯正的热忱、良好的愿望和献身精神的现实提醒了我们，不论政治制度如何，这些品质是每一位医生可以而且应该坚持的。"看来，我们这个抢救组的医德、医风和医术还真展示了中国医生的风貌，产生了良好的影响，也架起了中美友谊的桥梁呢！

科研创新得靠求实进取

从文献中学习医学新知，确实是提高医疗水平的一条重要途径，但更为重要的途径是自己进行科研以取得新的发现，既提高自己的水准，又为医学发展作出贡献。

早在 20 世纪 50 年代末到 60 年代初，作为年轻的心脏内科医师，我就开始从事临床研究工作，并在当时的《中华内科杂志》上发表了不少学术论文和病例讨论或总结。1954 年我发表的诊治心肌梗死的文章，就介绍了国内首先采用单极胸导联心电图作诊断。1958 年又提出在临床工作中应注意预防用洋地黄及洋地黄类药物时发生的毒性反应。1959 年以后连续发表了不少有关用心导管检查等一些介入性检查，来诊断心血管疾病，以及配合外科手术治疗心血管病等方面的文章。70 年代，我国在冠状动脉介入性诊断和治疗领域还是一片空白，1972 年我就与上海市第六人民医院的医生合作开展了这方面的研究，仅仅用了一年时间，于 1973 年 4 月 23 日在国内首先施行选择性冠状动脉造影获得成功。这被认为是我国冠心病诊断水平提高的一个里程碑，也为冠心病的介入和外科治疗打下了基础。

1968 年 4 月，我与心外科石美鑫教授合作，在国内首次为病人安置了埋藏式永久性心脏起搏器，治疗完全性心脏阻滞，获得成功。1972 年，我在国内率先主持用经静脉心脏起搏法中止快速心律失常获得成功，这项技术为我国心律失常介入性治疗的发展奠定了基础。"心脏起搏器的研制和临床应用"课题还获 1978 年全国科学大会"重大贡献奖"，有关论文在 1980 年美国 PACE 杂志发表。1991 年，我率先在国内报告血管腔内超声检查显示血管壁病变的研究工作，1995 年在国际会议上报告了冠状动脉腔内超声检查临床应用的论文。这一研究又大大提高了我国冠心病的诊断水平。我所著的《心脏导管术的临床应用》一书被我国学者视为介入性心血管病诊治的经典著作。2006 年，我还有幸获得了中华医学会中国介入心脏病学"终身成就奖"。

此外，我还曾进行了冠心病、动脉粥样硬化和与之相关的血液脂质变化的研究；率先进行配对调查，阐明心肌梗死的危险因素，提出预防策略；研究其急性期的血组织型纤溶酶原激活剂的浓度，提出治疗对策；主持冠心病的辨证论治和用活血化瘀法治疗冠心病的工作，并阐明其机理；监测了近 5 年上海心脏病的病种变迁等。我所提出的中国健康人血脂值已被公认为真正的正常值，这些数据为我国心血管病的研究提供了有价值的资料，受到国际同行注目。1976 年，我首创了用超大剂量异丙肾上腺素静脉滴注抢救"奎尼丁晕厥"获得成功……

这一系列创新成果的取得，并不是我有什么过人的"智商"，全在于脚踏实地的勤奋，全在于我有一个很和谐的科研团队能齐心协力，以至于"老骥伏枥"的我，还能在耄耋之年依然有所作为，继续监测心脏病病种的变迁、血液脂质的研究和两者间的关系。

教书育人同时著书立说

我从 1949 年起开始担任内科学助教，1957 年担任讲师。由于"文化大革命"的影响，直到 1978 年才晋升副教授，并定为硕士研究生导师。1980 年我被破格晋升教授，1981 年又被定为全国第一批博士研究生导师。

在近 60 年的医学教学生涯中，我将自己为医学作奉献的精神、提高医术的经验等一并传授给一批又一批的学生，为祖国培养优秀的医学人才出绵薄之力。

我以为，良好的医德、精湛的医术必须代代相传，临床的宝贵经验则要简明扼要、条理清晰、生动有趣地传授给学生。我在讲授心脏听诊时，常以模仿心音和心脏杂音的声音来配合讲解，给学生以具象且深刻的印象。在讲解心电图学时，又常用成语来描述一些心电图变化的特点，便于学生记得牢固，课堂效果也就更好了。临床示教时，我常告诫学生要把病人看作是帮助自己学习并提高医术的朋友，是不幸患了病的亲人，这些理念，既密切了医师与病人的关系，又提高了教学的效果。为了提高我所指导的医师的英语水平，数十年来，我坚持用英语进行教学查房。汗水和辛劳换来了"心血管内科继续教育十九年"的课题，曾获得了 1996 年上海市优秀教学成果奖一等奖。为表彰我培养优秀中

陈灏珠科研与社会工作双肩挑（2007，方鸿辉摄）

青年教师的工作，1989 年上海医科大学向我颁授了"伯乐奖"，2001 年上海市卫生系统颁发我第八届"银蛇奖特别荣誉奖"。

在繁忙的日常工作之余，数十年笔耕不辍，著书立说，虽辛苦也快乐。我曾先后主编了《中国医学百科全书·心脏病学》《实用内科学》等 11 部专著，参加编写参考书 30 余本、教学讲义 40 余种，还主译了世界医学名著《心脏病学》（布朗威特主编）和《西氏内科学精要》等 6 本。我还曾为 53 位中青年医师所编写的专著作了序，以实际行动鼓励他们著书立说。"一花独放不是春，百花齐放春满园"，这也是我教书育人的动力。

有位哲人说："医者父母心。"从当医生的那天起，我就非常关心病人的疾苦，千方百计为他们解决各种难题。1978 年，我有幸当选上海市政协第五届委员，从此又开始尽心尽责地参与各项社会活动，将"医者父母心"的视野又拓宽了。1983 年当上了上海市政协第六届常委，1989 年起连任上海市政协第七、第八、第九届副主席，1989 年当选全国政协第七届委员、常委，1992年起连任全国政协第八、第九届常委，1988 年出任中国农工民主党上海市代理主任委员，1989 年起连任第七、第八、第九届主任委员和中国农工民主党中央第十、第十一、第十二届副主席。作为一名知识分子，多年来我以一名医务工作者的身份积极履行政治协商、民主监督和参政议政的职责，每年向政府提出的提案中都有优秀提案，许多在政协会议中的发言也受到有关方面的重视，有的还被《人民日报》的"内参"刊登，并且两次在全国政协全会、三次在全国政协常委会作了大会发言。

"夕阳无限好"。虽已年过八旬，但我仍有条件在医疗、教学和科研上继续辛勤耕耘，这是我的大幸。我理当为人民的卫生健康事业，努力奉献自己依然充沛的精力和全部的才华。

（本文写于 2007 年 1 月）

陈灏珠 内科心血管病专家。1924 年 11 月 6 日生于香港，原籍广东新会。2020 年 10 月 30 日逝于上海。1949 年毕业于原国立中正医学院，获学士学位；同年到上海第一医学院附属中山医院心内科做临床工作，相继担任心内科主任、上海第一医学院教授、上海市心血管病研究所所长。兼任世界卫生组织心血管病研究和培训合作中心主任、全国高等学校临床医学专业教材评审委主任、《中华医学》《中华内科》《中华心血管病》杂志的顾问，全国政协第七、第八、第九届常委和上海市政协副主席。长期从事内科领域特别是心血管病的临床医学与研究。作为我国心血管病介入性诊断和治疗的奠基人之一，在研究心血管病的流行病学、心脏电起搏和电复律治疗危重心律失常、国人血脂水平、冠心病中西医结合治疗、心肌梗死的危险因素和急性期中血栓形成与溶栓机制等方面均作出重要贡献。发表论文 300 多篇，专著 11 部，主编图书 30 多部。曾获国家及省部级科技和教学成果奖 5 项。培养博士与硕士研究生 57 名。1997 年当选中国工程院院士。

> 对长江口的治理，我有一个理想：在 21 世纪，使长江天然河口走向人工河口，成为东方大都市上海的一道亮丽的风景线。
>
> ——陈吉余

朗读者　余佳阳

河口海岸情

山河破碎求学路

我生于列强瓜分我中华民族、军阀连年混战的年代。

10 岁那年，"九一八"事变爆发，点燃了我中华民族有志之士的爱国热情，其中就有"打响江苏农民抗日第一枪"的陈百川——我的祖父。

祖父为了激励周围的人投入抗日的浪潮中，创立了百川小学，我就在这里度过了自己的小学生涯，爱国的种子也就从小播进了我的心田。为了让我记住祖国的大好河山，当年祖父曾在我的床头钉上一幅中国地图，好学的我也总是对着地图，查看省界、国界，山川地势、城镇道路。久而久之，我能默绘出全国地图，记熟不少重要城镇的名字。这可是祖父在我心田撒下的日后从事地理学研究的科学种子呀。

1935 年，我考取了江苏省立东海师范学校的初中部。正当我

陈吉余　院士
（2007，方鸿辉摄）

如饥似渴地汲取知识的时候，日寇的铁蹄开始践踏我的家乡，侵略者的炮弹破坏了校舍与这片祥和的土地。1938年初，我辗转到涟水，入江苏省立第一联合中学求学。但随着日军在南通登陆，向北进犯，第一联合中学不得不西迁湖北沙市。为了实现自己"治学救国"的理想，我挥泪告别了年近古稀的祖父和自己热爱的故乡，踏上了西去的征程。经过数十天艰难跋涉终于抵达沙市，进入江苏旅沙联合中学学习。在这里我完成了初中课程，并顺利地考取了高中部。武汉失守后，旅沙联中被迫再次西迁，到达了重庆。其实，重庆也不是安全的，侵略者将数不清的炸弹投向了这座山城，我就是在火海和空袭警报声中，完成高中学业的。以后考入了当时在遵义的浙江大学史地系。当年的浙江大学可谓名师云集，竺可桢、马一浮、苏步青、张其昀、谭其骧、张荫麟、叶良辅等都在此执掌教鞭。浓厚的学术氛围、强烈的报国之心、教师的谆谆教诲，这一切都时时激励着我要忘我地发愤学习。大学毕业后，尽管有很多单位聘任我，但出于对地理的热爱，还是师从著名地理学家叶良辅教授，攻读研究生。

在读研究生第二年的1946年8月，我随浙江大学迁回了杭州。为了撰写毕业论文，在导师支持下，跟随朱庭祜教授开始了对钱塘江和杭州湾两岸地形地质的考察。四个月后写成了硕士论文——《杭州湾地形述要》。第一次对入海河口钱塘江作了科学的分析与研究，从此走上了研究河口海岸的学术之路。论文摘要发表在 1947 年《浙江学报》第 12 期上。在以后几十年里，钱塘江和杭州湾的治理和研究一直没有离开过我的视线。

学术研究不可能在真空中进行。1947 年和 1948 年是如火如荼的解放战争开展的时候，我也参与了"反饥饿、反内战"的运动，为悼念牺牲的学生，我曾写了一副对联，怒斥国民党的无能——民以食为天，天天挨饿；国以民为本，本本遭殃。

1949 年，中华人民共和国的诞生令已经留校当教师的我心花怒放。

酸苦尽尝志不渝

1950 年春节刚过，我就开始了浙江黄坛口水库的地质调研。我与另一位教师带领 10 位浙大地理系和农经系的同学做实地考察，估算了水库淹没的损失，分析了坝址的地质，阐释了山地地貌发育的过程，说明了扇形冲积平原形成的原因等。报告受到了水库建设领导的重视，在水库建设中得到了很好的应用。以后又相继接到了中国科学院和铁道部勘查湘黔铁路的重要任务、安徽梅山水库的调查、华东水利部关于邳兰苍洪水灾害调查等任务，写出了相应的科研报告，取得了丰硕的成果。

1957 年，华东师范大学河口研究室和中国科学院地理研究所联合成立了河口研究室，由我任研究室主任。1959 年，由于海岸研究的需要，华东师范大学河口研究室改为河口海岸研究室。1963 年 9 月，华东师范大学河口海岸研究室被确定为教育部直属的 18 个科研机构之一。1979 年，河口海岸研究室又发展为河口海岸研究所。1988 年，河口海岸研究所里的河口海岸动力沉积与动力地貌综合实验室，被评为国家重点实验室。

河口研究室建立之后，我的河口海岸研究也进入了动态阶段，把动力学、地貌学和沉积科学结合在一起，形成了河口海岸动力地貌学，也使我国河口海岸研究队伍迅速壮大。在兼任上海航道局勘察设计研究所所长期间，我曾以长江口为研究基础，努力为交通部门造就一支着重工程实践的研究队伍。同时，通过主持的中国河口海岸学会，为教育部有关院校、中国社会科学院研究所，以及国家海洋局、水利部、交通部等一些单位的河口海岸学者提供了许多学术交流的平台。

科学研究尽管勤奋，但自1956年起遭受到的政治寒流令我的科研道路变得坎坷。"四清"运动期间，被派到崇明去搞"四清"。1966年"文化大革命"开始，科研几乎停顿，直到1969年1月被"解放"。1973年3月邓小平恢复正常工作之后，国家的科技事业开始步入正常的发展轨道，我和研究所的同志也才恢复了对长江河口的研究工作。最值得回忆的科研项目恐怕就是为上海金山石油化工总厂原油码头建设进行选址。

上海金山石油化工总厂原油码头，是经过长期实地酝酿后，于1973年决定在杭州湾北岸上马的，备选港址选在蒲山湾，这是经过国家负责建港的领导人亲自查看并同意的。杭州湾是强潮河口，蒲山湾水流混乱，后来认为根本不适合建港。上海市工交组让我对这个地方的水文、地质和环境进行考察。出于对国家的热爱和对科学的尊重，我不顾政治风险，决定重新选择建港地址。我发现陈山外有一条深水槽，距海岸只有500米，很适合做港口，于是就提出：陈山伸出引桥，在深水槽处修建码头的方案。后来领导也被我的严密分析和论证折服。最后采用了我的方案，建成了金山石化陈山码头。码头建成之后，靠泊稳定，无淤积后患，30 多年来运营相当良好，这是杭州湾北岸第一个 2.5 万吨级码头，打破了在杭州湾北岸不能建大型码头的"禁区"，保证了石化总厂生产的发展。

春风再拂老犹壮

1976 年，"四人帮"被驱逐出历史舞台，我国的河口海岸研究也进入了第二个春天。1978 年，我参加了全国科学大会，敏锐地感觉到河口海岸研究将在以后的改革开放事业中扮演重要的角色。同年，我踌躇满志地向国务院呈上了《对于海岸带调查的意见》，随后组建队伍开展了全国海岸带与海涂资源综合调查，摸清了全国海岸带的自然环境特征和社会经济条件，查清了资源数量、质量、空间分布和时间变化，为合理开发海岸带资源，保护海岸带环境提供了科学的依据，取得了巨大的经济和社会效益。仅仅到 1988 年，这次调查带来的经济效益就达到了 29 个亿。与此同时，我还进行了长江河口治理的研究和新港区选址的研究。提出的长江口深水航道治理研究方案，得到中央相关部门的批准并付诸实施。

我有一个论断："干净水源何处寻，长江河口江心求。"就是要在长江口沙岛上建立一座巨型水库，为长三角地区的一些城市提供一个利在子孙后代的淡水供应地。经过考察，我认为水库建在长兴岛的青草沙比较理想，并发表一系列论证文章。眼下，我的建议已获得实施，能造福上海等地的人民乃是我的荣幸。

对长江口的治理，我有一个理想：在 21 世纪，使长江天然河口走向人工河口，成为东方大都市上海的一道亮丽的风景线。

改革开放以来，上海已发展成一座国际性大都市，作为我国经济发展的龙头和即将到来的"太平洋时代"的一个黄金点，上海需要一个现代化的航空港，推动上海以及长三角地区的经济发展。1990年初，上海市有关部门经过筹划论证，决定把上海浦东国际机场建在川沙城厢东境。这件事情引起了我的注意。凭着多年的实践经验和专业敏感，我感觉到机场场址选在海堤之内不是个好的方案。为什么不把它建立在东边的滩涂上呢？纽约肯尼迪机场建在海滨沼泽，日本大阪关西机场建在海岸外水深20米处，不是都很成功吗？为什么非得占用本来就非常珍贵的熟地呢？1990年12月20日，经过深思熟虑和精密论证，我将《将上海国际机场建造在海堤之外潮滩上的建议》提交给上海市科协。由于当时建立浦东国际机场还只是一个蓝图，我的建议也就被搁置了。随着浦东开发的不断深入，1995年兴建浦东机场再次进入上海市领导的议事日程，但我的建议仍旧未被采纳。此时，我心急如焚，不得不在8月31日再次提出了《关于浦东国际机场建造在沿海滩涂上的建议》，并亲自交给了上海市市长徐匡迪。这次我的建议引起了上海市委和市政府的高度重视。10天后，我接到通知说自己的建议被采纳了。

但是，这个方案还有待完善。由于机场圈了8.6公里长的江边湿地，占了候鸟迁徙通道，会不会发生鸟撞机事故？这个问题又成了我必须面对的一个重大课题。为此，我和助手们通过对机场周围10公里的地貌、水文气象、植被、鸟类饵料和生态等多方面考察和分析，取得相关认识，并达成了在九段沙种青引鸟的共识。

九段沙生态工程于1997年4月13日开始实施。目前，九段沙生态工程种植区内，芦苇和互花米草以每年 127.3 公顷的速度向外扩散，海三棱藨草群落、芦苇群落和互花米草群落几乎同时发育，九段沙潮上带的面积增加显著，候鸟饵料增加了，候鸟迁徙期原栖息于南岸的候鸟 70% 以上移至九段沙种青区外缘。浦东国际机场也成为全球沿海一级机场新建 3 年内没有鸟撞机记录的唯一的一家，也是机场在建时同步进行生态工程建设的第一个实例。为此，《浦东国际机场东移和九段沙生态工程研究》也获得 1999 年上海市科学技术进步奖一等奖。

（本文写于 2007 年 3 月）

陈吉余　河口海岸学专家。1921 年 9 月 17 日生于江苏灌云，2017 年 11 月 28 日逝于上海。1947 年毕业于国立浙江大学（研究生），留校任教。1952 年调入华东师范大学，曾任该校河口海岸研究所所长、河口海岸学国家重点实验室主任、顾问。兼任中国海洋湖沼学会名誉理事长、中国海洋学会名誉理事长。作为我国河口海岸科学研究的主要开拓者，建立了以动力沉积、动力地貌相结合的河口海岸学科体系，创建了我国第一个河口海岸研究机构，先后承担多项国家重大科研和科技攻关项目：利用潮滩建设浦东国际机场并主持九段沙生态工程，根据涨潮冲刷槽理论提出陈山原油码头选址方案，倡导并参加全国海岸带和海涂资源综合调查，2010 年基本建成青草沙水库以保证上海城市供水安全，建议建立长江全流域水资源综合调度系统等，研究成果卓著。不仅发展了我国河口海岸学科理论，又有效解决了国家重大实际问题。教书育人、为人师表，为国家培养了众多高素养人才。发表论著 200 余（篇）部。先后获省部级科学技术进步奖一等、二等奖 18 项，并获"国家五一劳动奖章"和"全国优秀教育工作者"称号等荣誉。1996 年当选国际欧亚科学院院士。1999 年当选中国工程院院士。

> 我的智商可能比一般人低，只不过我较勤奋，又肯吃苦，所谓"以勤补拙"并作"笨鸟先飞"。一旦把握住努力方向，我就会时时抓住焦点，思考质疑，吸取力量，激励自己。
>
> ——陈清泉

感悟与期望

艰辛的历程

我出生于印度尼西亚爪哇岛中部一个叫马吉朗的小城市，父亲是经营汽车运输业的华侨资本家。当时，印尼还是荷兰的殖民地。以后，又经历被日本占领、第二次世界大战结束、印尼独立、移交政权以及中印尼建交等历史性时期，大动荡、大变化的时代丰富了我的人生阅历，也激发了我追求真理、学好科学知识的强烈愿望。

幼稚园和小学，我是在一所荷兰学校读的，校内的中文课是作为外语来上的，当时我的中文教师是荷兰人。后来，我才转学到华文学校。而我的第一位英文家庭教师是德国人，所以从小就受多国文化"杂交"的熏陶。中华人民共和国成立的时候，我已经在印尼另一座城市的直葛中华学校念初中，我曾满腔激情地出了壁报以示庆祝。神州巨变，年轻的共和国犹如旭日初升，生机勃勃，作为新一代华侨，我深深沉浸在"海外孤儿有了娘"的幸福与欢乐之中，扬眉吐气的民族自豪感透进了我的心胸。后来，我又转到印尼首都雅加达，考进了当地著名的华人学校——巴城中学，插班读高二。经过两年的熏陶，我在巴城中学进一步接受了新思想，打下了数、理、化和外语的坚实基础。那时候，我经常参加一些追求进步的课外活动，像纪念鲁迅晚会等。一

陈清泉　院士
（中国工程院提供）

次，我与同学到巴厘岛旅行，还不忘向偏僻地区的华侨宣传祖国的新气象，举办新中国图片展览及演出新中国舞蹈。那时，在我心里已萌发了崇高的使命感：要学好科学知识，为中国和人类社会的进步作贡献。

　　1953年我高中毕业，父亲原本要我到国外留学，我也已经具备进入英国剑桥大学深造的条件，但是我执意作出回国的抉择。那年头，由于当地颁布了新条例，使父亲的生意遭受很大的打击，他有点自顾不暇，也就不再坚持要我留学英伦的初衷了。

　　就这样，我和一群同学在这年六月间，乘坐"芝利华号"邮轮，经历八天海上的颠簸。邮轮虽停靠香港，但港英当局只准我们过境而不准停留，一上岸便由港警押送，坐火车到罗湖，然后自行走向深圳。我第一次看到五星红旗在国土上迎风飘扬，作为海外赤子，我与同学们的心情都十分激动，抓起一把泥土，深深地亲吻了祖国的土地。

到北京后，我考上了北京矿业学院机电系。1957年毕业后留校任教，直到1972年。1956年我响应国家提出的"向科学进军"的号召，组织学生科学技术协会，号召高年级同学做科学研究，举办学生科学研究报告会等活动。1957年至1959年我被派到清华大学电机系进修，入研究生班两年，为今后能在矿业学院开设新课程做准备。我也曾被借调到煤炭工业部，从事矿山提升机自动化技术革新工作以及矿山干式变压器技术革新项目。做出了一点成绩，也得到过奖励，1960年还被评为北京市文教系统先进工作者，在建成不久的庄严的人民大会堂接受了荣誉奖章。

正当自己干劲十足，埋头钻研业务的时候，"文化大革命"开始了。结果我竟成了走"白专道路"典型、"里通外国"的"修正主义苗子""资产阶级孝子贤孙"而被"揪"了出来。我弄不明白，不知是怎么回事。教学和科研业务都停顿了，我感到悲观、彷徨，但是始终没有放弃搞科研的心愿。

1976年，我移居香港，面对重重困难，我的学历和经历都得不到承认，只能一切从头开始。但困境与逆境反而激发了我的进取活力，我记起孙中山先生的"愈挫愈勇"的勉励，还牢记清华大学"自强不息，厚德载物"的校训。我凭借原有的知识根底和实践经验，加上勤奋，得以一面在香港理工学院（现香港理工大学）做讲师，一面在香港大学攻读博士研究生，以便取得香港的学历，终于在1982年获得香港大学颁授的电机工程哲学博士学位。

十几年来，我在现代电动汽车研究方面取得了突出成就，在国际著名学术期刊上发表了不少重要论文，获得国际同行的认可。我被提升为香港大学讲座教授和电机电子工程系主任，兼任国际电动汽车研究中心主任，还曾被委任日本本田讲座教授，并被选为世界电动汽车协会的创始人和轮值主席。

回顾自己一生坎坷的历程，在无情流逝的岁月中，前面的三分之一是在椰雨蕉风的印尼度过的；中段的三分之一生活在祖国内地，与全国人民一起经历了革命、建设、失误、挫折和反思的历史阶段；后面的三分之一则是以香港为基地，奔走于世界各地，开拓科技新领域，并经历香港回归的喜悦。

这段五味杂陈的"三三制"的艰辛历程，有起有伏，有酸楚也有愉悦，有挫折也有成功。最深的感受就是"坏事可以变成好事"，困境逆境可以激励人之奋发图强的意志和顽强不屈的毅力。犹如大动荡、大变化的年代可以产生不朽的文学艺术经典作品，科研新思路、新课题也往往会涌现，这种年代确实能为有心人提供大展身手的广阔天地，任有准备的头脑驰骋翱翔。作为一名归国华侨，我得以体验不同社会制度的特点，接受、融合中西文化于一身，得以开阔眼界，扩大视野，这也是我在科学领域中能有微薄贡献和独特建树的主客观的因素。

感悟与期望

早于 20 世纪 80 年代初，香港大学国际电动汽车研究中心就已经开始从事电动汽车的研究与开发工作了，自 90 年代以来，由于保护环境与节约能源问题更突出了，在世界范围内又掀起电动汽车研究的热潮。在这个领域，我提出了电动汽车研究的核心和总体指导思想，将汽车技术、电机技术、电力驱动技术、电子技术和现代控制理论有机地结合起来，进行了系统的、开创性的理论研究和实践开发，为现代电动汽车学研究奠定了基础。同时，也研制出了特别适合于电动汽车工况的多种高功率密度、高效率的电机及其控制系统、智能管理系统。

作为世界电动汽车协会创始人之一，我被国际同行推举为电动汽车"三贤士"（Three Wisemen）之一，即国际电动汽车的学术带头人。1997年我先后获选乌克兰工程科学院院士、英国皇家工程院院士和中国工程院院士。

我之所以能取得这些成就，绝不是因为自己是什么"天才"，我的智商可能比一般人低，只不过我较勤奋，又肯吃苦，所谓"以勤补拙"并作"笨鸟先飞"。一旦把握住努力方向，我就会时时抓住焦点，思考质疑，吸取力量，激励自己。

我也不时地向自己的本科生和研究生学习。在与学生讨论的过程中，他们会提出各种各样的问题，要求我解答。这些疑问会促使我不断作深入思考，给我启发，令我充实，真正尝到了"教学相长"的甜头。

每年我都要花一部分时间，轮流到中国内地以及美国、加拿大、墨西哥、巴西、英国、德国、法国、西班牙、瑞士、瑞典、挪威、丹麦、芬兰、意大利、匈牙利、波兰、以色列、土耳其、日本、韩国、印度、新加坡、澳大利亚、新西兰等国家讲学，起初是登门求教，后来应邀担任国内外40多所著名大学的名誉教授或客座教授，除讲学外，还参加或主持了不少国际著名学术会议，这就令我长进飞快。1996年我被评为美国电机电子工程师学会杰出演讲家，被委派到世界各地讲学；1997年被评为"纪念电学之父法拉第的杰出演讲者"，还获英国电机工程师学会国际杰出学术演讲勋章，到世界各地主讲电动汽车的发展。这些活动给我提供了相互交流与学习的机会，我学到了所在国家和地区的文化，借鉴了他人的思维方法、科研方向，同时也对国际科研的形势和动态有了较全面的了解，把握哪些项目更具客观需要，哪条技术路线成功概率更大，努力使主观愿望更契合客观实际，做到主客观统一，从而主动修订规划，能紧跟时代的脉搏而跳动。我在较短期内取得一些较突出的成就，也是与接触面广、能经常进行学术交流、信息灵通、视野扩大密切相关的。

几十年的科研经验，我深切地体会到"留心处处皆学问"，随时随地可学习与长进，物质世界和人类社会的发展是永恒的，学无止境，不进则退。我们要用颠覆性的思维，将人文世界、信息世界、物理世界深度融合，创造智能体系。要有所作为，有所贡献，就必须付出辛勤艰苦的努力，诚可谓：在科学上是没有平坦的道路可走的，只有在那崎岖小路的攀登上不畏艰难险阻的人，才有希望达到光辉的顶点。

对于青年科学工作者，我愿提出以下期望以共勉：

进行科研，要敢想敢干，敢于超越前人，敢于创新，去开拓新的领域。人际关系走极端不好，搞科研则可走极端，不搞大的就搞小的，不搞长的就搞短的，不搞高的就搞低的，中间地带有人搞过，就不必重复，不必随大流。当然，敢想敢干不等于蛮干，不等于不要规划，不是去违反客观规律，恰恰相反，只是要求我们发挥主观能动性，去提示、驾驭未被人发现的客观规律。

在科研过程中，个人的智慧才能毕竟是有限的。因此，要善于依靠集体的力量，发挥众人的才智。要与上下级、同事、学生以及其他周围的合作伙伴，相互学习、真诚合作，从他们身上吸取营养。合作中要互相尊重，不嫉才，不自负，合作才能搞好。

概括起来，就是：超越、创新、合作、互重。

建议与实践

在 21 世纪来临前，为迎接新世纪带来的新机遇，我曾提出过一个设想，那就是在香港建立一个"知识中心"。

回顾世界文明发展史，古代文明由巴比伦、中国、印度、埃及等古国开始，文明不断向西方迁移，先是希腊，罗马，尔后在英国，产生了工业革命，再转到美国东岸，以后又波及美国西岸。到 21 世纪，下一步将再转回亚太地区，完成整整一周的循环，而中国香港将会发挥突出的历史性的作用。

中国香港、内地，亚太地区面临新的机遇和新的课题，需要系统地研究具体战略和具体策略，特别是与可持续经济发展密切相关的课题，如能源、环保、交通、教育、科技、工业、经济、金融……都需要有一个近期和长远的规划。在所建成的"知识中心"内，不同学科的专家可共同探讨跨学科领域。当然，"知识中心"也可定名为"香港高等研究院"（Hong Kong Institute for Advanced Study）。

香港回归，实行了"一国两制"这样好的制度，与祖国主体已形成相互支援、相互促进的极其有利的条件。香港是东西南北各方的汇合点，超级的"连接器"，有优越的生活条件、自由的学术研讨气氛，并且信息发达，机制灵活，税率低……这些固有的优势随着回归更能凸显。有了这些优势和有利条件，香港是完全有可能建立一个较理想的"知识中心"，着力建设全球科技创新高地。

亚太地区的问题要由亚太人来解决，中国人的事情要由中国人来解决。但我们也要善于学习和借鉴西方的科技知识和他们的经验教训。

　　"知识中心"的成员应当由精干的长期科研人员、世界一流的短期学者和博士后研究员等组成，经费可来自政府资助、慈善基金及私人捐款。"知识中心"有一个独立、精锐而简单的体制，以排除政治因素、集团利益以及官僚主义等的干扰，而发挥其创造知识和转化知识的作用，把教育、科研、知识转化和参谋咨询与顾问等作用结合起来。内地优秀的年轻人也可在这国际性的"知识中心"接受熏陶，相信他们的收效可能比在国外留学更大。

　　我的建立"知识中心"与"香港高等研究院"的创意构思不断萌芽。经过不懈努力，在2017年，我联合了国内外院士和诺贝尔奖得主，终于成功创建了国际院士科创中心。倡议以发挥"科技奥运"精神，通过科技与企业管理等各界人士的国际友谊与合作，将科技创新、政策、企业、市场、金融作深度融合，加速孵化，形成健康快速发展的科技生态链。中心的愿景是创新驱动、跨界融合、科技强国、造福人类。中心的突出优势是国际化和跨界，跨学科、跨行业、跨商业模式、跨地区、跨国界。其跨界的渠道是立体交叉的，具有渗透力强、确保跨界增值、提高经济效益、提高环保生态等效益。中心也已设立于中国、德国、瑞典、以色列、土耳其、加拿大、韩国等国家与地区。中心还与联合国开发计划署签署协议，在广州南沙创建零碳经济示范区。在政府的支持下，中心还与院校、企业、基金会深度合作，强化产、学、研创新协同，着力建设全球科技创新高地，还将广州南沙零碳经济示范区模式推广到全国和世界各地。

　　（本文写于1998年，改定于2022年7月22日）

陈清泉 电机、电力驱动和电动汽车专家。1937 年 1 月 14 日生于印度尼西亚马吉朗市，原籍福建漳州。1957 年毕业于北京矿业学院，1959 年毕业于清华大学研究生班，1982 年获中国香港大学哲学博士学位，1993 年获乌克兰敖德萨理工大学荣誉科学技术博士学位，2008 年获英国拉夫堡大学荣誉技术博士学位。现任中国香港大学荣誉教授及电机电子工程系讲座教授、系主任，国际院士科创中心创始人。美国电气电子工程师学会终身会士、英国工程技术学会资深会员、中国香港工程师学会荣誉资深会员及前会长。先后担任中国矿业大学信息与电气工程学院院长，可持续能源研究院院长、日本本田、韩国三星、美国福特等汽车公司高级顾问等。提出了电动汽车研究核心和总体指导思想，将汽车技术、电机技术、电力驱动技术、电力电子技术和现代控制理论有机结合，为现代电动汽车学研究奠定了基础，使这一新兴交叉学科从理论到实践形成完整的体系，并被世界各国广泛应用，研究和创新成果多次获国际性科技杰出成就奖。提出了四网（能源网、信息网、交通网、人文网）四流（能源流、信息流、物资流、价值流）融合的理论和实践，将人文世界、信息世界、物理世界深度融合，创造智能，提高经济效益和生态环保效益。已发表论文 450 多篇。出版的《现代电动汽车技术》阐述了现代电动汽车学的理论体系。多次任国际学术会议主席或作主题报告。荣获世界工程师组织联盟卓越工程成就勋章、英国皇家工程院菲利普亲王勋章、中国工程院光华工程奖、英国电机工程师学会国际杰出学术演讲勋章、美国电气电子工程师学会交通技术勋章、美国汽车工程师学会环保交通卓越成就奖、中国香港特区政府银紫荆星章、中国香港工程师学会最高荣誉金勋章、中国电工技术学会特殊贡献荣誉奖章等。被《亚洲新闻》评为亚洲最佳创新者、被期刊 Global View 誉为"亚洲电动汽车之父"、在印度获"电动汽车技术之祖"称号。1997 年当选中国工程院院士。还先后获选英国皇家工程院士、匈牙利工程院荣誉院士、乌克兰工程院院士、中国香港工程科学院院士暨高级顾问。

女性科学家在更加适合于自身发展的卓越领域，将扮演着越来越重要的角色，应该抓住机遇，迎接挑战，在实现自身价值的同时，争取为国家和人类进步的事业作出更大的贡献。

——陈赛娟

发挥优势　开拓创新

科学没有国界　科学家有祖国

1975 年，当我从医学院毕业跨入内科临床大门时，不得不面对这样一个事实：白血病的化疗虽能使部分患者取得完全缓解，但绝大多数患者会复发，治愈率非常低。看着白血病患者那一张张渴望生命的脸，作为医生的自己却无能为力，那种内疚感是非常沉重的。看来白血病诊治水平的提高离不开对疾病发病原理的认识，有待于基础理论研究与临床实践的结合。

1978 年全国恢复研究生招考制度后，经过顽强拼搏，我考取了上海第二医科大学血液学专业的硕士研究生，师从著名血液学专家王振义教授，成为国家改革开放后的第一批女研究生，并在 1981 年获得血液学硕士学位。为了进一步在专业领域得到深造的机会，1986

陈赛娟 院士
（中国工程院提供）

年我又被学校派赴法国巴黎著名的血液病研究中心——圣·路易医院血液病研究所，进修白血病的细胞和分子遗传学。为了专心致志地做研究，我将不满两岁的儿子留在国内，经过3年余的不懈努力，夜以继日地学习与工作，终于掌握了现代细胞遗传学和分子生物学的基本理论和技术体系，并在课题研究中获得了优异的成绩，在伴费城染色体的急性白血病类型中发现了一种新的分子改变，丰富了白血病分子发病原理的学说，也为该类白血病诊断、治疗提供了特异性标志。1989年初，我获得了法国科学博士学位。

在异国他乡，尽管得到导师的悉心指导和同事们的热情关照，但每当遇到困难的时候，祖国和亲人就给我无尽的力量；每当取得成绩之时，心中又涌起对祖国和人民的无限感激和怀念之情。我在博士论文的首页上写的第一句话就是："谨以此献给我的祖国——中国。"1989年7月，是我们向学校承诺回国的时刻。当时国内的科研条件还较差，国外的导师和不少专家都盛情挽留，但我和丈夫陈竺仍然决定学成归国。道理很简单：科学没有国界，但科学家有祖国。祖国母亲养育了我，报效母亲是天经地义的。越是母亲有困难的时候，也越是儿女们努力奉献，实现价值的良机。于是，我们义无反顾地回到了祖国。

回想起当时的创业情景，饱尝了白手起家的酸甜苦辣，在极为简陋的实验室仪器装备条件下，从培养人才和建立科学研究体系入手，从自己洗试管、烧制蒸馏水、编写教材和讲义开始，一步步踏实苦干，终于成就了急性早幼粒细胞白血病的重大突破，奠定了我国在白血病研究领域中倍受同行尊重的国际学术地位。我们的研究团队如今已列入医学基因组学国家重点实验室行列，连续四次国家级评估中名列前茅；承担了国家 863 计划、973 计划、211、双一流、国家自然科学基金重点、重大项目和上海市一系列重大科研攻关项目；队伍规模也从创业初期的几个人员发展到一支近百人的、具有良好年龄层次和知识结构的优秀团队。

科学从来不分性别

人们常常将科学研究与体育竞赛相比较，因为两者都强调最大限度发挥人类挑战自我极限的能力。但是，科学研究有两个与体育运动不同的特点：首先，科学发现只承认第一，不承认第二；其次，体育运动一般项目均按性别划分，而科学研究是从来不分性别的。女性科学家要攀登国际科学技术的高峰，既需要勇气，更需要自信心；既要用宽广的胸怀团结同事协同攻关，又要充分发挥自身的优势。

80 年代中期，上海血液学研究所在王振义先生带领下，应用全反式维甲酸治疗急性早幼粒细胞白血病获得成功，第一次向世人展示了对白血病治疗用"诱导分化疗法"，将白血病细胞"改造"成为正常细胞的可行性。然而，这一疗法的分子和细胞机理亟待阐明。1989 年回国后，我们就潜心于维甲酸诱导分化治疗白血病机制的艰苦探索。在这项国际竞争中，我以女性科研工作者特有的细致和敏锐发现了与该种白血病发病相关的新基因，找到了早幼粒细胞白血病中决定细胞对分化诱导剂产生反应的关键机制，提出了维甲酸针对白血病基因产物的"靶向治疗"的思路，在同行中产生了很大反响，这一成果同时也实现了我国生物医学领域中人类新基因克隆"零"的突破。

科学探索永无止境。用维甲酸合并化疗以治疗早幼粒白血病，虽有近半数患者获得 5 年无病生存（这是临床上判断白血病被治愈的一项客观指标），但另一半患者仍会复发，并产生对维甲酸等药物的耐药性。是否有新的办法给复发患者带来生机？我与同事们一直在苦苦思索这一问题。1994 年，在一次学术交流活动中，我幸运地结识了哈尔滨医科大学附一院的同道，了解到他们在利用三氧化二砷（砒霜）治疗人类肿瘤和白血病方面的一些临床进展。我立即意识到，这可能是实现早幼粒细胞白血病治疗学和分子机制研究再次突破的良机。于是，我们很快与哈医大建立了良好的合作联系。在先前的临床疗效基础上，进一步组织了对大组复发病例疗效的严格试验，尤其是从分子和细胞水平阐明了三氧化二砷对早幼粒白血病细胞选择性诱导细胞分化和凋亡的独特机制，使许多绝望的白血病患者又获得了新生。我们于 1996 年、1997 年在国际著名血液学杂志 Blood（血液）刊登了多篇论文。1996 年 8 月 2 日，国际著名杂志 Science（科学）发表评论文章赞誉：用全反式维甲酸治疗急性早幼粒细胞白血病使每个人感到震惊的同一个研究小组又获得了惊人的发现。

然而，我们没有因此而自我陶醉，裹足不前。相反，在应用砷剂治疗复发早幼粒白血病取得成功后，我们又提出了一个新的问题：是否能够发挥维甲酸和砷剂的综合优势，将早幼粒细胞白血病这种极为凶险的白血病类型彻底治愈？在进一步的探究中，我们又经过多次失败，终于揭示了维甲酸和砷剂能够通过不同的途径，靶向作用于该型白血病的关键致病基因蛋白质产物。据此，我们提出了两药联合实现"协同靶向治疗"的新设想，并建立了敏感的疾病分子标志检测方法，可以实时监测不同治疗方案的效果。功夫不负有心人。我们先进行了小样本临床试验研究，60 余例初发患者临床研究的结果证明，两药合用有明显的协同作用，中位随访时间为三年，无一例患者有临床复发，而在仅用维甲酸或仅用砷剂的对照组中，有多例患者出现复发。这些结果与分子生物学的检测结果完全一致，表明我们倡导的"协同靶向治疗"理论，确实有可能使早幼粒细胞白血病成为第一个可治愈的急性粒细胞白血病。最近我们牵头完成了全国 22 个血液中心共同参与的随机多中心临床研究，急性早幼粒白血病患者数达近千例，是国际最大的临床试验研究组，七年的无病生存率达 95.7%。这也是迄今成人急性白血病治疗的最好疗效。现在，这一研究成果已推广至全国乃至世界各国的血液学中心。

上述研究成果在国际上产生了巨大的影响，我们连年多次应邀在国际血液界进行学术交流，2003 年 12 月还在国际最高水平的全美血液学大会新闻发布会上进行了专题介绍。该次大会仅发布两项新闻，第一项即是我们的成果。这是我们上海血液学研究所几代同仁精诚合作、共同攻关的结晶。研究成果还获得了 2010 年国家最高科学技术奖、国家自然科学奖二等奖、国家科学技术进步奖二等奖、瑞典皇家科学院第二届舍贝里大奖、美国血液协会最高荣誉奖 Ernest Beutler 奖、全美癌症研究基金会（NFCR）第七届圣捷尔吉癌症研究进展大奖等一批国内外重大奖项。

女性科学家的社会责任

我从一名普通的血液科医生到中国工程院院士，这一成长过程是各级党组织和领导亲切关怀和悉心培养的结果，体现了老一辈科学家对中青年一代的厚爱和提携，也凝聚了我们全体合作者，包括一批女性科技工作者辛勤耕耘的心血。在这里，我还要感谢社会和家庭对我的理解和支持。

在真正的科学家面前，所有的成绩都只意味着过去。需要清醒地看到，急性早幼粒细胞白血病仅是众多类型白血病中的一种，要将"靶向治疗"和"协同靶向治疗"研究的思路进一步拓展至其他类型白血病乃至实体瘤，还需付出更多的艰辛，需要一代又一代人持续不断地努力。但我坚信，21世纪攻克人类主要类型白血病是完全有可能的。我也坚信，中国的科学家，尤其是女科学家们，会为这一伟大目标的实现作出独特的、不可替代的贡献。

在与女同胞们进行交流的时候，人们经常表达的一个观点是：作为女性事业上要获得成功，要比男性付出更多。作为妻子、母亲、女儿对家庭、对子女、对父母常常有一份更重的责任。在这里，我更想提到女性科学工作者的社会责任。

第一，一位哲人说过，妇女解放是社会解放的标志。在我国建设全面协调可持续发展的社会主义和谐社会进程中，中国妇女的作用能否在包括科技教育在内的各条战线上得到充分发挥，在相当程度上决定着"以人为本"方针能否真正落实，小康社会的目标能否真正实现。全社会也应更加重视妇女的全面发展，支持妇女事业。

第二，在我国和全球公共卫生和健康事业的发展中，要更加强调对妇女和儿童的关爱。多种人类疾病以妇女和儿童作为易感人群，而妇女和儿童的健康水平又是检验一个社会医疗卫生和健康水平的主要指标，是小康社会的重要指标。既要切实加强对妇女的卫生和健康宣传教育，提高对疾病预防的认识，也要建立对妇女主要疾病的普查制度和控制措施。

第三，当今世界，以信息技术和生物技术等为代表的高科技领域日新月异，不断孕育着新的革命，带动着知识经济的发展，成为国家核心竞争力的标志。这些领域的发展，比之传统的产业和技术领域更需要付出长期努力，需要极大的专注力、细致观察和精细实验，因而有可能使女性的长处得到充分发挥。历史上女性的杰出代表、诺贝尔物理学奖和诺贝尔化学奖获得者居里夫人，2004 年诺贝尔生理学或医学奖得主 Linda Buck 等人的成功，充分证明了女性在智力、能力、创造力和忍耐力方面绝不低于男性。在科技、经济和社会的进步更加依赖人的智慧而非体力因素的时代，女性科学家在更加适合于自身发展的卓越领域，将扮演越来越重要的角色。我们应该抓住机遇，迎接挑战，在实现自身价值的同时，争取为国家和人类进步事业作出更大的贡献。

（本文为作者在获得"2004 年中国十大女杰"表彰大会上的发言，原标题为"发挥优势，开拓创新，为攻克白血病作出贡献"，改定于 2022 年 8 月 29 日）

陈赛娟 血液细胞和分子遗传学专家。1951 年 5 月 21 日生于上海,原籍浙江鄞县(今宁波市)。1975 年毕业于上海第二医科大学,1981 年获医学硕士学位,1989 年获法国巴黎第七大学科学博士学位。现任国家转化医学研究中心(上海)主任,上海交通大学医学基因组学国家重点实验室主任,上海交通大学医学院附属瑞金医院血液研究所名誉所长。曾任中国科学技术协会第七、第八届全国委员会副主席,现任上海市科学技术协会第十届委员会主席等。是第十、第十一届全国人大代表,全国政协第十二、第十三届委员。长期从事白血病发病原理和治疗学研究,在国内首先启动白血病解剖学计划,发现了一批白血病分类、预后预测和靶向治疗的新的分子生物标志和药物作用靶点;带领团队创新性提出全反式维甲酸和三氧化二砷协同靶向治疗急性早幼粒细胞白血病的方案,使凶险转化成可治愈,并将协同靶向治疗思路拓展到其他类型白血病治疗中;领导和组织的复发/难治多发性骨髓瘤患者用 LCAR-B38M 的 CAR-T 探索性临床研究取得显著成效。上述研究对我国血液学科发展具有重要推动作用,产生较大国际影响。领导的研究团队在包括 *Science*、*Nature Genetics*、*Cancer Cell*、*Blood*、*PNAS*、*Development Cell*、*Science Translational Medicine* 和 *Nature Communication* 等国际高水准期刊发表论文 500 多篇,被引证数达 30000 余次。以第一完成人获国家自然科学奖二等奖 2 项;2015 年获上海市自然科学奖特等奖;2017 年获全国创新争先奖。2010 年获法兰西国家功勋军官勋章,法国文艺复兴金质勋章;2017 年获法国艾克斯-马赛大学名誉博士;2020 年获法国医学科学院夏邦克-杜博赛跨界合作奖。2003 年当选中国工程院院士,2007 年当选发展中国家科学院院士,2011 年当选法国国家医学科学院外籍院士,2013 年当选英国皇家内科学院院士。

当今科学研究需要多学科的交
叉合作、协同作战，才能得到高效
率的进展。

——池志强

科研创新乐无涯

心存幻想　脚踏实地

我出生于一户知识分子家庭，父亲是从事测绘的技术人员，
长期外出工作，极少回家。母亲是家庭妇女，但有一定的文化。
在家庭中，我们姐弟几个的生活和学习很少受到压制和束缚，能
自由发展。在这样的环境中，我从小养成了广泛的兴趣与爱好，
并富有幻想，常与小伙伴在夏夜星空下识别星座，漫谈如何遨游
太空。这些都对我日后从事科研有一定的影响。

中学阶段，正值抗日战争时期，我就读的高中搬迁到了深山
的一座庙宇中，学习与生活条件均很困难，学习化学时没有条件
自己做实验，只能看一些示范演示，但老师生动的讲课，用顺口
溜帮我记忆的一些化学规律，至今难忘，也让我对化学产生了浓
厚的兴趣，这对我以后选择化学作为职业也起到了决定性的作用。

在浙江大学求学时，仍处于抗战时期，后方的各种条件虽

池志强 院士
（2009，方鸿辉摄）

然十分困难，但学校仍千方百计为化学系学生开设实验课，学生可以自己操作。当时用木炭小炉加热，冷凝管用马口铁皮焊成，只有中间一根供溢出反应物或进入接收器的玻璃管是从市场上买的。我对化学理论及实验都兴趣盎然，自然十分投入。从今后生计考虑，在大学三年级选专业时我就转入理学院药学系，毕竟药物化学与原来学习的有机化学是一脉相承的。五年的大学学习，我学会要珍惜在困难条件下进行科研的机会。在老师的严谨作风、"求是"校训的教导下，初步懂得如何进行科学研究。

在学生运动熏陶下，我认识到在三座大山压迫下的旧中国，不可能有从事科研的环境，必须投身于革命。于是，加入了中国共产党的地下党，投身于革命事业。但我从事科研工作的理想没变，对业务学习也绝不放松。毕业时，我取得了全班第一的好成绩。

刚解放时，一切都得重新开始，党组织要我从事群众团体的组织工作，我毫无保留地服从调配。学会了干一行、爱一行，全身心去完成自己的任务。这种敬业精神，也为日后的科研带来意想不到的效果。不仅如此，我还努力养成自己去创造工作条件的习惯，这对科研工作者同样是重要的。由于当时家庭经济比较困难，我很早就开始自食其力，为了自己负担上大学的费用，很早就当起小学教师、中学教师、家庭教师，甚至当过临时水文站的工人……丰富的社会经历也使我的生存能力得到培养，尤其是表达能力和思维逻辑能力。要使学生能听懂我的述说，我自己必须透彻地理解。这些也使我懂得在生活中、工作中、社会实践中都存在大量无字的学问，从中可以获得终生受用的教益。同时，也让我对社会有了更深的了解，为毕生从事的科研工作起了垫底的作用。

科研得服从国家需要

1949 年，从浙江大学毕业后，领导让我留校当了药物化学助教，在老师张其楷教授指导下工作。当时，药学系助教极少，除了主要当张老师药化课的助教之外，还兼任植化、药物分析等课程的助教。这个时期，我的社会工作也很多。例如，刚解放时市场上流通的很多药物质量有问题，卫生部门常将一些市场上出售的药品拿来要我们作抽样质检，结果查出很多不合格的或伪造的药品，这对我也是一种锻炼和认识能力的提高。任助教不到两年，浙江省调我去从事科协工作，脱离了刚投入的药学教研岗位。尽管张老师要我继续教研工作，他曾亲自找省领导，希望不要把我调走，但工作需要是最高原则，我毫无保留地服从分配，去从事科技组织工作。几经调动，最后甚至当上了浙江省文化局主管电影的科长。现在看来会感到可笑，但当时都是没有二话，服从调动的。不久，中央作出让专业技术人才归队的决定，中国科学院在各省人事部门档案中，发掘并抽调大批专业科技干部到中国科学院各所工作。由此，1953 年夏天我是作为归队干部，被调到中国科学院上海药物研究所工作的。

报到时，老所长赵承嘏先生要我从事药理研究，在服从工作需要的信念驱使下，我从此一辈子无悔地从事药理研究。药理学的研究方向也需根据任务不断改变。例如，20 世纪 50 年代，中

留学苏联时与导师卡拉西克院士及同学秦伯益（左）合影（1958，
池志强提供）

国血吸虫病流行，我就投入血吸虫病防治药物，以及对锑剂解毒
的研究；60年代又被安排从事国防工作，开展防治辐射损伤药物，
以及防化学的有关药物等多项研究。一干28年，全身心地投入，
心甘情愿做无名无利的幕后工作。我体会到做一行、爱一行、钻
一行的重要，从中虚心学习，汲取各方面的营养。

　　1959年，当我刚从苏联研究生毕业准备回国时，接到所内通
知，要我在回国前到苏联放射医学研究机构，考察有关防治放射
病研究的情况，以便回国后开展辐射损伤防护药物的研究。于是，
我利用答辩后几个月的时间，去相关研究机构作短期考察学习，
为回国后工作做准备。我尽力从原有工作中的某些基础与新任务
之间寻找共同点，便把金属解毒研究中的巯基丙磺酸钠及二硫基
丁二酸钠适用于抗放射病药物研究入手，获得一定的结果，为回
国工作打下基础。

电离辐射损伤的化学防治研究，是放射生物学研究中的重要课题之一，也与国防安全、人民健康密切相关。20 世纪 60 年代初期，根据当时形势需要，我受命组建科研组开展了抗放射病药物研究。在徐修、黄知恒、朱应麒等化学组同志及陶正琴、孙祺薰等药理组同志共同努力下，建立了从小鼠、犬到猴的动物实验模型，筛选研究了近 3000 种化合物对小动物、几十个化合物对大型动物的预防作用，找到有效的核查路线及有效化合物，在小鼠、犬、猴身上具有防护作用。其中"1759"化合物经大动物实验证实，抗辐射损伤的效价较高，具有效果稳定、有效时间长、辐照前辐照后都有效、安全系数大、使用方便、成本低廉等特点。"1759"化合物作为辐射损伤防治药物在当时属国内首创，已通过有关部门组织的鉴定，并在我国原子弹爆炸现场的实验中，被证实有应用价值，可作为装备部队的备用方案。此项工作荣获 1977 年上海市重大科技成果奖，并在 1982 年中国科学院成果展览会国防馆中展出。此外，科研组也对防护药物作用机理研究做了大量工作，特别在组织缺氧对辐射损伤作用的研究中，自行设计制造仪器、建立模型，并对"432""947"等有效化合物作用机理进行了探讨，证实其抗放射作用原理是因引起辐射敏感器的组织低氧，从而减少辐射产生的氧化自由基，达到预防作用。这部分工作当时受到全国专业性大会的好评。

学科交叉　继承创新

20 世纪 70 年代初，我接受了一项任务——寻找新的强效镇痛剂。这是一项应用性研究，从吗啡结构改造以寻找新镇痛药已有了非常广泛和深入的研究，也发现了不少新的镇痛剂，要在此基础上寻找新的强效镇痛剂实非易事。在总结大量文献的基础上，我们研究团队发现了一些规律，特别引起我们注意的是苯吡啶，在吡啶环3号位上引入一个甲基，能使原有化合物的镇痛作用显著增加。这一现象使我们联想到：比利时科学家 Janssan 发现的芬太尼，具有相当高的镇痛作用，已在临床上广泛应用。芬太尼结构中也含有苯吡啶，如果在吡啶环3号位引入甲基是否也会增加芬太尼的镇痛作用？研究结果确实很有趣，3-甲基芬太尼的镇痛效价比芬太尼增加了近10倍。这一结果大大鼓舞了我们。这种从总结前人经验提出有科学根据的创新设想，属继承基础上的创新，也是科研开拓的有效源泉。

在3-甲基芬太尼发现的基础上，我们乘胜追击扩大战果，提出大量合成3-甲基芬太尼衍生物，寻找更好化合物的计划。在合成的上百种化合物中，我们发现3-甲基芬太尼基本结构中在苯乙基的 δ 位引入羟基，镇痛活性大幅度提高，获得比吗啡镇痛活性高 6000~10000 倍的羟甲芬太尼，是当时最强的镇痛剂之一。这样，我们成功地找到了新的强效镇痛剂，达到了预期的目的。

在获得羟甲芬太尼高强度镇痛剂后，深入探讨作用机理是随之提出的任务。20世纪70年代，国际上对阿片类的研究有了一个突破性进展。在三个实验室同时采用受体结合分析法证明，阿片受体在脑内确实存在，很快又证明阿片受体存在三种类型（μ、δ、k）。就在这时，"文化大革命"过去了，"科学的春天"已经来临，我们对羟甲芬太尼机理的研究，立即跟上国际发展的趋势，开展了羟甲芬太尼对阿片受体结合的亲和性及选择性的研究。结果证明羟甲芬太尼确实具有极高的 μ 阿片受体亲和力及选择性，一个应用性课题从此又转入理论性基础研究。我认为，一个科学结论必须从不同的角度、用不同的方法来证明，才扎实可靠。因此，我们不仅观察它与阿片受体结合的特性，同时还对离体器官生物检定模型、脑内分布特征等多方面考察，都得到了一致的结论。这才认定羟甲芬太尼是一个新的高选择性、高亲和力的 μ 阿片受体激动剂。这个结果在中美双边神经生物学会议上引起与会专家同行的极大兴趣，美国科学院院士、斯坦福大学 Goldstein 教授对此结论既有兴趣又存疑虑。这是科学家的本色，没有自己亲手重复验证，不能轻信。因此，我们与 Goldstein 教授商定，将羟甲芬太尼带回美国在 Goldstein 的实验室重复验证，Goldstein 带回样品后，很快进行了 43 种不同配体的比较实验，证明羟甲芬太尼确实是一个新的高选择性、高亲和力的 μ 受体激动剂，并在国际著名的杂志 *Molecular Pharmacology* 上发表，认为羟甲芬太尼在 43 个化合物中亲和力最高，对 μ 受体亲和力与 DAGO 相当，是一个新的激动剂。一个新的发现、新的研究结论在国际上不同实验室分别验证这是十分必要的，这样才能得到国际同行的承认，结论更加科学可靠。

基础研究必须逐步深入，不断发掘新的内容。我认为，羟甲芬太尼的研究不能以获奖而结束，必须进一步研究羟甲芬太尼立体结构异构体与受体结合的选择性及生物活性差异，这对了解受体与配体结合的机制有重要意义。因此，我们合成了羟甲芬太尼的 8 个立体异构体，研究了与阿片受体结合的选择性及镇痛活性的差别。结果显示，其中有两个异构体是目前国际上选择性最高的 μ 受体激动剂，它们对 μ 受体结合亲和力与 δ 受体结合亲和力之比可达 20000 多。此结果也得到美国国家卫生研究院 Rothman 教授实验室的验证。

从这些工作中，我深深体会：当今科学研究需要多学科的交叉合作、协同作战，才能得到高效率的进展。

展望与祝愿

我虽已步入耄耋，但对科学发展依然信心满怀。从我从事的受体研究出发，我认为阿片受体的研究仍是21世纪初神经生物学、神经药理学研究的热点之一。许多重大课题尚待解决，而这些问题的解决也影响到一些生命现象的基本问题及有关人类健康、社会进步的重大问题的解决。

1. 阿片受体三维结构的测定，从高级结构的基础上阐明与选择性配体的相互作用机制研究是一个极为重要的课题。这一高难度的研究课题，因为膜受体蛋白在脑组织中含量太低，要取得足够的蛋白量很困难。这种膜蛋白存在于膜上，多次跨膜，结构复杂，它的功能表达与其存在的环境有极大的关系。因此，迫切期望研究方法的突破，并期望能在21世纪初得到突破。

2. 阿片受体的多型性也是受体共性问题的代表，它具有多种类型及亚型，但至今未能获得这些亚型受体结构的特征。究竟什么因素决定其亚型的结构功能特性，是困扰大家的一个问题。最近对阿片受体异源二聚体的研究，初露解决的希望，也希望能在21世纪初阐明。

3. 阿片类药物毒品成瘾机制及戒毒药物研究是当今国际共同关注的一大课题。身体依赖已有不少途径可以解决，而精神依赖研究尚未抓住其实质性要害。这也影响了戒毒药研究取得进展。精神依赖机制研究是其关键课题。国内由于吸毒现象发展迅速，引起全国上下的重视，应成为我国21世纪初的一件大事。科研工作者应有责任和能力解决这一难题。

4. 精神系统有关疾病的研究是 21 世纪的一个重点。有关部门已经意识到肿瘤、心脑血管疾病等威胁人类死亡的主要疾病，有望在 21 世纪得到解决。现在重点也逐步转移到神经精神性疾病上，特别是老年社会的到来，阿尔茨海默病、帕金森病、精神病、吸毒成瘾等已提高到十分重要的地位。这与人类基本的生命现象，对脑功能（记忆、学习、认知机制）深入了解有关。也期望 21 世纪得到解决。

我衷心祝愿上述课题会在 21 世纪得到解决。

（本文写于 2009 年 5 月）

池志强　药理学专家。1924 年 11 月 16 日生于浙江黄岩。2020 年 1 月 7 日逝于上海。1949 年毕业于浙江大学药理学院。1959 年 11 月毕业于苏联列宁格勒儿科医院研究生部药理系，获医学副博士学位。中国科学院上海药物研究所研究员。曾任上海药物研究所副所长，中科院上海分院副院长。负责组建中国科学院与国家自然科学基金委合办的《生命科学》杂志，并多年担任主编，兼任几个国家实验室学术委员会委员和学报的编委。在国内领先开展阿片类受体及其高选择性配体研究，并取得突出成绩。独创设计的研究成果——阿片肽 μ 受体高亲和力选择性激动剂羟甲芬太尼是国际承认为最好的 μ 受体选择性激动剂之一，此项成果获国家自然科学奖二等奖。领导的实验室是我国分子神经药理研究的主要单位。已培养多名硕士、博士，在国内外学报发表论文 100 多篇。曾获中国药学发展奖、药理学奖、医学药学奖、何梁何利基金"科学与技术进步奖"等。1997 年当选中国工程院院士。

> 我有两只手，一只手要紧握住世界上先进的事物，使自己不落后；另一只手要紧抓住自己土地上有生命力的东西，使自己有根，创造条件使两只手上的东西结合。我以此为座右铭，进行建筑创作。
>
> ——戴复东

永远创新　永远前进

"读建筑系去!"

1928 年 4 月 25 日，我生于广州。父亲戴安澜是爱国将领，他于 1942 年 5 月 26 日，在缅甸抗击日寇时为国捐躯，新中国成立后被中央人民政府追认为革命烈士。父亲从黄埔军校毕业后，在广州结婚。我出生时，正值日寇在山东济南杀害革命政府代表蔡公时（抗日烈士），父亲怀着对日本帝国主义无比仇恨，给我取名覆东，意为覆灭东洋鬼子。我的妹妹是 1936 年在南京出生的，父亲为她取名藩篱，寓意拒日本帝国主义于门外。大弟、小弟抗日战争爆发后先后降生，分别取名靖东（平靖东洋鬼子）和澄东（澄清东洋鬼子）。

从 1938 年开始，我们就跟随父亲驻防。父亲对我们要求很严格，不许他的军官和士兵喊我们"少爷""小姐"，而是直呼我们的名字，父亲没有官架子，我们觉得很自豪。在广西全州最早与父亲相聚的日子里，父亲要我和他一同住在部队，过有纪律的生活，只有周六晚方能回家，周日晚必须归队。每天早晨天没亮，父亲就喊我起床，带我去部队看他指挥操练。晚饭后，我们要在菜油灯下学习到很晚。父亲是勤奋刻苦的楷模，教育并激励我不断努力向前。

戴复东　院士
（2003，方鸿辉摄）

高中毕业前夕，我究竟该报考哪一个系，拿不定主意，想学工科将来容易养家糊口，但又舍不得丢掉画画。清华中学校长唐宝心老师的夫人陈琰医生告诉我："读建筑系去！"这时我才知道有建筑系，后来果然考取了南京中央大学的建筑系。

创新设计

大学毕业后，我被分配到上海同济大学建筑系任教。1957年，我参加了杭州华侨旅馆的设计竞赛，这是解放后全国第一个大型设计竞赛，获得并列一等奖。同年和夫人吴庐生讲师一起又参加了波兰华沙英雄纪念碑国际设计竞赛，获得了方案收买奖。

1958年，我和吴庐生有缘参加了武汉东湖梅岭工程群设计，该工程是为毛主席在武汉时工作、生活、接待用的建筑群。我创造性地设计了小会堂可伸缩的活动台口，便于台上台下交流，使主席台与听众席打成一片，自己绘制了详细的施工图并被成功地建成，使用起来确实很方便。在当时（近半个世纪前）建材种类奇缺的情况下，为减少室内游泳池混响，我和吴庐生设计了用 5 毫米玻璃板穿孔，背面涂浅米色油漆以形成空腔，空腔中设置不腐烂的蓑衣（棕榈丝）以吸音，用这种土办法解决了大问题。我们还创造性地用树干的圆木片铺房间地面，既吸潮又有回归自然的情趣，受到使用者和管理者的好评。

环美旅行

1983 年 6 月到 1984 年 10 月，我有机会被公派去美国哥伦比亚大学建筑与规划研究生院当访问学者。哥伦比亚大学是建筑界名校之一，同时地处纽约——世界第一大都市，也是当时世界上很多著名建筑的所在地，那里是一个有无限生命力的、活的建筑博物馆。我有幸身临其境，既参观城市又解读这些建筑，取得丰富的感性认识和资料。哥伦比亚建筑与规划研究生院的图书馆藏书非常丰富，那里也是我吸收营养的好地方。建筑是为人服务的，建筑学是一种专门的人学，体验生活，了解生活，以便真正地将生活移植到建筑中来，是建筑学活生生的学习内容。因此，除了听课，我在纽约尽可能多地到处走动，去看去想，晚上去图书馆攻读。美国的几位好友还曾提供我机会，到波士顿、洛杉矶、休斯敦、圣路易斯、芝加哥等地参观学习。我像一块巨大的海绵，尽情地吸吮一切优秀的设计智慧。

1984 年春天，华裔建筑大师贝聿铭先生获得了普利兹克（Prizker）建筑奖（建筑学界的诺贝尔奖），他用这笔奖金设立了一个在美华人学者奖学金，每年奖励一名。我也报了名，最后在众多的竞争对手中，我居然获得了第一届该项奖学金——2000 美元。我喜出望外地用这笔奖学金作了一次环美旅行与参观，独自一人乘美国灰狗汽车公司的长途汽车，晚上行车睡觉，白天参观城市。从纽约出发，向北再向西，折向南，再由西向东，绕美国一圈后回到纽约，又向西行再返回，在美国整整兜了一圈半。我参观了美国本土东北、西北、西南、东南四个角的32座城市、北部大草原、西海岸森林带、迈阿密海滩、迪士尼乐园、尼亚加拉大瀑布……途中经历了几乎丧命的危险，但这一切使我大开眼界，大长见识，由衷地体悟：建筑是一种为人服务的环境，既是经济的产物，也是经济条件许可下技术的产物。建筑师只有具备真正热爱人、关心人的情怀，才能使所设计的建筑环境为人服务得好。

复得的勋章

我的父亲戴安澜在第二次世界大战时，在缅甸抗击日本帝国主义的战斗中，坚守同古12日，以敌我五比一的代价歼灭日寇5000多人，后来又率兵强攻，收复重镇棠吉，获得当时政府颁发给全师150万元卢比的嘉奖。最后，由于联军的失误，被迫从缅甸撤退回国。途中，经过了五道日寇的封锁线，过最后一道封锁线时，他像前几次一样亲自上第一线喊话指挥，被日寇机枪集中扫射，身负重伤，一周后牺牲于缅甸北部的茅邦村，骨灰被运送回国。他获得了美国政府授予的"懋绩勋章"，这枚勋章在"文化大革命"中被毁。赴美前，全家要求我设法弄一张勋章的照片和勋章的证书以资纪念。我不认识任何美国官员，抵美后感到难度很大，但想还是应该努力争取一下。于是，我写一封信给当时的美国总统里根，表达了我们家属的愿望。这封信怎么寄呢？无奈之际，我就在信封上写了"华盛顿·白宫·里根总统收"，丢在学校旁的一个邮筒内。

"里根总统能收到吗？"尽管渺茫，但问心无愧了。事后，也就完全忘了。约两周后的一天下午，我从市区参观后回学院上建筑设计课，办公室的秘书告诉我，美国陆军部寄给我一封挂号信，我大吃一惊！美国军方怎么会寄挂号信给我？等我打开信才知道是美国陆军副总参谋长帕特里克将军代里根总统给我回了信，信中说查看了历史档案，当时美国政府确实曾向我父亲戴安澜授予了"军团功勋勋章"。因此，除寄给我历史档案复印件外，重新补发一张证明书，并决定再由有关部门重新铸造一枚勋章补给我们家属，不日即可寄到。这封信简直使我大喜过望。我把信给授课的海尔岱克教授和研究生们看了，他们都向我祝贺。当晚，我乘兴填了一首词——《忆秦娥》：

先父以生命与鲜血赢得代表中美两国人民友谊的美国懋绩勋章失而复得，感慨系之。

千般憾，宝章不翼肠愁断，肠愁断，魂萦梦绕，暮思朝盼。

"功勋"再铸光华艳，斯人惠我酬衷愿，酬衷愿，时空纵阻，友谊长灿。

一周后，我果然收到了美国政府补授给全家的"懋绩勋章"。

传统与创新

1984年回国后，我被任命为同济大学建筑系主任。1986年我协助江景波校长建立了全国第一所建筑与城市规划学院。我提出了要以创造环境为核心组织教学体系，我将环境分为宏观、中观、微观几类，同时又分成自然环境与人工环境。于是，在原有建筑学、城市规划、园林绿化三个专业之外建立了室内设计与工业造型两个专业，提出了"宏、中、微观环境应相互匹配，首重微观"的观念。将学制从四年改为五年，以便与国际接轨。同时我还提出：我有两只手，一只手要紧握住世界上先进的事物，使自己不落后；另一只手要紧抓住自己土地上有生命力的东西，使自己有根，创造条件使两只手上的东西结合。我以此为座右铭，进行建筑创作。

今天，我已经78岁，吴庐生教授也有76岁了，我们一直在追求能创造出"现代骨、传统魂、自然衣"的建筑环境，我们仍像青年人一样——青锋怎忍滋锈迹，伏枥永怀万里心。这也是我们内心的追求和理念的写照。

我们的目标：永远创新，永远前进！

（本文写于2003年7月）

戴复东　建筑学与建筑设计专家。1928年4月25日生于广州，祖籍安徽无为。2018年2月25日逝于上海。1948年考入国立中央大学建筑系，1952年7月毕业于南京大学建筑系，同年分配至同济大学建筑系任教。相继任同济大学教授，建筑与城市规划学院名誉院长，同济大学高新建筑技术设计研究所所长。作为国家一级注册建筑师在半个多世纪教学、科研和工程设计中主张"建筑是生存与行为的人工与自然环境，宏观、中观、微观应全面重视、相互匹配，首重微观"的全面环境观，倡导在设计中要崇尚"现代骨、传统魂、自然衣"精神。主持设计了近百项工程，先后获国内外建筑设计竞赛奖5项，其中一等奖4项。发表论文105篇，出版专著《国外机场航站楼》《石头与人——贵州岩石建筑》《中庭建筑》等7部。培养博士20多名，硕士40多名。1999年当选中国工程院院士。

如果我们能够时时保持创新意识，就不至于错过身边的各种机会，并抓住其中某些机遇和启示，调整努力方向，获得创造性的成果。这也像下棋，棋子不变，棋盘不变，却要盘盘下出新意。

——戴尅戎

下好人生这盘棋

当我们讨论和评估人生的时候，并不总是要等到生命终结时再去评价其结果，而是要去感受丰富多彩、有时甚至是惊心动魄的人生历程。有人说：人生如下棋，棋手下完棋，总喜欢立即复盘，回顾这盘棋的得失，分析这盘棋的成功与失败的经历。

从下棋去理解人生，似乎更容易了解一个哲理：每个人的生命是有共同点的，那就是都有开始和终结；人生是有限的，而每个人的生命历程却千差万别，这就像一盘围棋。从出生到完成学业是布局，从开始工作到退休是中盘，退休以后到终老是收官。布局、中盘、收官，盘盘不同。

在成长的过程中，我经历了数不清的考验，也曾面对一次又一次的抉择。这也像下棋，你把下一步棋选择在左边，就放弃了右边；放在中腹，就放弃了边角。每步棋，在选择一个位置时，就要放弃另一个甚至几个位置，并会因此而感到"遗憾"。但我们只能选择其一，如果犹豫不决、举棋不定，那就连这一位置的机会也没有了。人生正是如此，我们总要放弃一些美好的人和事，但我们仍然需要庆幸自己的清醒和明智，因为我们一次次及时抓住了"另一半"的美好事物。

我选择了学医，放弃了我的母校——上海市南洋模范中学传统的报考理工科的志愿；从上海第一医学院毕业时，我选择了当时祖国最

戴尅戎　院士
（中国工程院提供）

伟大的建设工程之一的宝成铁路工地医院，作为我进入社会的第一站，放弃了已经分配给我的北京职务；我选择了外科，放弃了妇产科；在外科中，我又选择了骨科，放弃了胸外科；随后，我又选择了我的一位同班同学作为自己的终身伴侣，我俩一起又共同选择了晚婚、晚育、只生一个；在"文化大革命"后期大学迁校、并校的热潮中，我选择了上海第二医科大学、又选择了附属第九人民医院当时属于大外科领导下、尚未独立建科的、且只有 8 张床位的骨科。

在 20 世纪积极推进学科交叉渗透的大好时机中，我毫不犹豫地选择医工结合的道路，建立了国内医院中最早的骨科生物力学研究室，从力学、工程学角度研究人类的步态、骨折的治疗、骨折内固定的应力遮挡作用及其对策、在国际上首先将形状记忆合金用于人体内部治疗骨折和关节疾病、研发多种新型人工关节和计算机辅助定制型人工关节、研究骨质疏松性骨折的发生机理

和基因治疗促进骨再生，以及将 3D 打印特别是 3D 生物打印技术引入医学领域……

我很自信，上述所有这一切，我都认为自己选对了。如果让我重新生活一次，我还会再一次选择我已经走过的这条道路。

生活和下棋一样，都是有规则的，这个规则就是"落子无悔"。因此，对每一步棋都不能掉以轻心，必须自始至终建立起高度的责任感和进取心。

人们走向成熟的标志之一，就是责任感的建立。责任是一种约束，也是一种信念。责任感是有层次的，有人只对自己建立了责任感，也有人同时建立了对家庭、对社会、对国家的高度责任感。显然，他们生活和工作的动力和视野是大不一样的，其结局也将大不一样。

人们在青年时代就应该建立足够的进取心，否则很难指望他在事业上会取得巨大的成功。进取心的具体表现是使命感和竞争意识，除了应该少年立志，勇于在激流中锻炼自己以外，还要在思维方法、学习效率、组织领导、交往表达、捕捉机会等方面的能力都领先一步。这些能力和素养，又称为"情商"。在决定我们事业的成败上，"情商"远比"智商"重要。"情商"是一种更高层次的"修炼"，涉及驾驭自己的能力和驾驭团队的能力。

与进取心同等重要的是良好的抗挫折能力。我们获得成果的历程，与其说是不断获得成功的过程，不如说是不断认识和克服失败的过程。锲而不舍，面对失败与挫折仍然继续努力，是强者与弱者间最大的区别。抗挫折能力的培养与建立，使我们得以在逆境中百折不回。我们要尽量避免下错棋，但一旦发现错误，不是退缩，而是要继续努力，争取"翻盘"的机会。"不放弃一线希望、力争绝处逢生"是强者的取胜之道。

在建立责任感和进取心的基础上，事业的成功与积极的创新意识是不可分割的，没有创新，就没有科学技术的进步，没有创新思维，也难以成为一名科学家。我们在继承、学习前辈创造与积累的知识和经验的基础上，要善于质疑，勇于提出问题。爱因斯坦给后人留下了宝贵的财富，这些财富不仅包括他的各项伟大的成果，更包括他留下的许多极为重要的问题。爱因斯坦自己也说："提出一个问题，比解决一个问题困难得多。"不断发现新问题，提出新设想，是创新精神的核心。如果我们能够时时保持创新意识，就不至于错过身边的各种机会，并抓住其中某些机遇和启示，调整努力方向，获得创造性的成果。这也像下棋，棋子不变，棋盘不变，却要盘盘下出新意。

（本文写于 2004 年 6 月，改定于 2022 年 7 月 18 日）

戴尅戎　骨科学和骨科生物力学专家。1934 年 6 月 13 日生于福建厦门，原籍福建漳州。1955 年毕业于上海第一医学院。1956 年至 1960 年在中铁四局集团有限公司及汉口铁路中心医院工作。1961 年至 1974 年在上海铁道医学院工作。1974 年任上海交通大学医学院附属第九人民医院教授、院长。1983 年至 1984 年在美国梅奥医学中心及研究生院任客座研究员。现任上海交通大学医学院骨与关节研究所主任、上海市医学 3D 打印技术临床转化工程研究中心首席科学家、转化医学研究院干细胞与再生医学转化基地主任，数字医学临床转化教育部工程研究中心首席科学家。作为上海市创伤骨科与骨关节疾病临床医学中心首席科学家，长期致力于骨科临床和基础研究，特别重视医学与工程科学、生物科学的交叉研究。已发表论文 600 余篇（第一作者或通讯作者 170 余篇），出版《现代骨科学》《转化医学理念、策略与实践》《现代关节外科学》等专著 60 余部。2003 年当选中国工程院院士，2014 年当选法国国家医学科学院外籍院士，2019 年被聘为中国医学科学院学部委员。

> 我深感快慰的是，把学到的一点知识能用到国防科技发展上，为我国国防建设事业尽到了一份力所能及的力量。
>
> ——丁衡高

兢兢业业　锲而不舍

1931 年 2 月，我生于南京一户教师家庭。幼年时正值日本帝国主义侵略中国，被迫随父母流亡到四川。日寇在南京的大屠杀、对重庆等大后方城市的狂轰滥炸，激起我的满腔痛恨，对旧中国被外国列强欺凌，人民遭受的苦难，年幼的我有着十分深刻的感受，爱国之心由此而生。

从重庆青木关小学毕业后，我进入中央大学附属中学求学，直到高中毕业。我至今还记得教我高中数学、物理、化学的老师们，他们的讲课很有吸引力，不仅深入浅出地讲授原理，而且还引导学生去思考问题，到学期复习时能将已讲授的教材提纲挈领，让我们对重要概念有一个清晰且完整的了解，这也只有教学经验丰富的良师才能做到。

1949 年，我考入南京大学机械系，1952 年毕业，分配到中国科学院仪器馆（后改名为精密机械光学研究所），在机械研究室参与了光学测量仪器和精密材料试验机的研制工作。在这段时间内，我还补学了一些基础课程。
当时所里组织我们学习马克思主义
哲学，如对客观世界的正确认识，
掌握正确的思想方法、工作方法等。
现在回想起来，感到受益匪浅，正
确的世界观和方法论确实对人一生
的工作和生活都具有指导作用。

丁衡高　院士
（中国工程院提供）

　　1957 年，我考取了苏联列宁格
勒精密机械光学学院的研究生，导
师是副校长索波列夫，他主管科研
工作，是一位很有经验和造诣的精
密机械专家。第一次与我谈话就强调独立思考，自己找题目，需
要什么就学什么，遇到难处再找他；他强调通过深入实际发现问
题，确定研究的具体问题，并介绍我到国家光学研究所和精密机
械光学工厂去学习。我的研究方向是光栅刻划技术，其主要内容
一是动态精度，二是刻划过程，这两点都有不少问题值得探索、
研究。导师鼓励我抓紧时间工作，特别是要学习研究和掌握高精
度的动态参数测量技术，工作中虽然碰到了不少困难，但这些新
技术吸引着我去边学边干。

　　在动态精度研究上，我推导出了精密机械传动系统的运动方
程，分析了影响传动精度的主要因素，提出了提高传动（动态）
精度的方法；在有关金刚石刻划金属机理的研究上，提出了提高
刻划精度的方法。可惜的是正在我撰写论文初稿时，索波列夫导
师不幸突然病逝，我深深地怀念导师和感激他对我的指导。

　　1961 年回国后，我被分配到国防部五院，参加制导武器上所用的陀螺仪、加速度计、惯性平台系统的研制工作。惯性仪表发展已有百年历史，基本理论是成熟的，问题是研制出高精度的、能经受苛刻环境条件并能可靠而稳定工作的惯性仪表，的确不是一件易事。惯性制导武器的精度主要取决于惯性仪表的精度。现代惯性仪表是一个比较复杂的光机电系统，体积不大但涉及技术面广，从系统总体、细微的结构设计、材料选择，到高精度加工工艺、装配调试及惯性仪表的综合环境试验等，都必须从总体要求的角度系统地考虑一系列问题。此外，准确地确定仪表精度需要有科学的测试方法和高精度的测试设备。为此，我们进行了大量的理论分析和试验工作，尤其是在"大三线"十分困难的条件下，大家团结一心，攻克了一个又一个难关，积累了不少经验，终于研制出了高精度的惯性仪表，并开展了惯性仪表关键技术的预研，为以后的发展打下了坚实的基础。

1961年到1970年，我在原七机部十三所工作，参与研制机械式和气浮惯性仪表系统。1970年到1977年在七机部十六所参与液浮惯性平台系统的研制工作，并成功地将高性能的惯性仪表及平台系统用于几种战略导弹、运载工具及多种测试设备上。为此，先后获得全国科学大会奖、国防科技重大成果奖一等奖，以及国家科学技术进步奖特等奖。当然，这些荣誉应属于当年团结一致、协同攻关的整个集体。

惯性技术是一项涉及许多科学技术领域的综合技术，它的提高和发展主要基于精密机械、光学、微电子、自动控制、计算机、工程材料、特种工艺等科学技术的发展，从事惯性技术工作必须了解这些领域的新发展、新成就。1964年，我跟踪国外发展动态，提出了激光发射器在惯性制导器件中应用的意见。近年来，微米

/纳米技术发展迅速。微米/纳米技术一般是指亚毫米到亚微米（直至分子尺度）范围内材料、工艺和装置的综合集成技术。微电子批量制造技术用于生产宏观机械系统的微米尺度样机，促进了"微机电系统"概念的出现。微机电系统与专用集成电路技术的综合集成，又演化出亚毫米到亚微米范围的"专用集成微型仪器"的概念。正在发展中的微机电系统和专用集成微型仪器的加工线，可以在未来用于批量加工微型器件和仪器，并将成数量级地降低它们的尺度和制造成本，且大大提高其可靠性。可以预见，微米/纳米技术将对惯性器件及其组成的系统乃至整个制导武器产生革命性的影响。

1977 年，我到国防科工委参与负责制导武器的研制及精度鉴定工作。1985 年初担任国防科工委主任一职。新的岗位给我很大的工作压力，所以必须更多地了解新情况，学习新知识，经常深入思考并与同志们一起研究，解决工作中碰到的新问题。

"两弹一星"是综合国力的重要标志。核技术、航天技术是重要的高技术领域，国际竞争十分激烈。我们从各个方面给予了关注，以确保尖端武器的有效性和可靠性。大力发展应用卫星和卫星应用事业，使我国在高技术领域占有一席之地。

国防科技和武器装备发展战略研究是一个重要的课题，我们根据世界科学技术的发展趋势、我军的战略方针以及我国国防科学技术发展的实际可能，会同各有关部门，从整体上、宏观上，从大局的实际出发，对指导方针、发展目标和战略，以及实现目标的策略和措施，不断地、系统地进行了思考和研究。我们得出的比较一致的意见是：加快国防科学技术和武器装备的发展，必须集中力量，突出重点，确定武器装备的研制项目，同时着眼长远，大力加强预先研究工作和基础技术等工作。

1991 年 2 月，我们进行了海湾战争对我国国防科技发展启示的研究，提出了一些对国防科技和武器装备发展有现实意义的新观点和新认识。例如，现代战争是体系与体系对抗的观点，提出武器装备总体质量的观点，武器装备的发展要从重视数量的发展转向重视质量的发展，必须要有先进的防空体系和 C3I 系统，要注意发展攻防兼备的关键技术，要有一两手能对对方起遏制作用的"杀手锏"技术等。

我没有想过会从直接从事国防科研工作岗位转到国防科技领导岗位。如今，扪心自问，几十年来，无论是在科研岗位，还是在领导岗位，无论是一线大城市，还是三线深山沟，每到一个单位，我从不敢懈怠，常常是寝食不安，兢兢业业，锲而不舍，和同志们团结一致，把工作干好。令我深感快慰的是，把学到的一点知识能用到国防科技发展上，为我国国防建设事业尽到了一份力所能及的力量。

目前，我继续从事微米 / 纳米技术的研究及博士生的指导工作。微米 / 纳米技术是一项面向 21 世纪的军民两用技术，它的出现定将影响国民经济和国防科学技术的发展，先进国家在该领域的技术发展和进步可谓日新月异，我们应结合具体国情，将其视为整个国家科技发展的重要课题，大力协同，集智攻关，及时总结经验，早出和多出成果。

（本文写于 1998 年，改定于 2022 年 9 月 8 日）

丁衡高　惯性技术和精密机械专家。1931 年 2 月 3 日生于江苏南京。1952 年毕业于南京大学，1961 年获苏联列宁格勒精密机械光学学院技术科学副博士学位。1961 年至 1977 年，先后在国防部五院二分院、七机部 13 所和 16 所工作，相继担任研究室主任、副所长、主任设计师和所负责人。1977 年 9 月任国防科委科技部三局副局长，1983 年 3 月任国防科工委科技部副部长，代理国防科工委副主任，1985 年 3 月任国防科工委主任。1994 年被授予上将军衔。是中共第十三、十四届中央委员，全国政协第九届常委。相继兼任国家高技术协调领导小组副组长、国家航天领导小组成员及办公室主任，国务院、中央军委专门委员会成员及办公室主任。还曾兼任中国宇航学会名誉理事长、中国惯性技术学会第一至第四届理事长、中国微米纳米技术学会名誉理事长、清华大学兼职教授和上海交通大学微纳科学技术研究院名誉院长等。作为我国战略导弹惯性技术奠基人之一、惯性技术学科发展的主要推动者，微米纳米技术的倡导者和中国载人航天工程首任总指挥，长期从事制导武器的陀螺仪、加速度计、惯性平台系统等的研制；突破气浮轴承及惯性器件的关键技术，负责潜地固体战略导弹的液浮惯导系统的研制与生产；从事国防科技发展战略研究及应用微米 / 纳米技术的微型惯性器件、微型机电系统的研究等。已发表《海陆空天显神威：惯性技术纵横谈》《应用惯性技术验证广义相对论》等多部论著。曾先后获全国科学大会奖，国防科技重大成果一等奖、二等奖，国家科技进步特等奖，国家"863 计划"特殊贡献奖及何梁何利基金"科学与技术进步奖"等。1994 年当选中国工程院首批院士，并曾任主席团成员。

> 我确信,能有机会为祖国的富强和老百姓扬眉吐气做一点实际工作,那是人生最大的享受,是任何物质享受无可比拟的。

——杜祥琬

心 纯 如 玉

服从祖国安排

在日寇侵华、百姓逃难的途中,1938年4月我诞生在河南南阳。南阳产玉,称"琬玉",我排行"祥"字辈,由此得名"祥琬"。在抗日烽火中,随父母工作的学校,辗转河南、湖北、陕西数年,历尽艰辛。

在作为临时留宿的农舍里,母亲教我们的第一首歌,至今萦回在我的心中:

呵!吕梁

伸出你的铁拳,

把敌人消灭在祖国的土地上!

1945年抗战胜利,使我有可能在开封接受初等教育,以后又迎来解放,并上完中学。在高中,我对天文学发生了兴趣,课外活动时,常跑到图书馆看《知识就是力量》等杂志。晚上遥望星空,觉得那无限广袤又深邃的宇宙是最值得探索的奥秘。所以在高考升学时，我的第一志愿便是南京大学天文系。可是，那年国家在开封选了两名留苏预备生，我是其中之一。于是，我服从祖国需要，进了北京俄语学院的留苏预备部。一年后，派遣留学生政策有变化，我又被分配到北京大学数学力学系学习。

杜祥琬　院士
（中国工程院提供）

北大不仅有美丽的校园，更有引人入胜的图书馆和阅览室，有第一流的师长和聪慧而诚挚的同学们。可惜，在北大的两年间，不少时间浪费在"反右"和"大跃进"的狂热之中。

1959 年夏，国家选派 30 名学生赴莫斯科工程物理学院学习，这是钱三强先生负责操办的一件事，他亲自为我们送行并给予谆谆叮嘱。服从国家建设的需要，从此我从宏观的天文学之梦变换成从事微观核物理的实践。20 多年后，我又一次有机会见到钱老，他问我："你后悔吗？"我说："不，追随您的事业，很荣幸！"

在莫斯科的 5 年多，使我有机会受到严格的理工科训练。俄罗斯特有的美丽大自然和有文化又友好的人民，给我留下了难忘的印象。"反质子原子寿命的计算"是我的毕业论文题目，主持答辩的理论物理学家康巴涅茨教授提的两个问题，正是在我事先已准备的可能被提问的 29 个问题之中，他果然满意地给了我一个"优秀"。

在莫斯科学习时，一次使馆曾转达国内对我们学习的希望，提到"要着重学好中子在介质中输运的理论"。当时不太明白这个指导性意见的"意思"。1964年秋毕业回国，我被分配到"九院"，投入突破氢弹的研究工作，从熟悉玻尔兹曼方程的解开始，方才对那段话的含义恍然大悟。

很有幸，我能在一批优秀的物理学家领导下工作，王淦昌、朱光亚、彭桓武等均是当时的院领导，而邓稼先、周光召、于敏、黄祖洽等是直接指导我们工作的老师。他们坚实的物理学功底和严谨的学风使我受益至今。一支朝气蓬勃的年轻人队伍，共享着"我们献身这壮丽的事业，无限幸福无上荣光"的情怀，为扬国威、壮军威而共同奋斗。

1966年底，我们热测试理论组的三位青年搭乘朱光亚副院长的飞机，带着预估的中子和 γ 谱的理论数据赴试验基地参试。这是一次成功的氢弹原理试验，是我国掌握氢弹制造技术的实际标志。当时新闻公报里称作是"一次新的核试验"。戈壁滩刺骨的寒风和"文革"阵阵恶浪在大家心中投下的阴影，都挡不住试验成功带来的激动和喜悦。接着，在那个史无前例的"文化大革命"灾难年代里，大家仍然不顾各种困难和压力，取得了多次成功。1971年我参与了向周恩来总理的工作汇报，他不仅过问了试验的方案和安全问题，并且为解救当时处于重压和被摧残之中的九院作出了一系列具体指示和布置。1975年，所领导命我重组中子物理学研究室，其后的10年是为适应新一代核武器研制的要求，系统地发展我国自己的核试验诊断理论并大力实现中子学理论设计精确化的年代。针对新一代核武器的要求，提出了研究方向与课题，发展了新的物理思想和方法，为新一代武器设计和试验成功提供了重要的保证。凝结了集体智慧的这段工作是富有成效的。

后来，当有可能与国际上的同类工作比较时，发现我们的工作不仅有独创性和特色，且有较高的应用效益。

享受科研方向的转换

国家"863计划"使我的科研方向发生了新的转折。我受命担任激光技术专家组成员兼秘书长，协助首席科学家陈能宽院士负责制定并实施强激光研究的发展计划。1991年开始，我被任命为首席科学家。在存在多种不确定技术途径和高风险情况下，主持制定了符合国情的目标、重点与技术途径等发展战略与实施方案，开拓了我国发展新型强激光和微波技术的道路。

多年来的实践表明，经科学论证和审慎选择的技术途径是正确的。在一系列物理问题和关键技术的研究中，取得了突破。提出并主持的多项综合实验，也获圆满成功。这是一个全国许多院、所、校大协作的高科技攻关项目，氧碘化学激光以及半导体抽运的固体激光的发展经历了多年艰苦的探索之路，终于获得了激动人心的成果，走出了可持续发展的道路。"863"计划实施以来的10年多，是我最为繁忙、压力最大和绞尽脑汁的10年，也是学得多、进展大、体验深的10年。这是一段从事大科学系统工程研究的宝贵实践。

从核武器到强激光，都是体现国家意志和利益的高科技。我生活轨迹上的每一次转折，都是由国家科技发展的需要决定的。几十年下来，已形成了理论和实验紧密结合的习惯，形成了一种和众多伙伴一起紧张工作的习惯。大家配合默契、连续奋战，共享科研实践中的焦虑和欢乐，生活清苦而富有成就感。我确信，能有机会为祖国的富强和老百姓扬眉吐气做一点实际工作，那是人生最大的享受，是任何物质享受无可比拟的。

我和两个大集体——中国工程物理研究院和 863 激光技术主题科研群体，结下了不解之缘和诚挚情谊。这两大集体的共同特征是：极富献身精神、科学精神、协作精神和自主创新精神。我在这两大集体中结识了我国科技界的许多优秀学者、工程技术英才和许多默默无闻的实干家。我想，无论到何时，我们的国家和民族都需要这样的科技群体！

风雨中同行

越是忙，就越是感到有空在家中小休、忙里偷闲的可贵和温馨。我与夫人毛剑琴，是有缘在北大相识的，我回国后工作的九院又跟她读研的北航相距咫尺。1967 年结婚时已是"文革"阴云密布。不久，打倒我父亲的大字报就从郑州贴到了北京街头。从此，我们同甘的机会不多，共苦的考验却很长。我善良而辛劳的母亲——一位普通的历史学人民教师，遭无情批斗后惨死在农村。早年毕业于北大数学系并参加地下工作、一生教书育人的父亲，在饱受"牛棚"折磨后，也含冤辞世。我怀着悲愤的心情从西平县的农田里起回母亲的遗骨，同家人一起将她和父亲合葬于郑州。这是在母亲去世后数年，几经周折才得以了却的一点心愿。祸不单行，著名建筑师老岳父也被"流放"他乡……在那些灾难的岁月，我俩总是在风雨中同行，她给我细心的关心和安慰。她是一位事业和生活兼顾的女性，里外一把手。在我极度繁忙的工作中，她给了我足够的理解和支持。有"诗"为证：

共度灾难时，困苦见真心。

支持我事业，安慰不顺心。

内外重负荷，凡事皆认真。

但愿人长久，共勉知我心。

在一连串灾祸压顶的时候，爱子庆庆的出世给全家带来难以形容的欢乐，他的每一步成长和进步，都使我内心感到快慰。我也为他写过几首"诗"，他总带在身边，这使我很高兴。

家里不多的空间被书柜、书架充满。书是全家每一位的共同朋友。几十年来最深的体会之一是"学无止境"。飞速发展的科学技术是巨大的鞭策，实现国家需要的目标是有力的牵引。与科学技术实践密切结合的学习，常使人有如饥似渴之感。学习的重要内容还包括科学态度、科学方法和科学道德，这是一个科技工作者素养的重要组成内容，是取得成功的要素。我愿把这最后一点体会也献给科技界的青年朋友们。

（本文写于 1998 年，改定于 2022 年 8 月 2 日）

杜祥琬　应用核物理、强激光技术与能源战略专家。1938 年 4 月 29 日生于河南南阳镇平，祖籍河南开封。1964 年毕业于莫斯科工程物理学院。现任中国工程物理研究院研究员，高级科学顾问。曾任中国工程院副院长，国家能源咨询专家委员会副主任，兼任中国物理学会副理事长。作为我国新型强激光和微波研究的开创者和国家"863 计划"激光专家组首席科学家，主持研究与制定了符合国情的发展战略与实施方案；在有关物理规律和关键技术研究中获重要成果；提出并成功主持了综合实验研究，解决了多项单元技术衔接与总体集成的工程技术问题，使我国新型高能激光系统技术跨入世界先进行列；主持并参与了国家能源发展战略和应对气候变化的咨询研究工作，担任国家能源专家咨询委员会副主任，曾任国家气候变化专家委员会主任。科技成果分别获国家科学技术进步奖一等奖、二等奖，部委科技奖特等奖、一等奖、二等奖等成果奖 10 多项。2000 年获何梁何利基金"科学技术进步奖"。1997 年当选中国工程院院士。2006 年当选俄罗斯联邦工程院外籍院士。

> 成功是由失败堆砌的，只要有承受失败的勇气，即非天才也总能取得成功。
>
> ——范立础

抗震的造桥人

幻想中成长

我出生在上海一户较富裕的大家庭中，父亲早亡，那年我才3岁。家境虽富裕，家规却繁琐，但对子女的学习要求并不严，任天性顽皮的我玩耍，并养成我争强好胜的脾气，家里赠我的雅号为"百有份"。

小学时代随我异母生的大姐就读于南洋女子学校，该校由爱国教育家吴若安女士创办。她潜心办学、终生未嫁、鞠躬尽瘁、活至百岁。我接受的是吴校长的爱心教育。宽松的、多科目的启蒙教育引领我少年时展开了广阔的思索与求真的境界，然而老师对我这顽皮学生经常提出的奇思怪想多有"领教"。那年头，我的小脑瓜里充满了各式各样的"怪问题"，大人们习以为常的事物，都会引起我的奇思遐想。老师说牛吃草喝水，经胃肠消化会产生牛奶。隔了一天，我就异想天开地问老师："我想办个工厂，设几个车间，就相当于牛的胃。这样，从厂后门进稻草，经车间加工变化，厂前门就流出牛奶，这多美啊！小朋友都可以喝牛奶了。"老师们均啼笑皆非，但对我的异想天开，他们从未给过我满意的答复。吴校长是我一生中第一位启蒙老师，她的循循善诱，鼓励思考，提倡发问的教学理念，对我日后的成长影响很大。

范立础 院士
（中国工程院提供）

转眼不久，我进了钱业中学，据说这是由宁波同乡会虞洽卿先生创办的。该校十分崇尚国学，重德在先，对文言文学习要求甚高。我开始接受《论语》《中庸》《大学》《孟子》等儒家经典的熏陶。老师们常唠叨"字是门面"，表示了一个人的文化内涵与修养，这得从小抓起。学校还肯花钱从中央大学、交通大学、复旦大学等请来多位数学、物理学、英语、地理学等教授来授课。经名师指点，确实使我发蒙，在似懂非懂中获得一点感受。但我并不争气，没有学得很好，仅处于中等水平。钱业中学有很好的图书馆，我花了不少时间去阅读中外名著，也选读鲁迅先生的杂文，尽管没能深入领会。但是不间断地阅读一系列中外经典，还是多多少少令我青年时代思考问题能够比较深刻。我常常对事物随意发表意见，性格倔强又爱辩论，这种从小养成的脾性，至今对我还有影响，也能看到这种难改的脾性的影子。日后经过生活的磨炼，在我日记中居然会记下这样两句话：一是"性格是一场演不完的戏"；二是"有的事，答案唯一；有的事，答案不一，不同标准各存心中，风雨雷暴当不相同"。

中学时代很多老师永记我心中。其实，他们对我无穷尽的追问，一直是很赞赏的。

理想折戟

1950年9月我考上了东北工学院建筑系，到校报到后，我片面地以为学校各方面水平远不及南方的各所大学，毅然退学回了上海。复习一年后，重新参加高考，1951年9月居然考上了我理想中的上海交通大学土木工程系。当年，交大还是采用美国麻省理工学院（MIT）的教学模式和教材。在课堂上聆听著名教授作深入浅出、不同风格的美妙讲授，确是一种风格与魅力的享受，当然也饱尝了富含营养的知识大餐。我的心灵由震撼到向往——日后也能成为一名神圣的教师，用渊博的学识为国家造就一大批土木工程建筑大师。谁知一年后全国院系调整，土木工程系全体师生并入同济大学，那年我才19岁。从此，我的学术生命与这所著名的德国学派与风格的学府息息相关。"同心砥砺、同窗求索、济困扶贫、济世兴邦"。

进入同济，我被分配在路桥系桥梁与隧道工程专业。系里也是名师云集，精英荟萃、学派纷呈、群贤毕至。德国学派的李国豪教授（我工作后的恩师）博学多才，严谨求实；美国学派的钱钟毅教授（我大学时代的导师）天才教育，思维活跃；法国学派的周念先教授思维发散，学富五车。他们都是那个时代的知名学者，在他们门下求学，只要自己努力，绝对能打下坚实的基础，也为我们在文化上构筑了贯通中西的桥梁。

三年寒窗，集腋成裘。1955年毕业时，我们班级被评为"五好集体"，我还被评为10名"五好学生"之一。随之，我被留校工作。半年后，就被安排独立开课。1956年，在钱钟毅教授的指导下，对"材料容重与强度对桥梁极限跨径的影响"作了分析研究，共同署名（我为第二作者）写就了一篇论文，居然在《同济学报》上发表，这成了我学术道路上的第一篇论文。

正当我踌躇满志准备为祖国桥梁事业大干一番时，一场空前的灾难——"反右运动"横扫了中国知识界。我与路桥系钱钟毅、项海帆（1995年当选中国工程院院士）教授等七位教师先后莫名其妙地被打成"右派"。一年后虽摘帽，但仍作为"摘帽右派"，顶着"教员"的虚衔工作了8年多。随即又经历了一场史无前例的"文化大革命"之灾难，我理所当然地被关进了"牛棚"。在这段无奈的岁月里，我依然坚定地等待着一个遥远且无法预知何时能明朗的日子。一边劳动，一边"改造"思想。在"文革"的后期，我开始偷偷地学习线性代数与计算机等与桥梁设计有关的知识。这一晃就整整虚度了10年。

实际上，在这10年中，我还是有不少新的收获，就是这场磨难给我的一些启示。我被改造时，有一年住在一位最苦的贫农家，每月交上30斤粮票和10元5角钱。老农家只有玉米与腌萝卜，日子久了他过意不去，去河里抓了一些小鱼，用清水一煮，就是"大餐"了。真的难下咽啊！我不忍伤了老农的心，还佯装高兴，连声说"好吃，好吃"。纯朴的老农于是尽量设法抓这种小鱼做菜，我也只能努力地吃下去……正是这段艰苦的农村岁月，在贫瘠土地上的锻炼，我对革命、人生、科学、世界均有了新的感悟，也做了积极的思考，恐怕在正常的高校三尺讲坛上是很难体会和感受到的。

彩虹的脊梁

十年动乱后便是拨乱反正。在 20 世纪 80 年代初，李国豪老师当校长，主持同济大学的工作了，学校从此沐浴着"科学的春天"之阳光，呈现一派欣欣向荣的景象。李校长当机立断抓桥梁学科建设的三大领域：桥梁抗风、桥梁抗震、计算机应用，并果断决定由我来搞桥梁抗震工作。将令一下，我便全力以赴。

同济路桥系百废待兴，人才缺、人手紧的局面摆在李校长面前，但他自有大帅的战略眼光，依然派项海帆去德国进修，派石洞去美国当访问学者，他的三位得力助手居然放走两位。于是，三项重任——国际交流、科研互动、日常行政，也就都落到了我头上。好在我已步入成熟的中年，几十年功过得失也早已视作烟云。抬起头朝前看，已成了对自己的警策。既然恩师对我委以重任，学生理当满腔热情地去奋斗。那些年头，确实忙得喘不过气来，但却有使不完的劲，因为寻找到了"理解"与"认同"的人生满足与归宿。除了抓好桥梁抗震的科研团队，我还协助李校长做了大量社会工作，诸如担任土木工程学会副秘书长、桥梁结构工程学会理事长；还先后担任教研室主任、教务处副处长、结构工程学院副院长及院长。

我真诚地感谢改革开放为我提供了学术研究的机遇，我更感谢我的学术领路人——李国豪教授给我搭建的发展平台，令我在这 20 多年的桥梁抗震科研中作出了些许成绩。

一千多年前的大诗人李白在其著名诗篇《秋登宣城谢朓北楼》中留下了"江城如画里，山晚望晴空。两水夹明镜，双桥落彩虹"。在脍炙人口的诗句里，李白视桥梁为"彩虹"。天上的彩虹固然很美，但会被风驱散；而大地上的彩虹——桥梁，则具有跨越时空、俯瞰历史的恒久生命力，它具有关照社会、服务人生的功能，能抵御风霜雨雪雷雹冰冻，有坚定安详的和谐风姿。这其实也是大地彩虹建造者们的性格和魅力，他们才是彩虹的脊梁。

我期望读者阅览此短文后，绝不要迷信院士，院士既非权威，也非名人，院士与大家一样也是凡人。我有优点，也有缺点，有成功，但更多的是失败；喜怒哀乐免不了，有时还会做点傻事、错事。因为科学不承认权威，科学只承认事实，科学更是与时俱进的。

（本文写于 2006 年 4 月）

范立础　桥梁结构工程与抗震专家。1933 年 6 月 8 日生于上海，祖籍浙江宁波镇海。2016 年 5 月 3 日逝于上海。1951 年考入上海交通大学土木工程系，翌年转入同济大学路桥系桥梁与隧道工程专业。1955 年本科毕业后长期留校任教。1978 年至 1982 年任同济大学路桥系教研室主任，1986 年至 1987 年任教务处副处长，1987 年至 1997 年任结构工程学院副院长、院长，1997 年至 2016 年任土木工程防灾国家重点实验室学术委员会常务副主任。长期从事桥梁与结构工程领域的教学和科研工作。作为同济大学桥梁工程学科学术带头人，首次编写了桥梁杆系非线性地震反应分析程序，20 世纪 80 年代率先建立中国大跨度桥梁及城市复杂立交工程的抗震理论和计算方法，90 年代提出大跨度桥梁抗震设计方法，率先开展了桥梁减隔震和抗震加固技术研究，开发研制了第一、第二代橡胶抗震支座，21 世纪初提出基于寿命期和性能的大跨度桥梁抗震设计方法，解决中国大跨度高墩桥梁抗震和减震关键技术，开发研制了大吨位全钢双曲面球型减隔震支座。科研成果均应用于上海卢浦大桥、东海大桥、苏通长江大桥等 50 余座重大桥梁工程。发表论文 180 余篇，出版《城市桥梁抗震设计规范》等专著 10 部，英文专著 1 部。2010 年获何梁何利基金"科学与技术进步奖"，2013 年获"上海市教育功臣"。2001 年当选中国工程院院士。

> 红外传感器在太空中的应用固然十
> 分重要，若能将它们直接运用于地面上
> 为生活服务，那应该是更加美好的事。
>
> ——方家熊

心系太空　感恩生活

"风云一号"上天，中国有了先进气象卫星

1988年9月7日5点30分，我国首次成功发射了气象卫星——"风云一号"。那天清晨，我们在山坡上激动地仰望漆黑天空中那美丽的火箭远去，此情此景至今仍历历在目，清晰得就像刚才发生一般。

从1977年开始论证卫星用10.5至12.5微米长波红外遥感传感器，我与同事们一起经历11年的奋斗，终于成功解决了我国卫星遥感长波红外传感器件的技术基础及工程问题，满足了我国首次从卫星对地球的长波红外遥感的要求。

能够用于卫星上的高灵敏长波传感器材料，只有三元系碲镉汞变能隙半导体，我们一面解决碲镉汞材料生长的难题，另一面广泛开展了能在绝对温度105开（K）条件下工作的12.5微米长波红外器件的实验研究，解决了工作温度从绝对温度77开（K）升高到105开（K）时的性能劣化问题，对不同工艺条件的材料和器件，

深入研究了它们的物理参数与温度间的关系。在测试方面，我提出了"滤波比"的概念及其简便有效的测试方法，极大提高了芯片的工作波长筛选效率。我还提出了变能隙半导体红外传感器的工程优值参数的概念和测试方法，解决了绝对温度105开（K）下器件的适用性问题。经过三年多工作和提供遥感系统在飞机上做的一系列验证性试验，获得了符合要求且性能优良的器件。

方家熊　院士
（2012，方鸿辉摄）

接着，我们进行了三年多器件性能稳定性和工作寿命的相关研究，这其实有赖于设计和工艺技术的提高。碲镉汞材料中汞的化学键很脆弱，容易破裂而不断逃逸到材料表面，使器件的性能不断恶化。保护光敏芯片的所谓"钝化处理工艺"和把芯片安装到管壳里的所谓"封装工艺"，就像内外两道大门以阻止汞不断地逃逸，从而保障了器件性能的稳定。

我和五位同事协同奋斗，做了航天器件"外大门"的封装技术工作，取得了有价值的真空中碲镉汞芯片表面汞气压与真空度和温度关系的实验数据，还获得了真空半自动机械手等多项创新成果，圆满完成了任务。

随后，我们又进行几年正样工程器件的研制和配合遥感系统的试验工作，完成了航天条件下的各种例行试验和寿命试验。经历11年之久，苦尽甘来，终于迎来在本文起首所描述的那种难忘的也是值得骄傲的时刻。

以现在的眼光看，当初研发的这个"新器件"显得简单和幼稚了。不过，它确实起到了奠定我国航天遥感用红外器件系列基础技术发展的作用，功不可没。因此，这11年的甜酸苦辣和许多趣事至今仍是我心中不可抹去的美好记忆。

"风云二号"高悬天际，观风云察气象

每天晚上中央电视台气象预报所显示的"风云二号"卫星的地球大气云图，为全国观众提供了及时可靠的气象信息。

"风云二号"气象卫星上的遥感仪器，除了有单元件的长波红外传感器以探测大气温度外，还带有一个专门探测大气水分的"水汽通道"的6微米红外传感器。

1983年，我国全面开始研发"风云二号"同步气象卫星，它和"风云一号"的绕地运行不同，从地球上看，它是高悬在赤道上空约36000千米的静止位置上的。为了提高地面分辨率，要求光敏芯片的面积要小10倍，这就使电极对灵敏度的影响变得很突出。另外两项关键技术是，要从无到有地研发6微米器件的材料，以及长波和水汽两个光敏芯片的封装问题。为此，由我提出研发的方案并负责实施，到1992年完成了工程初样，其中我的一些学生在技术基础方面做了出色的工作。随后，由我的主要助手继续完成了正样，送上了太空，发回的大气温度和水分云图达到了国际水平，令我们感到很欣慰。

基础研究发力，红外传感跨越发展

20世纪90年代初，国家需要加速发展第二代多光敏元红外传感器，我们在"风云"卫星系列用的单光敏元技术的基础上，

方家熊与用上了高灵敏长波传感器"风云卫星"传回的云图合影（2012，方鸿辉摄）

如何承担新的责任呢？急需解决晶体材料不均匀性、杂质和缺陷如何影响光生荷电粒子的寿命、多光敏元芯片的技术基础等一系列已知和未知的问题。

1992年，在国家和中国科学院重大基础项目的支持下，我提出了直接针对技术攻关难题中的四个基础性技术课题，包括低背景多光敏元长波红外传感器研制的八个技术关键，并负责联合有关研究所展开了综合研究和攻关，也取得了性能达到理论极限的多光敏元红外传感器世界水平的成果。这方面的工作为我国向多光敏元长波红外传感器跨代发展作出了重大贡献，赢得了许多赞誉和奖励。有关的技术基础和工艺技术为发展第三代"红外焦平面"打下了一定的基础。

飞船遨游太空，多光谱图像展地球万紫千红

也是在1992年，我国决定发展载人飞船技术。1993年我参

加了有效载荷"成像光谱仪"器件的配套工作，它需要四个红外波段的多光敏元红外传感器。分析了对器件的工程应用十分重要的体积、质量、功耗等应用参数，也考虑到发展一点红外焦平面技术，我设计了一个"四波段红外传感器组件"的方案，两年后才看到类似系统上有相似设计。当然，严格地说，这只能叫作"三波段多光敏元长波芯片和单波段短波红外焦平面混合组件"。因为在光学系统的焦平面上有光敏元芯片和配用的信号读出专用集成电路芯片，才是真正的"红外焦平面"。当时三个长波多光敏元芯片，在技术上还不能实现配用的读出电路，就是过了 20 年后的今天，也还存在着巨大的困难。这个组件方案大大简化了遥感系统的光路设计，减少了系统的尺寸和质量。当时，我负责跨三个部门的六个子课题，克服了重重技术难关和人员协调方面的困难，终于在我的 60 岁本命年——1999 年研制成功了。该器件于2002 年随"神舟三号"飞上了蓝天，发回了清晰的红外多光谱图像。

在发射基地有许多沉重的责任。在责任书上签完字之后，当然也有许多轻松美好的趣事，也许是经历得多了或者是年纪大了，那些美好的事件和场景总不如"风云一号"那时的印象来得深刻。

这个多波段红外传感器组件方案和解决的关键问题，也为其他航天多波段红外遥感系统的组件研发打下了重要的基础。

感恩生活，促红外传感器件地面应用

红外传感器在太空中的应用固然十分重要，若能将它们直接运用于地面上为生活服务，那应该是更加美好的事。如今我们的生活条件随着社会经济的发展，得到了很大的改善，但怎样让传感技术为生活更美好而发挥应有的作用倒是一直萦绕在我心头的

大事。在发展"风云一号"用的红外传感器件时，我和同事也曾热心于地面应用，曾为医用红外热像仪、航空探矿以及工业、交通、环境诸方面配套服务，提供了零星的器件，取得了一些效果，但总不成气候。进入 21 世纪，我仍重点关注我国航天遥感需要的新型传感器件研发。在 21 世纪初，我曾发起我国"紫外焦平面"和新材料"铟镓砷短波红外焦平面"的发展工作，联合有关单位并带领我的学生全力投入了起步阶段的研发。令我十分欣慰的是，现在新材料短波红外焦平面已经被多项航天遥感工程采用了。

目前，除了对研究新型航天用探测组件的基础技术，以及弱信号读出专用集成电路的功能增强外，我侧重于组件在其他领域的应用技术开发，其中包括微型短波红外光谱仪综合集成，企望能发展成一种气象环境传感网的节点技术，等等。

我也很高兴曾受邀作了一些科普报告和专题报告，来宣传光传感器的新发展和应用。我曾经历过食物缺乏并体验到粮食种植之艰苦的那个特殊年代，因此也会对农业发展予以特别关心。当然，这直接起因是出席了有关粮食烘干的红外加热暨红外医学发展研讨会。近年来，作为中国光学会红外与光电器件专委会主任，我一直积极支持和参加红外与光电器件能在农业上施展才华的一系列工作。此外，还在东方科技论坛、上海科普大讲坛上呼吁并传播有关气象与环境传感网的思想和知识。在上海科普大讲坛的报告内容还在东方电视台进行了实况转播。我衷心期盼这些前瞻性思考能对智慧城市的构建起一些作用，并能联合多学科共同推进，尤其希望对农业技术的发展有较大的推进。

21 世纪初，我曾到故乡——安徽歙县的母校作了"数字有机农业"的科普报告，结合卫星遥感来传播新知识。同学们听了科普报告后还制作了一个数字有机农业的网页，并让我写了一篇序言，我鼓励同学们大胆地展望未来，积极开展课外活动，序曰：

你一踏入"数字农业"的田野，

会看到用卫星和计算机来辅助耕作，

你流连在"有机农业"的园地，

能见到美妙的环境和神奇的食品。

让我们在"数字有机农业"网站的虚拟空间，

交流生命科学技术和信息科技知识；

让我们在"数字有机农业"的现实活动中，

磨炼自己的实践和创造才能。

（本文写于 2012 年 6 月，改定于 2022 年 7 月 14 日）

方家熊 光传感器技术专家。1939 年 10 月 22 日生于安徽黄山歙县。1962 年毕业于南京大学物理系，1966 年中科院半导体所和上海技术物理所研究生毕业。现任中国科学院上海技术物理所研究员、所科学技术委员会副主任、传感技术国家重点实验室学术委员会主任。兼中国光学学会红外与光电器件专业委员会主任。2011 年被聘为山东大学光学高等研究中心主任。长期从事光传感器研究，为我国空间遥感系统研发了多种红外传感器。提出了变能隙半导体红外传感器的工程优值参数概念和测试方法；解决了空间用红外传感器的技术基础及工程问题，满足了我国首次从卫星对地球的长波红外遥感要求；为新型空间遥感系统的需要实现了碲镉汞红外器件对 1 至 15 微米探测的全波段覆盖；提出了我国第一个多光谱红外焦平面组件方案并研制成功；为"风云一号""风云二号"卫星以及"神舟三号"飞船提供了各种多波段红外传感器组件，并推广应用于航空遥感系统和工业、交通、环境和医学等领域。著有《卫星用长波 HgCdTe 探测器的研究》等论文及报告 100 多篇，参加撰写专著 2 部。获国家科学技术进步奖一等奖 1 项、二等奖 2 项、三等奖 2 项，部委级科技奖 7 项；获专利 6 项。2001 年当选中国工程院院士。

人生苦短，生命有限。我寄希望于我的青年同事们。参照海明威一句话的原意：一代人即将过去，但太阳将永远从这里升起。

——顾健人

朗读者　余佳阳

要有"自甘寂寞"的勇气

科研生涯如登山，走不尽的路，爬不完的山。刚攀上了峰，方知顶峰还在前头。周而复始，已 46 年。

1954 年，我从医学院毕业，从事肿瘤病理学研究，原以为这就是我的终生职业了。1958 年，我又奉命筹建上海市肿瘤研究所，要进行肿瘤病因与发病机理的研究，深感已学的病理学知识远远不够用，当时读了 Chargoff 主编的《核酸》，由此改变了我的一生。

肿瘤细胞来自正常细胞，但又不同于正常细胞。肿瘤细胞增殖不息而仍保持它的恶性行为，肯定是遗传物质（即核酸）出了问题。1960 年我正式"改行"，向我从事的医学和病理学专业"告别"，从头学起，从生物学、核酸生化，到 20 世纪 70 年代后期学习分子生物学直至今日。从研究的内容来说，自 1964 年证明正常细胞核酸可抑制癌细胞的生长并在生化方面发生逆转开始，到 20 世纪 80 年代起寻找与癌变有关的癌基因与抑癌基因；从研究已知的基

顾健人 院士
（作者提供）

因到寻找新的基因；从研究癌变机理到导入基因来治疗肿瘤（即基因治疗）……这就是一座座爬过的山，一条永远没有终点的路。

要说有多少科研成果，我自感业绩平平。几十年磨炼，唯一收获是我开始感知医学与生物学之间的接口；形态与功能之间的内在联系；从分子到细胞，组织、器官与机体之间的统一性。我现在虽从事分子水平的研究，但任何分子水平的实验结果，必须在人的整体中得到验证，否则将毫无意义。

我自幼智商远不如旁人。小学念算术时，对"鸡兔同笼"中的"1"代表什么，总是不得要领。我羡慕别的小同学真聪明，只能怪自己太笨。语文学科成绩老是在及格线上挣扎，对"也、矣、焉"不知怎样用法。但是，先天不足可以用后天勤奋来弥补。一遍不行，数遍乃至十遍，总会有弄懂的时候。我大学毕业后，从病理学到生化和分子生物学主要靠自学。我感谢小学时代的老师，他们没有嫌弃我，给了我一把自学的钥匙，使我终生受用。只是学习永远没有画上句号的时候。今天，我的电脑知识还不如小学的娃娃们，还得努力。

现代科学已经成为群体智慧的结晶，居里夫妇的时代已经过去。当研究室主任，好比是交响乐队的第一小提琴手兼指挥。当指挥就是要尽可能发挥每一位演奏家的积极性。指挥不一定事事比乐手高明。我常对同事和学生说："我出的点子，十分之一证明是对的，就算不错了。"如果出了错点子，实验失败，我应负全责。有时真理在年轻人手里，有时重要的发现却来自偶然。绝不要用自己固定的想法去"索取"结果。一位美国老友讲得好，"一位研究生如果做出的是你导师所预期的结果，只能算中庸水平；如果做出的是出于导师意料之外的结果，这才是尖子"。

我的业余爱好是音乐。音乐与科学，音乐家与科学家之间颇有相似之处。音乐除了为你调节工作之余的身心疲劳，丰富你的想象力，带你神游九州之外，还有其深邃的内涵。不朽的音乐作品都反映出作曲家的灵魂，正如科学同样反映了从事科学的人的理想、追求、品质和世界观。首先，不朽的音乐家都是热爱人民、爱憎分明的。正义战胜邪恶，光明驱走黑暗是音乐永恒的主题。莫扎特写出把矛头直指王宫贵族的《费加罗的婚礼》；贝多芬愤怒地把献给拿破仑的《第三交响曲》改为《英雄交响曲》；肖邦在异国写出了对祖国的一片赤子之心的钢琴曲精品；肖斯塔科维奇在德国法西斯围困列宁格勒的艰苦岁月，用他的《第七交响曲》向全世界宣告红军终将战胜法西斯。

音乐和科学无国界，但音乐家和科学家有他们的祖国！再说，音乐家的业绩在于他们总是在继承前人的基础上不断创新。从巴哈到海顿，从莫扎特到贝多芬，从马勒到近代作曲家，他们都是永不止步，不断创新的。这也是科学家必备的素养。最重要的，不少伟大的音乐家不计清贫，却把最美好的乐章献给人类。莫扎特真可谓"吃的是草，挤出的是奶"。他一生贫困，但他的天籁之声能永留人间，成为真善美的化身。这些音乐和音乐家的贡献对人类的影响是无法估量的。这就是对人民的热爱、给人们提供战胜困难的力量，追求真理的勇气和淡泊的意境。我正是受到这种影响的千千万万人中的一员，终生受益匪浅。

我一生建树不多，但我和我的同事们都有为科学事业"自甘寂寞"的勇气。如果我的健康条件许可，若能在人的基因组研究中添上一砖一瓦，在癌的基因治疗研究中解决一个关键问题，来到地球一次，就算不虚此行了。

人生苦短，生命有限。我寄希望于我的青年同事们。参照海明威一句话的原意：一代人即将过去，但太阳将永远从这里升起。

（本文写于 2000 年 11 月，原标题为"科海随笔"，改定于 2022 年 8 月 19 日）

顾健人 肿瘤分子生物学与基因治疗专家。1932 年 1 月 13 日生于江苏苏州，2022 年 9 月 27 日逝于上海。1954 年毕业于上海第一医学院，获学士学位。上海市肿瘤研究所研究员、名誉所长。上海交通大学教授。1985 年创建"癌基因与相关基因国家重点实验室"，并担任国家重点实验室主任（1985—2002）。1987 年至 2000 年任国家"863"计划生物和医药技术领域专家组组长，主持全国医药生物技术领域基因工程疫苗、药物和基因治疗的项目。2001 年任国家"973"计划专家顾问组成员。作为我国肿瘤分子生物学与基因治疗的开拓者与奠基人之一，提出了肿瘤是一种系统性疾病的概念。长期以来，主要从事肿瘤分子生物学与基因治疗研究，围绕人原发性肝癌的癌基因、抑癌基因与癌变分子机理，探索肝癌生物治疗新途径，开展系统研究。在国际上首次发现了肝癌的活化癌基因谱。创建了以细胞生长为基础的高通量功能基因筛选系统，发现了 372 个具有抑制或促进细胞生长的新基因全长 cDNA。在国内首次申报并获批恶性脑瘤基因治疗的临床试验。曾获国家科学技术进步奖二等奖 2 项。在包括 The Lancet Oncology, Nature Cell Biology, Gastroenterology, PNAS, Hepatology, Cancer Res, Oncogene 等著名刊物上，发表学术论文 500 余篇。获中国发明专利 58 项和美国专利 4 项。培养了 42 名博士和 23 名硕士。先后荣获 14 项嘉奖。其中 1992 年获首届"上海市科技功臣"；1995 年获全国五一劳动奖章和全国先进工作者；1997 年获何梁何利基金"科学与技术进步奖"；2004 年获"光华工程科技奖"。1994 年当选中国工程院医药卫生工程学部首批院士。

我国第一架喷气教练机的设计，完全依靠自己的力量，气动力设计一共四个人，年龄平均不到 25 岁，就这样仅用了一年半的时间，实现了新机的首飞。

——顾诵芬

第一架喷气教练机的设计

1951 年我毕业于上海交通大学航空工程系空气动力学专业。当时，国家正在创建航空工业，我被分配在航空工业局机关做些管理工作。五年的管理工作使我对飞机构造和制造工艺有了实际的认识，为我以后搞飞机设计打下一定的基础。

1956 年，在中央"向科学进军"的号召下，航空工业也不甘于仿制人家的二流飞机，决定自己设计新飞机。于是，在当时刚试制出喷气歼击机的沈阳飞机制造厂，立即组建一个飞机设计室，主要任务是培养队伍，为今后发展新飞机打下基础。组建设计室的领导是我在机关工作时的直接领导——徐舜寿同志。他是一位热心于设计飞机的老专家，新中国飞机设计事业的奠基人。解放前，他曾在美国飞机工厂工作过，回国后设计过双发动机的螺旋桨运输机，1948 年他就到了解放区。由于在机关工作不能发挥他的专业作用，所以一听到要组建飞机设计室，便欣然从命，抛弃了刚

顾诵芬 院士
（中国工程院提供）

在北京安好的家，立即奔赴沈阳。

去沈阳建飞机设计室到底怎么干？总不能到那里关起门来学。徐舜寿同志提出：要在实践中培养队伍。所以，新组建的设计室也要设计新飞机。但是，国内的航空科研条件太差，连北京航空学院和哈尔滨军事工程学院也仅有 1.5 米口径的低速风洞；再说，可供设计参考的资料也很少。在这种情况下，徐舜寿同志提出了要在这样的条件限制下，设计一种有用的飞机。当时，空军用的螺旋桨中级教练机"雅克－11"已经在淘汰之中了，而且也没有后继机，所以徐舜寿同志决定设计一种喷气中级教练机。为了适应国内的条件，喷气教练机的最大速度要接近临界马赫数，而且不能用复杂的后掠翼。至于进气形式，从将来发展看，要用两侧进气而不是苏联传统的机头进气。

构思是有了，但怎样着手？徐舜寿同志自己虽然有曾设计过螺旋桨飞机的经验，但没有设计近音速喷气飞机的经验。于是，在我们离开北京的前夕，他领着我们专程拜访了北京航空学院的张桂联教授，张先生在英国曾参加过喷气飞机的气动设计工作。张先生用了整整一个下午的时间给我们介绍了飞机气动设计的要领和应该去看的资料。他说，气动布局最重要的是设计好翼－身组合体，全机的临界马赫数主要看机翼。对于教练机来说，要十分注意起降性能和翼尖失速。至于喷气飞机的进气道设计，当时还在发展中，1956 年英国皇家航空学会杂志有一篇塞登（Seddon）

写的总结性文章，值得一看。

到了沈阳后，徐舜寿同志指定我负责新飞机的气动力设计。于是，我就参阅 NACA（美国国家航空咨询委员会，National Advisory Committee for Aeronautics）以及 ARC 的有关报告，开始选择翼型和确定机翼的平面形状，进行了大量的机翼环量分布的计算，以求得合理失速性能的机翼布局。当时，算环量解联立方程主要靠台式电动计算机。为了保证有足够大的临界马赫数而又有最大的升力系数，折中了翼型厚度和弯度的选择，这样至少在纸面上得到了满意的方案。

在机翼设计完成后，转到进气道的设计。因为沈阳没有塞登那篇文章，我不得不再去北京，只能到北航（现"北京航空航天大学"）图书馆去看，当时没有复印条件，文章的插图只能用描图纸一张张描下来。文章就靠看了以后写个系统的摘要。读了这篇文章使我对亚音速两侧进气道气动设计的要领有了一个粗浅的概念。回沈阳后，徐舜寿同志组织了一批技术骨干认真听取了我的汇报，并进行了讨论。当时在工厂里的苏联总设计师米高扬的代表也参加了，他听了以后也感到新鲜。于是，我就按照看了文章后自己的体会，开始了两侧进气道的气动力设计。花了两个月时间，把进气道的外廓尺寸（外部轮廓的尺寸）定了下来。当时，最担心的是两侧进气道的工作不稳定，于是决定在低速风洞中做模拟发动机工作状态的进气道试验。为模拟发动机工作，我设计了一套风扇抽吸装置，管道中的测压排管都是我们自己动手做的。从医院里收集了一些废针头，加工后焊到铜管上，还加上铁皮焊的整流罩。最后这个试验做得很成功，并且验证了我们设计的进气道不会出现工作不稳定的情况。

顾诵芬讲述第一架
飞机设计的故事
（中国工程院提供）

　　当时，飞机气动特性都是靠工程师估算，所算得的值与实际总会有差别，飞机上天前气动力部得有个试验验证。国内各院校的小风洞都没做过飞机型号试验，所以其结果能否用于真飞机，心中是没有底的。那时，哈军工的马明德教授提出来用成熟飞机的模型在同一风洞中作对比实验，以此来判断我们的设计。另外，就是做拆部件的风洞试验，检查各部件的气动力影响。按照他的方法，我在哈军工1.5米风洞中作了比较，而且也与自己的计算结果作了比较，这样就对自己的设计心里更有底了。

　　领导上为了对这架新中国第一次设计的飞机更有把握，曾将我们的设计方案和计算结果送请苏联中央流体空气动力研究院审查。在我们发出图纸后，他们送来了正式的结论。结论是由后掠翼气动权威——苏联中央流体空气动力研究院副院长签署的，认为气动设计是正确的，性能还有可能比计算再高些。同时，他们也为我们作了大雷诺数的高、低速以及尾风洞试验。可是，报告却在我们的飞机上天一年后才送到。

总之，我国第一架喷气教练机的设计，完全是依靠自己的力量，气动力设计一共有四个人参与，年龄平均不到 25 岁，就这样仅用了一年半的时间，实现了新飞机的首飞，这比日本、捷克、波兰等国先于我们设计的同类飞机早飞起来一年多。可是，我国航空技术发展并不是一帆风顺的，随着飞机用的技术越来越先进和复杂，以及耗资的巨大，我们的新飞机就不可能再像当时那样出得快了。

（本文写于 1995 年，改定于 2022 年 8 月 26 日）

顾诵芬　飞机空气动力学家、飞机设计专家。1930 年 2 月 4 日生于江苏苏州。1951 年毕业于上海交通大学航空系。历任沈阳飞机设计室气动力组组长，国防部第六研究院第一设计所（现 601 所）副总设计师、总设计师、所长兼总设计师。现任中国航空工业集团公司科学技术委员会高级顾问、中国航空研究院名誉院长。第六、第七届全国人大代表，第八、第九届全国人大常务委员会委员。作为中国飞机空气动力设计的奠基人和飞机设计大师，建立了我国飞机空气动力学设计体系；曾主持设计了歼 8、歼 8 Ⅱ；所主持研制的型号开创了我国自行设计研制歼击机的历史，引领和推动我国歼击机研制体系的建立；关注国家战略安全，为国家重大装备体系发展提供决策支持；为国家培养了一大批飞机设计领军人才。已发表《飞机总体设计》《设计超音速高性能飞机中的一些气动力问题》《关于航天飞机研制和发展的综述》等论著。先后获国家科学技术进步奖特等奖、一等奖、二等奖各 1 项，何梁何利基金"科学与技术进步奖"，全国劳动模范，全国优秀科技工作者，全国五一劳动奖章，航空工业终身成就奖等多项荣誉。荣获 2020 年度国家最高科学技术奖。1991 年当选中国科学院学部委员（院士），1994 年被选聘为中国工程院首批院士。

　　一名医生只有把病人看成是培养自己成长的亲人，才能把他们的痛苦看成是自己的痛苦；一名医生也只有经常将心比心，把自己放在病人的地位加以思考，才会有一颗同情心，满腔热情地为他们服务。

——顾玉东

同情心　责任心　进取心

母亲引导我走上从医道路

　　10岁那年我生了一场大病，住进一家医院。有一天晚上高热持续不退，头痛、呕吐、四肢抽搐，最后神志不清。母亲急得要命，拉住值班医生的手，恳求他"救救我的儿子"。已经深夜11点钟，年近六旬的"负责医生"匆匆忙忙地从家里赶来医院，在跨上二楼最后一级台阶时踏空，从二楼滚到底层。他没有顾上自己的伤痛，一上楼就全身心地投入对我的抢救。晨曦微露时，我的热度退了，呕吐停止了，不再抽筋了，母亲的脸上露出一丝笑容。这时，这位老医生感到自己左脚踝关节疼痛，一看肿了，方才离开病房去治自己的病。从此以后母亲在我的脑细胞中"种"下了这位老医生的形象，要我长大后做一名好医生：治病救人，把病人当亲人，使病人和家属都能从痛苦中得到解脱。

20 岁那年，遵循母亲的意愿，我考取了上海第一医学院，走上从医的道路。做一名医生的目标已经达到，但做一名好医生的道路刚刚开始。

顾玉东　院士
（中国工程院提供）

白求恩是我从医道路上的榜样

把病人当亲人，不是一句空话。医生的成长和成功是病人用痛苦、鲜血和生命换来的。如果老医生的形象是我对"好医生"的感性认识，那么毛泽东同志的《纪念白求恩》，使我对"好医生"的概念有了理性的思考。一名好医生，就应该像白求恩大夫那样，对病人极端热忱，对工作极端负责任，还要对技术精益求精。

我永远不会忘记一位活泼的 19 岁女孩，在一次工伤中不幸被机器轧烂了拇指，从此失去了生活的乐趣，失去了青春的欢笑。当她打听到上海华山医院能够再造拇指时，带着希望从千里之外来到上海华山医院。我们按常规为她做了手术，可是手术过程中发现她的足背动脉和进入第二趾（准备移植到拇指）的血管都非常细，不足 1 毫米。根据以往的经验，这么细的血管，术后风险很大，只有三分之一成功的希望，是放弃手术，还是冒一次失败的风险。躺在手术台上的她和焦急的家属能说什么呢？他们能说的就是一切托付医生了，成功是他们的希望，失败他们愿承担责任。我们继续手术，可最终还是失败了。她不仅失去了拇指，这次又失去了足趾，经历连续两次打击，终日痛苦。面对这位病人，我深感手术失败的内疚和遗憾。

又有一次，我们为一位失去四个手指的年轻工人做双趾移植，发现他的足背动脉和进入足趾的血管都很粗，手术过程也很顺利，可接通血管后，移植的足趾没有血供，用了各种方法都无济于事。最终这位年轻人不仅带着伤残的手，还带着伤残的脚，满脸痛苦，一步一拐地走出医院。看着他远离的背影，我深深地责备自己，我没有成为一名业务精湛的好医生。

顾玉东伏案读医学文献（袁婧摄）

这两位年轻患者的痛苦、鲜血和泪水使我深深感到耻辱，也使我陷入沉思。我没有按书本上总结的失败原因停止思索，也没有因为失败总是少数而停止追求。血管细的如何增粗？血管粗的为什么也会失败？带着这两个"细"与"粗"的疑惑，我解剖了足趾的血管，又在尸体上反复实验，终于发现了足趾血管的变化规律。我们提出了两套血供的处理方法：既为移植的足趾提供足背血管，同时又提供足底血管。这样，手术成功的把握就大了。

在后来的 300 多例足趾移植中，我们应用两套供血系统的思路，都获得了成功，使足趾移植手术的成功率一直能保持国际领先地位，我也因此获得国家科学技术进步奖。我的成长、我的荣誉不正是许多病人用他们的痛苦、鲜血甚至生命换来的吗？

同情心——医生的合格条件

一名医生只有把病人看成是培养自己成长的亲人，才能把他们的痛苦看成是自己的痛苦；一名医生也只有经常将心比心，把自己放在病人的地位加以思考，即人们常说的"心理换位"，才会有一颗同情心，满腔热情地为他们服务。我想，这是成为一名合格医生的条件。

责任心——医生的从医素养

医生是个特殊职业，是时时刻刻与痛苦打交道的职业，又是时时刻刻与死神搏斗的职业，任何一点疏忽都会增加病人的痛苦，甚至把病人推向死神一边。诊疗的每一步，都要小心谨慎，认真细致，来不得半点马虎。有一次来了一位病人，诉说上肢疼痛已两年，从北到南，走了全国十几家大医院，各种现代化的检查——MRI、CT、肌电图都做了，又在上臂和腕部开了两刀，依然剧痛不止。对于这位病人，光有同情心是不够的，需要给他解除痛苦。经过仔细询问，了解到患者疼痛的特点与上肢体位变化有关，上举时疼痛加重，我便把注意力转移到肩关节附近，细致地检查了肩关节的周围和锁骨上下，终于在锁骨后找到了一个明显的压痛点，锁骨后是许多检查的"盲点"，手术时果然在这一点找到了一个 1 厘米直径的神经瘤，摘除肿瘤后，病人的痛苦解除了。

一名医生必须有高度的责任心，做好诊疗的每一步，只有尽力解除了病人痛苦，才能让病人感受医者仁心与精诚素养。

进取心——好医生出色之处

一名好医生不仅能治好一般的疾病，也能治好特殊的疾病；不仅能治好别人会治的疾病，也能治好别人不能治的疾病，这才是好医生的出色之处。

臂丛神经损伤常见于交通事故或机器皮带牵拉所致。在头颈处连接大脑与上肢和手的神经，我们称臂丛神经，它们在颈根部如丝一样细，一旦拉断就很难治疗，20世纪60年代前称之为"不治之症"。1966年，在巴黎召开的国际臂丛会议上，依然认为这是"不治之症"。我没有迷信书本，也没有被权威的思维所束缚，而是利用显微外科技术，设计了将支配呼吸的膈神经移位到臂丛肌皮神经的方案，使瘫痪的上肢恢复了屈伸功能。1986年，我又利用健侧的臂丛神经来修复最严重伤残病例的臂丛神经，术后好的肢体非但没有影响，而且患侧肢体获得了一定功能。看到一个个瘫痪的肢体恢复了一些动作，使不治之症变为可治之症，外国专家也信服了，我们在国际舞台上赢得了声誉。一张张病人的笑脸，一阵阵国际友人的掌声，让我为自己是中国医生而感到骄傲。

只有进取，只有拼搏，才能克服医学上一个个难题，才是好医生出色之处。

顾玉东院士部分著作（资料图片）

团结奋斗　乐于奉献

团结奋斗是一名好医生的崇高襟怀所在。一个人的力量总是有限的，事业的发展要依靠一大批人的努力，依靠几代人的后继，大家都来为病人奉献。继承老一辈精诚大医的高超技能与大爱仁心等优良传统，培养新一代的人文关照的情怀、创新的精神与技能，团结一切力量，发挥每一位医务工作者的优点和特长，才能创造好的医疗环境和氛围，才能培养出更多大爱仁医，我国的医疗事业才有望发展得更快更好。

白求恩大夫为了中国人民的解放事业，为了许许多多伤病员，献出了全部智慧、全部时间，直至生命，这样的医生才是崇高的医生。

（本文写于2001年4月，原标题为"学习白求恩 做个好医生"，改定于2022年8月30日）

顾玉东　手外科、显微外科专家。1937年10月19日生于山东章丘，满族。1961年毕业于上海第一医学院。先后任复旦大学医学院附属华山医院手外科主任、卫生部手功能重点实验室主任、上海市手外科研究所所长、教授。长期从事手外科、显微外科临床工作和基础理论研究。20世纪70年代首创膈神经位移，1983年创立用多组神经位移以治疗臂丛根性撕脱伤，优良率达84.6%，获国家科学技术进步奖二等奖。对无法利用多组神经位移的病例又首创健侧颈七神经移位，获国家发明奖二等奖。设计的"二套血供的手术方法"使我国首创的足趾移植术成功率不断提高，获1987年国家科学技术进步奖二等奖。1980年首创静脉蒂动脉化游离腓肠神经移植，为治疗长段神经缺损提供简便优良的方法，获国家发明奖三等奖。1973年起应用皮瓣修复肢体创面，获国家科学技术进步奖二等奖。发表《残缺肢体的修复》《临床显微外科学》《手外科学》等专著多部及300多篇学术论文。相继获白求恩奖章、"上海市科技功臣"、何梁何利基金"科学与技术成就奖"等。1994年当选中国工程院首批院士。

大学前三年的基础知识课，使我受用了一辈子，特别是自然辩证法这门关于自然、社会和思维发展的最一般规律的学科，对理工科的学生认识客观事物发展的规律，掌握正确的思维方法是绝对必要的，我深有感受。

——郭重庆

朗读者 沃思羽

培养思维能力
造就对社会有用之才

做人、做学问、做事

20世纪30年代，我出生于一户破落的富有人家。自我记事起，家道已中落，没有了正常的经济来源。在旧社会，饱受世态之炎凉。那时，连年战乱，人们疲于奔命，严酷的现实与对美好生活憧憬的尖锐矛盾，逼着年轻的我去思考：要么随波逐流，走到哪算哪；要么以勤奋去追求理想的未来。我选择了后一种人生道路，立志要自己把握自己的命运，不指望别人，走自立自强之路。

1948年初中毕业后，我考入了远离兰州城区的西北师范学院附属中学，学校的简陋真的无法想象与描述。它是抗战时期由北

平师范大学内迁时建立的，当时的
校长是我国著名物理学家萨本栋先
生的胞弟，但学校的管理颇具特色：
引用大学的一套管理方式，管理人
员很少，管理看似松散；学生都寄
宿，平日程序性的集体活动很少，
也没有严格的作息制度；校方强调
学生自治，由学生轮流自主操办膳
团。那时，没有凝重的高考氛围与
压力，没有人逼着你去学习，更没
有保姆式的呵护，但独立、主动学

郭重庆 院士
（2006，方鸿辉摄）

习，追求知识的氛围很浓。学生黎明即起，夜晚点着煤油灯熬夜
苦读，每天都是那么平淡、自主地追求知识。教师强调学生要独
立思考，不局限于课本知识，不要求死记硬背，注重知识的理解
和独立思考。就这样，一所边远小地方总共百十来位学生规模的
中学校，在那种环境下，日后竟然培育出了八名院士，其中还包
括一名美国科学院院士。这种学习环境和教育思想使我一辈子获
益匪浅。其实，学校教育不仅仅是传授知识，更是重在培育学生
有独立思考的思辨能力。

　　1951年高中毕业时，我就决定赴北京高考，因为那时还没有
全国统一考试。由于兰州没有通火车，几位同学背着铺盖，结伴
同行。我们没有盘缠，一路上靠各地学联打点接济，从兰州到北
京差不多花了一个星期。到了北京，承北京学联的帮助，找了一
间中学的礼堂，打地铺安身，玉米面饼子就咸菜疙瘩，就很知足了。

　　总算幸运，我考取了哈尔滨工业大学。这也是一所很独特的学校，中国教师很少，大多是苏联专家。学校一成不变地照搬苏联的教学模式。上午六节课一贯制，一直上到下午一点，连吃饭也改成"干—干—稀"，很不习惯。学生的政治思想工作完全承袭了解放区的那套方法，有一支较强的政工队伍。这种独特的中外结合的方式也是非常成功的，对于培养学生的事业心、价值观、为人处世以及在个人与集体关系的处理上，都收到了良好的效果。每月靠十三块五毛钱的助学金，无忧无虑地完成了大学六年的求学生涯。大学学习的另一个主要收获是基础课学得较扎实，差不多前三年根本未接触专业课，主要学习俄语、数学、物理学、化学、政治及哲学，第四年才分专业。这些基础课知识使我受用了一辈子，特别是自然辩证法这门关于自然、社会和思维发展的最一般规律的学科，对理工科的学生认识客观事物发展的规律，掌握正确的思维方法都是绝对必要的，我深有感受。

从小学到大学连续18年的学习生活，使我懂得了如何"做人"（待人处世），如何"做学问"（思考问题）和如何"做事"（干工作）。尽管家庭教育、学校教育、社会教育是构成一个人成长的三大支柱，但由于学校教育是处在一个人可塑性最强的、未成熟的青少年时期，因此学校教育是影响一个人成长的重要环节。我深感学校教育的关键是启发学生学习的自觉性，鼓励学生能主动参与及自主学习，学重于教。当然，这首先得解决学习的目的性问题，不要把学习的目的引到应试和获取学历上。不然，我们的教育机制就把学生的创造性束缚住了，把学生逼进了"读死书"的死胡同。教育的目的是教学生做人，做学问，做事；教育的功能在于激发学生的潜能。人的潜能包括：言语、交流、观察、推理、想象力和创造力，这些能力一旦被释放出来，人就能够在一

郭重庆在同济大学实验室（2006，方鸿辉摄）

定程度上获得了选择的自由，并可改善自己的命运，使个性和能力获得全面的发展。所以爱因斯坦会说"想象力比知识重要"。物理学家劳厄甚至还说："重要的不是获得知识，而是发展思维能力，教育的成果无非是一切已学过的东西都遗忘的时候所剩下的东西。"思辨能力可受用一辈子。人的潜能是不可估量的，我们中国人可能有产生多个诺贝尔奖得主，产生世界杰出科学家、企业家、艺术家和政治家的潜力，但现今的教育机制压抑了这种潜能的开掘。因此，教育不得法确实是影响我国实施"科教兴国"战略的一大瓶颈。

科学精神和科学方法

近年来，关于"李约瑟难题"的讨论，关于重大科学发现和技术发明的稀少，关于支撑中国近年经济发展的仍是外来技术……这些议论不绝于耳，也都成了发人深省的问题。五四运动的先人们在分析中国经济与社会发展滞后的原因时，曾举起过两面大

郭重庆谈笑风
生，接受采访
（2006，方鸿辉摄）

旗——民主与科学。这是对中华民族落后根源的首次理性认识。但找到了民族落后的原因，并不等于找到了解决问题的办法。

我想，科技成就源于科学精神和科学方法。竺可桢先生把科学精神归纳为不盲从，虚怀若谷和专心致志的"求是"精神。李约瑟先生认为问题的症结在于缺乏科学的方法：一是中国没有一套按严格的逻辑推理的理论；二是没有发展以严密的数学作为各门学科的共同语言。对于这样一个论点，我们科技界似乎也都认同。科学精神和科学方法也正是中国传统文化中最为匮乏的东西。因此，中国人要在科技上有所成就，首先得从科学精神和科学方法上取得突破。当然，这不是一朝一夕的事，恐怕要付出几代人的努力。

图钉型的知识结构

我从事了四十多年的工程项目设计工作。工程设计与咨询是一门交叉学科，甚至在我国已有的学科分类中，找不到这样一个门类，但它确实与我国经济和社会的发展密切相关。每年固定资产投资最多时大约花去相当于 GDP 的 30% 至 40% 的钱，其重要性是不言而喻的，但它又是一门非常年轻的学科，缺乏系统的理论。工程技术的应用和实践，重在采蜜而不是酿蜜。"综合性"为其特征，它不仅综合各项技术专业，同时综合技术、经济、社会与发展，并且更具管理特征。因此，它处于自然科学与社会科学的边缘。为了有判断地综合运用人类在社会发展和科技实践中获得的社会科学和自然科学知识，提出一个能经济地利用传统的生产力要素：劳力、资本、科技，新的生产力要素：数据、算力、算法的最优化配置，以期实现预期目标。对从事工程设计与咨询人员的素养也必然有相应的要求：技术知识、经济知识、信息知识、管理知识和政治社会认知能力，以及善于组织和团结其他同事一道工作，并有善于表达自己思想的能力。因此，工程设计与咨询人员既要精通一门专业知识，建立专业知识体系，又要能横向扩展，学习相关专业知识，即所谓"图钉型"的知识结构。

随着科学技术的迅猛发展，学科的界线愈益变得模糊，学科之间的相互渗透、交叉和融合达到了空前的地步。作为一名工程设计与咨询人员，为了适应科学技术和经济社会发展的需要，必须不断拓展自己的知识领域。多年来，我就是这样要求自己并努力这样做的。

我的体会是：技术与经济不能分，做技术工作的人与做经济工作的人，知识要相互渗透，要博览但不是什么都精通，对于相关知识一定要关注并持之以恒。荀子《劝学篇》中的"不积小流，无以成江海"，对我很有启迪，这里体现了量变与质变的道理。

当然，我们还必须有团队协作精神，要清醒地意识到技术创新与制度创新的重要性，要力克技术与经济脱节的痼疾。

管理是生产力

管理是生产力。我的观点是：中国经济与社会发展面临的挑战与其说是资金、技术问题，毋宁说是一个管理问题。生产力要素（科技、劳力、资本、数据、算力、算法）都是通过管理而发挥其最大效用的，科技没有一定的管理体制和运作机制的保证，成果很难转化为现实生产力，现实生产力也很难转化为效益。技术与经济脱节，先进的技术就未必能促进经济与社会的发展。资本要素也只有通过有效的管理才能获得预期的回报，重复建设而导致的产能结构性的大量过剩，并由此引发的无序的价格竞争，已逼得中国企业走投无路。尽管科技、劳力、资本、数据、算力、算法是重要的生产力要素，但由于缺乏管理，

郭重庆为 2009 年度工商管理学科青年科学基金项目主持人学术交流会作报告（资料图片）

从而造成生产要素的配置失当，不仅不能促进生产力的发展，反而导致灾难性的后果。接二连三的金融危机和日本十数年的经济低迷就是显例。因此，管理是生产力，是比科技、劳力、资本更为基础的生产力要素。

先进制造技术与管理的结合，也正反映了随着科技的发展，在出现学科不断分化趋势的同时，又出现了另一种趋势，即各种学科的高度综合。制造技术与管理技术的结合也正是这种学科相互渗透、相互融合的综合结果，它们确实打破了自然科学与社会科学之间的界限。科学、技术与工程逐步走向整体化，正反映了客观世界的物质和运动形态既是多样的，又是统一的。马克思早就预料到了这种结局："自然科学往后将包括人的科学，正像关于人的科学将包括自然科学一样，这将是一门科学。"这话说得多好！

当前，我们正处在新的科技革命已经来临，产业大变革已在眼前，中国经济转型迫在眉睫，大学教育必须奋起迎接挑战：知识结构老化、学科体制僵化、学院制面临高新融合的挑战……教育改革势在必行。还是那个共识——国家盛衰系于教育。

（本文写于 2006 年 10 月，原标题为"学科大综合 管理出成效"，改定于 2022 年 7 月 30 日）

郭重庆　机械制造工艺与设施规划专家。1933 年 6 月 17 日生于甘肃兰州。1957 年毕业于哈尔滨工业大学。从事工程项目设计和咨询工作，担任过 30 多项国家及省、部重点建设项目总设计师。现任同济大学教授。曾任国家自然科学基金委管理科学部主任、中国工程院工程管理学部副主任、河南省科协名誉主席等。1989 年被授予"中国工程设计大师"称号。1995 年当选中国工程院院士。

我们坚信路是人走出来的，我们渴望祖国强盛，决心努力奋斗。十几年来大家团结一致、刻苦钻研、顽强拼搏，我国第一台专用同步辐射加速器完全依靠自己的力量终于建成。

——何多慧

穷孩子的科学道路

　　我生于四川省仪陇县一个偏僻穷山沟里一户贫苦农民的家庭。仪陇是朱德总司令的故乡，也是毛主席《为人民服务》那篇文章中所悼念的红军战士张思德同志的故乡，是老革命根据地。我小时候，家里一贫如洗。兄弟姐妹五个，我是最小的，父母把我们养大真不容易，母亲曾对我说，我的大哥小时候得了重病，无钱治疗。一天，父母下地干活回来，无米下锅，正在着急，我那可怜的哥哥连叫了几声娘，便离开了他曾短暂停留过的人世。父母悲痛欲绝。

　　兄弟姐妹中，我算是最幸运的了。为了能有个翻身之日，在我不满五岁时，父母送我上了附近的小学。一天，父亲答应去给我买书，我高兴极了，一连多次爬上山坡，遥望父亲回来的路，当我认出父亲的身影时，我跑出一里多路去迎接，一边跑一边大声叫喊"书买到了没有"。父亲逗我玩，说没有买到。我一听竟失望地大哭起来，父亲连忙蹲下，把我搂过去。当我一眼望见他背篓里那本新书时，便一把抓了过来，破涕为笑。那就是我的第一本书。

何多慧　院士
（中国工程院提供）

　　我没有让父母失望，读书非常用功，不满八岁，老师就叫我去投考镇上的高小。当时，学生年龄都很大，我是考生中最小的，坐着不够高，我索性爬上板凳，跪着答卷子，引起考场哄堂大笑。结果，我还真考上了。可惜家里没钱，未能入学。

　　在家里，我是父母的小帮手，做些放牛、割草、捡柴、拾粪之类的活儿。我们和别的人家共有一头牛，我们占四分之一，叫

爸爸帮我买了第一本书（叶雄绘）

作"有一条牛腿"。每当轮到我家喂养时，我总把牛牵到草长得最好的地方去。牛是温顺的，但偶尔也会发脾气。有一次，牛突然向我袭来，用头把我顶到了石壁上。牛的一对角盘起来，形成一个带缺口的圆环，我个子小，正巧从缺口落到环内，我紧紧抱住牛的头，这才转危为安。

　　1949年的冬天，家乡解放了，开展了土地改革，我家分到了田地，

哥哥也参加了工作，我们翻身了。我终于有机会进入了镇上的高小学习，但学校离家有近20里山路，我只好住校。每个星期天，我都得回家背柴草和粮食到学校做饭。灶是父亲用泥垒的，那些湿的树枝、树叶很难烧着，经常要用嘴去吹，浓烟呛得人直咳，熏得人直流泪。晚上与同学合盖一条被子，铺的无非也是稻草上加一张竹席。有时候，从房顶上漏下来的雨水还会打在脸上，把我们惊醒。但是，我非常珍惜那个难得的两年高小学习机会。我非常喜欢那些课程，特别是自然和数学。自然课中那些有趣的现象和耐人寻味的道理让我入迷。

1953年我考上了仪陇中学，那是全县唯一的中学，位于山上一座石寨下面。那石寨名叫"金城寨"，我们每天一睁眼就能看见石寨巍峨挺拔的雄姿。一天，一位老教师给我们讲："有人曾对我说，你们仪陇出什么？不就出石头嘛！我说是的，我们就出石头，但我们出的是柱石，我们的朱德总司令就是国家的柱石。同学们，我希望你们努力学习，将来成为国家的柱石。"老师那一席情深意长的话，深深地铭刻在了我的心里。

中学的学习使我对科学产生了浓厚的兴趣，我立志要成为一名科学家。当我高中毕业看到中国科学技术大学的招生简章时，真是喜出望外，那不正是我梦寐以求的学校吗？便毫不犹豫地把中国科学技术大学原子核物理和工程系选为第一志愿。我盼望有朝一日能去探索原子核的奥秘。

1959年夏天，一个喜讯传遍仪陇，我考上了中国科学技术大学。可我没有路费，我哥哥给我凑了19.5元，国家补助了30元，我的校长是北京南下干部，他说路费还不够，他给了我10元，教导主任给了我5元，我带着这些钱、一条旧被子和一套换洗的衣服，带着对科学的向往，带着父老乡亲对我的期望和嘱托，离开了生我养我的故乡，踏上了通往北京的路。一路上，一位素不相识的好心人帮助了我，他是由四川去内蒙古的一位转业军人，由于我的钱仅够买一张去北京的慢车票，为了帮助我，他毅然放弃了坐直快列车的机会，不辞劳苦地带着我，沿途几次换车中转，整整折腾了五天五夜才到达北京。那几天几夜我几乎没有合眼，望着窗外那山山水水、村庄和城市。外面的世界真大呀！特别是那一望无际的大平原，让人心旷神怡。

一踏进科大校门，我就感到振奋，喇叭里传来了郭沫若校长作词、著名作曲家吕骥作曲的催人振奋的校歌，"迎接着永恒的东风，把红旗高举起来，插上科学的高峰……"大学五年，我就是在那努力学习、攀登科学高峰的浓厚气氛中成长的。学校给了我知识，给了我力量，给了我理想，也负担了我的一切费用。

中科大的五年，真是拼命的五年，所以有"不怕死的上科大"之说。在紧张的大学生活行将结束和面临毕业分配的前夕，要填志愿，我坚定不移地要到大西北去搞核武器。因为每当我看到某些核大国挥舞核武器威胁我们时，我就感到我们一天没有核武器，就要受人欺负。我深深记住了时任国务院副总理兼外交部部长陈毅元帅来校作报告时所讲的那句话，他说，如果科学家们早日搞出原子弹，他那个外长讲起话来腰杆就会更硬。虽然我填了志愿，但领导找我谈话说，我们知道你的想法，你一句话也不用说，服从分配，留校。

1970 年学校从北京南迁合肥，1978 年起，我作为技术总负责人，承担了建设我国第一台专用同步辐射加速器的任务。1978 年2 月开始预研制和物理设计，1981 年秋完成。1982 年秋，国家召开了北京正负电子对撞机和合肥同步辐射加速器扩大初步设计审定会,国务院副总理兼国家计委主任姚依林同志出席并讲话,他说,不管经济多么困难,我们一定要建设好北京正负电子对撞机和合肥同步辐射加速器。之前,方毅副总理也曾来学校视察,他在全校大会上讲话时也说,不管经济多么困难,就是卖了裤子,也要建设好合肥同步辐射加速器。国家领导人的这些讲话,令我深感震撼,同时也深感肩上担子的沉重。1983 年 4 月 8 日,国家计委下达文件,批准我们的项目立项,文件题目是"关于建设国家同步辐射实验室的函",直接把合肥同步辐射加速器命名为国家同步辐射实验室,文件规定其为国家级的共用实验室。国家计委说,这是我国国家实验室概念的发源,是我国的第一个国家实验室。

我们是一群年轻人,没有经验,没有权威,也没有像样的设备。当时中国也从未建造过,我们也从未见过那么大、那样复杂的加速器。但是,我们坚信路是人走出来的,我们渴望祖国强盛,决心努力奋斗。十几年时间,大家团结一致、刻苦钻研、顽强拼搏,不知熬过了多少个不眠之夜,放弃了多少个假日和周末,连家庭和子女都顾不了。我国第一台专用同步辐射加速器完全依靠中国人自己的力量终于建成了,1989 年 4 月 28 日深夜顺利出光。当大家看到那束璀璨的同步射辐射光时,一个个刚强的汉子都流下了热泪。1991 年,国家科委直接组织和主持了国家鉴定,鉴定意见认为合肥同步辐射加速器达到国际同类加速器的先进水平。

成功的时候,我们没有忘记许许多多曾经关心、帮助和支持过我们的人,特别令人难忘的是两位敬爱的老人——严济慈老校长和核物理学家王淦昌先生,从我们开始预研制和物理设计到国家鉴定验收,他们始终是我们的坚强后盾。为了参加各种审定和鉴定，他们不辞劳苦，多次专程亲临合肥。国家鉴定验收时，正巧碰上合肥几十年不遇的严寒，冰天雪地，但90岁高龄的严老和85岁高龄的王老还是冒着严寒前来，给我们鼓励，向我们祝贺。这正是老一辈科学家对祖国科学事业的挚爱，也是老一辈科学家对我们晚辈的关怀，我将永远以他们作为自己学习的榜样。

现在，中国科学技术大学又承担了国家"十四五"项目，正在建设一台第四代同步辐射光源，我也老了，不能在一线工作了，我将向老前辈们学习，不辜负国家对资深院士的希望，发挥余热，协助年轻人，让他们能集中精力，努力奋斗，建设好具有国际领先水平的第四代同步辐射光源，为国立功，为国争光。

（本文写于1997年，改定于2022年7月16日）

何多慧　粒子加速器专家。1939年2月21日生于四川仪陇。1964年毕业于中国科学技术大学。现任中国科学技术大学教授，历任校学术委员会主任、中国科学院合肥大科学研究中心科技委主任、北京正负电子对撞机国家实验室学术委员会主任、中国粒子加速器学会理事长、中国核学会常务理事等。主要研究领域为加速器物理和技术、自由电子激光。作为我国同步辐射科技领域的开拓者，从1977年起任技术总负责人，主持完成中国第一台专用同步辐射光源（合肥同步辐射加速器）的预研、设计、建造和调试，开创了中国同步辐射科技领域。所建实验室为国家计委批准建设的第一个国家实验室。1983年开始与上海光机所合作，在中国科大建造我国第一个自由电子激光装置，1986年出光。曾获国家科学技术进步奖一等奖、中国科学院科学技术进步奖特等奖、中国科学院重大科学技术成果奖一等奖、安徽省重大成就奖（个人）等。1992年获国家级有突出贡献中青年专家称号，2007年当选全国模范教师，2010年当选全国先进工作者。1997年获何梁何利基金"科学与技术进步奖"，奖金全部捐献给学校，用于资助家境贫寒而又品学兼优的本科生。1995年5月当选中国工程院院士。

> 我们坚信路是人走出来的，我们渴望祖国强盛，决心努力奋斗。十几年来大家团结一致、刻苦钻研、顽强拼搏，我国第一台专用同步辐射加速器完全依靠自己的力量终于建成。
>
> ——洪伯潜

成功寓于奋斗

素有"海上花园"之称的小岛鼓浪屿就是我的出生地，它的美不仅在于四季均展现着诱人魅力的林木花草、海天雄风的辉映、惊涛拍岸烘托着的秀峰——日光岩（郑成功水操台），以及宜人的海洋性气候，更散布着带有不同历史陈迹与风格的建筑。我的少年时代，课余常与同学们漫步海边及岛上明媚的小巷之中。我深爱着这个美丽的小岛，尤其是那些各具特色的建筑。

鼓浪屿的异国情调，也常使我浮想联翩，内心交织起爱与恨。建筑的美是工匠们智慧的结晶，是无声的诗歌与乐章，也是人类文明的标志，基于这一点，我爱它；但解放前小岛上许多特色建筑却又是侵略者蚕食中国的标志，是列强侵占祖国领土的"万国租界"，这又激起我的恨。那时就想，总有一天鼓浪屿会真正成为中国人民自己的海上花园。为了让小岛更美，我一定要努力学习，成为一名出色的建筑工程师。

1952年，我考入了厦门大学土木系，一年后全国性的院系调整，厦大土木系全部调入浙江大学，我从东海之滨来到了"人间天堂"的杭州，攻读我所挚爱的工业与民用建筑专业。1956年我获得了"三好"优等生称号，并在毕业分配志愿书上毅然填上"服从组织分配，奔赴祖国需要的地方"。就这样，我被分配到了煤炭科学研究院。

洪伯潜 院士
（中国工程院提供）

人生的旅程真是丰富多彩，所走路途又往往富有戏剧性。我从来没有想到，会从建筑设计之梦开始，而以煤矿建井之实而步入人生的旅程。

20世纪50年代中期，国家正进入第一个"五年计划"建设高潮。因此，百业待兴，各行各业都需要大批建设人才。煤矿行业是一个建设面貌相对落后的行业，作为一个非矿业院校毕业的学生，要在这一领域为之奋斗终身，自己所学专长能否很好地发挥，我确实有过激烈的思想斗争。

到还处于筹备阶段的煤炭科学研究院报到后，就让我们这批刚出校门的青年学生到全国各矿区去实习，去增长对煤矿生产建设的感性知识。我先被分到黑龙江双鸭山矿区，从南方到了北京，秋装刚穿几天的我，一到东北就不得不换上厚厚的棉服，因为那里10月份已飘起了鹅毛大雪。我与三班倒的工人们一起住在室内只有板条钉的两大长条集体通铺的宿舍里，每个人的铺位只占70厘米宽一窄条，没有桌椅，晚上灯光又昏暗……从"天堂"般大学府到北国边陲矿区的双鸭山，地理环境与生活条件真有天壤之别，这一切所见所闻迅速地震惊了我，也让我初步认识了煤矿，体察了自己将为之奋斗一生的这个不折不扣的艰苦行当。

起初，我也曾为工作之余没有欢乐，且因睡通铺身上沾了虱子而烦恼，但思想深处要为祖国建设贡献力量的满腔热忱尚存，尤其是每当想起旧中国老一辈知识分子在恶劣的社会与政治环境中，仍能为国家的早日强盛而不懈努力的高尚情操，也亲眼看见矿工们工作与生活的艰辛，自己也就慢慢振奋起来，勇往直前了。我的为煤矿建设而奋斗的路也就这样迈开了。

几十年来，为了工作需要，我曾去过海拔近 5000 米的青藏高原，搞高寒地区开矿可行性研究，经受住了低气压、高山反应的考验。当然，我大部分时间还是在矿井井筒含水地层的特殊施工"大型钻井法"工地，以及其他矿井现场度过的。对于一个原本对煤矿生产建设一无所知的"门外汉"，要能很好地完成祖国交给我的任务，除了不断努力学习必要的书本知识外，更要尽快掌握并开拓这一工程领域的实实在在的技术。为此，必须"不断求知实践、求师于他人"。在此后相当长的时间内，我每年都要在现场待八九个月。

从几十年的人生历程中，我深深体会到：酸甜苦辣的生活和工作实践，是每个人理解生活的起点，也是每个人汲取改造主观世界和客观世界力量的源泉。生活之所以丰富多彩，正是由于兼备了酸甜苦辣。其实，人生的价值与乐趣也正由此而来。

记得 20 世纪六七十年代，正当我年轻力壮，该努力工作以施展才能的大好时机，但是家庭与孩子也都是必须面对的活生生的现实问题。由于工作的特殊性质，我们夫妇俩每年均需长期出差在外，两个孩子从小就全托在幼儿园或寄居别人家里。到了学龄期，从小学一年级开始，孩子就成了名副其实的脖子"挂钥匙"独立生存的学生。没有父母照料，两个孩子只能一天三餐都在食堂解决。每天早上闹钟响而起床，直到放学回家后，一切生活都得由她们自己安排，日而复日，年而复年，我们只能每三个月左右回北京一次，停留时间最长也仅两周，无非是帮她们洗洗整整，查查作业本，给她们备好换季衣服，买足食堂饭票而已。但日月如梭，又不得不别离，出发去矿井现场。有时回京，看孩子的外衣扣子全都掉光了，只挂了几个别针，看到她们穿的白衬衣已成了灰色，心头不由阵阵苦涩。一次，当我们又要出发时，读小学三年级的大孩子呜咽着哭了，问："为什么？"孩子无奈地回答："你们走了写批判稿没人教我（时值"文化大革命"期间，小学生也要以批判稿以代作文）。"小的孩子也说："你们走了，我想你们时也常哭来着……"但工作就是命令，我们不能犹豫，对孩子一番安慰劝说后，又急忙赶火车出差了。当火车车轮滚滚向前时，惆怅与失落油然而生。有一次，正当我们夫妇都在淮北出差时，突接单位电报："小孩病速归"（当时现场不通电话）。我们忧心如焚，只得让孩子的妈妈日夜兼程赶回北京，我则留在工地继续工作。原来是孩子得了急性黄疸肝炎，当她妈妈赶到时，好心的同事已带她去看了急诊，面黄瘦弱的孩子卧于病床……凡此种种，不堪回首。我们也自责过，作为家长都有慈爱之心，但作为一名科技人员，完成组织上交给的任务，必须忘我地为科技事业献身，这是大前提。由我所负责的几个国家重点课题的攻关，都是在不断战胜自我的情况下，与课题组的同志们共同努力与互相鼓励下完成的。没有苦，焉得甘；没有奋斗，何谈成功。所幸，我们的两个孩子还算经得起考验，自我奋斗，大学毕业后，一个在国外留学，另一个已在北医大工作，去走自己的路，去实现她们自己的理想了。

我国的大直径井筒深井法凿井技术，是实现"打井不用把井下"的机械化程度很高的特殊施工方法，经过了所有从事该项目研究的同志们，以及协作单位的共同努力，综合技术达到了国际先进水平。

抚今追昔，几十年的风风雨雨，几十年在现场的摸爬滚打，不断地求知于实践、求师于他人，使我从一名浙江大学土木系毕业的矿业门外汉，锻炼成为一名能适应矿建、土建、机械等跨专业需要的煤矿工程建设者与科技探索者，应当感谢教育并培养了我的前辈们，以及共同奋战的同志们。

人生百味，对我最大的启示是：得寓于失、乐寓于苦、成功寓于奋斗。

（本文写于 1998 年，改定于 2022 年 7 月 23 日）

洪伯潜 矿井建设特殊凿井工程专家。1931 年 12 月 30 日生于福建厦门。1956 年从浙江大学毕业后被分配到黑龙江双鸭山矿区工作。1957 年从双鸭山实习工地被提前调回，参加组织煤炭部预应力混凝土结构新技术学习班。1972 年担任建井所钻井研究室主任。1988 年晋升为研究员级高级工程师。1991 年担任钻井室主任工程师。后任煤炭科学研究总院北京建井研究所高级工程师。作为中国煤矿深大竖井钻井法凿井技术的主要开拓者之一，长年在科研第一线从事矿井建设研究，截至 2019 年 7 月已先后主持完成国家及部、院课题 33 项，12 次获得国家及省部级科学技术进步奖。负责并完成国家"六五""七五"科技攻关项目"深井钻井法凿井技术的研究"，使该钻井法成为我国唯一通过 440 米表土不稳定地层的大直径井筒特殊施工方法，综合技术达到国际先进水平。代表作有《钻井法凿井井筒支护结构研究与实践》等。1997 年当选中国工程院院士。

我们家的藏书中还有许多科普读物，那时候的我就知道了爱迪生与电灯、瓦特与蒸汽机、炸药发明者诺贝尔等令我崇拜的科学家。这些读物通俗易懂，极富启发性，常常会使童年的我梦想着将来也会发明个什么新东西，做个发明家。

——侯惠民

朗读者　沃思羽

我 的 童 年

　　1940 年 10 月，我出生在上海西区的一所大宅里。小眼睛、黑皮肤，一点也不好看，只是有着长子、长孙、长外孙的"特权"，深得各方的宠爱。七岁那年，母亲去世了。她患的是肺病，尽管外婆家很有钱，我们还不免卖地求医，可是什么金针、空气针（压迫病灶）都救不了她（那时还没有异烟肼、链霉素），母亲谢世时还不到 30 岁。她很美，有一双大眼睛，非常爱清洁，我常常会惹她生气。在五岁时，母亲就教会我许多方块字（把一个个字写在一张张方纸上），他们以为我有点什么"天才"就早早地把我送进了小学。然而，他们前脚送我进教室，后脚我已逃回了家里，家里人都说我是"逃学精"。7 岁那年才正式上学，也不再逃学了，可能跟母亲当年去世，有点开窍有关。10 岁那年有了后妈。她完

侯惠民 院士
（中国工程院提供）

全不是世俗所说狠心的继母，温柔、慈爱、耐心，待我们如同亲生儿女一般。我的亲外婆也把她当作自己的女儿一样，这是我的福气。

小时候，我在两个家庭中生活，一个是自己的家，这是一所很大的住宅，有许多房间，除非逢年过节，人口很少，总是静静的，有点阴森，既没有人打牌、搓麻将，更不用说唱歌跳舞了，小孩子在这个家里没有什么好玩的。多亏家中有好几个大架子，摆着各种各样的书籍，它们成了我的好伙伴。我喜欢躺在床上看书，到现在仍一成不变。我并没有变成近视眼，我想近视眼一是与遗传有关，二是与现在的小孩子生活在城里，到处是高楼大厦，看不到远处有关，我认为小孩最好能够常常到室外去玩。

我看书速度很快，喜欢一口气读完，除了那些线装书和不感兴趣的如《史记》《明史》之类。在我小学毕业时，诸多的武侠小说如《三国》《水浒》《隋唐》《杨家将》等几乎都看过了。说真心话，现在我还不时要看金庸等著的武侠小说呢！其中有些书至今还印象深刻，可能也多少影响了我。例如，《人猿泰山》是一套10本的丛书，这套近乎科幻的小说讲的是一对白人夫妇，在非洲丛林中留下的婴儿被猿喂养长大，他的成长、奇迹、冒险和进入人类社会后的爱情，让幼小的我对勇敢、善良的这位英雄佩服得五体投地，无限向往。书中描绘了神秘的非洲、迷宫般的丛林、可爱的动物和多彩的土著生活，又使我充满了遐想，真想骑上大象到非洲去作一次探险，坐上独木舟蹚过出没着鳄鱼的小河，投身土著的狂欢舞蹈。

描写民族英雄岳飞赤胆忠心报国的《精忠岳传》一书，则用神话褒忠贬奸，描述岳飞是由鹏程万里的大鹏投胎的，他的长枪是由一条鳞蛇变来的，从而将岳飞写成神的化身，让人们肃然起敬；而奸臣秦桧则是由阴暗角落里的蝙蝠转世，奸诈阴晦，让人厌恶。小说引人入胜，非常耐读，真让你不忍释卷。在痛恨秦桧的卖国，惋惜岳飞的愚忠，盼望着岳家后代有朝一日会出来"平反"的情感中读完了这本书，潜移默化，既无说教，也无强词，生动形象地将爱国主义深深埋入我的童心，使我从小知道了爱国英雄一定流芳百世，卖国奸臣必然遗臭万年。

可能是父母有意的引导，我们家的藏书中还有许多科普读物，那时候的我就知道了电灯发明者爱迪生、蒸汽机发明者瓦特、炸药发明者诺贝尔等令我崇拜的科学家。这些读物通俗易懂，极富启发性，常常会使童年的我梦想着将来也会发明个什么新东西，做个发明家。

我自己的家让我从小养成了在安静的环境中思考、读书的习惯，启示了理想的萌芽，但会使人变得内向、孤僻，缺乏热情。

外婆家是我童年的第二个家，这里有一个大花园，舅舅种了许多树木花草，还有金鱼，一个大紫藤棚下吊着一串串美丽芬芳的紫花，是我们小孩玩耍的好地方。外婆慈祥、和蔼，极疼我这个失去生母的大外孙，甚至到我结了婚，还亲自包了我爱吃的粽子给我送来。家里人多、小孩多，热闹、快乐、无拘无束，按现在的话来说是开放的家，大人们打牌、喝酒，许多朋友会在此地聚会，小孩们则粘知了、抓蟋蟀、爬树、骑车，还常常会拿到大人们给的零花钱。耐不了寂寞时，我常常"逃"到那儿去，那里的环境或多或少地影响着我的个性。

小学里，我不是成绩优秀的学生，因为我要看许多闲书，还贪玩。可是，小学生活留给了我美好的回忆。

我与药的"缘分"可能就要追溯到小时候。记得一次玩耍时摔破了前额，鲜血从额头流了下来，手一摸黏糊糊的，那时真害怕，马上跑到学校医务室（我的小学很大，有池塘，有假山）。那是两间雪白的房间，有一股奇怪的但是我很喜欢闻的气味，校医（他曾教我们要天天刷牙，而且说为什么要竖着刷；为什么不要随地吐痰等）和蔼、耐心地处理了伤口，敷上了药，包扎后血就止了。幼小的心里除了感激外，还产生了"这药真好"，"当医生多伟大"的念头。在小学里，我写过要当一名治病救人的医生的作文，我说我妈妈就是因为没有好医生、没有好药才去世的。这个愿望因种种原因没有实现，但命运还是不知不觉地将我与药紧紧地联系在了一起。

小学里的劳作课，是我唯一可以骄傲的拿手好戏。因此，也深深不忘。那是由老师让我们用纸、木头等制作各种指定的或由学生自己"创造"玩具的课，每周半天。这是让学生学会动手，又在动手中学到科学的课，我觉得这使我受益终身。至今不忘当年我曾用三块长条玻璃粘成一个三角柱，里头加水后成了三棱镜，阳光从一侧进入，从另一侧会射出一条彩色光带，老师说阳光就是由这七种颜色的光构成的。信不信？

再做一个玩具：先用三夹板制作一个圆盘，粘一张白纸，将纸面七等分，涂上七种颜色。做一个架子，装上木头手柄和转轮，用橡皮筋带动色盘快速转动，此时的色盘呈现灰白色。小小年龄的我们，在动手的同时学到了科学知识。我们在小学里曾制作过飞机、大炮、兵舰、汽车等许多玩具，我的"手艺"是一流的，我"创造"的用煤油灯烧水，产生蒸汽后吹动风轮的小玩意，在小学劳作课里得到过第一名，我常常引以为豪。小时候的劳作课培养了我不怕失败的动手能力和广泛的兴趣爱好。

用玻璃片粘成的三角柱里注水后成了三棱镜（叶雄绘）

回顾几十年来，我从矿石收音机到两声道 11 灯收音机，从半导体收音机到 16 英寸电视机的动手制作，即使是在大学期间也一直乐此不疲，甚至被认为是"不务正业"。借此，我还能在"大跃进"年代里为无线电扫盲的大学老师上过一堂课呢！

这些无不与小学的劳作课有关。这些知识和"手艺"，也就是"动脑"和"动手"的好习惯，在我以后的研究生涯里发挥了重要的作用，甚至帮上了大忙。举个例子吧，我们吃的药片，要测定许多参数才能保证服用后有效，如果在体内不会溶化，那岂不是白吃了，甚至还会贻误病情。20 世纪 70 年代，我们国内还没有这种测试的仪器，研究也常常因此而受阻，这就产生了自己动手制作的念头，这样诞生了国内第一台评价片剂的仪器，这仪器后来由专门的工厂生产。类似的例子还有我用业余学到的电子技术制造了一台自动检查针剂中有无异物的仪器。在国外进修时，为"偷懒"不想在夜间"值班"取样，而设计安装了一套溶出自动取样装置。为此，我还发表了论文呢。这些都是得益于幼童时培养的兴趣和动手能力。

我的青年时代是在一片向工农子弟开门的浓烈的气氛中匆匆度过的。出身于非无产阶级家庭的我，进入了一个对我来说虽不崎岖，但也够艰难的青年时代，这是后话了。不管怎样，幼时家庭和小学的教育深深地烙在我的身上，童稚的回忆毕竟是快乐的。

（本文写于 1997 年，改定于 2022 年 8 月 5 日）

侯惠民 药物制剂专家。1940 年 10 月 13 日生于上海。1963 年毕业于上海第一医学院药学系。1990 年 10 月获日本北海道医疗大学药学博士学位。现任上海医药工业研究院研究员，国家药物制剂工程研究中心研究员、主任，国家食品药品监督局包装材料科研检测中心主任。兼任中国药学会上海分会理事长，国家科技奖药物专业组评审委员会委员，第九届药典委员会委员。长期从事药物制剂工程化研究，先后负责 40 多项课题，在缓释制剂技术领域作出了突出贡献。作为我国最早研究可控缓释制剂的学者之一，20 世纪 70 年代探索设计成功膜剂，其中硝酸甘油膜剂及速效长效氨哮素膜剂皆为国内首创。80 年代研制成功药用聚氯乙烯无毒硬片，载药半透明软接触镜救治眼角膜穿伤的临床和实验研究为国内首创。90 年代的药用聚丙烯/聚乙烯复合膜质量水平居国内领先，硝酸甘油贴膜获国家医药管理局三等奖。在国内外发表论文 70 余篇，培养多名博士和硕士。研究成果获国家和部级奖励 13 项，申请专利 40 多项，已获发明专利 12 项、实用新型专利 6 项。1990 年被授予上海市"科技精英"称号。1996 年当选中国工程院院士。

人生苦短，生命有限。时间是工作的保障，也是生命历程的见证。为此，一定要惜时如金，有效利用，有所作为。

——胡见义

时间是有所作为的生命

1997 年初冬，中国工程院新当选院士公布后，当时我也收到了中国工程院时任院长朱光亚同志的通知函，思绪万千。许多人向我表示祝贺，有代表集体的，有代表个人的。甚至有不少青年朋友问我：此时此刻你在想些什么？有多高兴？有多激动？

我的确感到高兴，这意味着一名科技工作者的艰辛努力被社会理解和接受了，这是很难得的，也是最值得欣慰的喜事。但我并不是很激动，倒是感觉压力增大了。水满必溢，月满必缺。对我来说，体能和接受新知识进而实现创新的能力已开始下降了。

我已在石油天然气科技事业上奋斗了大半生，当时不少人劝我该潇洒一点了，放松一点了。一方面，剩下的时间非常有限，我仍有相当多的研究工作要做，似乎是"惯性"使我老是停不下来。另一方面，我的经历虽有风雨，一路坎坷，但也有喜悦，毕竟曾取得了一些还说得过去的成果。当然，在人生趋老的过程中，我不愿也不可能作"花瓶"当"摆设"，这样会有损于中国工程院

胡见义 院士
（中国工程院提供）

院士的荣誉称号，也与自己的初衷背道而驰，这就是为什么在获得殊荣的时刻，突然感觉到了压力倍增，确实激动不起来的缘由了。

对我来讲，时间仍是第一位的。从某种意义上说，没有时间就没有一切。有人说"时间就是生命"，我想更准确地该这样表达——时间是有所作为的生命。

时间是宝贵的，我会时刻抓住它、用好它。在我年轻的时候，也就是在20世纪50年代末到60年代初，我们国家遭受了天灾人祸，那时我正在非常艰苦的东北松辽盆地石油探区寻找石油。无论在野外现场或室内工作，无不工作到深夜一点或两点，这不仅是单位领导的希望，也是工作进展的需要，更是自己坚定地要在所谓中国贫油的大地上去研究石油地质状况以发现和探明石油，有急切甩掉"中国贫油论"帽子的信念。因此，我在参加工作后的几年内完成了松辽盆地几个大型综合研究项目，和同事们一起发现了一批油气田。

后来在渤海湾盆地所在的华北地区工作的14年期间，大多数时间正值"文化大革命"的特殊年代，也是批判"资产阶级知识分子"的年代，包括下放到生产第一线。我们抓住了这段"有利"时间，有组织地或自我地主动去开展一个个油气勘探项目，完成一项项研究成果，不仅发现了许多油气田，而且积蓄了大量的有关中国石油地质方面新的理论和重要的概念。在此期间，我还曾被派往国外工作了三年，在那里白天在工作单位上班，晚上和节假日是我探索当地与海相石油地质问题的重要时间。在那里整天埋头分析资料、探索油气成藏规律，为所在国探明了一些气田，扩大了天然气资源财富。对我个人来讲，充分利用时间也治愈了在异国他乡的孤独与寂寞症状，同时积累和奠定了很多可供研究的信息和资料，坚定了继续从事油气地质研究的初心。

对我来说，尤感欣慰的是，"文革"高潮中（1969—1972）竟然让我在国外寻找油气资源的跋涉中免受了三年时间的损失，这也是我在学术和技术方面取得进展的宝贵的三年。

改革开放后的时间"含金量"更高了。1978 年 3 月，邓小平同志在全国科学大会上宣布我国"知识分子是劳动人民的一部分"，彻底砸开了所谓中国知识分子是资产阶级范畴这种荒谬论断的枷锁。可以说，这是中国知识分子的又一次解放，把我们的思想和手脚、政治和学术都放开了，可以放手地充分利用宝贵的每一分钟，进行有效的研究和工作，思想和情绪舒展了、心情也舒畅了，可以没有包袱地阔步前行了。

研究领域面向全国，时间更显宝贵。1978 年 8 月，我被调入了地处北京的中国石油勘探开发科学研究院，从各方面都为我游弋于中国石油地质与勘探，创造了宽松舒畅的环境和条件，努力工作和创造成绩的信心更强了，所以我愈加珍惜时间。为了充分利用科研环境优势，有时间潜心做好科研工作，完成更多的研究成果，我多次说服和谢绝组织上给我更高职务的任命。"做通"组织部门的工作后，为我在科学研究上进一步发展"争取"到了宝贵的时间，创造了发现与发明的机会。在不长的时间内，我开始积累全国各含油气盆地的石油地质资料，与同事们一起进行研究，完成了一系列研究成果和著作，为我国油气勘探和战略部署，以及参与国外油气资源的合作，都起到了重要的作用。现在回忆起来，可以说改革开放后的20年，除了工作日外，一年中上百个休息日，几乎都得到了充分的利用，赢得了人生宝贵的时间，也阐释了生命的价值和意义。

从事科学技术行的人，时间就是生命。时间是最宝贵的。如果生命过程中时间还需限度而无所为，则应好也更有限的时间取得更有效的成果，而对社会和人民更有意义。

胡见义

2001.5.

胡见义在阐述时间的宝贵（作者提供）

我明白，自己余下的可用时间不是很多了，这是自然规律。如何在有限的时间里为国家尽可能多地做一些事情，把事情做得更好一点，这是必须认真思考的。一种思考可能是"赶场"一样的活动，满足于在什么会上发个言，给谁写个评语、题个词，或在什么场合当个"摆设"。如果是这样，就非常对不起各级部门和领导的期望，也辜负了中国工程院对自己的信任，更对不起自己"矿产报国"的人生之路、科学之道。另一种思考是，不指望有什么轰轰烈烈的事业，但能脚踏实地做一些实事。比如，思考我国石油天然气的重点领域和方向、油气资源远景与发展战略，深入研究周边国家的国际油气资源地质分布规律与特点等，努力做好中国工程院委托的油气或能源咨询项目的研究工作。当然，也要"劳逸结合"，在有限的生命里，做好研究生培养工作，重点培养他们在油气勘探开发和能源发展方面的综合研究能力，向他们传递为国家找油、为民族"争气"的爱国情怀，追求真理、严谨治学的求实思想，以及淡泊名利、脚踏实地、潜心研究的奉献精神。

我的工作时间能有保障，离不开同事们的支持。我真心感谢我的同事，特别是年轻的同事们，牺牲他们的时间积极地配合我的工作，我的成果也是他们的成果。感谢工作单位的历届领导，他们特别知人善任，能理解并支持我们，在最困难的时候保护了科技工作者的探索热忱，为我们创造了宝贵的工作时空条件，使我们科研工作能取得一些成果，并能吸收其中好的和有用的部分进行战略决策，他们也是我能抓住时间有效工作的贡献者。

人生苦短，生命有限。时间是工作的保障，也是生命历程的见证。为此，我不时地暗暗告诫自己，一定要惜时如金，分秒必争，且有效加以利用。常言道，成功的背后有一个坚强的女人。我虽不算成功人士，但在我争分夺秒工作的时候，有一位默默支持我的女人。她是我一辈子都要感谢的人——我的妻子。她个不高，但竭尽全力，承担起了家庭的所有辛劳，使我的科研没有任何后顾之忧。从某种程度上讲，我的时间也是她给予我的。1984年她刚刚做完大手术，最需要有人照顾的时候，却极力劝说与鼓励我按时参加了在莫斯科举办的第27届国际地质大会，成功宣读了论文。几十年来，直到我从一线岗位上退下来，我们没有共同外出旅行或疗养过，甚至北京远郊的优美风景区也没去过，我曾经每年都许愿要陪同她出去走一走、看一看，但每年都因为难料的原因割爱了。总想着等有时间了一定会履行一次承诺，可一次又一次食言，直到现在。

（本文写于 1998 年，改定于 2022 年 8 月 16 日）

胡见义 石油天然气地质与勘探专家。1934 年 3 月 25 日生于北京市。1952 年就读于北京地质学院，后赴苏联留学，1959 年毕业于苏联莫斯科石油学院，获副博士学位。曾任大庆油田、大港油田主任地质师和胜利油田总地质师，阿尔巴尼亚工矿部石油总局中国专家综合组组长，中俄油气合作项目领导小组副组长，中国石油勘探开发研究院总地质师、副院长，中国工程院能源与矿业学部副主任。兼任中国能源研究会副理事长，中国亚洲天然气和管道研究中心主席，中国石油学会石油专业委员会副主任等。总结并建立了中国陆相石油地质理论；研究了一系列国内外海、陆相含油气盆地油气藏的形成与分布规律；主持不少国外含油气盆地油气地质综合研究和重大油气合作研究项目。编写了《松辽盆地石油地质和油气分布的九大规律》《渤海湾盆地复式油气聚集（区）带的形成理论与实践》《全国油气资源评价》等研究报告。研究成果先后获国家科学技术进步奖特等奖、一等奖和省部级科技奖多项，以及首届全国科学大会"个人突出贡献奖""孙越崎能源大奖""李四光地质科学奖"和"光华工程科技奖"等。代表作有《中国陆相石油地质理论基础》《石油地质学前缘》《非构造油气藏》《中国石油天然气资源评价研究总报告》《中国含油气系统的应用与进展》《中俄土天然气地质研究新进展》及英文版《中国石油地质与勘探进展》《东北亚油气潜力图和报告》等 10 余部，发表论文 100 余篇，培养研究生和博士后 40 多名。1997 年当选中国工程院院士。

在社会主义市场经济体制下，难道就不能创造出科研与生产之间更为和谐而密切的相互关系，从而使我们国家优秀的科技队伍能为经济建设更好更多更快地效力，使科技自主创新真正成为经济增长的主要动力？

——胡启恒

四海飞鸿寄情长

我的父亲去世很早，母亲独自抚养我们长大，真是不容易。母亲写得一手秀丽的小楷，一度曾以做抄写员谋生。她喜爱读书，家里新书旧书都不少。她对我读书一向不加限制。于是，读书成了我小时候的第一爱好，不论是文言、白话，还是古今中外的各类书刊，只要读下来觉得有趣就会一直看下去。《西游记》和《水浒》是最早被我接受的，随后认为《三国演义》也很精彩，一看就觉得心醉神迷，看到"陨大星汉丞相归天"就切齿痛恨可恶的魏延，扼腕为什么诸葛亮当初不杀了他。可是，《红楼梦》却看看就丢开了，不明白这本婆婆妈妈的书有什么好。大概直到进了中学，才从中读出了一些味道来。除了小说，还有诗词。最初使我热爱中国传统诗词的老师是母亲。我常因她讲述文天祥、史可

胡启恒 院士
（中国工程院提供）

法、岳飞这些忠臣良将的故事而伤心落泪，并在深深崇敬这些民族英雄的同时，赞叹《满江红》《过零丁洋》那种浩然正气，品味中国传统诗词非凡的表现力，以致感觉其魅力，现代诗是无法与之相比的。

对于中文的爱好，使我终身受益。中文实在是学好一切学科的基础，也是与社会沟通的基本工具。

我小时候的另一大爱好是户外野游，与邻家小朋友和他们的狗为伴，去欣赏大自然的奇妙与无穷的美景，会为春天新叶上的茸毛和最早苏醒的小虫而惊叹，也会为雨后空气的清新、冬天白雪覆盖着的世界那种宁静而称奇。兴致所至，何止与小狗赛跑，就是与猫一起爬树上房也时而有之。母亲虽不拘管我的行动，但时常给我郑重叮咛的话却入耳入心。我从小就明白：一个人活着必须对社会有用，无能无用的人是可悲的。我并没有什么可以依赖的东西，唯有凭自己的努力，去做一个有用的并能够自立的人。

在北京师范大学女子附属中学度过的六年中学生活，对于我有极为重要的影响。女附中不但教学水平在全市中等学校中名列前茅，而且学生大多来自平民阶层，校风朴素。我在这里感到很是舒服与自在。在这里，我不仅获得了自然和人文科学的最初、最基本的知识，而且初步树立起正确的人生观，决心为祖国、为人民的利益而生活。当时的思想真是纯洁而透明，心里装满了快乐，就像那时我们喜欢的一首诗：

我是多么渺小，

我是大海中的一滴水。

然而我骄傲，

我为大海所包容。

　　集体既温暖又严肃。我在整个中学时期，一直担任着各种社会工作，同时保持着优良的学习成绩。周围的小伙伴们在肯定我的优点的同时，也经常不留情面地批评我的缺点和毛病。这些坦率又尖锐的批评，磨砺了我的思想，深化了我对事物的认识，改变了我的许多习惯，使我懂得了要尊重他人和严于律己、宽以待人的道理。一直到现在，回想起中学时代，还觉得我的全部生活都从其中获益极多。

　　近年来，使我最高兴的一件事情是1995年秋天应邀到杭州邮局去参加国产信函自动分拣机用户协会的成立大会。

　　我们同邮电部第三研究所合作研制成功用于信函自动分拣的邮码识别机，那是20多年前的事情了。20世纪70年代初，模式识别在国内还是一门全新的学科。邮电部第三研究所当时的总工程师王琪先生率领一个调研小组走访了全国若干研究文字识别的单位，最后来到中国科学院自动化研究所，看到我们识别手写数字已经取得了很好的结果，在对我们具有独创性的识别方法作了深入了解以后，决定把任务交给我们来干。我们建立了大容量的样品数据库，采用预研成果，结构链码识别算法，与邮电三所来的技术人员合作攻关，那真是同心协力，不分彼此。不长的时间内，不但交出了识别率很高的样机，交出了全部设计资料，就连我们每人笔记本上的心得和对改进的构思，也都毫无保留地交给三所的合作伙伴。这项任务完成后，我们都期望它能很快进入实用。可是，当时有些上层人物在报上发表意见并责问：中国有那么丰富的人力资源，还要搞什么信函自动分拣？这一来，就把研究成果打入了"冷宫"。后来我们不断地听到传说，三所还在继续努力。到了改革开放以后，又听说邮局都在纷纷引进国外的信函自动分拣机了。

真正知道我们合力攻关的成果确实有了实际效果，是在1995年秋天接到邮电三所和杭州市邮局邀请的时候。

在坐了好几年"冷板凳"之后，信函自动分拣终于又被认为是非干不可的事了。于是，在杭州市邮局积极参与下，三所与邮局一起作了坚持不懈的努力。最大的问题是分拣格口和高速传送信件的机械部分总是出毛病。"八五"期间，三所把分拣机的机械传送部分换成外国公司的产品，而识别部分还是以我们当年合作的算法为基础，又加上拒识补码等的创新，试用的结果已大大优于国外进口的分拣机，而且自己掌握其关键技术，有维修、维护的方便，价格还更合理。于是，它们大受各地邮局的欢迎，短短的时间里，已经在国内占有了三分之一的市场，有了一大批用户。

二十多年中，邮电三所的领导已经换了好几届，当年同我们一道攻关的人员也大多退休或离去了，可是王琪总工还在。我们又在杭州相聚了！王总与三所新的领导一起，向我们表示最真诚的感谢。事隔多年，他们付出了极大的努力，才使信函分拣机成为一个成功的产品，而今居然还不忘我们当年的合作，这本身就令我们十分感动。我们一起回忆当年的奋斗和开拓，由于是邮电部委托中国科学院的任务，所以课题的经费完全由科学院承担。任务完成以后，邮政总局曾问过我们，是不是需要拨一部分经费给我们，我们毫不犹豫地回答："不需要！"

如今回想起来，大家都觉得好笑。也正因为如此，我们和三所间的友谊和互相信任更为坚固。三所的同志们多次说："你们给的是无私的帮助。"存在于我们之间的这种和谐的关系，是多么令人愉快啊！于是，我草就了三段小诗，以表达自己当时的激动心情：

深秋时节草蒙霜，西子湖边访潘郎。

心存知己天涯近，故人情满富春江。

相逢执手细端详，华发无情写风霜。

目光依旧纯如水，轻舟浊浪不迷航。

曾记同心植柳忙，何期今日柳成行。

千门万户分流去，四海飞鸿寄情长。

对于这段难忘的人生历程，一方面，我是为研究成果终于能实用于生产并形成规模（据邮局的朋友们说，到1996年底，三所生产的分拣机在国内市场上的占有率已达三分之二，在每一台分拣机的产值中，国产部分的比例也达到了70%）而感到由衷的高兴；另一方面，从科技成果到生产应用竟然用了整整20多年的时间。由此，深深感慨：我们真正走上经济依靠科技的道路是多么艰难啊。作为科研人员，我们从心底里感谢邮政三所，在漫长的岁月里，他们是那样执著，对自己的力量如此坚信不疑，能锲而不舍地努力20年。当然，我们还要感谢杭州邮局在局长潘尚总的领导下，始终坚持试用，不懈地为国产分拣机出力。即使是有了这么理想的接力者，还要不辞劳苦地走过 20 年的征途，可见从科技转化为现实生产力的道路是多么复杂而艰辛啊！

这尽管是一个发生在旧的科技体制下的故事，但我一直铭记于心，难以忘怀，在社会主义市场经济体制下，难道就不能创造出科研与生产之间更为和谐而密切的相互关系，从而使我们国家优秀的科技队伍能为经济建设更好更多更快地效力，使科技自主创新真正成为经济增长的主要动力？这是我们仍然必须解决的大问题。但我深信，我们一定能解决好这个问题。

（本文写于 1998 年，改定于 2022 年 8 月 15 日）

胡启恒 自动控制和模式识别技术专家。1934 年生于北京。1954 年进入苏联莫斯科化工机械学院学习，先后获学士、副博士学位。1963 年回国后进入中国科学院自动化研究所工作，曾任中国科学院自动化研究所研究员。1980 年至 1982 年任美国凯斯西储大学（CWRU）客座教授，1983 年至 1989 年任中国科学院自动化研究所所长，1985 年至 1988 年任中国科学院副秘书长、秘书长，1988 年至 1996 年任中国科学院副院长，1996 年至 2006 年任中国科学技术协会副主席，2001 年当选中国互联网协会第一届理事长。是我国模式识别与人工智能领域最早的开拓者之一，从手写数字的识别开始，她参与和负责研制的手写数字邮码识别样机，作为我国早期模式识别应用项目，获 1978 年全国科学大会奖和中国科学院重大科技成果奖。20 世纪 80 年代初领导建成我国在模式识别领域的第一个国家重点实验室。她曾致力于推进科技体制改革，促进科技与经济的结合以及在相应领域中的国际交流与合作。1994 年当选中国工程院首批院士，1995 年当选乌克兰国家科学院外籍院士。由于她在互联网进入中国的过程中所做的贡献，她在 2013 年入选全球"互联网名人堂"，成为获得这一荣誉的首位中国人。

我至今牢记着周光召的话语："一名有作为的科学家，不仅要重视理论，而且一定要重视实验：理论和实验结果一致当然值得高兴；但有作为的科学家特别要抓住理论与实验结果不一致的地方，因为从这种地方会发现理论或实验的不足，有可能产生新的突破。"真使我获益匪浅。

——胡思得

做一位有作为的科学家

1958年，我从上海复旦大学毕业后，分配到二机部九院工作。从此，与国防尖端科研结下了不解之缘。

九院的事业很重要，它承载着党和国家领导人以及全国人民的殷切期望。我能有机会投身这一事业感到无比荣光，无比庆幸。九院又是一个很好的集体，它集中了全国许多科技精英和一大批才华横溢、事业心责任感极强的青年。我能有机会同他们一起工作，接受他们的指导，非常荣幸。我与大家一起度过了创业初期艰难的岁月，工作中经历了很多困难和挫折，也共享了多次成功和胜利的喜悦。

胡思得 院士
（作者提供）

我属于分配到九院工作的第一批大学生。我们向邓稼先（大家亲昵地叫他为老邓）主任报到时，看到办公室里一共只有三个人。这一年前后一共来了十几个人，就构成了核武器研究所的理论室。创业初期，工作、生活条件很差。开始，所里还没有图书馆，几乎所有的文献资料和图书都得向中国科学院和大学的图书馆去借阅。柯朗（R.Courant）和弗里德里克斯（K.O.Friedrichs）合著的《超声速流和冲击波》是理论工作者必读的经典著作，但当时全国只有一本俄译本，是钱三强先生从苏联带回国的。于是，我们就自己动手刻字，把这本书油印出来，分发给大家学习。这一届大学生，外语水平普遍较低，阅读文献有较大困难。为了尽快了解文献的内容，大家就围坐在一起，把文献中每一个生词划出来，分头去查词典，再凑起来，一起琢磨全句的意思。就这样，我们念完了一篇篇文献，内容掌握了，外语水平也提高了不少。

开始工作后，老邓分给我和几位年轻人的题目叫"铀在高压下的状态方程"。这是计算原子弹物理过程所必需的参数方程，因此属保密内容，国外的文献查不到，国内的动力学实验条件尚不具备。在这种情况下，要求出铀的状态方程，其困难程度可想而知。一方面，我们在老邓的指导下，把有关状态方程的文献都找出来，逐篇仔细阅读，深入消化，把所有能找到的其他金属的状态方程都汇总在一起，琢磨其间有什么规律可循，以便推求出铀的状态方程。另一方面，我们又学习并研究托马斯－费米理论（Thomas-Fermi theory）及其各种修正，使得它能与动力学阶段平滑地相连接。功夫不负有心人，经过一年多的努力，我们终于推出了在很大的压力范围内，能满足数值计算要求的铀的状态方程。当后来国外的文献陆续有了报道，我国也有了自己的实验数据，经过比较后，发现当年我们求出的铀的状态方程的确是相当不错的。

建院初期，生活条件也很差，办公室和宿舍没有暖气。白天冻得实在无法工作学习下去，大家就到附近的副食店里的火炉旁去取暖，等暖和一些后，继续回办公室工作。老邓是高级科学家，但他的办公

在北京应用物理与计算数学研究所，三位大学同班同学在邓稼先雕塑旁合影（2004，右起胡思得、杨福家、陈式刚，中国科学院提供）

室和我们的一样冷，他也和我们一起去取暖，偶尔还讲几句幽默的话，把大家逗乐了。看到老邓都如此乐观地对待艰苦，我们年轻人还能说什么呢？每天晚上，我们一般要工作到深夜才回宿舍，房间里虽然配备了火炉，但大家都已经筋疲力尽了，谁也不愿再花时间去点火炉，急忙钻进冰冷的被窝，很快就进入梦乡。

1962年，第一颗原子弹的理论设计方案已接近完成，所里成立一个专门小组负责联系实验。这个小组由邓稼先和周光召亲自指导。我被任命为这个组的组长。从此，我与光召有了接触，并

能在他指导下工作。光召比我们年长 6 至 7 岁，像是我们的兄长。为了理论上有充分的武装，老邓和光召分别给我们组吃"小灶"，每星期给我们讲两三次课。光召讲课从不用讲稿，信手拈来，由近及远，一气呵成，每每令我们赞叹不已。

胡思得在向周光召汇报（胡思得提供）

在我们临出发去实验基地之前，光召语重心长地对我们作临别赠言，他说："一位有作为的科学家，不仅要重视理论，而且一定要重视实验：理论和实验结果一致当然值得高兴；但有作为的科学家特别要抓住理论与实验结果不一致的地方，因为从这种地方会发现理论或实验的不足，有可能产生新的突破。"光召的这一席话，我一直牢记在心，真使我获益匪浅。在此后的工作中，每当实验结果出现与理论不一致的地方，我既不沮丧也绝不轻易放过，既思考理论上可能存在的毛病，也仔细推敲实验数据的真伪和精度，努力寻找产生问题的原因。不仅要求这些原因能解释当前的问题，而且还要与以前的结果不相矛盾。

在科学的征途上经常出现"山重水复疑无路，柳暗花明又一村"的诗情画意，每当我们揭开一个又一个的疑团，越来越多的现象为我们所探明所理解，心中不禁泛起一股特殊的兴奋和喜悦。

从1963年起，我有将近4年多的时间在实验基地工作，使我有更多的机会深入实验和生产现场，了解到许多第一手资料，接触到很多实验科学家、工艺专家和生产人员，听取他们对理论方案的各种意见。我们还常常共同设计实验，有时我们还有机会亲自动手安装和计量实验装置。这些经历对于丰富和完善我们的原子弹公差设计和聚集理论方面都有很大的帮助，也对后来克服由于武器小型化带来某一关键技术上出现的困难起了重要作用。

我们的科研工作不是一帆风顺的。我在主持设计一个小型化型号时，为了提高它的性能，引入了许多重大的改进，由于前几个型号成功的鼓舞，无论是理论和实验人员，都会有点"轻敌"，对密布在我们前进道路边各种"悬崖"缺乏警惕。从理论到实验改进的步子都过大，以致给内爆过程带来了其他问题，结果一个关键的动作果然出了毛病。其实，这纯粹是一个技术问题，只要科技人员认真总结经验是不难改进的，但当时处在"文化大革命"时期，整个实验基地笼罩在极不正常的政治气氛之中。军管会领导蓄意把技术问题变为政治问题，说是阶级斗争的新动向，查询参与实验的人员中是否有"五一六分子"。为此，还搞了"学习班"，把有关的科技人员集中起来，人人检查。最气愤的是军管会领导逼着人们说假话，引起正直的科学家们的极大反感。

当时，于敏同志也被请进了"学习班"。由于他在突破氢弹原理中的卓越贡献而受到大家的普遍尊敬，军管会领导给他施加压力，要他按军管会领导的意图说话，但遭到老于的坚决拒绝。他说："如果我说假话，我现在可以轻松过关，但我经受不了历史和真理的考验。我宁愿现在挨整，绝不说对不起历史的话，不说违背真理的话。"于敏同志这种大义凛然的态度，在当时的政治环境下，确实难能可贵，对我们有极大的教育和鼓舞，也避免使科研工作走入歧途。我从此把于敏同志当作自己处世立业的学习榜样。学习班结束之后，我随于敏参加实验工作队。大家在困难的条件下，团结一致，实事求是，加强分析，尊重实践，终于澄清了技术问题，并且找到了改进的设计方案。经过几轮爆轰实验的考核，最后顺利地完成了核试验的考核。

　　以上是我参加工作的头 10 年中令我印象最深刻的几件事，也是对我以后成长、发展有特别重要意义的几件事。

　　　　　　　（本文写于 1998 年，改定于 2022 年 7 月 13 日）

胡思得　原子核物理和核武器工程专家。1936 年 3 月 30 日生于浙江宁波。1958 年毕业于复旦大学，同年 9 月分配到第二机械工业部第九研究院，历任研究室副主任、副所长、副院长等职。1994 年任中国工程物理研究院院长，现任该院研究员。长期从事并先后参加或主持了多项核武器的理论研究和设计工作。在状态方程、内爆压缩和核装置设计等方面做了开创性工作。担任过多个核装置型号的理论设计负责人；与物理实验紧密结合，攻克了一些重要关键技术，提出了核试验中新的物理诊断项目；在氢弹的研究设计和发展以及核试验的近区物理测试中也做了大量组织领导工作，创造性地解决了一系列关键技术问题，为我国核武器的研究设计和发展作出了重要贡献。主要著作有《原子弹设计理论》等，还参与编审了《中国军事百科全书》中的有关条目。作为主要完成者之一，获国家科学技术进步奖特等奖 1 项，国家科学技术进步奖一等奖 3 项，二等奖 1 项，部委级科学技术进步奖多项。1995 年当选中国工程院院士。

> 人生苦短，一生又能做成几件事？
> 为了研制成一个又一个拥有自主知识产
> 权的新药，我愿与大家携手努力，攻关
> 不懈，创新不止。
>
> ——胡之璧

继承与创新

母亲与恩师

回顾我走过的人生历程，对我影响最大的莫过于我的母亲程翠英和我攻读副博士研究生时的导师徐国钧院士。

1934 年我生在南京蒋家花园，排行老四。我的双亲都受过很好的教育。父亲在金融界谋事；母亲操持家务，知书达理，酷爱文学，弹得一手好钢琴。在我 3 岁时，温馨、富裕的家庭被日本侵略者破坏了，日军的一枚燃烧弹将我蒋家花园化为灰烬。父亲一急之下脑溢血，从此卧病不起，我母亲时年 33 岁，一家七口的生活重担顿时落在她的肩上。为了生计，母亲白天在校任教，晚上又当家庭教师，回家后还要照料病中的父亲和幼小的儿女。生活之艰辛可想而知。她把所有的爱倾注在子女身上。我却从未见她发过一次脾气，一切困苦都由她一人默默忍受着，在生活上对我们关怀备至，百般温存，学业上对我们谆谆教诲。她常说：

胡之璧 院士
（作者提供）

一个人再富有，顷刻间可以化为灰烬，只有知识才是永久的财富。母亲淳朴的语言深深地烙在我纯洁的心灵上，并鞭策我终生渴求知识、不断进取。母亲对我的影响更多的还是她那无声的行动。每当我遇到困难时，母亲那种坚忍不拔的毅力和沉着应对的顽强精神，就会呈现在我的眼前，激励我迎接一个又一个困难。

1952 年，我考入了中国药科大学（原华东药学院），有幸遇到恩师徐国钧先生。徐老师是我国著名的生药学教授，对生药显微结构研究造诣很深。最初对徐老师的钦佩，纯粹出于对他名望的仰慕，而真正理解他并由衷地敬佩他，则是在我成了他的研究生之后。徐老师所以能在学术上取得卓越成就，在国内外享有崇高声誉，是与他在工作中勤奋、专注、严于律己、一丝不苟的治学精神分不开的。他每天总是第一个来到实验室，最后一个离开实验室。无论周末或节假日，天天如此，年复一年。他常说：人的一生是短促的，要在科学上作出业绩，没有超人的勤奋和毅力是

母亲把所有的爱倾注在子女身上
（叶雄绘）

不行的。他用自己的行动来感化我们、引导我们。我当研究生时，还是一个很爱活动的姑娘，周末禁不住要外出游玩，第二天见到徐老师时，他微笑着轻轻问道："礼拜天玩去了？我去过你们实验室，你不在，本想来问问你们有些什么困难？"他说得那样祥和、平静，我听了，自愧之心远胜过训斥。久而久之，我就把更多的精力放在学习和研究上。

1957年，徐老师患了鼻咽癌，这使我十分难受。病情之严重最终使他失去了左眼，生命受到了严重威胁。可让我深受感动的是，他丝毫也没流露出悲观与失望的情绪。相反，他比过去健康时更加珍惜时光。他对事业的追求一如既往，精神依然饱满、科研认真严谨、治学刻苦勤奋。我们的工作离不开显微镜，年轻人一天工作下来都觉得眼睛发酸，头脑发胀，更何况徐老师只能使用一只眼睛。每当我们看到他在显微镜旁坚持工作，以超人的毅力与病痛搏斗时，禁不住会热泪盈眶、激动不已。徐老师对科学事业的专注，与疾病搏斗的顽强精神，在我的心中留下了深刻的印象。他对学生从不以师长自居的可亲态度，更令我难忘。到上海工作后，离开徐老师已多年，但老师的言传身教，至今仍铭刻在我心里，成为激励我终生奋斗的楷模。

继承与创新

中医药是我国传统文化中的瑰宝。我国中药资源丰富，据调查天然药物共有12807种之多，其中植物药物就有11146种。我国传统医药中积累的古方、验方不下数万。在前人积累的资源瀚海中，我们应该做什么？怎么去做？这是我一直关注并为之奋斗的。

在我当研究生时，我常想：中药的确能治病，是好东西，但它们的活性成分是什么？化学结构怎样？它们的药效作用点以及原理又如何？

现代药学知识与我国传统医学之间的差异，经常在我的脑中碰撞，慢慢地也理出一条思路：要把中药中的有效成分提取出来，阐明它们的化学结构，弄清它们的作用原理，这是中药现代化最根本的问题。

1963 年，被调到中国科学院上海药物研究所以后，在老科学家的指导下，我与同事们合作完成了博落回、石吊兰、垂盆草、窝儿七、秦皮、水蜈蚣、银不换、草珊瑚等多种中草药有效成分的研究，这为我从事中药有效成分的分离提取与化学结构测定打下了坚实基础。

1980 年初，我有幸前往联邦德国图宾根大学生物学著名学者莱因哈达教授的实验室工作。这是我人生道路上的又一个岔道口。面对国外新型的分子生物学、分子遗传学与新奇的生物技术，我是将它们引入传统中药呢，还是继续搞我的天然药物分离提取与结构测定？我果断地选择了前者。当时在莱因哈达实验室里有一项非常有意义的工作，就是毛花洋地黄植物中含量很高的洋地黄毒苷用植物细胞生物转化成药用价值高的地高辛。在我去之前，他们已经做了大量的工作，而且获得了成功。但是实验结果只是"昙花一现"，细胞株很快就退化，而且底物的投料量很低，只有理论上的意义，无法实际应用。我在看了前人从事该项科研的大量论文后，主动向莱因哈达教授提出，我有兴趣接着做这项工作。莱因哈达教授当然很高兴，但他又很诚恳地提醒我说：这可不是一件简单的事，你可要经得起失败的考验。

　　我明白，这不是一件容易成功的事，实际上也已有好几位同事尝试过了，都未能有进展。然而，凭着创新胆识和想在中药研制中引入生物技术的强烈欲望，在我的脑子里不由得设计出一条完全不同的道路：先选育出耐高浓度洋地黄毒日与地高辛的细胞株，然后再提高其羟基化能力。

　　功夫不负有心人。经历了两年多夜以继日的努力，终于培育出既耐高浓度洋地黄毒苷与高浓度地高辛，又能将毒苷 100% 地转化为地高辛的细胞株。经 300 升生物反应器与长期传代验证，其转化率稳定，为工业规模利用植物培养细胞进行生物转化开创了先例，为莱因哈达实验室这项研究课题画上了圆满的句号。这个细胞株被莱因哈达教授命名为"胡氏细胞株"。

　　回国后，我对植物细胞生物转化洋地黄毒苷的机理，又进行了更深入的研究。该项成果 1996 年被评为国家科学技术进步奖二等奖。

　　遵古而不泥古，继承旨在发展。回国后，我决定把我在西方接受的生物技术知识与我国传统中药的研究联系起来，为中药的现代化尽自己一分力量。我毅然离开了工作多年的上海药物所，选择上海中医药大学为工作单位，以便更好地与传统中医中药相结合。我当时已年过半百，要新建一个实验室谈何容易。但我还是下了决心，从头开始。好在得到了主管领导与学校的大力支持，得到了志同道合的研究人员的配合。多年来，在中药生物技术研究、植物细胞培养技术诸方面都取得了不少成果。

　　"回归自然"成了当今一种潮流，传统中医药令世人瞩目，受到人类普遍青睐。这种"瞩目"和"青睐"，更令我们感到重任在肩。我们承担的国家课题不断增加，研究阵容也不断壮大，原本不过几个人组成的研究室，如今已发展成为中药研究所，研究内容涵盖了中药现代化的关键技术，如中药生物技术、中药化学、中药标准化、中药药理等，从而成为国家中医药管理局重点研究室、上海市重点实验室以及上海市教委重点学科、上海市十个重中之重学科之一。

人生苦短，一生又能做成几件事？为了研制成一个又一个拥有自主知识产权的新药，我愿与大家携手努力，攻关不懈，创新不止。

胡之璧 中药生物工程专家。1934年11月3日生于江苏南京，原籍安徽潜山。1956年毕业于华东药学院（现中国药科大学），1959年该校研究生毕业。1963年进入中国科学院上海药物研究所。1984年获德国图宾根大学理学博士。现任上海中医药大学教授，中药研究所名誉所长，国家中医药管理局中药生物工程重点研究室主任和上海市教育委员会中药学重点学科带头人。长期从事中药生物技术研究，将近代分子生物学、植物基因工程与细胞工程等高新技术应用于中药研究。培育出国际上转化率最高的洋地黄细胞株，被命名为"胡氏细胞株"。率先将农杆菌Ri质粒成功地引入几十种中药基因组，为开创中药生产与研究新局面作出杰出贡献。曾先后获得国家科学技术进步奖二等奖4项，上海市科学技术进步奖一等奖3项，国家中医药管理局科学技术进步奖一等奖1项。先后获得中医药现代化杰出科技成就奖（2001），第三届中国中医科学院唐氏中药发展奖（2009），上海医学发展终身成就奖（2017）以及"全国三八红旗手""全国五一劳动奖章"、全国侨界优秀教师等称号。1994年当选中国工程院首批院士。

> 一滴水在大海里可以跃出雪白的浪花、映出太阳的光辉，一旦离开大海，马上就会干涸、消失。大海就是集体，大海就是伟大的祖国，我不过是小小的一滴水……
>
> ——黄其励

大海与水滴

我出生于一个小职员的家庭，祖孙三辈八人的生活重担压在父亲一人身上，度日的艰难可想而知。至今我还记得家里吃野菜馍，我背着妈妈往外去"抠豆饼"的情景。我7岁那年，父亲失业了，生活雪上加霜，我们这个家像风浪中的小船一样就要触礁沉没。幸好新中国成立后，父亲在阜新蒙古中学当了数学老师，妈妈在家搞起打草袋子、糊火柴盒等副业，家境有了明显的改善，我也能上小学了。父亲省吃俭用往家寄钱，妈妈每天十五六个小时的辛苦劳作，我都看在眼里记在心上。"不讲吃不挑穿，好好学习，尽力帮家里干活，要节省每一分血汗钱"，这一观念从小就铭刻在我内心深处。我们兄妹五人的"儿童团"一放学，每人先糊一千个火柴盒，干完活再吃饭。买100斤煤要走几里地挑回家，为的是省一毛钱运费……从初中起，我就参加寒暑假学校组织的

黄其励 院士
（作者提供）

各类勤工俭学，用自己的汗水挣点钱买文具。"翻身"的激情与希望，使我感到没有吃不了的苦，没有克服不了的难。

清贫是课堂，艰辛是老师。

1958年高中毕业，我报考了清华大学。那一年暑假，我在营口电缆厂做零工。有一天上后夜班，上班前在家小睡的我朦胧中听到家人念我的清华大学录取通知书，我高兴得蹦了起来，全家兴奋极了："咱家有大学生了！"以前连做梦都不敢想的事情在新中国实现了。

我这个从初中起就享受人民助学金的穷孩子，贪婪地吸吮每堂课的营养，努力学好每一门课程。在六年的大学期间，我的各科学习成绩均为优，先后参加了学校文艺队和体操队。由于全面发展，1964年夏我获得了清华大学优良毕业生奖状。

1968年南京工学院（现东南大学）研究生毕业后，我主动申请分配到抚顺辽宁发电厂。该厂有13台机组，总装机容量650兆瓦，是当时亚洲最大的火力发电厂。看到来自中国、苏联、德国、捷克四国的发电设备并列于长百余米的厂房，我感到十分激动，自豪感油然而生，感到学习有师、贡献有所。第一年，我在电厂所属的农场种地、插秧、砍柴、割稻，当了一年的队长；回电厂后，先后当过热力试验组试验员、锅炉运行值班员。在锅炉分场当检修技术员时，六号炉大修、更换热器管排的对手赛，一个班干12个小时，看哪个班干得又好又多。夏天，炉内顶棚的高温和令人窒息的硫黄气味，丝毫没有影响我半点干劲。经过大修这场共拼搏、同流汗的经历，我与工人师傅结下了深厚的友情，收获了"品能双胜"的喜悦，被选为电厂先进工作者。工人师傅亲切地叫我"黄研究"，我深知这"爱称"来之不易，工人师傅们"吃在现场、睡在现场，不完成任务决不下战场"大无畏的拼搏精神，让我深深感到"电厂是熔炉，工地是课堂"，向工人阶级学习，向生产实践学习，在电厂的十一年时间里，我取得了满满的收获。

有人说，启蒙老师对孩子成长的影响很大。我觉得走出校门后在第一个工作场所的所见、所学、所干，也能为今后的人生道路铺下基石。在辽宁发电厂，我不会干的师傅们会，凡我想到的他们全能干出来。是他们，把国产的发电设备改造好，把粉尘飞扬的现场治理好，使辽宁发电厂成为出经验、出人才的"永远不老"的电厂。工人们的可贵之处在于既创造了物质财富，也创造了精神财富。

改革开放的春风吹开了祖国的大门。1981年9月，我"东渡扶桑"求学。在北海道大学热机关第一讲座教研室里，除了指导教师谷口·博教授外，我最年长。40岁去留学，日本教授们都以礼相待，学习条件安排得十分优越。为了利用好两年的留学时间，尽量多地掌握日本的先进技术，我搬出了为我准备的宽敞明亮的办公室，挤进了本科毕业班学生集中的小房间，上下学途中边走路边用耳塞听收音机的日语广播。功夫不负有心人，我很快闯过了语言关，同时对进修课题的钻研也有了较好的进展。北海道大学工学部大楼的门卫都知道，几乎每天第一个来的和每天最后一个离开教学大楼的是一个有些秃顶的中国人。"书山有路勤为径，学海无涯苦作舟"，为了抓紧点滴时间学习和研究，我经常吃在讲座、睡在讲座。我用半年时间完成了预计需两年的进修课题后，指导老师谷口·博教授找我谈话，希望我承担"锅炉排烟中水蒸气潜热回收的研究"这一课题。由于该课题涉及的学科多，而有关的研究成果及技术文献甚少，课题研究的难度确实很大，他一直没有找到合适的人选来做这个课题。就在我为是否要承担这个风险较大的课题而犹豫不决的时候，接到了妻子从国内寄来的信，是她手抄《儿童时代》杂志登载的《中国的未来——记中国第一位电子学女博士韦钰》，文章记述了韦钰克服万难获得了西德博士为国争光的事迹。妻子在信中写道："一个女同志能办到的事，相信我的其励也一定能办得到。"妻子是医生，工作很忙，带着两个还在上小学的男孩，仍全力鼓励和支持我。我一口气把这篇报道读了好几遍。两位女性给我这个男子汉以巨大的鼓舞，我决心开始这段艰险跋涉之旅。宿舍与学校的"两点一线"式往复"运动"以及认定了目标就不放弃的态度，就是作为中国留学生的我与其他国家留学生的差异。遇到不懂的学科知识，就查学校电话簿，找到相应专业的日本教授向他们请教。不懂就问，鼻子底下就是"课堂"，对方也总是热情地帮助我这位勤学好问的中国留学生。查阅资料、编程计算、搭建实验台、对实验结果的分析与研讨，苦不必说，累不计较，经过在日本两年零四个月的学习研究后我按期回国，中日双方商定继续以共同研究的方式，在回国后三年之内，保持通信研究的结果。在国际一级杂志发表3篇文章的基础上，我提交了工学博士论文，于1987年再次赴日，通过了6科考试和有12位日本教授参加的论文答辩，在当年6月获得北海道大学工学博士学位，谷口·博教授亲自把博士学位证书送到我工作的东北电管局。

当我带着春播秋收的果实回国时，思绪万千：我国是人口大国，但不是经济强国；别国千般富，不如祖国有。我暗下决心，回国后在深深铭记中日师生情的同时，广开国际合作之路，争做赶超外国强手之事，全力建设好自己的国家，这才是出国留学的最终目的。从那以后，凡是与国外项目谈判，我都全力维护国家利益；凡被派到任何岗位，都以搞好每一份工作、打好每一个战役为宗旨。

第一个战役是华能大连电厂从日本三菱公司引进两台350兆瓦火电机组的性能考核试验。当时我是东北电力试验研究院总工程师，担任考核试验负责人。考核试验中发现，该锅炉在磨煤机运行方式中有一种方式未完全满足合同要求。为了解决这个问题，我代表中方与日本三菱公司代表展开了多轮艰苦的谈判。酣战期间，日方代表团团长深夜私访我住的房间，希望我这个在日本获得工学博士学位的中方谈判团长能高抬贵手，就此休战。但是，我清醒地意识到：留学是留学，谈判是谈判，不能因为谈判对手是日方而损伤祖国的半点利益。我在北京与日方总设计师最后一次谈判后，这场长达几个月的谈判以日方向中方赔偿90万美元而告终。

在锦州发电厂担任厂长期间，我把日本电厂文明、整洁的厂房及设备的照片张贴在电厂门口，号召全厂：别国能做到的事，我们也应该做得到。我在电厂任职期间，靠以人为本和身传言教，靠抓设备治理和严格管理，使有6台国产200兆瓦机组的锦州发电厂，从全国电力系统重点治理与整顿的火电厂跻身电力部安全文明生产创水平达标行列，实现了"国产设备也一定能搞好"这一多年的夙愿。

十多年来，我与同事们在努力提高国产设备技术水平、全力改造进口设备等方面打了一个又一个攻坚战，完成了百余项技术创新和设备改造工程，被誉为"电力设备外科医生"。当时国产发电设备的安全、文明、自动化水平低是事实，但是群策群力、通过技术进步和创新，把它们改造好，实现进一步的大型化、高效化更是不争的事实！为了推动高参数、大型化的进程，元宝山电厂从德国引进了 600 兆瓦褐煤火力发电机组，这是当时全国容量最大的燃煤火力发电机组。但是，意想不到的是，由于锅炉的设计原因，使该机组投产第一年只能带 400—420 兆瓦负荷，一年事故停机 56 次，连续运行不超过一周，是有名的机组调电网的"礼拜机"。那时，我担任该机组改造的负责人，在国内专家和制造厂家的配合下，通过"理论研究—科学试验—制订方案—对德谈判—工程改造"的多轮调试，对锅炉进行全面的迭代式技术攻关。通过前后 10 年的艰苦努力，成功地完成了 10 余次设备重大改造，终于使该锅炉可以在设计出力 1814 吨／时下长期稳定运行，创造了奇迹。德方代表团团长心悦诚服地说："这台锅炉铭牌上应该写上东北电管局和斯坦米勒公司制造。"俗话说，不打不相识，通过多年交往、较量与合作，中德双方工程技术人员也结下了深厚的友谊。记得在较早的谈判中，德方代表团团长说："希望中方把我们嫁来的姑娘打扮得干净漂亮。"我作为中方代表团团长当然以礼相还："你们的女儿有严重的心脏病，需要我们首先给治好。"他说："我们为解决锅炉设备问题花费了几百万马克，已经做了很大的努力了。"我说："我方至今付出的人力累计起来等于 10 个人将一生时间用于你们设备的研究与改造，你们付出的只是九牛之一毛。"就这样，双方针锋相对、斗智斗勇。我们在设备改造与攻关中所作的贡献和成绩是每次谈判的基础，而每次谈判的结果又为下一步改造打下了基础。经过中德双方的合作，中方提出改造方案，德方提供改造图纸、特殊施工材料和400万马克的费用，经过十多个春夏秋冬，设备改造好了，可以长期稳定满负荷运行了。应邀去该公司访问时，我指名要看望已退休的德方代表团团长——一位年逾六旬的高个子德国人，我们竟拥抱着流下了热泪。这是惭愧之泪，是喜悦之泪，更是感激之泪。这场旷日持久的设备改造攻坚战，充分显示了中国工程技术人员的能力和水平，被外国专家认为是从未见过的设备改造奇迹。这次工程改造的学术成果和实践经验，被国内设计制造企业在发展国产大型褐煤电站锅炉时所借鉴。

黄其励在 2017 中国 500 强企业高峰论坛演讲（作者提供）

当我就要为这篇自述停笔时，我想起了一句话："但做好事，莫问前程。"

在工程现场夜战，在谈判桌上苦斗，在桌前凝神计算，在庆功会上共欢时，我从来没有想过会当选中国工程院院士。当大家都为之兴奋和羡慕的荣冠戴在我的头上时，我要说，成绩是大家的，功劳是集体的，荣誉属于东北电力集团。

我更深深地懂得：一滴水在大海里可以跃出雪白的浪花、映出太阳的光辉，一旦离开大海，马上就会干涸、消失。大海就是集体，大海就是伟大的祖国，我不过是小小的一滴水。是广阔大海的层层排浪，抚托着这滴水，推动它不停地向前……

（本文写于 1998 年，改定于 2022 年 8 月 22 日）

黄其励 蒸汽工程专家。1941 年 1 月 15 日生于辽宁营口。1964 年毕业于清华大学，1968 年南京工学院研究生毕业，1987 年获日本北海道大学工学博士学位，教授级高级工程师，博士生导师。曾任东北电管局与东北电力集团总工程师，东北电网有限公司名誉总工程师，新能源电力系统国家重点实验室、电网安全和节能国家重点实验室以及煤基清洁能源国家重点实验室学术委员会主任。现任国家电网有限公司一级顾问、国家能源集团电力系统首席科学家。长期从事燃烧领域科学研究、工程应用和技术管理，以及国家能源领域发展战略咨询研究等工作。获国家科学技术进步奖 2 项、省部级科学技术进步奖 30 余项，获第十三届"光华工程科技奖"等。主编或参编专著 5 部，发表技术论文 70 余篇，科普读物多本，被誉为"电力之光"科学传播专家。任辽宁省科学技术协会第六至七届委员会副主席。1997 年当选中国工程院院士，后任中国工程院主席团成员、能源与矿业工程学部主任。

孟子曰：天将降大任于斯人也，必先苦其心志，劳其筋骨，饿其体肤，空乏其身，增益其所不能。我愿以此警言，与年轻同志共勉。做工作一定要有敬业精神。我把"有所创造，有所前进"作为座右铭。

——江欢成

朗读者　林达斐

创新才能进步

事业的关键点

在人的事业发展中往往有几个关键点。对我来说，最大的关键点，竟然发生在不知不觉的刹那间，那就是1957年高考填志愿。没有任何人给我建议，填什么学校什么专业好。在那短短的几十分钟时间里，杜甫的诗句竟然在脑海里冒了出来，并强烈地影响着我："安得广厦千万间，大庇天下寒士俱欢颜。"于是，我在志愿表上填了"清华土木"这几个字，也注定我要为之奋斗一辈子。

选择志愿固然重要，但更重要的还是看怎样沿着已选择的路走下去，这是更长期、更艰苦的过程。我事业的其他几个关键点都发生在毕业之后。

毕业分配无疑是一大关键点。当时有句口号——"祖国的需要就是我的志愿"，我深以为然。我填的分配志愿地是包头、兰州、

江欢成 院士
（中国工程院提供）

洛阳。没想到，却被分配到了上海。班头跟我说，华东建筑设计院很有影响力，这个阵地，清华要有一席之地。我似有所领悟，努力把工作做得好些，不敢懈怠。好些年里，几乎每天都是最后一个离开设计室的。直到如今，虽精力不如从前，也总要下班后多干一两个小时，这已成了习惯。我总觉得脑袋里的空白太多，工作也确实做不完，偶尔空闲下来就觉得手足无措，多少有点属牛的脾气。

1965 年，响应国家号召在遵义搞了三年"三线建设"。"文化大革命"中号召"抓革命促生产"，把我放到了"促生产"的一边，倒是坏事变好事了。这段时间，我搞了大屯煤矿 80 米深的沉井、上海卫星地面站、火箭总装车间等有影响的工程。工作中，我体会到与天斗、与地斗的巨大乐趣。

我事业中的又一关键点是到英国进修。1980 年，英国产业联合会（CBI）第一次向中国提供奖学金。我作为三名候选人之一，参加了考试。我自认英语不如人，1975 年在赞比亚搞工程时，才从广播英语教材第一册学起。大使馆的考官要我 confirm（确认）是否清华优良毕业生，我递上了红本子，沾了这点光，得以在英国一家著名的设计公司进修了两年多。结业时，奖学金负责人问我为啥不留在英国工作，我说："我是国家派出的！"和当时许多中国留学生一样，我们有个共同的体会，外国再漂亮也是人家的，待遇再好也是寄人篱下，到了国外更加体会到"祖国"的含义。

在英国最大的收获，一是语言，二是国际经验。这两点，在我以后的事业中，起着很重要的作用。1983年，我再度到赞比亚工作，使我吃惊的是，与上次去赞比亚相比，自己判若两人，耳聪了，目明了，自如了，和外国人打交道也更有信心了。中国人一点也不比外国人差，你知道的，我也知道，而中国人的勤奋工作，却比外国人更胜一筹。

大概也因为这个关系，在我仍在赞比亚时，就从结构组长提升为副总工程师，回到上海，已成为总工程师了。上任后，院长问我有何打算，我说了一句："总工程师要把好关，可更重要的还是带领闯关。"我的第一大举措是对高层住宅设计做优化。20世纪80年代初，上海开始建造高层住宅，我院设计的仙霞工程，多次为大家套用。该设计在初期时难免保守，几乎所有隔间都是混凝土墙。我截留了几位新分配来的同志，对设计作了大刀阔斧的修改，省掉了许多墙，使用空间灵活了，重量变轻了，基础桩变少了。修改后的设计第一次在沪太新村使用，节约了大量资金。该设计图成了我院的通用图，随后又有不少工程套用。我在《结构工程师》杂志上发表了文章，对高层住宅的优化起了一定的推动作用。

要说我事业发展中还有什么关键点的话，那就是黄浦江边"东方明珠"的建设。它使我出了名，被选为英国土木工程师学会、英国结构工程师学会的资深会员，还获得了中国工程院院士这一最高荣誉，这倒是我从没想到也不敢去想的事。

我比大多数同志早半年知道这项工程，即着手收集资料，了解到世界上的混凝土塔差不多都是单筒体，为使东方明珠电视塔成为上海的标志性建筑，必须与众不同，在我写的方案设计要求上对此创新点作了特别强调。我提出了多个可能的结构方案，尤其推崇多筒结构。东方明珠塔的设计是华东建筑设计院集体智慧的结晶。方案设计过程中，方鉴泉、蔡镇钰、张乾源、张耀曾等几位老总和项祖荃、管式勤、张秀林、张俊杰、孟建民等中青年才俊一起做了几十个方案，在此基础上归纳优化，凌本立副总建筑师完成了最终版的塔的造型设计。吴良镛教授称赞它是"大珠小珠落玉盘"。

"东方明珠"之所以会被公认为上海地标，本人觉得是因为它占尽了天时、地利、人和三大优势。天时，上海浦东是开发开放的排头兵；地利，塔址定位于当时浦东公园的儿童乐园，正对着南京路，是多条道路和黄浦江、苏州河的交汇点，如果说外滩是上海的观众席的话，它好比在舞台的正中央表演；人和，塔身独特的结构，完美的造型，使人们为之惊叹和喜爱。

由于结构在高塔中的重要性，我被选定为设计总负责人，带领 30 位同志现场设计，连续三年半没日没夜地连续作战。独特的造型给施工带来很大的复杂性，从而使本方案在评议过程中几乎总被否定。带着问题，我们向施工专家报告了我们的想法。带斜撑的巨型空间框架结构，比单筒体结构是复杂了些，但它的创新突破不仅使之与众不同地成为地标，还大大有利于抗风抗震。与此同时，我们提出了施工斜撑和球体的几种可操作的做法。终于获得了施工专家的理解和认可。事实证明，我们提出的做法，在实施中取得巨大成功。一座 468 米高、10 万吨重的高塔，混凝土方桩仅入土 48m，底板仅有 1.5m 厚，三根大斜撑在预制拼装的钢骨架上捣混凝土，解决了施工的大难题，其质量之好，为国内外同行赞叹。百米桅杆，在地面组装，10 天内提升到 350 米高空；

50 米的大球，托在一个预应力碗上；45 米大球，吊在一把大伞下，而每根伞骨，仅用一个鞘子固定，施工十分方便。

怎样做人，怎样做工作

"东方明珠"成功后，许多记者要我谈体会，我总离不开一句话，虽像套话，却是真心话：一是改革开放为我们提供了机会和施展才华的大好舞台；二是"东方明珠"的设计与建造反映了华东院的整体实力，是许多同志共同努力的结果。记者坚持要我谈自己，我谈了两点体会——怎样做人，怎样做工作。我从"我是客家人"开始道起身世：

1938 年我生于广东梅县一户贫苦家庭。那时的山里人孤陋寡闻，小孩看见汽车觉得新鲜，对着它唱儿歌，火车、轮船更是从没见过。生活很艰苦，我 13 岁才穿上鞋，读书的煤油灯还只能拣最小的。客家人在艰苦的环境下求生存，造就了我们不怕苦、不怕累的奋斗精神，也影响了我的一生。要做成一点事，一定要吃得起苦。我赞赏孟子的一席话：天将降大任于斯人也，必先苦其心志，劳其筋骨，饿其体肤，空乏其身，增益其所不能。我愿以此警言，与年轻同志共勉。而做工作，则一定要有敬业精神。我把"有所创造，有所前进"作为座右铭，对自己提出严格要求：每项设计，必须在前人的基础上做得更好些，否则何来进步。我常跟年轻人讲，你的每项工作都在不断地给自己做鉴定，不要怕别人不知道。除搞好本专业工作外，我认为还要有全局观念，工程是一个整体，各专业的协调和相辅相成十分重要。我乐于和建筑师讨论，乐于往工地跑，40 年的融会贯通，使我在房屋结构设计中取得了一定的自由。建筑师、工程师感到与我配合做设计比较容易，因为我往往把他们要操心的事情考虑在前面。

东方明珠电视塔完成后，迎接我的是更大的机遇与挑战。1995年3月，我率领我院代表团，前往印尼投标雅加达塔，与世界一流的设计师们较量并一举夺标，为我国建筑设计行业进入国际市场迈开了第一步。我也是该工程的设计总负责人，该工程系世界最高塔，558米高，建筑面积达32万平方米，地下停车3700辆，规模之大为世界建筑史上罕见。该项目桩基和基坑工程已基本完成，因金融危机等原因而中断。与此同时，上海金茂大厦正在建设，我作为业主的设计顾问和设计者SOM的现场代表，对该大楼的设计，提出了重要的意见并使玻璃幕墙的建造得以实现。

目前，我正在主持江欢成设计有限公司的工作，力图在设计体制和机制改革上摸索一条适应市场经济的道路，并在天空城镇建设等设计创新方面继续努力。

（本文写于2001年7月，改定于2022年7月4日）

江欢成 工程结构专家。1938年11月23日生于广东梅州。1963年毕业于清华大学土木工程系。曾任华东建筑设计研究院总工程师。1980年至1982年作为访问学者在英国和我国香港地区OVE-ARUP公司进修。1998年至2004年就职于上海现代建筑设计集团。2004年12月就职上海江欢成建筑设计有限公司，任董事长。中国国家一级注册结构工程师、英国注册结构工程师等。长期从事建筑结构设计，在虹桥机场、大屯煤矿、航天部新中华厂总装车间、上海卫星地面站、赞比亚党部大楼、电子部1421所、上海东方明珠塔和金茂大厦等重大工程中，创造性地做了大量工作。第一次成功地将30米天线卫星地面站设计在软土地基上，获全国科学大会奖；负责设计的东方明珠463米高塔项目获建设部科学技术进步奖二等奖，土木工程詹天佑奖；主持设计558米高的雅加达塔，参与世界一流建筑师的竞争并中标。1992年获国务院"有突出贡献中青年专家"称号。1995年当选中国工程院院士，同年被英国土木工程师学会及英国结构工程师学会选为资深会员。2004年获"中国勘察设计大师"荣誉称号。

可以毫不夸张地说，整个工作的过程便是我再学习和知识不断更新的过程，而且每开辟一个新的研究领域总是要补充一大堆新的知识，深深体会到"书到用时方恨少"的古训。

——金翔龙

身不由己的换新

我从小爱看闲书，特别是各类探险记、游记和科学幻想小说，读起来如醉如痴，思想随之澎湃起伏，引出许多不切实际的幻想和"志向"，对我幼稚的思想影响颇深。读闲书持续到初中二年级渐渐中断。当时，社会腐败，民不聊生，自己又年幼丧父，家境贫寒，以致学费也快缴不起了。家里曾考虑让我辍学去拜师当学徒，哪里还有闲情逸致再去偷读闲书和胡思乱想。为寻找出路继续求学，我趁寒暑假期参加点助学活动，筹措部分学杂费。在参加这类助学活动之中，接触到许多人，交了一些好朋友，受到了一定的影响，开阔了思路与眼界。总的说来，它使我考虑一个问题，为什么学费会缴不起，为什么社会如此动荡……这样的学而思，促使我去关心社会、关心国家，也吸引我参加了更多的社会活动，寻求更多问题的答案。当然，也转移了我看闲书的兴趣。

金翔龙 院士
（中国工程院提供）

在中华人民共和国刚成立的日子里，我积极而热情地参加了一连串疾风暴雨式的社会活动与运动，学习被搁在一边，成了"副业"。直到全国第十五届学代会召开以后，学校教导大家要为祖国而学习，我这才明白学习并非是个人的事，学习是祖国的要求，是建设的需要。在这股动力的驱动下，我开始花大力气认真学习，把学习当作分内之事，当作"正业"。平心而论，这段中学教育对我人生是非常重要的，它奠定了我以后学习和工作的坚实基础，我在大学的学习成绩和后来的工作业绩都与中学所打下的基础分不开。因此，我至今还十分怀念这段中学生活。

中学毕业后，面临升学和选择专业志愿。儿时憧憬科学探险和发明创造的幼稚念头油然而生，我选择了读地质专业。心想日后信步山川河谷，踏遍祖国大地，一片浪漫色彩，悠然陶醉在年幼萌发的幻想之中。当时，我可怜的大脑里幼稚地认为，地质就是游山逛水、探险揭谜。然而，严峻的现实给我的无知和发烧的脑子泼了一大盆冷水。

1952年，全国高等学校院系调整，北京大学、清华大学、天津大学和唐山铁道学院等几所学校的地质系合并在一起，成立了北京地质学院，它便是现在中国地质大学的前身。我本来是想读北京大学或清华大学理科的地质系，没想到合并后的北京地质学院竟是一所工科性质的学校，讲授的课程有不少是工科的课程，什么投影几何、机械制图、电工学、机械原理与零件等，最伤脑筋的要数那材料力学、理论力学，以及那些有关机械设计和矿山掘进设计的课程等。而且课程安排上又紧得叫人喘不过气，不仅要上课、应付考试，还要做课程设计。成天拉计算尺、画设计图，也烦得要命，后悔不该选此专业。尤其令我不解的是，学校竟然还要求必修什么组织、管理与安全生产方面的课程，我认为都是浪费时间。当时，学校管理又很严，不许转系，不得转校，只好硬着头皮读下去，但心底是极度抵触的。

大学课程里唯一值得安慰的是野外实习，它弥补了我破碎的"地质梦"。每当登山涉水之时，心中有说不尽的愉快，就像从笼子里放飞的小鸟。特别是为收集论文资料的毕业实习，更是充分圆了我的"地质梦"，让我经历了一番近乎探险的风餐露宿的生活。我们西行直抵青海柴达木盆地边缘的巴嘎柴达木湖，携带帐篷、水、食物和枪支等，骑骆驼进入柴达木的腹地之中，以揭开柴达木的神秘面纱，颇有些当年斯文赫定在《亚洲腹地旅行记》中所描写的传奇色彩。也就是这次毕业实习，强力地冲击了我头脑中那些不切实际的幼稚幻想和浪漫情调。实习工作中起早贪黑地赶填地质图，并不断与组织管理沙漠区的地质生产和作业安全等问题打交道。尤其是在工作的后期，因为队伍突进柴达木深处的速度过快，补给供应跟不上，在深处工作的人员缺粮断水，饥渴待救，领导决定迅速打通道路、紧急组织运输，我所在之地正处交通咽喉之所，理所当然地全力投入运输抢救之中，整天忙于运输调度和安全检查。繁忙的实习生活，逼得我无暇再做虚幻的浪漫梦，强迫我更接近真实的世界，并使我开始领悟学校之所以要讲授各类管理以及应急类课程的用意。

毕业前夕，正值"向科学进军"口号提出之时，《十二年自然科学技术发展纲要》也在制订之中，全国科技界一片"莺歌燕舞"、欣欣向荣。我们这一群即将跨入社会的莘莘学子，怀着满腔报国的热情，摩拳擦掌、跃跃欲试，像拉满弓的弦上之箭，亟待发射。由于国家建设的迫切需要，一大批同学还没来得及写毕业论文就被提前分配了工作，洒向深山黑水、戈壁沙漠，遍布大江南北。我们少部分同学仍留在学校里，按部就班地写论文、等答辩、填志愿，期待分配，心里很不平静。大家聚在一起高谈阔论，打发时光。一会儿议论登山运动与地质探查的关系，一会儿又议论我国的海域广阔，理应进行海洋调查研究，等等。

激昂慷慨的言谈颇有启发，议论之余常出思路。记得那时议论到海洋时，还煞有介事地认真翻阅了有关书籍，引经据典地向有关部门提出了建议。没料到，这些议论却决定了我一生的命运，我最终从事海洋事业，当时海洋研究在我国还是一个新的研究领域。毕业以后转了几个地方，最后落脚到青岛海滨从事海洋地质研究，在中国科学院海洋研究所一干就近30年，后来又调到西子湖畔的国家海洋局第二海洋研究所。在这个研究领域里，要研究被厚厚海水覆盖的海底，不得不接触一些新的探查技术，它不仅耗尽了我在学校里学到的工科知识"老本"，而且还逼我补修了一些数学、物理学和电子学，甚至计算机方面的课程，这才勉勉强强地把工作应付了下来。可以毫不夸张地说，整个工作的过程便是我再学习和知识不断更新的过程，而且每开辟一个新的研究领域总是要补充一大堆新的知识，深深体会到"书到用时方恨少"的古训。

回想起来，不知不觉地在海洋领域里已耕耘了大半辈子，从我国尚未建立海洋地质学科到建起这门学科并发展成为海洋地质地球物理学科和海底科学，从近海调查到远洋、极地勘察，从一般性的海洋地质研究到推动我国浅海油气勘探的起步与大洋底矿产勘探的展开……无不渗透了我们这一代人的心血和汗水。祖国的需要和历史的潮流把我推上了这条人生道路，我们把青春无私地奉献给了祖国，回报给了人民，我的生命已深深地融入祖国的海洋事业。

展望世纪之交的未来，能否在新的世纪里将我国的海洋研究水平再推向高处，让我国在海洋研究领域里屹立于世界民族之林，历史又给我们开列了一系列新的研究课题。

（本文写于 1998 年，改定于 2022 年 9 月 1 日）

金翔龙　海洋地质－地球物理学专家。1934 年 11 月 29 日生于江苏南京。1956 年北京地质学院（中国地质大学前身）毕业后进入北京外国语学院出国预备部学习，1957 年进入中国科学院海洋生物研究所工作，1985 年调入国家海洋局第二海洋研究所（自然资源部第二海洋研究所前身）工作。现任自然资源部第二海洋研究所研究员。作为我国海底科学奠基人之一，长期致力于我国边缘海的海底勘查与研究，开辟学科研究新方向和新领域，推动我国浅海海底油气勘探的起步，率先开展我国渤海、黄海、东海的地球物理探测，对中国海的构造格局、地壳性质与演化、边缘海的演化模式等均作出重要论述。主持研究大陆架及邻近海域勘查攻关项目，对维护海洋权益有重要贡献而受到国家表彰。在大洋海底勘探开发方面，1990 年代表中国接受联合国对中国东太平洋矿区申请的技术审查，在联合国争得东太平洋理想矿区，并主持国家海洋局承担的"大洋多金属结核资源勘探开发"重大专项，勘探工程达到国际先进水平，为我国进入大洋勘探开发的国际先进行列作出重大贡献。已出版学术专著、科普著作 10 多部。曾获省部级科学技术进步奖多项，国家"八五"科技攻关先进个人，光华工程奖等。当选 2013 年度"全国十大海洋人物"，2016 年获"终身奉献海洋"纪念奖章。1997 年当选中国工程院院士。

> 阿克曼教授说："也许我比我的学生们看得远一点、站得高一点，但是在每一个具体问题上，我都不如他们钻研得那么深。他们才是真正的专家。过些年我老了就该退休，把位置让给年轻一代来干。"我深有同感。

——李德仁

老师教我做人和做学问

在庆祝第 20 个教师节之际，我不由得想起我的中国和德国恩师：王之卓院士和阿克曼教授。是他们教会我如何做人和如何做学问。

1957 年，我从江苏省泰州中学高中毕业，当年报考了北大工程物理系，而且自己觉得考得不错，结果却被武汉测绘学院航测系录取。当时，我确实有些想不通，总想查看一下高考分数。那时我是 5721 班的班长，又不好意思闹专业情绪。

慢慢地对学校和专业有了一些了解，知道学校有夏坚白院长、陈永龄教授、王之卓教授和叶雪安教授等国内外知名学者。他们都是 20 世纪 30 年代去德国留学后学成归国的老前辈。那年月给我们上课的许多老师，如教测量学的蒋维恒教授、教画法几何的黄振寰教授、教地貌学的潘丹杰教授、教化学的梅其祥讲师，都善待我们，热心教学，在课堂上讲得有声有色。老师既给我们传授知识，也传授他们对事业是如何执著追求的精气神。很快被感染，我也如饥似渴地到图书馆里埋头读书了。在低年级时，我除了学习各门功课外，自学了斯米尔诺夫全套《高等数学教程》，还看了大量中外文学名著。到了高年级，正值国家困难时期，

李德仁 院士
（中国工程院提供）

学校讲劳逸结合，要我们多休息少看书，我当时只好偷偷地挤时间看些参考书。当时学的是俄语，我把俄文测绘杂志有关航测的文章逐期逐篇地读完，还做了大量笔记。

我的航测课一半由顾葆康教授讲授，另一半由陈适教授讲授，他们各有各的风格。顾老师教我们思路明晰，陈老师教我们条理简明。全班同学经过了十几个月海南岛航测专业实习后，更增强了求知欲，学习上你追我赶、相互帮助。尤其在 1962 年广州会议之后，学习动机也更正确了，人人也都明白：为国家的富强，必须学好本领。

在学习专业课的时候，我喜欢在笔记本边上留一侧空白，让课后自己思考或看了参考书后的体会能被填入以作补充。这种简单的方式却使我的知识面在宽、深两方面都有所提高。渐渐地，我也敢于用批判的眼光对待书上的知识了。毕业前一年多，我结合航测课写了三篇习作，几经周折有幸送到了王之卓教授手中。

没想到过了几天，王教授就约我去他家面商。

记得那是一天下午五点钟，我按时到王之卓教授的小洋楼，王师母以慈祥的微笑把我迎到王教授的书房。王教授已经在我的习作上写了一大段赞扬的评语，充分肯定了我用仿射变换理论对变换光束测图的误差所作的分析和用多普勒效应测定航摄仪外方法元素的设想。师生一席谈话不知不觉过去了 3 个小时，王师母才进来请老师去吃晚饭。这次难忘的讨论，实际上是我第一次登门拜师，也是王教授伯乐识马，开始了我 45 年追随恩师学习的历程。临告别时王教授要我学好英语，跟他做毕业设计。

当时，我们全大班有十几位同学凑成了一个业余英语学习小组，请陆铁镛老师辅导。这种学习其实是很危险的，因为有人会指责这是不安心航测专业工作的表现。因此，只好在晚上找一个房间偷偷地学习。

为了做毕业设计，王之卓教授要求我阅读英国摄影测量学家汤姆逊教授的几篇英文论文和加拿大乌尔赛克教授的论文。我竟然用刚学的英语将它们译成了中文。我的毕业设计由王教授和郑肇葆老师指导，题目为"反光立体镜在航测分工法测图中的应用"。在两位老师指导下，我导出了比加拿大马尔赛克教授更加严密的公式及其简化形式，并用此公式完成了相对定向、绝对定向和平高加密及分工法测图等工作，而使用的工具仅为反光立体镜和视差镜。

因此，我的毕业设计被评为全年级最佳论文，并举行了全班优秀论文答辩，这为我日后走上讲坛开了一个好头。随后，王之卓教授又推荐我将毕业论文压缩成一篇学术论文在《测绘学报》上发表。他亲自为我修改论文、排章节、理头绪。从那次指导后，我就初步领会了该如何写科学论文。

1963年，我们按照周恩来总理对大学生的要求，服从组织分配，到野外测量队去锻炼自己。在生活了六年的大学，学到建设祖国的本领，我还经受了政治运动的冲击和"反右"扩大化的影响，我由衷地感谢教我们做学问和教我们做人的老师们。王之卓教授还把信寄到外业队，叮嘱我不要把学问丢掉，要利用野外测量实践，发现问题和解决问题。

我在国家测绘总局地形二队只工作了一年，在秦岭的崇山峻岭之中留下了足迹，完成了国家测绘总局试验场的大量控制和测图工作，遵照王之卓教授对我的要求，注意在实践中运用知识和提高自己，我发现了按规范测定山区高程导线的问题，并提出了改进方法，重新计算了视距高差表，初次尝到了理论与实践相结合的甜头。一年野外工作结束后，我们小组被评为先进小组，组长温昌泰同志也得到了晋升。1964年底，我奉调分配到国家测绘总局科学研究所工作，来到了伟大祖国的首都。鉴于上面提到的原因，我未能录取为王之卓教授的研究生，也未能分配到航测研究室工作，而是来到情报研究室。即使如此，听说这其中已经包含了王之卓教授向陈永龄所长的鼎力推荐。

好在这些内幕是在"文化大革命"的大字报上知道的，所以我在研究所工作还是十分起劲的。在情报室为了完成编辑《测绘译丛》和《测绘文摘》两份期刊，给了我大量阅读国外有关文献资料的机会。同时，我还自学了《概率论和数理统计》以及《矩阵代数》两部教材。邢台地震发生后，我还参加了北京郊区地壳形变水准测量，足迹留在长城内外。

"四人帮"在"文化大革命"中的横行，使我们失去从事研究工作的机会，又导致了国家测绘总局整个系统的撤销。1969 年我随国家测绘总局驻京机关大多数人员一起来到河南正阳"五七干校"。当了半年建筑小工，种了半年水稻，做了半年炊事员。后来在德国留学时，成为斯图加特中国留学生请客时的厨师，这就得益于当年在干校的厨房实践。

1971 年元旦，我被重新分配工作，到河北石家庄水泥制品厂当工人，在水泥电杆车间三班倒，学习抢大锤、扎钢筋。一年后田德奎厂长要抓新产品研制，把我调到化验室当负责人。这个化验室主要做水泥原材料化验、配方计算、产品过程控制和成品质量检验，为此，我自学了大学教材《硅酸盐工艺学》上、中、下三本，又到北京国家建材科学研究院学习矾土水泥化验技术。随后，我将最小二乘法和优选法用于特种水泥的全部化验过程，培训了所有的化验工，很快使化验结果的精度和可靠性达到了国家标准，随之而来的配方与过程控制也就落到了实处。化验室在全厂生产中的地位很快得到了提高。

矾土水泥生产中要求有高品位铝矾土，从而导致低品位矾土在厂里积聚成山。为了解决这个问题，我请教建材院总工吴中伟（现为中国工程院院士）和水泥所薛君玕所长。经过共同研究，决定用低品位铝矾土试做以硫铝酸钙为诸多矿物成分的新水泥，经过各种试烧，我和建材院的苏慕珍、邓君安同志等合作，终于在厂里的砖窑上烧出了一种全新的硫铝酸盐系列水泥，可获得早强、快凝、抗酸、可膨胀等多种不同特性。该成果为国际首创，后来获得了第一届国家科技发明奖二等奖。

邓小平同志复出主持国务院工作后，国家测绘局重建并得到了新的发展。1975 年我和妻子从工厂回到了河北省测绘局航测内业队。妻子朱宜萱是我的大学同班同学，毕业后她分配到国家测绘总局地形队工作，在西北戈壁和沙漠干外业，一直到1971年才调到河北省石家庄石英玻璃厂工作。

我在河北省测绘局工作了整整三年多，前一两年在加密中队当检查员，后一年调到局科技处工作，在工作之余我用机器码语言写出了"独立模型法平差程序和透镜组光学计算程序"，还研究用小像幅立体坐标量测仪量测大像幅相片的方法，均取得了成果，并获得河北省的奖励。

1978年，我国恢复了研究生招生制度，王之卓教授执意推荐我免试读他的研究生，由黄世德教授（当时航测系副主任）给我写信。我随即被召回母校，参加了口试。可惜我当年考研究生的成绩档案已因"文化大革命"而丢失，省教委要我临时重考，学校专门为我出卷，总算顺利地通过了英语、政治、数学和航测四门考试，正式成为硕士研究生。

经过十年"文化大革命"浩劫，国门打开了，这时的中国和西方发达国家的差距又被拉大了。在十一届三中全会精神指引下，全国人民振奋精神，为建设"四化"努力拼搏。在这种形势下，我如饥似渴地读书，广泛阅读本专业有关国内外文献。多亏当时复印不普及，促成我作了几十万字的20本读书笔记，其中90%为国外文献，这为我日后出国进修和从事科研打下了较坚实的基础。1981年我顺利地通过了硕士论文《自检校光束法区域网平差》的答辩，获得硕士学位。在论文中我系统地研究了如何在平差过程中自动补偿和消除系统误差影响的方法，提出了信噪比是决定自检校平差效果的主要因素，指出了未知数及附加参数问题相关可能引起过度参数化的问题。这些研究充实了国际上对系统误差自检校的理论与实践。

硕士毕业后，我留校任教。1982年10月，在先后通过了英国和德国的国家水平考试之后，以访问学者身份前往德国的波恩大学和斯图加特大学进修。王之卓教授把我推荐给斯图加特大学阿克曼教授。阿克曼教授是国际航测界的权威，他为我设计了学习计划，先送我到波恩大学库普费尔教授处学实践。在波恩大学进修半年，我改进了该所的区域网平差软件，提出了克服自检校平差中过度参数的三种方法，并从验后方差分量估计原理出发，提出了选权选代的粗差检测方法。这是我用德文写成的最早两篇论文。一篇在德国的LuB杂志上发表（1984），另一篇在波恩大学专题报告中讲授，并以专辑发行（1985），基于验后方差分量的粗差探测方法又被称为"李德仁方法"。记得当时我把这篇论文交给库普费尔教授时，他连声叫好，并问我："像你这样的中国人，在中国多不多？"。我回答道："仅在武汉测绘科技大学就很多。"库普费尔教授为了帮助我提高德语口语能力，专门为我出钱请了德语家庭教师，与我共同学习《当代德国文学作品选》。

1983年5月，我从波恩大学转到斯图加特大学。阿克曼旋即提出要我攻读博士，这也正是王之卓教授的想法。我为此而下定决心，抓紧阅读文献，推导公式，设计实验，每天工作14至16小时。我为一个人能同时使用多个计算机终端而高兴。1985年2月5日，我以优异的成绩（据说此成绩目前仍保持着斯图加特大学博士考试最高分）通过了博士论文《摄影测量平差中控制点粗差和相片系统误差可区分的理论及试验研究》的答辩。该论文将经典的可靠性理论发展到新的可区分阶段。在我的告别宴会上，阿克曼教授对我回国工作提出了许多期望，并激动地说："我可以在这里提供一点点秘密消息，国际知名理论大地测量学家格拉法伦特对李博士论文的评价是'我为此文而激动，它解决了测量学上一个一百多年的难题'。"

1985年2月底，我如期回国。在这以后的37年中，我先后为本科生开讲四门课，为研究生开讲两门课，为外国留学生用英语讲两门课，出版专著5部、教材3部、主编英文论文集3部。先后指导了200多名博士生和100多名硕士生。我个人或与研究生合作共同发表了680余篇学术论文，承担了30多项研究任务，研究涉及高精度摄影测量定位理论和方法、GPS辅助空中三角测量、SPOT卫星照片解析处理、1:50000地图更新技术、数学形态学与小波理论在遥感与GIS中应用、影像理解、纹理分析及像片解译、地理信息理论、面向对像GIS软件研制、新一代卫星遥感影像数据处理平台软件研制、基于三S技术的移动测量系统、通导遥一体化空天信息实时智能服务系统的研制等。

几十年的教学和科研实践，我不断经历着教学成长、理论与实践的对立统一过程。随着社会活动的增加和工作面的扩大，使我在深钻和动手两个方面愈来愈力不从心了。这里印证了王之卓教授和阿克曼教授曾对我语重心长的教诲。王之卓教授在其80大寿学术报告会上致辞时说："如果有什么王之卓学术思想，那就是不断地向我的学生们学习。"而阿克曼教授的话是："也许我比我的学生们看得远一点、站得高一点，但是在每一个具体问题上，我都不如他们钻研得那么深。他们才是真正的专家。过些年我老了就该退休，把位置让给年轻一代来干。"如果说，当年我还体会不深，那么在成了博士生导师、中科院院士、工程院院士和退休之后，我的体会就愈来愈深刻，并真正体悟到"长江后浪推前浪，江山辈有人才出"。

生命的历程还要继续向前。放眼未来，时刻记住前方的大目标，脚踏实地，努力做好需要我做的每一件事。从我的老师那儿学到做人和做学问的本领，将继续指导我的人生道路，活到老，学到老，为党和人民的事业工作到老，并将这些精神一代一代地传给年轻的接班人。

（本文写于 1998 年，改定于 2022 年 7 月 15 日）

李德仁 摄影测量与遥感学家。1939 年 12 月 31 日生于江苏泰县，籍贯江苏镇江。1963 年武汉测绘学院航测系本科毕业。1981 年获武汉测绘学院摄影测量与遥感专业硕士学位。1985 年获德国斯图加特大学博士学位，同年返回武汉测绘学院任教。1986 年破格晋升为教授。武汉大学学术委员会主任、测绘遥感信息工程国家重点实验室学术委员会主任、武汉测绘科技大学校长。兼任中国科学院地学部常委，武汉市科学技术协会主席以及国内外 50 多所大学顾问或名誉教授等。长期从事遥感、全球卫星定位和地理信息系统为代表的地球空间信息学的教学研究，提出了处理测量误差的可靠性、可区分理论和空间数据挖掘理论。已发表论文 600 多篇，出版专著 11 部，译著 1 部，主编著作 8 部。独立及合作培养博士后 10 多名，博士生 100 多名，硕士生 80 多名。1999 年获何梁何利基金"科学与技术进步奖"。2017 年获第八届"中国地理科学成就奖"。2022 年获美国摄影测量与遥感学会授予的布洛克金奖。1991 年当选中国科学院学部委员（院士），1994 年选聘为中国工程院首批院士，1999 年当选国际欧亚科学院院士。

从事工程科学技术研究，一要理论联系实际；二要理论上敢于创新；三要有科学试验或实践结果以检验理论。我关于悬索桥计算和桁梁桥振动的研究都是如此。

——李国豪

情系祖国的大桥

在梅县梅乡的村小学读书时，听老师讲到夏禹治水三过家门而不入的故事，我非常景仰。在县里上中学时，便有了将来做一个为人民鞠躬尽瘁的工程师的愿望。16岁（1929年）考进上海同济大学，读完两年德文补习班升入大学本科时，我违背了父亲要求我学医的嘱咐，进了工学院，后来在土木与机械分科时我又选择了土木系。当年在土木系的学习内容很广，包括水利、铁路、公路、市政、房屋、桥梁等工程，我都感兴趣，也都认真学习，还受到免学费的奖励，但个人学习感受最好的算是桥梁结构。正巧1936年夏毕业考试结束后，有机会到钱塘江大桥工地实习了一个月，这更增加了我对桥梁工程的了解和兴趣。

1937年8月13日，日本帝国主义侵袭上海，同济大学内迁，学校迁到浙江金华和江西赣州。这一年由于部分德国教授未同行，

李国豪 院士
（中国工程院提供）

作为助教的我代讲了钢桥和钢结构的课，又加深了我对这方面的钻研。1938年秋，我得到洪堡奖学金资助，到德国老牌理工科大学——达姆施塔特工业大学进修，我的博士生导师克雷泊尔教授是德国著名的钢桥和钢结构专家，又是当时拟在汉堡易北河上修建的一座公路铁路两用悬索桥的技术顾问。于是，我就以这座桥为对象，做了悬索桥的理论分析和模型试验，于1940年春以《悬索桥按二阶理论的实用计算》的论文获得了工学博士学位。后来，由于第二次世界大战爆发而无法回国，就留在这个教研室继续从事桥梁的研究工作，一直到大战结束。在与祖国音讯隔绝、战火连天的艰苦岁月里，研究工作成了我主要的精神寄托。就这样，我从大学到留学，与土木工程特别是桥梁工程结了缘。这里我得感谢我的恩友与同学李谊和李缵松，靠他们提供的帮助，我这个贫苦农家的孩子才能够读完大学和出国留学。在德国的7年，我无一日不思念在危急存亡中的祖国。抗日战争胜利了，不仅雪了国家耻民族恨，而且作为五大战胜国之一迎来了复兴的前景，我也盼到了为祖国建设出力的日子。我怀着十分兴奋的心情，迫不及待地于1945年冬踏上归途。几经周折，由法国乘轮船，经西贡，于翌年夏回到了上海。

回国以后，机遇对我还是很慷慨的。1954年，中国科学院吴有训副院长从北京打电报到上海，要我代表中国科学院参加中华人民共和国铁道部在北京召开的武汉长江大桥方案讨论会，吴老还亲自到北京火车站来接我。会后，我就参加了武汉长江大桥技术顾问委员会。继武汉长江大桥于1957年建成之后，中华人民共和国铁道

李国豪在家里做桥梁模型和扭转试验
（中国科学院提供）

部大桥工程局于1958年筹建南京长江大桥，决定完全由我国工程技术人员自己设计、自己施工，同时成立技术顾问委员会，并要我担任主任。我有幸与这两座大桥结缘，后来竟成了我的"患难之交"。在那十年民族浩劫的"文化大革命"的灾难日子里，解开武汉长江大桥建成通车时发生显著振动之谜这一研究难题，成了我唯一精神支柱。在囚室里，我偷着作理论推导和笔算，在监督劳动之余，我在家里做赛璐珞桁梁模型扭转试验，并用手摇计算机做运算。就这样，我从精神上解脱了各种人格侮辱和体罚囚禁的痛苦，还利用这几年逆境中充足的时间，取得了满意的科研成果，以论文《桁梁扭转理论——桁梁桥的扭转、稳定和振动》，揭开了武汉长江大桥振动之谜。

20世纪80年代以来，国家在改革开放的新形势下，桥梁建设事业突飞猛进。我又有机会参加上海南浦大桥、杨浦大桥和汕头海湾大桥、虎门珠江大桥、江阴长江大桥等建设并担任技术顾问，十分庆幸。特别是后面三座大桥都是现代化悬索桥，而且江阴长江大桥的主跨1385米，位居（当时）世界第四。半个多世纪前，我在德国时盼望祖国大江大河上能造起大跨度悬索桥的梦想实现

李国豪不忘终身学习与钻研（作者提供）

了，真是高兴。

工作中我体会到：从事工程科学技术研究，一要理论联系实际；二要理论上敢于创新；三要以科学试验或实践结果来检验理论。我关于悬索桥计算和桁梁桥振动的研究都是如此，后者还有武汉长江大桥建成通车时的振动观测结果也可作检验。

记得 1943 年夏，我曾接受过一项任务：一座多斜腹杆系的铁路桁梁桥，跨度为 90 米，要求按照上下弦杆在节点刚固连接的实际情况来分析杆件的内力。这是一个 50 次超静定的体系，应用经典结构力学的方法和当时使用的手摇或电动式计算机，完全不可能解决这个问题。我只能另辟蹊径，设想将离散布置的腹杆体系，化为连续分布的腹杆条体系，将上下弦杆作为弹性支承在腹杆条体系的受轴力和弯矩的连续梁，由此建立微分方程组，来描述这样连续化了的桁架物理模型的弹性变形与荷载的关系，从解微分方程组来求得杆件内力。理论计算和模型试验的结果互相符合，问题就这样得到解决了。这个把离散体系的桁架化成连续体系的构想，让我在"文化大革命"的囚室中又一次扩展并应用于武汉长江大桥上。这里不再是一片平面桁架，而是由两片主桁架和上下纵联结系组成的箱形截面空间桁梁。但是，同样可以运用 4 个联立的微分方程来求得问题的解答。如果不这样做，将桁梁如实地按照离散的杆件体系来对待，我当时是无能为力的。回顾过去，我做得太少，现在只要力所能及，就继续做一些有关桥梁的研究工作和参加一些咨询，以弥补过去浪费掉的大好时光。

（本文写于 2001 年 10 月，原标题为"不辱使命 再作贡献"）

李国豪 桥梁工程与力学专家、教育家与社会活动家。1913 年 4 月 13 日生于广东梅县，2005 年 2 月 23 日逝于上海。1936 年毕业于同济大学土木系，1940 年、1942 年先后在德国达姆施塔特工业大学获工学博士和特许任教博士学位。1985 年获德国达姆施塔特工业大学荣誉工学博士。曾任同济大学教授、教务长、校长。兼任国务院科学规划委员会主任、上海市科学技术协会主席、上海市政协主席等职。研究解决了武汉长江大桥的振动问题和南京长江大桥的稳定问题；发展了公路曲线桥和斜拉桥的荷载横向分布的分析理论；领导并参与工程抗震、抗爆研究；力争由中国人自己设计建造上海南浦大桥和虎门珠江大桥，并担任这两座桥和汕头海湾大桥专家顾问组组长；主持长江口交通通道和杭州湾交通的设计等；担任上海宝山钢铁总厂工程技术顾问委员会首席顾问，解决了工程中的桩基水平位移等问题。代表作有《桁梁扭转理论——桁梁桥的扭转、稳定和振动》《公路桥梁荷载横向分布计算》，主编《工程结构抗震力学》《工程结构抗爆动力学》等。曾获德国"歌德奖章"和"联邦大十字勋章"、国际桥梁与结构协会"结构工程功绩奖"、何梁何利基金"科学技术进步奖"、陈嘉庚"技术科学奖"及首届"上海市教育功臣"等。1955 年被选聘为中国科学院学部委员（院士），1994 年被选聘为中国工程院首批院士。

> 我坚信具有坚忍不拔的恒心与耐心是科研人员的必备素质，见异思迁、浅尝辄止的人绝对做不出有分量的成果。

——李国杰

淡泊明志　宁静致远

一位大学同班同学久别重逢时曾问我："你现在还在追求什么？"我郑重地回答她："我在追求宁静。"对于一个在激烈的竞争中拼搏的人，居然追求宁静的生活，老同学听后，还是以会意的目光表示了她的理解。

的确，从读高中开始，由于父亲被错划为右派，我的生活道路就变得坎坷不平。我从未有过升官发财、飞黄腾达的奢望，只想在宁静的生活中追求洁身自好。林则徐与诸葛亮的两对条幅"海纳百川，有容乃大；壁立千仞，无欲则刚"和"淡泊以明志，宁静以致远"一直深深印在我的脑海，成了我的座右铭。直到现在，经过一个星期繁忙的方案讨论、拟稿、会议、谈判、出差等紧张活动之后，在周末两天，我会一个人坐在静悄悄的办公室里考虑新产品的设计方案，或从因特网上查阅最新的科技文献资料，或阅读刚从国外买回的专著，偶尔也看看高水平的社会科学著作或文学、哲学和经济学方面的文章，这让我就感到有一种摆脱了五天的疲倦与困扰而带来的惬意。

回首半个多世纪以来经历的风风雨雨，感慨良多，但因忙于业务，一直无暇动笔。在中国工程院信息与电子工程学部的再三催促下，才赶写了这篇自述，对大学生活、出国留学和投身高技术产业化中几件对我的思想与情感有影响的事略做评述，不求对读者有所裨益，但愿不要误人子弟。

李国杰　院士
（作者提供）

动荡的北大生活

与一般大学生不同，我 1962 年进北大物理系之前，已经当过一回大学生了。1960 年我毕业于湖南省的一所重点中学——邵阳市二中。我的故乡邵阳市是资江上游的一座小城市，虽然交通不便，但历史悠久，建城已超过 2500 年，而且文化气息较浓。学校的师资与学风都不错，加上自己的努力，我的高考成绩相当出色，物理 100 分，数学 99 分，平均每门 91.6 分，但当时中学生考大学之前已按家庭出身分成三类，我的考试成绩再好，也只能被第三类学校录取。因此，我被一所准备要办但当时并不存在的湖南农业机械化学院录取，作为未来的师资先在湖南大学机械系代培。一年以后由于农机学院停办，我这个一年级大学生提前分配到冷水江钢铁厂当地方铁路的火车维修工。人生道路上的第一次重大挫折令我深深体会到：国家的政策往往会影响青年人的前途。

　　我第二次高考能进北大是沾了刘少奇的光，他主持中央工作时执行了"分数面前人人平等"的所谓"修正主义招生路线"。进入北大这一国内最著名的学府学习是我科学生涯的起点，我当然十分珍惜这一难得的机会。在六年多学习期间，我只回家度假两次，中午也从不午睡，常常是在报刊阅览室度过午休时间。为了激励自己，我在床头贴上一张自己画的"窗口的烛光"和一行题字："莫等闲，白了少年头，空悲切。"尽管在北大正规学习时间不到四年，主要学习以理论力学、统计力学、电动力学与量子力学为主的基础课，但北大严谨扎实的学风已为我以后的科研工作打下了基础。

　　我对北大教学印象最深的是习题课。在普通物理习题课上老师讲一道题，通过提问可以把学生学习中普遍存在的各种错误概念全都"揪"出来，使人受益匪浅。实际上我1985年在美国 *IEEE Trans. On Computers* 学报上发表的关于最优脉动阵列设计的论文，就是受物理学刚体运动原理的启发，独创性地采用参数来描述计算机中数据块的"运动"，找到了设计最优算法的统一方法，受到同行重视，后来有300多篇学报论文引用了这篇文章。

　　大学生活对一个人的治学态度有很大影响。刚进北大不久，我就听过郭敦仁和高崇寿教授讲治学方法，印象很深，至今我还保存着那次讲座的笔记。北京大学绿树成荫，湖光塔影，环境宁静。但从1963年起，学校就未安宁过，运动一个接一个。1966年6月我们从四川参加农村"四清"运动回校就赶上史无前例的"文化大革命"，彻底地停课"闹革命"了。"文化大革命"是中国历史上一场空前的浩劫，它对中国社会的负面影响恐怕要经过几代人才能消除。但"文革"中让我接触了各式各样的人物，有的正直善良，有的阴险狡诈，我还结识了不少外语、法律、哲学、中文系的朋友，大大丰富了我的人生阅历。特别是 1966 年冬天我与同伴 10 余人结队从北京步行长征到延安，沿途经过河北、山西、陕北许多革命老区，亲眼见到我们祖祖辈辈耕作了数千年的黄土地还是如此贫困，心灵上产生巨大的震撼。在长征途中，我们走过抗日战争期间某次战斗后留下的一片无名烈士的墓地，凝望着这一块块无字墓碑，我的心久久不能平静。面对以生命换来新中国的无名战士，我们还有什么理由计较个人的得失和荣辱？

动荡的岁月使我失去了成为理论物理学者的机会，但我的心里开始思考能为几千年来辛勤劳作仍过不上好日子的中国老百姓做些什么。

力图挽回十年损失的留学生活

经历了十年浩劫，1978 年在恢复研究生招生时，我考上了中国科学院的研究生。当硕士论文快完成时，我的导师夏培肃先生问我："我准备推荐你到美国留学，你有什么想法？"我十分感激夏老师的推荐，但我的回答在今天许多人看来像个傻子。我回答："如果去两年能拿到博士我愿意去，如果要四年以上我就不太想去。"我当时的想法是，我已经快 38 岁了，我需要抓紧时间工作，把 10 年耽误的时间抢回来。1981 年 8 月我以自费公派名义（拿奖学金）赴美去普渡大学攻读博士学位。在攻读博士的四年和毕业后到伊利诺伊大学做博士后的一年半时间里，几乎天天过着宿舍与实验大楼"两点一线"的生活，从早上 7 点半到晚上 12 点一直泡在教室、图书馆或实验室里，成了名副其实的"论文机器"。我为浪费了十年最有活力的青年时代感到惋惜，总想尽快能把损失补回来。

1981年一进普渡大学，我就开始写论文，到1986年底回国，我与导师合作已在美国 *IEEE Trans. On Computers* 等权威刊物和重要的国际会议上发表（录用）了30多篇论文，在同行中有较大影响。回顾这一段生活，我对于美国是"天堂"还是"地狱"真的没有时间去体验，只感到美国是"写论文的好地方"。但能发表多篇论文并不是我在美国最大的收获，最大的收获是我懂得了应当做什么样的研究和如何在计算机领域做研究。我的导师华云生教授是香港出生的华裔学者，我们双方以诚相待并有共同的兴趣，成为知心朋友。华教授十分重视的是论文选题的动机（Motivation）和把一篇论文做到底的态度，这对我回国后的研究影响很大。我指导研究生时也像华教授一样，要求学生下很大功夫自己去选题，想清楚做这项研究有什么用，而不是我出题，学生像完成一个大的家庭作业一样做论文研究。在国外的日子里，我力争每一项研究都做出能发表于权威学报的论文水平，获得经得起历史检验的成果。国外的学习与工作使我坚信，具有坚忍不拔的恒心与耐心是科研人员的必备素质，见异思迁、浅尝辄止的人绝对做不出有分量的成果。

投身"发展高科技、实现产业化"的宏伟事业

回国30年来，我几乎将全部精力都花在"发展高科技，实现产业化"上。一个崇尚"与世无争、与人无争"，追求宁静生活的学者，要天天面对生死存亡的竞争，思想上必然要经历痛苦的磨练。高技术产业化的策划者既要与世界上高技术研究领域一

在曙光公司北京总部门口的硅立方地球模拟器前留影（资料图片）

流的学者打交道，又要与产业界的老总们打交道；既要与书本打交道，又要与人、财、物打交道，这对我来讲，无疑是新的挑战。记得在一次谈心中，汪成为院士劝告我："人在江湖中，身不由己。"诚哉斯言，我这个高技术产业化大潮中身不由己弄潮儿，需要不断地改造自己的主观世界，力求更加自觉地投入另一种更有意义的拼搏。

我回国后的前十几年主要承担"863"计划安排的"曙光"高性能计算机研制与推广任务。20世纪90年代初，中国市场上的高性能计算机几乎全部是进口产品。中国石油物探和气象等部门要在外国人的现场监控下使用进口计算机，未经外国监控者允许，中国人不许进入安装有进口计算机的玻璃房子，被人们称为"玻璃房子的耻辱"。1993年智能中心研制成功国内第一台对称式多处理机"曙光一号"，几天之后西方国家便宣布解除10亿次计算机对中国的禁运。20多年来，曙光高性能计算机的性能从每秒计算几亿次上升到百亿亿次，计算速度增长了十亿倍，近几年曙光公司有两台超级计算机处于当时世界第一水平。2014年中科曙光在上海股市主板上市，市值约400亿元。现在，曙光公司占据超级计算机一半以上的国内市场，实现了性能和市场都超过跨国公司的历史性跨越。高性能计算机像高铁和航天一样，已成为中国科技进步的一张名片。

从2001年开始，在国家没有课题经费支持的条件下，中科院计算所率先向CPU"禁区"冲击，开始研制龙芯CPU，探索一条在中国发展通用CPU的道路。在2004年开始的国家中长期（2006—2020年）科技发展规划战略研究中，我担任战略高技术专题组执行副组长（组长是科学院院长路甬祥），起草了将发展高端通用CPU列入国家重大科技专项的建议，经过广泛征求意见和补充，"核心电子器件、高端通用芯片和基础软件产品（简

李国杰在2017第四届中国国际大数据大会上演讲（资料图片）

称'核高基'专项)"被国家确定为重大科技专项(在16个重大专项中排序第一)。经过十多年的努力,在国防应用和党政部门的信息化中,龙芯CPU已成为主流的国产芯片。在曙光公司支持下,面向电信、银行、电力等民用市场,与X86兼容的高端服务器微处理器——海光CPU也已研制成功并大批量投入市场,海光公司2022年也已在科创板上市。长期以来计算机领域由于"缺芯少魂"而受制于人的局面有望彻底改变。

回顾这一段拼搏的历史,我深深体会到:发展高技术产业为有抱负的学者提供了比写论文的实验室更为宽广的舞台。自信心是取得重大科研成果的前提,拼搏精神是取得成功的持续动力。一方面,中国特色的自主创新一定要强调艰苦奋斗的拼搏精神,强调以弱胜强的斗争意识。另一方面,投身宏伟事业的科技工作者要有十分宽广的胸怀,顶得住来自上下左右的质疑、批评、误解和压力,有时还要忍辱负重,背负骂名。培养健康的心态和严于律己的科学作风比写几篇论文更重要。科技人员"慎独"的水平决定中国科学技术的前途。

重铸计算所,为国分忧

1999年底,我接任中科院计算所所长时,计算所职工不到100人,净资产只有2300万元,几乎要倒闭。我上任后的第一件事就是亲自起草《计算所发展战略》,规定了计算所的办所方针、体制机制和文化理念,强调了需求带研究、任务带学科、问题带方法、系统带技术等科研原则。同时在计算所倡导"科研为国分忧,创新与民造福"的核心价值观,树立"大气、正气,骨气"的优良作风。十余年来,计算所的面貌发生了巨大变化。计算所赢得了国内外同行的高度评价，已成为国内一流、国际有影响的国立科研机构。

在担任计算所所长和2011年从所长岗位上退下来的日子里，我花了不少精力在做咨询工作。我曾先后担任"863计划"信息领域专家委副主任，国家信息化专家咨询委员会信息技术和新兴产业专委会副主任，中国工程院信息与电子学部主任，中国计算机学会理事长，还兼任工业与信息化部等多个部委的科技委常委、顾问专家等职。在这些兼职的岗位上，我向中央领导与政府部门提交了不少战略咨询建议，得到政府和有关部门的重视。

2008年，我将回国以后做的关于技术发展战略、政策建议的报告和在报刊上发表的文章汇集成册，由电子工业出版社出版了一本文集《创新求实录》。2018年又把2008年以后发表的文章报告整理成《创新求实录第二集》，由人民邮电出版社出版。这些文章不是人云亦云、讲空话套话，而是几十年实际工作的切

由电子工业出版社和人民邮电出版社出版的有关创新发展的文集
（李国杰著）

身体验。

我取得的一点成绩主要是靠时代的机遇和团队的顽强拼搏，国家给我的荣誉远远超过我的贡献。我感到问心无愧的是：每一项我负责的科研项目都经得起市场和历史的检验，我做的战略咨询报告都出自"位卑未敢忘忧国"的知识分子良知。

（本文写于1998年，改定于2022年7月25日，补充了后两节文字）

李国杰　计算机专家。1943年5月29日生于湖南邵阳。1968年毕业于北京大学。1981年获中国科学院硕士学位。1985年获美国普渡大学博士学位。1987年初回国，工作于中国科学院计算技术研究所。1990年至1999年担任国家智能计算机研究开发中心主任，2000年至2011年任中国科学院计算技术研究所所长，现任中科院计算所首席科学家。1995年创建曙光信息产业有限公司并任董事长，现兼任中国计算机学会名誉理事长等职。主要从事计算机体系结构、并行算法、人工智能、大数据、计算机网络、信息技术发展战略等方面的研究。为发展我国高性能计算机产业和推动国产微处理器的自主可控作出突出贡献。发表学术论文150多篇，出版了《创新求实录》等文集和咨询报告。获国家科学技术进步奖一等奖和二等奖（三次），1994年获首届何梁何利基金"科学与技术进步奖"。1995年当选中国工程院院士。2001年当选发展中国家科学院院士。

我一生都在问自己：如果当时我不承担这项"军令如山"的沉重任务，而比较逍遥，可以经常陪她到稍大的医院去看胃病的话，是否可以早些发现她那正在扩大的胃溃疡而早日切除掉呢？

——李三立

心碎肠断伴侣情

每当想起我已故的、善良而美丽的妻子时，总是悲自心底，感慨万千。随着年龄的增长，这种感情愈加深沉。我们这一代知识分子，在自己的事业奋斗过程中，大多数都可以听到与人生伴侣同甘共苦和互相勉励的激动人心的乐章，这个乐章可能是以欢乐但也可能是以悲哀结局的。但是，这是一种呼声，呼唤我们去克服困难，去奋斗，去前进！

1972年10月，当我还在北京大兴县农场走"五七道路"时，突然接到清华大学工宣队的通知，叫我马上结束劳动，提前回校去接替一位突然发病的教师，负责一项重要的军用计算机——724机的研制任务。

724机是以1972年4月启动而命名的，在研制时对它的最终用途是什么我们也不十分清楚，但只知道它是当时清华领导接来的十分重要的军用计算机任务。724机的规模相当大，那是一台

LSI集成电路的第三代计算机，包括磁带等外围设备在内，机柜共有十来个，占满了当时清华计算中心最大的一个厅。单是插件印制板就有四五百块。所有印制板集成电路模块和磁芯板都要教师自己动手做，技术指标要求很高，而且完成任务的期限又很紧迫。这对于大学来说，无疑是一项工作量大又很艰苦的任务。但我那时还不到40岁，属于年富力强。虽然工宣队的干预给我们

李三立　院士
（中国工程院提供）

带来很大的压力，但凭着对祖国的热爱和知识分子的责任心，我一头扎了进去。该机的可靠性要求极高，对于每个元件、每块印制板的质量和焊接点，电源滤波，甚至接插座的接触点可靠性，都要亲自把关。这样，天天都要工作到深夜12点以后才能回家。

　　回到家里，在一间集卧室、书房和厨房于一体的14平方米的小房间内，儿子和女儿（那时都很年幼）都已熟睡，只有我的妻子仍然在等我深夜归来。她在生了我女儿两个月后就随她单位下放到河南去劳动，在那里得了胃溃疡。回清华时已是胃病缠身，过去美丽丰满的脸庞已经消瘦得厉害，只有那对漂亮的大眼睛依然可想见她青年时代的美丽与神采。我每次都叫她自己早点休息睡觉，但她总要等我半夜回家给我弄点吃的。不久，清华掀起了"学工学农"劳动高潮。她是学土木的，每次到工地上去劳动，都有她的份。她也最好说话，每次派她去劳动，从来不吭一声，说走就走。我眼看她日渐消瘦，经常胃疼得要伏在桌子上。但那时，

724机正进入总调阶段，作为该任务总负责人，我要整天待在机房中协调并解决总调中产生的各种问题，甚至连饭都在机房里吃。几乎天天加班，最长的一次加班，连续72小时待在机房中而没法回家睡觉。是我妻子承担起照顾两个年幼孩子和所有家务，以及她自己的工作重担。我实在没有时间陪她去看病，就劝她自己多多去医院看病。她看我肩头担子很重，反过来安慰我要搞好工作，她自己只到校医院拿点胃疼药。

到了1974年底，724机终于按期完成，顺利通过各项考核，并送到基地上去试用。那时也快到"文化大革命"后期，工宣队大概还不放心我这个留苏的"修正主义苗子"，把我留在清华，没让我去基地。我原想这下可以好好陪妻子去看病了，但她又在1975年初的严冬时刻，带10余名工农兵研究生步行到延庆"学农"去了。回来不久就因胃大出血而住院，检查结果是胃溃疡有3厘米×5厘米，溃疡凹陷处已触及胃的外表壁。医生们都很惊讶，一个看上去如此娇弱的女子竟能忍受如此严重的胃痛。更不幸的是，在这巨大溃疡中还发现了癌细胞，其数量不多，但却是未分化癌和黏液癌细胞，它们毒性极大，检验报告说"预后很差"，有的医院预测，手术后不会活过半年。医生对家属的谈话与判断若天要坍塌般，是对我人生最大的打击。

我们夫妻相亲相爱，工作中互相支持。我不忍心她获知已被"判处死刑"，在精神上忍受痛苦和折磨。手术后我骗她说："这不是癌，但有增生，需要做化疗。"心地善良的她不相信会有骗人的话，竟然相信了我，顺从地去默默忍受了三次化疗的痛苦疗程。现在我却想，哪个大学毕业生会不知道三次化疗是为了治癌的？也许当时她心里是明白的，只是不愿意我难过而去捅破这层纸而已。

724 机被送去基地后，一切联系都被割断了。但我们得到消息，在研制过程中驻在清华的部队同志立了功，因为 724 机执行任务次次可靠，多次圆满完成了十分重要的任务。我们当然也为自己付出的劳动而高兴和骄傲，因为 724 机是当时全国各所大学中所研制的用于国防尖端的规模最大的计算机。然而，这种事业成就的自豪感实际上是与我内心自疚感交织在一起的。这种交织的心情，别人是很难理解的。我后半生一直都在责问自己：如果当时我不承担这项"军令如山倒"的沉重任务，而比较逍遥，可以经常陪她到稍大的医院去看胃病的话，是否可以早些发现她那正在扩大的胃溃疡而早日切除掉呢？

1979 年，"拨乱反正"不久，很多计算机教材要从头写起。当时我承担了在微机领域的第一本全国通用教材《微处理器和微计算机》的撰写任务。20 世纪 80 年代初，人们正热衷于学微机，这本书重印了 6 次，发行量超过 15 万册，影响较大。很多计算机界的青年朋友都是从这本书知道了我的名字。但很少有人知道，这本书的著述过程正逢我爱妻癌症复发的时期。

妻子手术后，我尽一切力量给她找药品，吃滋补品。过了四年还算太平。我侥幸地以为这场大劫也许可以逃过了。想不到 1979 年深秋，她癌症又复发。医生打开她腹腔后，已无法手术切除病灶，只好重新缝合腹腔。在手术前后期间，正好是我写这本书最紧张的阶段。出版社要求交稿的时间必须与其他教科书一致，因而时间上是限定的。当时，我伏在桌子上写书，她躺在我背后的床上，她常感到腹疼；她的任何一丝轻微的呻吟，都会牵动我的心。我心情极其紊乱，但又必须集中精力把书写下去。她极力忍着疼痛，尽可能不出任何声响。我写完一段落，就陪她去北京市各大医院作检查。因为在手术前很多大夫在摸她腹中的那个块时，感觉这是光滑的而且可以移动的，我因此心中总抱着微弱的希望，但愿这是一个良性肿块。

但现实是冷酷的，最后她还是进了肿瘤医院的手术室。手术后，她明白必须为了延长生命而战斗。我更清楚，单靠药物治疗已无希望，必须采用一些其他方法，诸如气功。我妻子在坚持做郭林气功上表现出了惊人的毅力。在她生命的最后 22 个月中，不论天气多冷，她每天清晨 4 点外出去做气功。当时我家住在清华校河南边沿河的楼中，她在校河北边荷花池荒岛上做气功。每天天不亮就出去了，我在床上也似睡非睡。郭林气功中有一项是要呼气长唤，我在被窝中隐约地可以听到寒冷的北风中从远处传来一声声长长的呼叫。这一声声的呼叫，如同一把把利刃，刀刀刻在我心上。我明白，这是她在与死神搏斗，要艰难地活下去。但我知道，她这么做不是为了她自己，而是为了孩子和我。这些日子里，我不断地听到早锻炼的同事在遇见我时悄悄地对我说，常看到我妻子独坐荒岛的小山头上，一个人掩面哭泣。但每次我等她回家吃早饭时，她总是笑吟吟地向我问长问短的，还问我书写得怎样了……在她的激励和勉励下，我终于在 1980 年春交出全部书稿并完成了全部校对工作。1981 年初此书正式出版问世，它是国内在微计算机领域内中国作者自己写的第一本书，也是首部全国微机通用教材。

1980 年秋，我妻子去复查时，大夫也认为气功帮助了她，癌没有发展得太快。然而，毒瘤并不会为善良的人大发慈悲。1981 年秋，她不行了，因癌细胞大面积转移而引起腹水，她自知在世已时日不多，从床上颤巍巍坐起，用她那一双大眼睛凝视着我说："我不行了，我对不起你，我这场病耽误了你的工作……"听到这些话，我禁不住热泪夺眶而出，泣不成声。我不是从字面上而是从生理上体会到了"心碎肠断"。多善良的妻子啊！你临死之前，还不想到自己生命尽头的痛苦，却只想到了丈夫，想到了丈夫的工作与事业。

光明悠悠，转眼间自己已从年富力强而过花甲之年。妻子离开我也已有15年了。但我妻子当年的音容笑貌，仍历历在目。我这白发老人，拿起爱妻年轻漂亮的照片凝视时，想起鞭策我前进的，不仅有伟大的祖国和人民，有几千年中华民族的文化，还有伴随着自己的中国的伟大女性！

（本文写于1996年12月）

李三立　计算机专家。1935年8月24日生于上海，2022年4月23日逝于北京。1955年毕业于清华大学。1960年获苏联科学院精密机械与计算技术研究所博士学位。清华大学教授，兼任上海大学计算机学院院长。曾任IEEE中国分部主席（1995—1996），欧洲计算机协会执行理事（1985—1997）。1956年起从事计算机教学与研究。承担过我国电子管、晶体管、LSI和VLSI等四代计算机研制的负责工作，负责研制的724机是70年代我国各所大学中用于国防尖端技术的规模最大的计算机，用于加工重要部件的光栅数控102计算机使精密加工效率提高几十倍，并使我国在该领域进入当时国际先进行列。80年代以来，在微机体系结构、局部网络、RISC和指令级并行处理研究领域均作出重要贡献。近年来负责研制的超级计算机中，"深超-21C"（2003，146位）和"自强3000"（2004，126位）都进入世界超级计算机500强排名榜。已发表著述12部和论文100多篇。1995年当选中国工程院院士。

> 回顾走过的科学道路，我衷心感谢老师和先辈们给我的指导及创造的条件，也要感谢实验室内同志和学生们的共同努力，使我们能于20世纪50年代末在我国启动DNA分子生物学的研究并作出成绩。
>
> ——李载平

朗读者　林达斐

岁月如流话进取

国家兴亡，匹夫有责

我的父母都是福州人，到北京求学、结婚并落户，所以我是北京土生土长的福建人。我的家是一个比较开明的知识分子家庭。父亲在我出生未及一年便无奈地撒手而去，因为那时结核病是无法医治的。幸亏我有一个当教师的好妈妈，使我们姐弟四人能在一个温暖的小家庭中茁壮成长。很关键的是我还有幸进入了一所很好的小学——北师附小，这对我一生的不断进取影响很大。

春去秋来，岁月如流。回忆儿时，光景宛如昨。

我开始念小学时，正值抗日战争爆发的前夕。"九一八"日军侵占我东北，进而入侵热河和冀东，北平就直接处于日军的虎口之下。北平的爱国学生运动风起云涌，我们北师附小的不少毕业生在中学时都成了"一二·九"运动的积极分子，毕竟我们小学里的师生都是同仇敌忾的。那时的学生自治会叫作"拂晓市"，周末常组织全校的文艺演出。那个年代的好多歌曲至今我还能朗朗上口。小学的校友难得相聚时，我们也常要吟唱这些歌，含泪回忆我们在中华民族苦难的日子里，一起成长的历程。有首歌叫《我愿》，反映了我们的志向："谁能为国献肝胆，我愿；不计生死不怕难，我愿……"

李载平　院士
（2007，方鸿辉摄）

北师附小给我们的，不仅有高水平的语文、数学、自然、地理、历史等知识性课程，还能与爱国主义的教育相结合。即使是劳作、美术、音乐、体育等，一般被认为是辅助性课程，在北师附小倒极受重视。曹试甘老师在沙坑内做的人体沙雕，是历时几周激发起每一位学生审美之情的精美艺术品，至今令人难忘。学生的品质、爱好、志向在北师附小受到了全面的培养。学校的常规教学还与活跃的学生会活动结合在一起，从小培养了我们的荣誉感，要热爱我们的学校，热爱我们的集体，热爱我们的生活。在童年的心底里，我们对祖国历史上无数英雄豪杰和文采横溢的先辈们充满崇敬，隐约感觉到有一种使命感——国家兴亡，匹夫有责。至今仍牢记心头。

钟爱生命科学

我选择了科学道路最早是在中学时期。"七七事变"后，日军占领了北平，我进入了北平辅仁附中。辅仁大学的化学系特别知名。在中学的课程里我就特别喜欢化学，因为我明白：我们所处的地球上的一切，是由一百多种元素组成的；世界上的一切物质都能通过分子和原子的组构和运动来解释。这充分显示了科学的力量和人类的智慧，而化学工业、炼钢、制炸药都是强国之本……我以为道理就这么简单。中学毕业后，我就考入北京大学化学系。

在大学里，刘思职、萨本铁、曾昭抡、钱思亮、张龙翔等老师的讲课都特别吸引人，对化学的了解也由简单的化合物进入复杂的维生素、染料、药物分子。大学的毕业论文是在钱思亮先生指导下，以有机化学合成一种新的杀菌药。我有一间小屋，夜里做实验效率最高。虽然从原料做起，步骤很多，但是我做得很成功。药效极好，合成路线切实可行，得率很高。我也以能在科学上有所作为而高兴。

从化学系毕业后，我进入北京大学医学院生化科工作，主任刘思职教授就是我的大学老师，生物化学从此成了我一生的科学事业。1956年，我作为中国科学院毕业的第一届研究生进入上海生理生化所，导师是曹天钦先生。从那时起一直从事生物化学研究，至今已50余年。生化所成了我实现科学报国之愿的主要基地。

在1958年的"大跃进"年代，生化所开展了放射生物学的新研究领域。就在那时，我跨入了在射线作用中最重要的DNA的分子生物学研究的崭新领域。我觉得能在国家最迫切需要的领域进行科学研究是人生最大的乐趣，所以我能尽全力而为之，也因此能很快地得到较大的进展。20世纪60年代初，我们已能将小病毒（噬菌体）的DNA引入大肠杆菌产生出有活性的病毒来，

李载平拜访师母谢希德先生（1998，李载平提供）

我们还能在试管中改造 DNA。这个小病毒只有不到 10 个基因，但当时的技术条件是无法直接研究基因结构的，只能由它生活性状的改变和功能蛋白的改变来间接分析基因的变化。

1975 年在周恩来总理"要抓基础科学研究"的号召下，我和王应睐所长等作为中国首个分子生物学代表团赴美考察，遍访了美国最高水平的实验室，看到了基因工程的萌生对生命科学发展的巨大影响，我们原来期待着的直接研究基因结构功能，已经发生一系列新技术、新手段的突破，带来了生命科学的一个大革命。看来由基因研究生物学的新时代已经到来。当然，同时也显示了生物工程新世纪的到来，这更能引起一般人的关注。

回国之后，我被委以组建我国第一个基因分子生物学研究组的重任。在很短的时间里，我们分工、摸索，掌握了基本技术，制备出所需试剂，奠定了进入课题的良好基础。此后，我们选定了在我国流行最广的乙型肝炎病毒的分子生物学研究作为课题主

李载平与 DNA 双螺旋结构发现者詹姆斯·沃森合影
（1993，李载平提供）

攻方向。数年间，依靠组内同志们的大力协作，终于做出国际水平的工作。我觉得团结合作、待人以诚是建起我国科技振兴大厦所必需的，特别是实验科学，没有团结精神是建不成的。回顾走过的科学道路，我衷心感谢老师和先辈们给我的指导及创造的条件，也要感谢实验室内同志和学生们的共同努力，使我们能于 20 世纪 50 年代末在我国启动 DNA 分子生物学的研究并作出成绩。团结合作的基础是要尊重每个人，调动每个人的积极性和创造性，充分开发每个人的潜力。

进取性和基本素养

我以为，一个人的进取心和基本素养对成才是最为重要的。我对待学生决不以名牌学校取人或以非名牌学校废人。一切由他真实的能力决定。我的学生中就有两位工农兵大学生，在科研上很有成绩。我们有责任让有才华的年轻人都能得到充分发展与成才报国的机会。

我崇尚生活的自然简朴，我喜欢贝聿铭设计的香山饭店，清淡雅致。有一年在美国冷泉港开会，住宿是公用浴间，我和一位美国麻省理工学院（MIT）的分子生物学家、诺贝尔奖获得者赤身裸体一面冲淋浴，一面讲科学，至今仍是很美好的回忆。我的饮食、衣着都很随便，从不追求"时代气息"。平常每日骑自行车上班，总带个简单的饭盒，中午在微波炉里加热后权充午餐。到桂林、西安等地开会，我会借辆自行车四处转转，在小摊子上吃个简单的本地特色饭煲或泡馍，在美国时也吃个潜水艇式三明治充饥，而在意大利则会吃块比桌面还大的比萨饼上零切下来的一角比萨饼，都觉得很美味。三年"自然灾害"时，我吃不饱饭，全身浮肿，穿着打补丁的衣裤，照样努力工作。现在日子好了，但我仍穿着随便，衬衫鞋子好多都是穿用了多年的。简朴自然的生活，不仅是我生活方式的选择，我还清醒地意识到：还有人未能解决温饱，国家振兴刚刚开始，我们没有理由浪费挥霍。因此，使用单面用过的"废纸"作稿纸，也就成了我的习惯。

我最喜欢在业余时间听听音乐。在中学时期，我们姐弟四人就经常用攒起的零花钱去挑选一些名曲唱片，在家里一同欣赏。听音乐可使人获得最高的精神享受。此外，我也喜欢绘画，偶尔涂抹几笔，可惜没有很多时间供我发挥。我还喜欢炒菜，老伴吹捧说我真有"创造性"，能随随便便变出一盘美味佳肴来。

近年来，分子生物学进展喜人，人是物质世界最复杂、最精密的结构系统。人类基因组的解读将使一切生命活动的基因元件一览无余，这是 21 世纪科学技术发展的一个重要里程碑，其意义可与元素周期律的发现相比。

如今，我虽已年过八旬，心情却像六十多年前曾为化学的原子分子规律所倾倒时一样，极端兴奋地期待着对生命奥秘的新的了解；期待着分子生物学能为"科教兴国"作出新贡献。因此，眼下我最重要的责任是为年轻人创造理想的科研条件，让新一代科研人才能迅速成长，以形成"青出于蓝"的大好局面而报效祖国。

（本文写于 2007 年 11 月）

李载平 分子生物学家。1925 年 8 月 17 日生于北京，原籍福建福州。2018 年 5 月 30 日逝于上海。1947 年毕业于北京大学化学系。1960 年中国科学院上海生物化学研究所研究生毕业，1958 年任放射生物学研究室副主任和课题组长；1960 年任副研究员，1977 年晋升研究员。历任联合国国际基因工程和生物工程中心评审组成员、中国遗传学会副理事长、中国生化学会和中国生物工程学会常务理事、国家科委生物工程顾问委员会副主任、863 生物技术专家委员会成员、973 人口与健康组评审组成员等，并担任 *Research in Virology* 杂志和国内多种学报的编委。作为中国分子生物学领域的开拓者，1958 年就发现了 DNA 分子受 X-射线的隐藏破坏作用。20 世纪 60 年代初开始噬菌体 ΦX174 活性 DNA 的研究。在国际上首先得到乙肝病毒 adr 亚型的基因组全序列克隆，研制了基因重组乙肝疫苗，构建了大肠杆菌分泌型表达系统，发现了有抑癌功能的新基因 LPTS 和 NF-IL6 基因的诱导细胞凋亡效应。在国内外著名刊物发表论文 200 余篇，获国家级、科学院级和国际级科学技术奖 10 余项，美洲华人生物学家协会（SCBA）国泰奖（Cathy Award）、何梁何利基金"科学与技术进步奖"以及"上海市科技功臣"等荣誉。1996 年当选中国工程院院士。

　　凭着常年积淀的知识和素养，凭着为理想追求不断，矢志不渝，为事业百折不挠，坚韧不拔的奋斗精神，硬是废寝忘食地不断探索和积累，不断发现了新的病原真菌，解决了不少医学真菌的疑难杂症的诊治问题。

——廖万清

努力开拓医学真菌学

从王寿山走出的客家人

　　我是客家人，祖籍广东梅县。20 世纪 30 年代初，我的父母不甘忍受生活的贫困，像客家人的祖先一样，再一次踏上迁徙之路，漂洋过海到了印度尼西亚，惨淡经营一家小车衣店。1938 年，当他们又漂泊到新加坡时，我出生了。

　　1941 年，日本帝国主义把战火烧到了东南亚。为了留根于祖国，饱受战乱之苦的父母，就把上有兄姐的我送回了国内，交托我的叔叔。也就在那一年，我的父亲去世了。那年我才 3 岁，从此就跟着叔叔生活。

　　叔叔不负重托，加上客家人又有"崇文重教"的传统，到了读书的年龄，他就供我上小学。叔叔和我住在一个四面环山的小

廖万清 院士
（2010，方鸿辉摄）

盆地里，四周青山的主峰上有着棋盘石、笠麻栋等王寿山十八景，一条清澈见底的小河蜿蜒流过廖家祠堂和我上学的明新小学堂。廖家祖上说，这里风水极佳，是个出人才的地方。兴许是应了祖上的预言，我生逢其时，日后有机会成了一名医生，又当上了将军和院士。

应该说，我的青少年时代在学习上还是很艰苦的，我也很努力，这也许是没有得到父母的宠爱，较早成熟的缘故吧！那年头，我做完作业，就上山去采蘑菇，捉山鼠。山鼠肉又鲜又嫩，还滋补身子。几十年过去了，至今回想起儿时的美味，依然唇齿留香。

由于从小学习刻苦，我的成绩一直名列前茅。我的初中和高中都是靠人民助学金读完的。高中毕业了，我被保送进了中国人民解放军第四军医大学——我心驰神往的神圣殿堂。由于家父患肺结核早早地离开人世，而我的叔公又是梅县人民医院的院长，这些都是促成我立志从医以治病救人的理由和动力。

离开了山清水秀的梅县，我从祖国南部的广东，一下子跨越了好几个省，来到了六朝古都西安，成为第四军医大学的一名学员，这其中的艰辛，怎是一个"难"字了得？

记得刚入大学那年，我的体重才39公斤，从青山秀水的广东来到黄沙弥漫朔风刺骨的大西北，以不足80斤的羸弱之躯去面对严格的军事训练。环境的巨大反差和超体能的考验，成了我跨入医生行业的第一张试卷。但是，客家人毕竟都是硬汉子。再说，我还怀揣一股强烈的报国情——我是祖国的儿子，是人民把我养大，我倾慕中国人民解放军的辉煌历史，我也渴望接受军队严格的训练来磨炼自己的意志，为神圣的国防医学及祖国的医学事业奉献一生。正是这种朴素的信念，鞭策着我的求学生涯，也陪伴着我的医学人生。

1961年7月，我以"五好学员"的优异成绩毕业于中国人民解放军第四军医大学。1个月后，我又风尘仆仆地来到长江之滨的大上海，成为第二军医大学附属长征医院的一名军医。

"三大战役"

今天，尽管我已成了一名文职将军，但我的职业依然是医生。我希望周围的同事、朋友依然叫我"廖大夫"或者"廖医生"。医生毕竟是治病救人的崇高职业。

回顾从医60年，虽没有什么轰轰烈烈的业绩，但也曾在科研和临床上兢兢业业地做了一些脚踏实地的工作。军队里的将军应该是率领千军万马驰骋疆场的，而我的将军职位只是在医院这个平凡的岗位上，在救死扶伤的工作中尽自己的微薄之力。若要套用军事术语，那么，我这一生也曾率领我的科研团队打赢过"三大战役"吧！这三大战役便是：创建实验室，发现新菌种，编写《真菌病学》。

创建实验室　我在皮肤科的主要研究方向是搞医学真菌研究。对业外人士来讲，"真菌"这个名词是很陌生的，常人只知道患了脚气病，是真菌在作祟，别的就说不上了。其实，真菌是微生物中的一个大类，在自然界中有200多万种。其中大多数真菌是直接或间接对人类有益的，有400多种会引起人类不同的疾病，或引起严重的感染，如不及时诊治，甚至会夺去病人宝贵的生命。"文化大革命"十年浩劫期间，真菌病学研究被迫停止，保藏在实验室里的病原真菌也全部被破坏致死。十几年科研积累得到的无数宝贵资料被毁之殆尽，这对国家、对民族、对真菌病学研究都是一场空前的灾难。

1978年，由我主持的真菌实验室，就是在这荒漠似的烂摊子的基础上白手起家创建的。那时候，实验室很小，办公条件很简陋，有时只能在家里整理材料。那时家里住房条件也不好，写东西没有书桌，就坐在小凳子上，把床当桌面，或者干脆就趴在床上写，这种习惯甚至延续至今。然而就在这样的条件下，不论是基础研究还是前沿探索，不论是基本的形态学、生理生化学研究，还是进一步的血清学、免疫诊断，甚至分子生物学方面的探索，都在迅速而有条不紊地展开。就是这间小而简陋的实验室，成了当时全国仅有的五个真菌实验室之一。由于科研成果突出，我们的实验室在1985年被卫生部批准成为国内唯一的"隐球菌专业实验室"。

这场"战役"所取得的辉煌战绩——实验室扩大了；人才培养出来了，一大批研究生成了真菌研究的栋梁之材，医学真菌研究后继有人了；一项项振奋人心的科研成果也呼之欲出，影响海内外。我还有幸受邀先后到了美国、比利时、日本、意大利、德国、印尼、澳大利亚、韩国、泰国、新加坡、荷兰、英国、法国、葡萄牙、西班牙、巴西等国讲学与交流。我们团队的科研成果为减轻病人的痛苦、提高病人的生活质量起到了令患者满意的效果。如今，我们已建成上海医学真菌研究所、上海医学真菌分子生物学重点实验室、"一带一路"真菌病国际联合实验室，我们正向

廖万清院士在实验室（2010，方鸿辉摄）

着世界的舞台、向着医学真菌更深入的领域迈进。

发现新菌种　1980 年 12 月，我首次发现新生隐球菌变种 S8012（格特种 ITS C 型）引起脑膜炎；1985 年至 1987 年，先后发现了光滑念珠菌引起膀胱炎、束状刺盘孢引起角膜炎，构巢裸壳孢菌与黄曲霉引起肺部感染，具有多育现象的米曲霉引起肺曲霉球；1989 年至 1990 年，我们的科研团队又进行了 ELISA 诊断隐球菌性脑膜炎及中国致病性新生隐球菌血清型的研究，还进行了一株多形态新生隐球菌的研究和真菌败血症的研究；1994 年，我又投入对顶孢头孢霉引起白毛结节病的研究；1995 年至 1997 年，又对少根根霉、多育曲霉、茄病镰刀菌的致病性进行了广泛而深入的研究；2004 年又发现聚多曲霉引起的肺部感染；2011 年又发现胶囊青霉引起肺青霉球，并以我的名字命名……上述病例均已成功被治愈。从"战役"的角度来讲，发现新菌种，就等于发现了劲敌、顽敌。治愈由其所引起的疾病，就等于战役全线告捷。这话说起来容易，做起来可就是医学研究上攀高峰的难事。但我们凭着常年积淀的知识和素养，凭着为不断追求的理想，矢志不渝，为事业发展的百折不挠，有了坚韧不拔的奋斗精神（这也是我的座右铭），硬是废寝忘食地在实验室不断探索，在临床上不断积累，不断发现了新的病原真菌，解决了不少医学真菌的疑难杂症的诊治问题。开拓了医学真菌学的新领域，推动着医学真菌学的不断发展。

我所发现的隐球菌 S8012 菌株已被美国微生物真菌保藏中心 ATCC（ATCC 56992）、比利时微生物真菌保藏中心 BCCM（IHEM 4164）、荷兰微生物真菌保藏中心 CBS（CBS 7229）等著名实验室收录并永久保藏，这些实验室有偿向世界各研究机构供应菌株（美国 ATCC 售价已增值为 387 美元 / 株）。1989 年，我们的"我国首见四种真菌的致病性研究"获得国家科学技术进步奖三等奖。1987 年，我们的"具多育现象米曲霉引起肺曲霉球的真菌学鉴定"获军队科学技术进步奖二等奖；1996 年，"系统性真菌感染的实验诊断与临床研究"获军队科学技术进步奖二等奖；2001 年，"真菌病的基础与临床系列研究"获得国家科学技术进步奖二等奖。

至今，在无数拯救患者的场景中，还可清晰地展现其中的一幅：那是一个阴冷的冬天，一位姓井的 27 岁男性司机，被抬进了上海长征医院。患者剧烈头痛，喷射性呕吐，体温 40 摄氏度以上，意识丧失……在这之前的抢救均不见效，家属感到深深的痛苦和无望。我凭着临床经验和科研积累，从他的症状和化验结果，果断地确诊他为隐球菌性脑膜炎、隐球菌性败血症。我毅然打破常规治疗，用最新的科研成果实施救治，把患者从死亡边缘挽救回来。当恍如隔世的井司机手捧着鲜花和锦旗来感谢我们的时候，他哪里知道，当时他身体内使他致病的隐球菌的数量之多，足以让他死多次。

编写《真菌病学》　几十年挑灯夜读，几十年废寝忘食，几十年心神贯注的临床实践，几十年殚精竭虑的科研探索……我的《真菌病学》专著总算在专业人员的翘首企盼中问世了。我的本意是尽一份真菌科研探索者的绵薄之力，尽可能系统地介绍国内外真菌病学研究的现状及其进展，特别是介绍我国科研工作者自己发现的新菌种、在我国出现的各种深部和浅部真菌病，以及我国创造的一系列防治真菌病的独特办法。作为高校的教科书，我相信这份医学文化的记录与积累应该会对医学院校的学生和相关的真菌科研工作者有些帮助。

1998 年，《真菌病学》获得军队科学技术进步奖二等奖及中国图书奖二等奖。2002 年，我还有幸荣获全军专业技术"重大贡献奖"。2008 年，"重要深部真菌病发病机理及临床诊治"还获得了上海市科学技术进步奖二等奖。同年，还获得总后勤部"一代名师"称号。

培育新人

面对荣誉，我很清醒：我是祖国、人民培养的，一切荣誉应该属于祖国、属于人民。院士就是战士，我要继续拼搏，继续战斗，用我的一生报效祖国，服务人民。

年过八旬，我考虑最多的是让我国真菌研究后继有人的问题。在坚持临床科研第一线的工作外，我已主动挑起医学新人培养的重担。至今，已先后培养了20名博士生，49名硕士生，5名留学生，4名博士后；我和我的同事们还先后主办了10期全国医学真菌学习班，1期中西医结合治疗皮肤病国际学习班；自2005年起，我还开办了"好医生网"的网上讲座，点击次数已近四万次。

现在，我正带领课题组开展有关隐球菌、念珠菌、曲霉等重要病原真菌引起疾病的致病机制及其防治的研究，以期破解相关致病机理，继续提高诊断及治愈率。

无论前方的路有多长、有多远、有多艰难，我都会义无反顾地走下去，无怨无悔。我心里很明白：我是一名新加坡归侨，我的根在祖国，我是祖国、是人民、是军队培养的，我要把我的一生奉献给祖国的医学卫生事业。

（本文写于2010年5月，原标题为"开拓医学真菌学新领域"，

廖万清 皮肤性病学专家、医学真菌学专家。1938年11月11日生于新加坡，祖籍广东梅县。1961年毕业于第四军医大学。海军军医大学（第二军医大学）附属长征医院主任医师、技术一级教授、文职特级。长期从事医学真菌学研究，1985年创立了中国医学真菌保藏管理中心隐球菌专业实验室，提高了隐球菌性脑膜炎的治愈率；发现9种新的病原真菌及新的疾病类型，对真菌疾病防治研究作出重要贡献。主编《真菌病学》《病原真菌生物学研究与应用》等专著10部，发表学术论文545篇，115篇被SCI收录。培养了69位硕士和博士研究生，4位博士后和5位外国留学生。曾获国家科学技术进步奖一等奖、二等奖、三等奖、军队医疗成果奖一等奖各1项，上海市及军队科学技术进步奖二等奖5项等，获国家发明专利22项。1989年被国务院侨办授予"全国优秀归侨侨眷知识分子"，2002年获全军专业技术重大贡献奖，并荣立二等功1次、三等功4次。2008年被解放军总后勤部授予"一代名师"称号。2009年当选中国工程院院士。

理论必须联系实际。作为采矿工程专家必须重视工程实践。为了推广所开创的理论，从黑龙江到西藏各主要煤矿及金属矿山几乎都有我的足迹。

——刘宝琛

学问是自己努力创建的

1932年我生于东北一个镶黄旗的满族家庭。祖父是一位小有名气的私塾先生，父亲解放前后都是大学地理教授，母亲是中学教师。从小我受到的是从"学而优则仕"到"科学报国"的家庭教育。"九一八"事变后，我随父亲逃亡南方各地，过着颠沛流离的生活。解放前夕在北平中山中学高中读书。作为流亡学生，我也参加过"反饥饿、反内战"的学生运动。北平解放后，我不愿南下当干部，就选择回东北去读书。

朝鲜战争爆发后，我凭着一腔爱国热情，于1950年参加了中国人民解放军，在东北军区二局，从事我所喜爱的无线电工作。起初，部队生活对我这样一个出身于知识分子家庭的孩子来说，感觉很不适应，但也正是这一阶段的训练克服了我从小养成的"娇""骄"两气，初步形成了吃苦耐劳、艰苦奋斗、遵纪守信的品格。

刘宝琛 院士
（中国工程院提供）

1952年秋，朝鲜战争形势好转，又正赶上那年高中毕业生较少，我才考入了东北工学院。受父亲一辈子从事自然地理教学的影响，我选择了当时最不受青年学生喜欢的采矿工程专业。此后的40多年，我与采矿工程结下了不解之缘。1956年，我以四年各科全5分的优异成绩毕业，获得全优证书一纸及奖励《钢铁是怎样炼成的》图书一本，当年我还加入了中国共产党。

1957年，我有幸被中国科学院选派去波兰科学院岩石力学研究所攻读博士研究生，并于1962年初以优秀成绩作为第一位中国博士在科拉克夫矿冶大学通过答辩，取得技术科学博士学位。回国后，一直在冶金部长沙矿冶研究院工作至今。

采矿工程学被某些不理解的人认为是"工艺"，进不了"科学"行列。从事采矿工作的人甚至被贬称为"煤黑子"或"匠人"。对此，我深不以为然。我选择了与材料力学、结构力学及弹性力学有密切关系的岩石力学为采矿工程学的主攻方向，并将之作为自己一生的科研目标。

既然采矿属于科学，那就应"著书立论"昭示天下。1964年，我与学友廖国华教授合著一本《煤矿地表移动的基本规律》。为著述，我俩夜以继日，连假日也不休息。有一次，妻子给我们送饭，搬弄了我们的岩石拉伸流变试验机，不慎使一对双胞胎流产。大人是保住了，可惜了一对孩子。1965年，该书由中国工业出版社出版。那是中国人自己写的第一本矿山地表移动方面的专著，影响是不小的。我的副导师、波兰科学院副院长，J. Litwiniszyn 教授见此书后曾大加赞扬："我虽不懂中文，但从其的公式和图表可以了解书中的内容，真是一本理论联系实际的好书。""文化大革命"期间，为了此书及以后的几篇论文，我曾遭到长期批判。重点是针对我的"名利"思想，尽管该书稿费 1700 元早已上交了。当时，我被封为"修正主义带头羊"。下放劳动，挖防空洞、烧锅炉……什么体力活都干。直到军宣队进院，我才于 1970 年 9 月被"解放"，官升半级，由室副主任升为采矿连连长。

刘宝琛潜心学问与著述（中国工程院提供）

我的第二本书是在我下放知青点当带队队长期间完成的。老同学说："为了一本书你挨批了几年，真是死不改悔，还要写？"第二本书《矿山岩体力学概论》于 1983 年由湖南科技出版社出版，是我多年来从事岩石流变学试验及其应用研究的结果，其中包括我的博士论文的大部分内容，也算是国内学者所写的早期岩石力学著作之一。我把书名冠以"矿山"，是因为当时的岩石力学均针对水利水电工程，而我的书是以矿山为对象的。我不用"岩石力学"而用"岩体力学"，有意把岩石和岩体加以区别，因为岩石只是岩体的小样，其性态远不能代表岩体。

但从此以后，就再也没有在国内出版专著了。一是工作实在太忙，研究生过多；二是我不愿意交巨额出版费。也许是我对市场经济认识不够，总觉得花钱出书似乎不太光彩，把著书立说与商业行为勾连起来。而写论文发表一般不收费，即使收费也数量不多。迄今我已先后独立或与他人合作发表了 100 多篇论文，其中 26 篇发表于国外。我应邀为岩石力学世界权威 Hudson 等人主编的 *Comprehensive Rock Engineering* 撰稿了第 4 卷第 29 章，不但不用交费，反而得到了 1200 多美元的稿酬。

理论必须联系实际。作为采矿工程专家必须重视工程实践，为了推广所开创的理论，从黑龙江到西藏各主要煤矿及金属矿山，几乎都有我的足迹。我还期望把自己的研究结果推向世界。科学无国界，中国人也应登上世界科技舞台表演一番。1965 年，我第一次参加国际岩石力学会议，发表 1 篇论文（中国学者只此一篇）。我想，应该让外国学者扭转中国科学落后的偏见。在以后的年代里，我先后 15 次应邀出国参加各种学术会议，作为客座教授还曾到多所知名大学讲学与合作科研。令我十分欣慰的是，我们所开发的随机介质理论和方法，已为美国及澳大利亚一些科技人员所接受。多年国际学术交流的经验告诉我，中国不仅是世界四大文明古国之一，而且也应该并能够在当今国际科技舞台上占有一席之地。中国科技并非全面落后，美国、澳大利亚及一些其他国家的科技人员，都在学习由中国专家们开发的长壁式采煤方法及

"三下"（建筑物下、铁路下及河下）开采技术。

人生总是有限的。老一辈科学家的学术和经验需要有一批年轻人去接班。"文化大革命"后恢复研究生招生制度以来，我每年均招收一两名硕士生或博士生，他们也都乐于当我的学生，觉得我平易近人，学术民主，他们发表论文我不署名（至多添在后面）。出于对老师的敬重，学生们戏说："我们的学术水平、为人和身高一辈子也赶不上老师。"而我则说："身高是父母给你的，而学问是自己努力创建的，如果你们的学术水平赶不上老师，社会不就倒退了吗？"学生们最喜欢和我一起出差，一方面他们可以向老师表表"孝心"，另一方面可以有更多的学习机会。我先后共培养了15名博士生。他们当中，一位在美国当教授，一位在澳大利亚当研究教授，其他在特区、广东、福建、山东、上海及江西等地，可谓"桃李满天下"。逢年过节，收到他们从国内外各地寄来贺卡，令我十分快慰。

在没有任何信息的情况下，我于1994年5月被波兰科学院选为该院外籍院士。波兰大使馆的大使举行了盛大记者招待会，我有幸成为郭沫若院长之后第5位中国籍的波兰科学院外籍院士。1997年，我又有幸当选为中国工程院院士。

"人贵有自知之明"，我十分清醒地知道"天外有天"，一个人的能力是有限的，工程技术成就大多属于集体智慧和劳动者的共同结晶。在科技进步如此迅速的当今，"万能博士"恐怕是不存在的。当选院士，标志着今后社会责任的加重，若不谦虚谨慎、奋力拼搏，将无法报答社会所给予的厚望。

回顾40多年的科研历程，风雨同舟的妻子崔志连一直与我同甘共苦。她也是采矿工程高级工程师，不仅协助我完成各种岩石力学试验，还支持我长期（每年近8个月）出差去矿山现场，培养两个孩子都获得了硕士学位。如果我真的能获得一枚军功章的话，那么分给她一半是不算多的。

（本文写于1998年，标题为编者所加）

刘宝琛 采矿工程专家。1932年7月20日生于辽宁沈阳，2017年6月21日逝于长沙。1956年毕业于东北工学院。1962年获波兰科学院岩石力学所博士学位。冶金部长沙矿冶研究院高级工程师，中南大学教授。兼任中国岩石力学与工程学会副理事长，湖南省科协副主席。是我国随机介质理论的奠基者及其应用的开拓者。长期从事采矿工程及岩土工程研究，致力于岩石流变学及岩石力学实验研究。创建时空统一随机介质理论，并将理论应用于"建筑物下、河下及铁路下"开采的地表保护工程。在本溪、抚顺、阜新等矿区从"三下"安全采出煤炭千万吨以上。打破了苏联专家规定的太子河保安煤柱禁区，采出煤上百万吨。又应用于铁矿、金矿及磷矿，从"三下"采出大量矿石；解决了北京地铁建设预疏水地表沉降预计问题，获巨大经济效益。相继获国家科学技术进步奖三等奖1项，省部级科学技术进步奖多项。出版《煤矿地表移动的基本规律》等专著5部，发表《城市隧道施工地表移动与变形预计的随机介质方法》等论文百余篇。培养硕士7人，博士37人。1994年当选波兰科学院外籍院士。1997年当选中国工程院院士。

只有百折不挠的毅力和科学求实的
精神，方能使创造的理想变为现实。

————刘建航

情系隧道

投考高中的时候，在我幼稚的思想中就萌生了开辟交通航道的愿望。因此，就在我原名"刘建"的后面加上一个"航"字，自此，我便叫刘建航了。

10多年后的1958年，我被调至上海市地下铁道设计研究组工作，高兴地接受了为人民修建地下航道的任务，总算如愿以偿了。

40多年来，我一直为拓建上海地下铁道而工作在饱和含水软土地层的隧道与地下工程中。在这漫长而曲折的历程中，我品尝了不少勇闯难关的艰难和取得成功后的欢乐。

科学求实创新路

1960年至1962年，我承担了研制在饱和含水软弱土层中，盾构法隧道拼装式钢筋混凝土衬砌的艰巨任务。那时，我刚过而立之年，负责主持这项试验研究，实感困难重重。当时世界上还没有使用这种方法的成功经验，苏联曾做过尝试，但因在工程实

刘建航 院士
（2002，方鸿辉摄）

践中发生问题而遭禁止。

我们这些缺乏技术与经验的年轻人，在当时既无出国考察机会，又没有国外较系统技术资料的情况下，要研制这种高精度、高强度、高防水的预制衬砌，可谓既缺乏技术又缺物质条件，唯一具备的是"奋发图强、为国争气"的思想激励，就在芦席棚搭建的试验场里，一口气苦战了三年。要知道，那年月连口粮供给都严重不足……在如此困苦条件下，我们仍坚持夜以继日地寻找解决技术关键的一条条途径，硬是闯出了一条自己的路。

科学要求实，创新要在传承的基础上来实现。为此，我们尽一切力量收集并研究当时凡能够获得的英、美、法、日、苏等国家的哪怕是点点滴滴的技术文献或报道，反复阅读思考与联想，企望从中找出前人未成功的症结所在，即使是蛛丝马迹也都不轻易放过，再结合上海软弱地层的特点，针对衬砌接头的结构和防水之关键，通过理论研究、计算和反复的实验验证，探求从结构、防水、生产到拼装施工诸环节的综合处理方法。

经过苦苦探索和大量试验，终于在两年之后，将研究成果用于8米深粉沙层和16米深淤泥质黏土层的直径42米盾构试验隧道中。一经初试，即见成效。

在以后两年中，我们又相继研制出直径6米和直径10米装配式钢筋混凝土衬砌的成套技术，并用于成功地建造了1332米长的市区第一条地铁试验隧道和第一条黄浦江越江隧道，均为世界先例。

开始步入软土隧道工程界的五年工作历程，使我对以后的工作树立了一种信念：只有百折不挠的毅力和科学求实的精神，方能使创造的理想变为现实。

刘建航在琢磨盾构掘进技术（资料图片）

技术积累战险情

20世纪60年代末70年代初，我向往的上海地下铁道建设计划被"文化大革命"中断了。当时上海隧道建设队伍转到金山石化总厂，我尽力设法用盾构隧道法服务于金山石化总厂建设，想为今后在上海地铁隧道建设工程保存并发展技术力量。于是，原为通人的隧道技术就被用于通水的隧道工程。

1974年，正当我满腔热情地参与伸入东海的1500米引水隧道工程建设时，不得已地被调回上海工作，但那条伸入东海的隧道命运还紧紧地牵着我的心。

1975年7月5日,我刚下班,听到值班室电话铃响,就预感不祥,果然电话传来金山盾构尾部涌沙不止的凶信。我很快意识到这是"十年动乱"的综合后遗症,使盾构施工偏离设计轴线而误入流沙区所致,很可能是遭遇了一场致命的事故。我匆匆借到汽车和吸泥泵,直奔金山现场抢险。当我进入已伸入东海底1400米隧道头部时,看到盾构已被泥水淹没了三分之一。于是,针对这般险情,当即采取了在泥水下封堵盾尾流沙的措施。经过整整一夜奋战与抢救,终于制住了流沙,排除了隧道中的泥水。但盾尾后一段隧道,随盾构下沉而发生了复杂的大变形,盾尾后第10环的拱顶环缝错开了60厘米,隧道顶上的海底复土向隧道内缓缓坍落,这表明已面临海水涌入隧道的灭顶之灾!我一边宽慰在齐腰深的冰冷泥水中抢险的工人们,一边和大家一起测试盾构及隧道下沉和隧道结构变形的数据,冷静分析和测试隧道的险情发展,果断地采用枕木撑住盾构后10环大变形的衬砌环,并用70吨袋装水泥在盾尾后85环处筑起一道封墙以堵住整个隧道断面。在赢得时间后,快速地在水泥袋封墙内抢筑一道永久性钢筋混凝土封墙。经过57小时的连续苦战,终于保住了1400米的隧道。后用应急研制出的一套工

被誉为"上海地铁之父"的刘建航要照亮在上海独特的软土层建造地铁之路
（作者提供）

程技术，在隧道以内将 8 根通水竖管顶穿钢筋混凝土拱顶，形成引水竖管，使濒临灭顶的引水隧道又及时具备了使用功能……这条被抢救出来的引水隧道，至今已服务了 30 年。

经历了这场令人心惊胆战又振奋不已的抢险，我深深体会到：地下工程要注意平时积累科学数据和技术储备，以防止盲目性，而一旦面临险境，更应沉着镇静地研究和分析，依靠科学，依靠群众，再大的艰险也有转危为安之望。

情系隧道作贡献

风风雨雨地过了 30 多年，到 1990 年我已年届六旬，这时刚完成第二条越江隧道工程，上海地铁一号线地下工程的艰险又向我挑战了。徐家汇车站要挖长 600 米、宽 22 米、深 17 米的深基坑，其两侧 5 至 10 米范围内埋置了 7 根煤气管、自来水管、国际通信电缆等易爆裂的管线，西侧是交通繁忙的沪闵要道，如何控制基坑变形以保证工程安全和环境安全，确是一个大难题，工程因此拖了两个月不能开工。经过一番思想斗争，我又鼓起勇气，跳进这个矛盾的漩涡之中。我虽然提出了较完备的施工方案及要点，但也担心仍缺少经验和易出事故的风险。于是，只能高度警惕地加强现场监控。为此，我一连半年住在工地，在最紧张阶段，我每天在现场分析几千个测试数据，及时调整施工参数。

1991 年 5 月 23 日下午 5 时，我处理完局里的工作后，急匆匆赶到现场查看整个车站基坑地面沉降的监测数据，发现北段西侧有一处的沉降速率突然增大，立即到基坑下面查看，查出约 20 米一段挡墙下部缺少 12 根支撑，再经连续测试挡墙移动，看到一段 6 米挡墙已在发生失稳性大变形。为制止这场墙断坑塌的重大灾害性事故，依靠地铁指挥部组织了一场连续 32 小时的抢险，终于使工程转危为安。这次经验教训引起了参建队伍的广泛重视，对全面执行"考虑时空效应的深基坑施工技术规定"起到推动作用，为以后全部地下车站的安全施工起到了很大的警示作用。

由此，我对研究地铁一号线的深基坑新技术着了迷，很有兴趣地学习理论，整理现场观测资料，努力研究开挖工艺的改革，以调动地层自身控制变形的潜力，力求形成一套既安全又经济的基坑工程技术，先后撰写并编著了《盾构法隧道》《基坑工程手册》等专著与工具书。近几年，我把这些新方法用于解决高层建设的深大基坑施工，也取得明显效果，这让我真的体会到创新的快乐。

（本文写于 2002 年 6 月，原标题为"排难闯险 情系隧道"）

刘建航　隧道与地下工程专家。1929 年 4 月 26 日生于北京,祖籍河北深泽。2016 年 7 月 31 日逝于上海。1951 年毕业于上海交通大学。1952 年进入上海市市政工程管理局工作,1956 年担任上海市市政工程设计院排水室工程师、地铁组组长,1960 年担任上海市隧道局、上海市城建局工程师,1985 年担任上海市市政工程管理局副总工程师,1992 年担任上海市地铁工程建设指挥部总工程师,1997 年兼任同济大学教授、博士生导师。研究和设计含水软弱地层中盾构法隧道的单层钢筋混凝土拼装式衬砌,率先攻克衬砌结构防水关键,用以建成第一条黄浦江越江隧道及地铁试验段,获全国科学大会奖。开拓盾构、沉管、连续沉井法,建成困难地层的 20 条市政隧道。以理论和实践结合,成功解决江底高压沼气、沙层建隧以及喷发沼气流沙等罕见难题。在地铁工程中采用车站地下墙深基坑明挖法、逆筑法及盾构穿越建筑群等新技术,有效控制了流变性地层移动,保护了市政建筑设施。创建了深基坑施工的"时空效应"理论,撰写出版了我国第一本深基坑工程技术专著《基坑工程手册》。2002 年获"上海市科技功臣"荣誉。1995 年当选中国工程院院士。

　　　　　祖国美丽的大好河山是我们广阔的
用武之地，有志于农业研究就要注重理
论与实践的结合，赋自己的研究工作于
广大的社会实践之中，为建设繁荣、文明、
昌盛的社会主义新农村贡献自己的一切。

——卢良恕

走遍神州为兴农

　　1924年11月，我出生于上海一户知识分子家庭。父亲曾赴
美国学习经济与金融管理，后在大学教书，母亲也受过高等教育。
虽然父亲早逝，长期从事财会工作的母亲收入微薄，但她省吃俭
用，付出了让常人难以想象的辛劳，使我和弟弟俩受到了良好的
教育。我的中学时代正值抗日战争时期，家乡沦陷，一家老小只
能随着外祖父背井离乡，一路逃难，从杭州到长沙，再到桂林，
颠沛流离，几经辗转，最后到了贵阳。

　　国难当头，社会上流传着各种各样的"救国论"，"科学救
国"就是其中之一。逃难路上的所见所闻使我常常思考：只有科
学发达才能救中国；只有国家富强、民族振兴才能民众安康。从
贵阳清华中学毕业后，我和家人商讨今后的发展方向，曾留学英
国并成为中国早期著名的造船专家和北京大学校长的外祖父胡仁

卢良恕 院士
（中国工程院提供）

源给了我很大的影响，他认为，国家的兴旺发达必须同时有发达的工业和发达的农业，因此他主张我和弟弟俩，一人攻读农业，另一人攻读工业，正好当时我有"民以食为天，食以农为本"和"科学救国"的强烈愿望，加上受到当时在四川大学农学院任教的姨妈胡渝教授的影响，我对于学习农业知识有着很大的兴趣。这样，我于1943年考取了内迁到了成都的金陵大学农学院，师从靳自重、吴绍骙、王瑞采等著名教授，从此走上了一条投身农业、振兴农业的道路，一生与农业结下了不解的情缘。

在金陵大学四年多的学习中，我如饥似渴地学习各门基础和专业知识。由于抗战后方物资匮乏，食品短缺，我常常靠薄稀饭、玉米糊、山芋干充饥，和许多同学一起忍着饥饿读书，每月只能吃到一两次肉食，主要是猪头肉，同学们把这叫"打牙祭"。我经常从姨妈家背回一些食物、书本，与大家分享食品和学习用品。在学校，老师还时常带我们到农村调查和学习。我发现农民的生活比城市普通市民更加贫困，因而对农民的遭遇产生了更深的同情心。当我对农民的悲惨境况有了进一步的了解后，我的求知心愿望也更切，学习也更刻苦，学习目的性当然更明确了。因此，基础知识和专业知识都学得较扎实，更重要的是逐步掌握了科学的世界观和方法论。金陵大学几位老师的精心教育和培养使我终身受益，他们在讲课时经常对我们说，学习农业和研究农业，既要学习书本知识，又要和实际相结合，重视农民的丰富经验。中国地域辽阔，农业类型甚多，不熟悉农村，不了解农民，就不可能有感性认识，更不可能上升到理性认识。这些思想对我启发很大，感受很深，我暗暗下了决心，为了国家的农业振兴，我要走遍祖国的山山水水，了解民情民意，掌握我国各区域农业生产的一般性和特殊性状况。

1947年，我以优良的成绩毕业于金陵大学农学院，随即由当时的系主任、著名的玉米专家吴绍骙教授推荐，到前中央农业实验所（现为江苏省农科院）麦作系从事小麦育种研究，并由此开始了我的农业科研生涯。

1953年，我带领一个多专业结合的小麦工作组，深入安徽省宿县地区农村蹲点两年。刚刚解放了的淮北农村，农业生产条件极差，抗灾能力尤其薄弱，常常是"大雨大灾，小雨小灾，无雨旱灾"，小麦亩产只有几十斤，农民生活十分贫困。偏偏在当年4月，一场春季晚霜的冻害发生了，此时小麦正处于孕穗阶段。几天后，受冻的麦苗一片枯蒿。农民看到一年的希望毁于一旦都痛苦不堪，却又一筹莫展。目睹这一切，我和工作组的同志们也都心急如焚，我们连续几天蹲在地头，一片一片麦叶，一棵一棵麦苗地仔细查看，并运用阶段发育的理论对小麦的生育状况以及霜冻的相关因素进行了科学、及时的研究分析，提出：主茎与早生分蘖虽已死亡，但基部分蘖节上的潜伏幼芽仍可生长，并可保证一定产量。据此，我们向地区领导部门提出不必翻耕改种，只要通过追肥、浇水、加强田间管理等抢救措施，麦收仍然有望的合理化建议，得到了当地领导的赞成和支持。一个多月后，受冻的小麦恢复了生机，仍获得一定的收成。灾年没有成灾，当地干部群众十分感激，我也从心里更加感受到理论与实践相结合的必要性和重要性，尤其农业研究有着明显的区域性，只有心系农村并亲临其境，才可能对全国的农业有一个全面的认识，也才有发言权。

在淮北和江南农村蹲点多年，对我来说是重要的学术飞跃，不仅为我的小麦研究工作，也为我后来从事农业科研管理和农业发展战略等的研究工作奠定了广泛而又良好的基础。

20世纪五六十年代，我的大部分时间和精力主要用于小麦等作物的科学研究，结合农业科研具有区域性、周期性和复杂性的特点，我提出农业科技工作要坚持"科研—教育—生产""试验—示范—推广""试验场—实验室—农村基点"这三个"三结合"的科学方法，由我撰写的《合理安排农业科学工作》一文发表在60年代初的《红旗》杂志上，这些理论观点和方法无论在当时还是在现在都具有实际的指导意义。

80年代初，我担任了中国农科院院长，当时正值拨乱反正，

卢良恕专著《中国农业发展理论与实践》（资料图片）

又一个"科学的春天"来临之际，中国农科院的广大科学工作者迫切要求稳定科研，深化改革，多出成果，多出人才，我也深感责任重大。在党中央的亲切关怀和农业部领导的大力支持下，在调查研究的基础上，我们提出并采取了一些行之有效的措施，使农科院在"文化大革命"期间丧失的元气逐步得到恢复，一批下放的研究所被收回，一些被撤销的研究所恢复了建制，并新建了一些代表学科前沿、

与国际科技水平接轨的科研机构，中国农科院的发展也因此而打下了一个良好的基础。这个时期，我有更多的机会了解国内外农业科学发展的前沿动态，也有更多的机会深入全国不同农业类型地区考察、了解情况，吸收全国农业科技改革与发展的新鲜经验。

十几年来，我每年有大约三分之一的时间在全国各地农村考察，并应不少省（市）政府邀请作学术报告，相互交流意见和信息，对区域农业发展问题作调研分析，并提出咨询意见。随着东部沿海地区的开发，我国东、中、西部地区发展的差距拉大了，发展西部成为国家的重要战略目标。于是，在近几年，我曾六上四川攀西，走遍了云、贵、川接壤的长江上游和珠江源头等地区，对西南资源"金三角"农业综合开发进行了系统的考察。两次去甘肃河西走廊考察甘肃农业，五次到广西、云南、贵州贫困地区考察裸露岩溶山区的农业生产。每到一处，都与当地领导座谈，或走村串户，深入了解地区的生态环境、地貌、自然条件、生产条件和农民生活水平，讲解科技在农业生产和脱贫致富中的作用，提出科技开发、科技扶贫的意见，供省、地、市、县的领导同志们参考，这些都起到了很好的促进作用。

科学考察是很累很苦的事，长途跋涉，常常碰到的是崎岖不平的山路，尤其是雨雪天，道路泥泞，举步艰难，长时间坐车颠簸后，我在"文化大革命"期间进"五七干校"下河挑河泥时落下的腰肌劳损就阵阵发作。晚上到了住处，还要及时消化各种材料，汇总各方面的信息，并进行比较分析，做到融会贯通，了然于胸。在此基础上，为地方提出切实可行的意见，为地方发展作些贡献。许多同志，尤其在我身边工作的同志，出于对我的健康着想，建议我把一些省、市和农业单位的邀请能推就推一推，但我想，作为一个农业科学家，为了各地农业发展得更快一些，更好地发挥科学是第一生产力的作用，我辛苦一些也是应该的，值得的。

20世纪80年代，我从多年的工作和考察实践中深入了解到，我国的人口与需求在不断增长，但人均耕地等资源却在不断减少。面对这种新形势，针对农业发展中的关键性问题，我运用现代农业科学与系统工程科学的成果，主持开展了两个都有100多人参加的大型研究项目，即"粮食与经济作物发展研究"和"中国中长期食物发展战略研究"，进行了微观与宏观、定性与定量相结合的研究分析，在自然科学的基础上，结合经济学和社会科学，我和我的课题组首先提出一些具有战略性眼光的建议，特别是"把传统的粮食观念转变为现代的食物观念""在充分利用现有15亿亩耕地的同时，面向整个国土资源广辟食物来源""种植业应从二元结构（粮食—经济作物）转变到三元结构（粮食—经济—饲料作物）"等富有创新性的观点。令人欣慰的是，这些意见已逐步得到了国家和主管部门的重视和采纳。这些成绩是我们课题组研究的共同成果，也得益于多年来的农业生产实践和科学研究以及长期理论上的积累。

到20世纪90年代初，在中国版图上，除台湾、西藏以外的省、市、自治区都已留下了我的足迹和汗水。1992年，到台湾考察的机会终于来临，应"台湾中央研究院"吴大猷先生的邀请，我和吴阶平、谈家桢、邹承鲁、张存浩、李林、华中一等七人作为大陆首批科学家访问台湾，对祖国宝岛的农业生产、管理和科技现状有了全面的感性认识，也开拓了两岸农业界交流之先河。

访台成功归来不久，西藏自治区人民政府邀请我带领专家组前往西藏对雅鲁藏布江及其支流拉萨河、年楚河流域的综合开发进行考察，帮助其搞好发展规划。当时我已 68 岁，同志们出于关心和好意，认为我难以适应高原气候，劝我别去西藏了。但我觉得多年的基层生活既磨炼了我的意志，也锻炼了我的体质，相信西藏的高原反应我也可以适应。1992 年 7 月 28 日我带领专家组抵藏，在历时半个月的时间里，我们到田间地头，去水库工地，考察了 13 个县、市，行程近 2000 公里，最高到过海拔 5000 米的农牧区，承受了因高山反应带来的种种不适，顺利地完成了考察任务，并结合西藏的实际情况，在拉萨市为全自治区的干部作了《现代农业发展》的报告，受到了大家的欢迎和重视。

从 20 世纪 40 年代到 90 年代，历时 50 年，我才得以实现走遍全国的夙愿，成为国内农学界最早的实现者之一。同时，我还到五大洲的 20 多个国家开会、讲学和考察，这对于学习先进、开拓思路也大有帮助。谈到这里，我要特别感谢我的家庭对我工作和事业的支持。我的妻子尹雪莉多年从事财会工作，不仅工作上很出色，而且还在我常年外出的情况下，承担起全部家务和照顾、教育三个孩子的重任。现在，我的三个孩子也都已成家立业，在事业上也都有所成就。因此，一方面我要感谢我的妻子和孩子，没有他们的理解和支持，我也难以在工作上取得今天

1997 年卢良恕（左一）在陕西省延安地区考察小麦生产（中国工程院提供）

的成就；另一方面我也为自己的家庭幸福、子女事业有成而深感欣慰。

走遍全国，对于从事农业研究的我来说，是一笔非常宝贵的精神和物质财富。想起50年前老师的教诲，想想自己50年来的经历，我觉得，祖国美丽的大好河山是我们广阔的用武之地，有志于农业研究就要注重理论与实践的结合，赋自己的研究工作于广大的社会实践之中，为建设繁荣、文明、昌盛的社会主义新农村贡献自己的一切，把最有思想的论文写在祖国的大地上。

（本文写于1998年，标题为编者所加）

卢良恕 小麦育种、栽培、农业与科技发展专家。1924年11月3日生于上海，籍贯浙江湖州。2017年1月4日逝于北京。1947年毕业于金陵大学农学院。曾任中国农业科学院院长、中国工程院副院长、农业部科技委副主任、中国农学会会长、中国农业专家咨询团主任、国家食物与营养咨询委员会主任、中国农业科学院学术委员会名誉主任等。中国农业科学院研究员。长期从事小麦品种资源和遗传育种研究，主持选育出华东1至10号小麦品种，提出建立小麦分区高产栽培技术工程体系，推动了南方小麦生产发展。综合运用现代农业科学、系统科学原理及"大农业"观点，创造性提出了如"种植业三元结构""食物结构调整、优化、配套战略"及"现代集约持续农业"等战略观点和建议，在高层次决策咨询中发挥重要作用。立足区域协调发展，致力沿海发达地区、云贵川资源之"金三角"及贫困地区的农业区域综合开发，多次率团深入实际考察与指导。发表了《南方小麦增产的主要技术问题》《中国农业与粮食生产的现状和发展前景》等学术论文200多篇，出版了10多部专著。荣获1998年度"中国工程科技奖"、2001年获中国老科协评选的"科技耆英奖"。1994年当选中国工程院首批院士。

我主张教育要多用启发式，少用填
鸭式。在大学里除了学好基础知识外，
主要该把"做人"和"治学"的方法学好，
这是极重要的人生基础。真正的知识积
累是在工作实践中完成的。

——陆建勋

我的经历、经验与体会

1929年我生在北京，读完小学一年级，就遇到"卢沟桥事变"，
北京沦陷了。父亲在外地断了联系，母亲一人带着我们姐弟五人
在北京艰难度日，经济拮据，生活困难，三个姐姐陆续辍学，以
工作养活全家。但母亲仍下决心要把我和哥哥培养成人。记得每
到开学，母亲总是愁眉苦脸，不是典当东西就是四处向亲戚借钱。
我们也都比较争气，在班上成绩比较好，经常被免去学杂费。

当时虽然生活很艰难，连榆树皮、混合面也都吃过，但回想
儿时的生活还是有点"穷乐"。那时，我们自己动手用细竹棍烤
弯后扎起来做模型飞机翅膀和尾翼，把木块削成螺旋桨，用珠子
做轴承，加上橡皮筋做成的飞机，可以飞得很高很远；用两块放
大镜片放在可拉动的纸筒两端，加个灯泡做成幻灯机，用玻璃纸
描了连环画办个土电影院；在初中上完化学课就与几个同学用烧

陆建勋 院士
（中国工程院提供）

碱加牛油做成肥皂；后来我又迷上了无线电，从矿石收音机做起，到药店买黄铜矿石做检波器，用绝缘铜丝做成线圈，在木头上绕电线作为天线，用弹簧探针在黄铜矿石上选对点，就能听到广播；后来在地摊上淘了个断了丝的三极管，做成了电子管收音机；一次在小摊上碰上一个坏了的示波管，其实是管脚脱焊，很便宜买来修好后，自己绕高压变压器居然制成一部示波器；买了个破表头修好，再用唱片贴在木盒上加两个八脚管座当开关制成了一个精美的万用表……从少年时代起，我就爱动脑动手，成了一名业余无线电爱好者。

1947年，我考入清华大学电机系电讯组。当时，清华正是学潮澎湃的年代。由于国民党倒行逆施，军警打了教师和学生，包围了清华园。为了防卫，我们搬石头上楼，用双人床堵住宿舍大门。没有菜，食堂就用盐水煮黄豆。一天，突然通知所以学生到大礼堂集中，特务闯进来了，逐个查学生证，但一个也没被抓走，那个守在礼堂门口戴黑眼镜的特务形象，直到现在还记忆犹新。

1948年11月，北边传来炮声，解放军打过来了。为了保护清华园，解放军不打炮，与反动派展开肉搏战，牺牲了不少战士。随后，又打进石景山，清华一带真空了。我听同学劝告没进城。还记得在一个漆黑的夜晚，寒风凛凛，我和几个同学拿着垒球棒守在南校门的小楼上护校，心里是很紧张的。不久，光未然来接收清华，他是我们熟悉的《黄河大合唱》的词作者，钱正英也来作报告，谈她从大学生走向革命的经历。艾思奇来清华讲大众哲学，有的同学看不起他，认为"土包子"竟到清华来讲学，便写条子问他：你讲唯物论，请问你知道物质是由什么构成的吗？他很谦虚地说："我在法国学的是物理，对原子电子略知一二……"大家听了瞠目结舌，想不到解放区也有这么多知识分子！那些直视清高、不知天高地厚的思想在大学生中很快就土崩瓦解了。按这些人的现身说法，可以说这是解放后第一次的启蒙教育。我开始思考：为什么那么多知识分子去了解放区，人该怎么活着才有意义？从而也开始了自己的人生观、世界观的探索。

1950 年在上大学四年级时，"抗美援朝"运动开始了，我们全班许多人报名参军，我想到国家正面临危险还谈什么建设。于是，我也报了名。那时，对自己还差半年就要毕业的状况连想都

陆建勋（后排左一）参加清华大学百年校庆时的电机系同学聚会（资料图片）

没想。幸运的是，全班100多人就挑上我们6个人，其中电讯组三个人全部是业余无线电爱好者。

1950年11月29日，我就正式参加了人民海军。我们是解放后第一批参加海军的大学生，特别地受到了海军首长的亲自接见和款待。同学们很快被分配到海校去当教员，培训"抗美援朝"参加军队干校的学生，而我却一个人被留在海军司令部的通信台，负责无线电收发信机的修理。1951年，又陆续分配来了一批大学生，我就当了机务组组长。我们主要修理仓库中缴获来的大量美式电台，供给前方部队；还修理过苏联快艇电台、雷达和大量国产通信设备。1953年，我们全体荣立了集体二等功，作为组长我成为海军直属机关的一等功臣，并出席首届海军英模代表大会。就这样，我在无线电收发信机堆里从事维修达八年之久。这不仅受益于我在学生时代爱好无线电，习惯自己动手，以及大学时学到的基础知识和理论，而且为我此后一生从事舰船通信科学研究打下了一个良好基础。1958年，我被调到海军司令部的通信部门，成为新组建的技术处的工程师。

1958年正值苏联向中国提出组建联合舰队、共建超长波发信台问题，在这涉及国家主权的重大问题上，周总理亲自过问了。一天，海军罗舜初副司令员带着我到中南海去见周总理，他详细询问了超长波电台性能、规模和重要性，我一一作了回答，他很满意。周总理那亲切睿智的神态一直深深地留在我的脑海里。不久，中央决定超长波台自己出钱建、自己管，维护了国家的主权。那时，我国已开始酝酿核潜艇的研制，如何与远在数千里水下状态的核潜艇保持可靠的通信联络是个大难题。当时我负责通信科研，主要是组织国内大专院校对这个课题进行研究，由于难度大，科研和教学还存在一定矛盾，工作很不顺利。

1959年初，我随代表团去苏联考察苏联海军通信，看到人家先进的科研设施和许多科研成果时十分羡慕，真盼望中国有一天也能有自己的舰船通信研究所。1959年，毛主席在听到赫鲁晓夫对他讲的"核动力潜艇技术复杂、价格昂贵，你们搞不了"后，说出了"核潜艇，一万年也要搞出来！"的名言，大大激励了我们。对于苏联核潜艇通信体制，我认为有着严重的不足，不能照抄照搬，就提出研制一套全新的、中国自己的潜艇通信系统的建议，很快得到上级批准。我提出的总体方案得到领导小组和专家们的认可，经国防科委批准列为专项工程，从而开始了科研大协作。

1960年，海军司令部通信部成立了通信研究室，我被调了过去。第二年国防部第七研究院成立，我们又转归七院领导。没过几年，我们这个研究室从十几人发展到了一百多人。1968年以这个研究室为基础，独立成立了舰船通信研究所，有了自己的科研机构真是如鱼得水，大家拼命地学习和工作。即使在1965年七院合并到六机部，我们脱了军装，跟着又是"文化大革命"的冲击，但是神圣的任务总是摆在第一位。在各方支援下，我们坚持不懈，终于为我国第一艘核潜艇提供了完全是中国自己设计生产的专用通信系统，被誉为是核潜艇的"七朵金花"之一。为了我国洲际导弹的海上试验，我们勇敢承担了远洋通信的总体和50多台套设备的研制和生产任务，保证了在洲际弹道导弹试验中，指挥中心和远在南太平洋的远洋测量船队及护航舰队间的指挥和数据通信的畅通，顺利完成了任务。我们开展了当时国内很少人涉足的超长波通信领域的研究，在各种收发天线、收发信机、终端设备中，都有不少科研成果用于整个装备，同时也开展了各种水面舰艇通信的研究。

1983 年底，我从研究所所长的职位上被调到第七研究院担任院长，遇到的是科技体制改革的巨大冲击和考验，保军转民、求生存、求发展，又是一场艰巨的斗争，几万人的担子压在身上，从没轻松过一天，一干又是 10 年。1994 年交了班，我终于能回到梦寐以求的技术岗位上来。即使在这 10 年行政职务很忙的年月，我也督促自己一有空就多挤些时间，力求看些技术书籍和刊物，并积极参加通信学会等学术团体的各种学术活动，平均每年至少要发表一篇文章，以保持自己在科学技术日新月异和信息科学大踏步前进的今天不致掉队。

回顾过去，我总结两点体会：

一、我在通信技术和科研领域里工作了 40 多年，我们这一代人的经历就是新中国成立以来知识分子的真实写照。我们经历过艰难曲折，从中磨炼了意志；我们曾经受过委屈，但不怨天尤人，因为我们知道我们的国家正在走前人从没走过的路，路是没有笔直的。我们为祖国的国防和经济建设增添一砖一瓦，累积起来使我们国家有了原子弹、氢弹、卫星、核潜艇，中国人的腰杆挺起来了，外国人不敢轻易欺辱我们了，中国再也不是"东亚病夫"了。我们经济发展了，有条件按照自己意愿建设自己的国家，这正是多少中国人梦寐以求的最好时期。现在，有些青年和大学生嘲笑我们：你们活得也太累了，太不潇洒了！他们开始讲究"自我价值"，他们取得学位就自以为"我所以有今天都是我个人奋斗得来的"。他们不知道解放前我们这一批大学生的那种傲气又何尝不比他们低呢！那时，美国中央情报局的杜勒斯局长不就是寄希望于这些未来的"利己的个人主义者"吗？通过几十年的人生经历的思考与品味，我认为人的思想境界可以分为三种：第一种是以我为核心的"唯我主义"者，对我有利的就干，对我不利的就不干，这是一种自私的人，自以为很精致，其实是低级趣

陆建勋、张履谦、王众托、金怡濂院士在2016年科技三会合影（中国工程院提供）

味的人；第二种是抱着"人人为我，我为人人"等价交换思想的人，这是一种普通的人，社会的人；第三种是肯"无私奉献"的"忘我"的人，是高尚的人，其实也是各行各业中都客观存在的很正常的人。尽管这三种境界在每个人身上会兼而有之，但比例不同。一切皆从"我"字出发的人，是绝对干不出真正大事业的。在我的人生经历中，在完成一些重大任务时，只有全身心地投入，置生死于度外，能废寝忘食、齐心协力、不达目的誓不罢休的时候，才是真正进入"忘我"的境界，要知道：哪一次成功不是在吸取了多次失败的教训中走出来的？哪一项大工程不是在千百万人无私奉献的合作中诞生的？世界上只有无私奉献精神的人，才有可能创造出奇迹。但是，要进入这一境界不付出代价也是不可能的。为此，我希望有为的青年朋友千万不要做那种低级趣味的人，人生的起点要高一些，丢掉"小我"才能成大器。

二、在现代科学技术飞速发展的今天，要培养一批能作出重大贡献的高素养人才，他们必须具备的条件是既要有良好的思想品德，又要有扎实的业务基础，两者是缺一不可的。对于后者，

我认为更重要的是要有开拓性、创造性的思维，遇到困难既要有正面攻坚的本领，也要有迂回包抄的各种手段。因此，知识基础必须坚实宽厚，运用灵活，培养那些死记硬背只知其一不知其二的人是没多大用处的。所以，我主张教育要多用启发式，少用填鸭式。在大学里除了学好基础知识外，主要该把"做人"和"治学"的方向搞端正、方法学好，这才是极其重要的人生基础。真正的知识积累是在工作实践中逐步完成的。毕竟知识是活到老学到老的，重要的是要学会如何在工作中不断学习和勤于积累。可惜，我们目前的教育理念远非如此！

以上是我的经历、经验与体会，愿与有志者共勉！

（本文写于 1998 年，改定于 2022 年 8 月 24 日）

陆建勋 通信工程专家。1929 年 9 月 11 日生于北京，祖籍浙江杭州。1947 年至 1950 年就读清华大学电机系。1950 年入伍参加"抗美援朝"，历任海军司令部通信部工程师，中国舰船研究院武汉船舶通信研究所所长，中国舰船研究院院长，研究员。曾任国防科工委军事电子专家咨询组成员。现任总装备部科技委顾问，总参通信部、空军技术顾问，清华大学、西北工业大学、哈尔滨工程大学、北京邮电大学等多所大学的兼职教授，博士生导师。长期从事舰艇通信工程的研发，主持和组织核潜艇通信系统的研制，提出了特种通信系统的技术方案和技术指标，解决了系统的关键技术，开拓了我国长波通信的科研领域，系列成果装备了国家多项重点工程。主持了国家重点工程中"岸－船""船－船"通信系统的研制，完整提供多种通信装备和系统，圆满完成我国洲际导弹海上试验的通信保障任务。担任总设计师，研发出具有国际水平的石油测井系统，担任"十一五"国家重大科技基础设施项目"极低频探地（WEM）工程"首席科学家。相继获省部级科学技术进步奖多项，发明专利 10 项。出版专著《极低频与超低频无线电技术》、译著《现代通信原理》等，发表近百篇专业学术论文。1995 年当选中国工程院院士，曾任中国工程院信息与电子工程学部主任、主席团成员。

大学毕业后，如果不能精力充沛地为祖国的"四化"工作数十年，则不仅是个人之不幸，而且是国家之损失。

——陆钟武

体育锻炼　终身受益

我原籍上海，生在天津，小时候住在常州。

抗日战争全面爆发时，我才8岁，刚读完小学三年级。那年秋天，日军逼近江南一带，我家开始逃难。几经周折，到了重庆，住在郊区嘉陵江边的一座山上。还有两三家从"下江"来的亲戚，也住在这里。起先，我在市里的一所小学住读，后来市区遭到了日军的狂轰滥炸，第二年5月学校就停课了，而且复课遥遥无期。于是，住在那座山上的几家亲戚凑在一起，请了一位老师来教我们这些小孩子读书。

我从小好奇心强，初到山区，更觉新鲜，总想把这个陌生地方的地形弄个明白。课余时间和节假日经常和几个小朋友一道在山上到处乱窜。万万没有想到，就在这到处乱窜的过程中，由于一次意外的事故，我差点丢了性命！

1938年夏天的一个傍晚，我们几个小孩在外面游逛了一阵以后，沿着悬崖边缘上的一条小路往回走。那时，天快黑了，我心

陆钟武 院士
（中国工程院提供）

里有些着急，走得快了些。一不小心，一只脚踩空了，失去了平衡，我像自由落体一样，从悬崖上跌落了下去。这个悬崖是当地人开山采石逐渐形成的，直上直下，足有三四层楼高，底下是未经平整的坚硬的岩石。我跌落下去以后，立刻失去了知觉。过了一两个小时，家里人好不容易把我救了上来。我伤势十分严重，内脏多处破裂，腔内大量出血，小便呈赤红色，三天三夜昏迷不醒，生死难料。

说也奇怪，在当时医疗条件很差的情况下，经过两三周抢救和治疗，我居然又活了过来，真是死里逃生。不过，从那以后，我变得体弱多病了。有时，会莫名其妙地发起烧来，体温倒不算高，只有37摄氏度加几分，但一烧就是几个星期，或更久些。身体一直恢复不过来，面黄肌瘦，再也没有满山乱跑的那种野性和活力了，自己也很犯愁。这种状况一直延续了好几年，直到我在重庆南开中学住读时，还未见有多少好转。有一学期，请病假的时间太长，差一点受到不允许参加期末考试，以致降级重读的处分。

南开中学是著名教育家张伯苓先生创办的一所很好的中学。这所中学的重要特色之一是注重体育，要求学生具有强健的体魄。我清楚地记得，张老校长有一次给全校学生做报告，讲的就是体育问题。他甚至讲了怎样才能做到腰不弯、背不驼，而且还在讲台上给大家做了校正弯腰驼背的示范动作。那时，他已是70来岁的老人了。

那年头，每天下午 3 点半钟以后，教室通通关闭，全校学生必须到操场上去参加活动，打球的打球，跑步的跑步，生龙活虎。我由于常年体弱，什么运动项目也不会，只好在操场上到处"卖呆儿"，在一旁观看人家活动。看到运动员们的身体是那么强壮，运动技巧是那么高超，心中真的羡慕不已。时间长了自然会想到自己今后该怎么办的问题。最后，我下决心一定要想办法由弱变强；即使练不成玩球的那套本领，也至少得练就一副像运动员那样强壮的好身板。于是，开始了认真的自我强迫锻炼。为了避开同学们的注意和可能的嘲笑，我选择了晚自习以后的一段时间进行锻炼：在操场上跑，在单杠上吊，在双杠上撑。反正天已黑了，出什么洋相也不会有人看见。一开始很不适应，非常吃力。但我主意已定，决不改变。经过大约两年的苦练和发育成长，我果然大有长进，再也不生病了，面色也红润了，我变成个子高大、体魄健壮的小伙子了。看到自己的这种变化，我心中有说不出的高兴。

抗战胜利以后，从 1946 年起，我先是在南京中央大学上学，后来转到上海大同大学借读。当时，沪、宁两地已出现了少数几家健身房，那里的设施虽然很简单，只有些哑铃、杠铃等，但有专职的教练，收费也低廉。这些健身房对我产生了极大的吸引力。做完了功课，只要有空，我就去参加训练。我也买了一副哑铃，放在家里用起来更方便。坚持几年，肌肉发达多了，力气也大得多了，精力充沛的程度更是以往任何时候所无法比拟的。从此，健身运动（现在叫健美运动）成了我的一种业余爱好，成了长期以来让我受益匪浅的运动项目。

　　游泳是我喜爱的另一项体育活动。中学时代我就想学游泳，可当时条件太差，没有学成。到南京后，见到中央大学的校园里有一个露天游泳池，喜出望外。可是，学校开的体育课不教游泳，那我只好"无师自通"——自学，各项基本动作和要领都是自己一点一点摸索出来的。水平肯定不高，但总算学会了几招，从而产生了极大的兴趣。然而，在后来很长的一段时间里，我很难把游泳作为一项经常的运动项目，因为我读研究生是在哈尔滨，工作是在沈阳，而这两地的游泳场所是很有限的。近些年来，条件好多了，我又有可能经常游泳了。沈阳夏宫的总负责人是我以前的学生，他知道我喜欢游泳，送给我一张特种挂账卡，给我创造了最方便的条件，我真不知道该怎样感谢他才好！

　　直到现在，我仍对健美和游泳等几个运动项目保持着浓厚的兴趣。这些项目不受年龄限制，而且独自一人即可操练，所以在身体和工作条件允许的情况下，我总是尽量抽时间去进行力所能及的，然而是认真的、科学的操练。

　　不过，人终究要吃五谷杂粮，生病也总是难免的。这几十年来，我得过几次相当严重的疾病。20世纪70年代初，肝炎复发，未得及时治疗，身体状况到了几乎完全垮掉的地步；80年代末，十二指肠溃疡一再反复，对健康的影响也很大。但是，每次病后，我都能恢复过来，再度由弱变强，再度担负起繁重的教学、科研和行政工作。我认为，这同我长期坚持科学的体育锻炼是分不开的。我曾翻阅过一些医学书籍，得到不少生理卫生和保健方面的知识，这对我也是很有用的。

　　在我们的学生中，有些人不注意体育锻炼，体质较弱，这是值得我们严重关注的。几年前，为了测试学生们的体力，我曾多次同一些男生进行掰手腕的较量。结果，有一半以上 20 岁左右的青年人输给了我这个老头子。这难道还不足以说明他们十分缺乏体育锻炼的现状吗？我在东北工学院（现名东北大学）当院长期间，极力主张加强群众性的体育运动。有时，甚至特地给体育教研室多拨一些额外的经费。在我的支持下，组建了学生的健美协会，以利于开展群众性的健身运动。有记者来采访我，专门了解我的体育生活，并在报纸上发表过好几篇专访，其中有一篇采访干脆称作《"健美院长"——东北工学院院长印象记》。

1984 年，我写了一篇短文，标题是"每人都要掌握一两项终身受益的体育项目"，刊登在院报上。以后，我也不厌其烦地一再宣传和强调该文的基本观点，有人半开玩笑地说，那篇短文的标题是我的一句名言。其实，那无非是我几十年生活经历的点滴体会而已，根本谈不上什么名言。那篇短文虽然是我十几年前写的，但我相信，它对于现在的青年学生和知识分子仍有一点参考价值。为此，我把它一字不改地抄录在下面，作为我这篇人生自述的结尾（原文见 1984 年 6 月 22 日《东北工学院院报》第 1022 期）。

我希望我院的学生（本科生、研究生）每人都能熟练地掌握一两项可以终身受益的体育项目，产生兴趣，经常操练，养成习惯，变为嗜好。

凡不受年龄限制，无论是青年、中年或老年都能熟练的体育活动，都可列入这类项目。例如，跑步、轻重器械、武术、徒手操、步行、乒乓球、羽毛球、游泳、网球等均是。这些项目所需器材和条件，一般比较简单，独自一人或有一伙伴即可操练，因而比较灵活，便于普及。

为什么要强调"终身受益"？这是因为人的一生始终需要锻炼，尤其是中老年，更需要经常锻炼，即所谓"健康投资"。否则，肌肉萎缩，脂肪堆积，机能衰退，抵抗力下降，容易生病，甚至过早地失去劳动力或失去生命。大学毕业后，如果不能精力充沛地为祖国的"四化"工作数十年，则不仅是个人之不幸，而且是国家之损失。

知识分子主要从事脑力劳动，工作过程中静多动少，为了增强体质，长期维持健康，更要强调体育锻炼。有些青年学生不注重体育，致使身体发育不好，肢细、肩窄、背驼、腰弯，属于"豆芽菜"型。在校园内外，我经常见到这样的学生。我担心他（她）们在漫长的人生道路上能否经受得起各种环境的考验。我还怀疑他（她）们是否能具有远大的志向，爽朗的性格和宽广的视野。我希望这样的青年能认识到问题的严重性，下决心改变现状，认真地进行体育运动（每天一小时），以校正其体形，强壮其筋骨，焕发其精神，开阔其胸怀。

能够终身受益的运动项目，要在青年时代就熟练掌握，并打下基础（技能和身体素质），以后只是反复实践或逐步提高而已。年纪大了，腿脚不灵，如果到那时才从头学基本动作，从头掌握基本要领，那就困难了。而且，如果不是年轻时训练有素，到中老年才开始锻炼，还可能发生运动事故。所以，我强调在学生时代就要熟练地掌握一两项终身受益的体育运动项目。

一般说来，掌握一两项上述项目，并不困难。但是持之以恒、长期坚持倒是很难的。为了做到这一点，除毅力之外，最好要有浓厚的兴趣。兴趣各人不同，可以选择，但是通过实践见到成效，往往是兴趣之由来。兴趣浓了，就一定会长期坚持下去。

与此同时，我还希望我院的学生（本科生、研究生）每人都具有人体解剖、生理卫生、中西医学等方面的一般知识。为此，要读几本有关的书籍。当然不必要求过高。这些知识可以帮助自己科学地安排生活，安排体育运动，进行自我调节和简易治疗，从而有利于增强体质。

以上是我几十年经历中的点滴体会和阅读有关材料的收获。是否得当，请同志们（特别是体育教师）批评指正。

（本文写于1998年，标题为编者所加）

陆钟武　冶金热能和工业生态学专家。1929年10月2日生于天津，原籍上海川沙。2017年11月27日逝于沈阳。1950年获大同大学学士学位。1953年从东北工学院研究生班毕业后留校任教，先后担任钢铁冶金系主任、热能工程系主任，1984年任东北工学院院长。兼任中国金属学会副理事长。长期从事冶金炉热工及冶金能源工程的科研与教学工作。建立了国内第一个冶金炉专业。参照势流理论研究了竖炉气体力学，用高炉炉身静压成功地判断了炉内的主要变迁。查明了普通平炉改为内倾式后指标下降的原因。建立了火焰炉热工基本方程式，改造后的加热炉热效率达国际先进水平。提出了载能体概念，创立了钢铁工业系统节能理论和技术。探明了我国钢铁工业节能率下降的原因，提出了节能方向和途径。多次获国家及省部级奖励，发表学术论文百余篇，专著5部。2001年获"全国模范教师"称号。2004年获第五届"光华工程科技奖"。2016年获中国金属学会"冶金科技终身成就奖"。1997年当选中国工程院院士。

当德国记者问我：何以在短短两年时间里获得工程科学博士学位。我告诉他：我天分平平，靠的仅仅是理想、勤奋和持之以恒而已。

——路甬祥

理想、勤奋与持之以恒

1981年5月，我在德国亚琛工业大学以"含流量反馈先导比例插装流量阀研究"为题完成了博士论文，被授予工程科学博士学位。据说，这是中国改革开放后联邦德国授予中华人民共和国公民的第一个工程科学博士学位。记得当时有位德国记者问我：何以在短短两年时间里获得如此成果。我告诉他：我天分平平，靠的仅仅是理想、勤奋和持之以恒而已。这些成果的取得固然得益于德国的科研条件和技术基础，但从我自身的知识和经验而言，应该追溯到从大学时代起20余年的努力。

中华人民共和国成立时，我刚满7周岁，上小学三年级。当时的"五爱"教育，党中央号召向科学技术进军，以及医生家庭崇尚知识、笃信技术等，均对我少年时代志趣和理想产生了深刻的影响。1956年，我因成绩优异被保送直升宁波二中高中部。当年暑假，因无升学考试之虑，我读了许多科学家、名人的传记和文学作品，例如居里夫人、齐奥尔科夫斯基、爱因斯坦、冯·卡门、孙中山、鲁迅、毛泽东都是我敬仰的人物，苏步青、钱学森的事迹也使我兴奋不已，立志要发愤努力，将来在科学技术上有所作为，对祖国有所贡献。

路甬祥 院士
（中国工程院提供）

1959 年，我考入浙江大学机械系。"求是"校风、老和山下宁静的学习环境以及图书馆丰富的馆藏使我获益匪浅。5 年中，除完成规定的课程外，我还自学和加修了一些外系课程，如自动控制理论、弹性力学、边界层理论、自然辩证法、政治经济学等，阅读了许多参考文献和期刊，并做了札记和卡片，逐步学习了科学工作的方法。

我的毕业设计是在上海人民电机厂做的，题目是"7 米扬程潜水泵"，指导教师黄邦达老师约请厂里一位留英工程师潘德民先生协助指导。我从上海图书馆、上海科技情报所查阅了大量英、日文资料，选定了设计方案，并在工厂配合下试制了实验模型叶轮和导向轮，进行试验测试。忙碌了 6 个多月，居然达到了很好的结果，最高效率提高 7%，拓宽了高效区，关死点功率下降了 30% 左右。从文献综述、设计计算书、设计图纸、实验报告，到设计说明书等共出了 7 个技术文件。论文得到厂方好评，也被学校评定为优秀论文收存。这是我第一次成功的工程实践。

1966 年 6 月爆发了"文化大革命"。校园内山头林立，派仗不停，我对此十分厌倦，相信建设国家终究要依靠科学技术。

我和几位志同道合者一起，在 1968 年自行设计研制 45MPa/25mL 超高压恒功率变量柱塞泵。当时，校办工厂和实验室已全部停工。我们从设计、备料、冷加工、热处理、准备试验台、实验测试等全部自己动手，有了困难便向书本、专家和技术工人请教，不到半年，居然一举成功。以后我们又以同样的方式完成了"全液压动力滑轮系统研制"。举办了液压机和塑料注射成型机、专用机床、渔业机械、工程机械等技术进修班，并带领学员下厂完成了一批技改和故障诊断任务，从中经受到理论联系实际的工程锻炼，并开始认识到流体传动与控制技术正走向"机电液一体化"方向。1978 年与桂林冶金机械研究所合作，设计研制的"全液压遥控钻井机"已是一台典型的"机电液一体化"的工程传动和控制系统，后被用于我国地核试验的快速采样。这段经历使我拓宽了业务视野，培养了独立从事科学研究的能力，增强了自信心和创新意识。

1978 年，联邦德国洪堡基金会与中国科学院达成协议，恢复在我国青年学者中颁授研究奖学金。当时由浙江大学机械系负责人胡大纮先生力荐，经学校遴选，我被推荐为候选人。经文献检索，发现巴克教授所在的亚琛工业大学液压气动研究所在近 10 年中，成果累累，而且领域广阔，尤其在插装技术、电液伺服／比例技术和容积调节等方向国际领先。由于"十年动乱"中我还做了一些科技工作，也曾发表过几篇论文和研究报告，便将之认真摘译成英文。于是，我给巴克教授寄送了这些资料，并希望以电液比例控制或容积控制作为进修方向。5 个月后，居然被德方遴选委员会选中。1979 年 2 月 7 日，我从上海启程经东京，飞越北极抵达法兰克福。目睹德国的机场设施、通信设备、高速公路和人民生活水平，使我深深感到我们落后了。紧迫感和责任感油然而生。

　　按照基金会的安排，我先赴弗莱堡歌德语言学院学习了四个月德语，后转赴亚琛工业大学液压气动研究所。预定进修时间为一年，巴克教授建议我先花费三个月时间熟悉全所工作，然后进行"比例电磁铁建模和实验研究"。当时，我想尽可能多学一些，想选择一个既是学科前沿，又能在回国后付诸工业应用并深入下去的课题。在熟悉和了解了该所工作领域后，感到电液比例技术和插装技术相结合既是现代电液技术的前沿方向，又是该所的优势领域，工程上也具有广泛应用前景。于是，我在进行"比例电磁铁建模和试验"工作的同时，开始探索电液比例流量插装阀性能的优化。我仔细查阅并分析了该所几位博士的论文和国际上公开发表的技术文献，并采用控制理论和流体力学基础进行了分析和计算机仿真，发现沿袭已具有 100 多年历史的 Fleaming Jeaken 原理，只做参数优化已不可能在提高稳态调节精度和改进负载阶跃动态流量超调特性方面取得重大进展，我力求在工作原理和结构上取得突破。经过 4 个多月日日夜夜的分析、仿真，完成了"内含流量－力反馈的插装式电液先导控制原理"的研究。

　　巴克教授敏锐地判断这是一项创新成果，建议在申请专利的同时，进行实验研究和验证，并在实验中得到了证实。成功的喜悦鼓舞了我。当时我国驻德使馆科技参赞阮崇武和他夫人徐幼群同志也鼓励我继续努力。我开始转向流体传动与控制两个最基本参数中另一个参数——压力控制。发现美国人 Herry Vickers 于 1964 年发明并广泛应用的先导压力阀原理，也存在着固有静态调节误差。同样，也可采用系统压力反馈方式得到比较良好的校正，并可附加级间动压反馈，以提高其稳定裕度。接着，我从这两项原理出发，将此推广到容积控制领域，并引申出压力反馈先导控制位移和转角执行单元。陆续在德、美、欧专利局登记了五项专利，引起了液压界的重视。

1981年9月，我回到了祖国。当时任科委主任的方毅同志和机械工业部副部长陶享咸同志专门接见了我，给了我很大鼓励。不久，我即在国家和学校的支持下，与同事们一起着手组建浙江大学流体传动及控制研究所。开始了国内的研究和教育工作。

回顾这一段经历，党和国家的嘱托，师长和同事们的关心与支持，加上我的爱人默默承担起扶养年幼儿女的责任，成为我能在德国专心致志从事研究工作的精神支柱和后援。而就我自身治学和工作而言，仅仅是"理想、勤奋与持之以恒"。

这就是我的一点体会。

（本文写于1995年，改定于2022年8月11日）

路甬祥 流体传动与控制专家。1942年4月28日生于浙江宁波，原籍浙江慈溪。1964年毕业于浙江大学机械工程系水力机械专业。1981年获联邦德国亚琛工业大学工程科学博士学位。曾任浙江大学教授、校长，中华人民共和国全国人大常委会副委员长，中国科学院院长，国务院学位委员会副主任等。兼任第三世界科学院副院长，国际科学院理事会共同主席，中国科协副主席等。主要从事机械工程特别是流体传动与控制的研究和教学以及科研管理。提出系统流量检测力反馈、系统压力直接检测和反馈原理，并将其应用于电液比例控制元件及系统工程；主持研发相应的CAP、CAT计算机软件支撑系统并得到广泛应用。获中外专利20多项，"二通插装式电液比例调速装置"等项目获联邦德国与美国发明专利。获国家发明二等奖1项、省部级一等奖3项等。代表著作有《电液比例控制技术》等。还曾获德国狄塞尔金质奖章、洪堡奖章以及德意志联邦共和国星级大十字勋章。1990年当选第三世界科学院院士，1991年当选中国科学院学部委员（院士），1994年被选聘为中国工程院首批院士。

漫长的经历使我认识了一个真理：国家要发展尖端技术，离不开这样24个字：自力更生，艰苦奋斗，大力协同，无私奉献，严谨务实，勇于攀登。

——闵桂荣

走上航天之路

20世纪60年代初，国家度过了三年困难时期。1965年中央下达了研制我国第一颗人造卫星的重大任务。卫星由中国科学院负责研制。这是一项全新的工作。当时，没有现成的研究机构及研究设计人员，中科院力学研究所领导钱学森、杨刚毅先生决定由胡海昌和我负责，立即组建一个新的卫星研究室，由我负责卫星热控制分系统的研究设计工作。

当时，我留苏回国不久，所学非人造卫星专业。为了国家任务的需要，我服从领导决定，开始走上航天之路。我领导一批20多岁的青年科技人员边干边学。由于基础比较扎实，很快适应了任务的需求。人造卫星的热控制是一门新技术，早期国外卫星由于热设计不周，在空间运行时出现过热或过冷，导致卫星飞行失败的例子屡见不鲜。我们高度重视国外的经验教训，决心克服一切困难，保证我国卫星飞行成功。

为确保卫星热控制任务的完成，要解决一系列的理论方法和

闵桂荣 院士
（中国科学院提供）

技术问题。当时，这门技术在国内是空白，也不可能引进国外技术，国外文献介绍又很少，我们完全依靠自力更生开辟了航天热控制这门新技术。我主持从理论上建立了卫星在空间热平衡的数学物理模型，制定了轨道热流及卫星温度的计算方法，领导研究开发卫星热管、超级隔热等多种被动式和主动式热控制技术，以及研究制定了卫星热平衡试验的理论方法和技术。为了完成卫星温度场计算和卫星热平衡模拟试验，要求拥有大型电子计算机和高水平的太阳模拟器，国外宇航公司当时都配备了这类先进的设备，但 20 世纪 60 年代我国不具备这些条件。为了保证卫星任务按计划完成，只能研究新途径。经过深入研究分析，我提出卫星热平衡方程积分关系式，以轨道周期积分平均热流作为边界输入条件，用于计算卫星的温度分布，并进行了全星热平衡试验。据此，不仅理论计算可以简化，而且试验的外热流可以采用远红外加热器模拟，从而大大简化了试验，降低了造价，缩短了研制进度，又保证获得足够的理论计算和模拟试验的精度。在大家的努力下，卫星热控制技术的许多难题都被一一克服，并按期完成我国第一颗卫星的热控制分系统研制任务。

1970 年 4 月 24 日，我国第一颗人造卫星发射成功，在轨道上运行正常，遥测数据表明，卫星的各部位温度完全满足设计要求。我们当时研究开发的卫星热控制理论方法和技术，不仅成功地解决了我国早期各种卫星的温度控制问题，而且为以后研制多种人造卫星提供了技术基础。

专业上，我主要从事前期的工程热物理研究，特别是航天器的热控制研究，对这项工作我有感情，有兴趣，也有钻劲。但是国家航天技术的发展，又把我推到人造卫星总体技术的领导地位。早在20世纪60年代我国第一人造卫星研制的各个阶段，我均是领导成员，而且经历了该卫星研制的全过程，对当时研制人员表现出的团结协作、自力更生、艰苦奋斗、勇攀高峰的精神印象极为深刻。当研制第一颗卫星的任务下达后，全国人民都支持这项工作，只要卫星研制遇到困难，求助于国内任何单位都是全力支援，即使"文化大革命"的动荡干扰也无法阻挡我国第一颗人造卫星的前进。例如，该卫星的技术总负责人由于"文化大革命"时体制的变化，五年内四次换人，但几位领导人协同配合得很好，都全力以赴保证任务的完成。1970年4月24日我国第一颗人造卫星一次发射成功，卫星在太空飞行正常，向全球播送《东方红》乐曲，在全世界产生了巨大影响，极大地提高了国家、民族的地位。

1975年，我升任卫星总体部领导职务，负责返回式卫星总体技术工作。返回式卫星技术复杂，难度大。1974年，由于首发运载火箭起飞后爆炸，卫星没能得到考验。我上任后与同事们认真总结经验教训，精心研制第二颗返回式卫星。经过大家努力，1975年11月首次发射成功，卫星入轨飞行三天后按计划返回国内大地，并首次带回珍贵的空间遥感照片。同时，也暴露出卫星在返回防热、落点精度等方面存在的技术问题。为此，我们研究攻关，改进设计，生产了第三、第四颗返回式卫星。正当全体科技人员日夜工作，努力攻克上天关键技术之际，发生了唐山大地震。余震未消，大家不顾安危，又都进入了车间、实验室继续奋斗。真是与天斗，与地斗，其乐无穷！苍天不负有心人，我们终于争取了时间，保质保量完成了卫星出厂任务，再赴卫星发射场地。卫星经飞行试验取得圆满成功，使我国成为世界上第三个具有卫星回收能力和技术的国家。

1983年，我被调去领导研制一种新型科学探测与技术试验卫星，并担任该种卫星总设计师。经过四年的研制攻关，完成了01批次三颗卫星的制造，并分别于1987、1988、1990年连续三次发射成功，完成了飞行试验，带回了极为珍贵的高精度遥感照片，为国家作出重要贡献。

1985年秋，中国空间技术研究院院长换届，当时航天工业部人事制度改革在该院试点，实行群众民主推荐与上级考核相结合的办法任命院长。把群众推荐投票结果当场开票公布于众，结果本人得票最多，经部人事部门审核后，航天工业部任命我为中国空间技术研究院院长。长期以来，我的志趣是从事专业性强的技术工作，担任院长职务并非本人的意愿。我感到自身能力和知识面难以胜任高层领导工作。事实上，要领导好这个万人规模的国家重点尖端科研单位，也绝非易事。本届院长任期正处于国家第七个五年计划期间，要完成我国第一代四种10多颗应用卫星的研制、发射和应用工作，要开展并完成以后10年上百项关键技术的预研，以及民品开发、基础建设和改善职工生活等繁重任务。这对新任院长无疑是一个严峻的考验。共产党员听从组织安排，在上级组织的支持和广大群众的鼓励下，我走上了空间技术研究院院长岗位。我依靠组织，依靠群众，重视发挥各级领导干部和专家们的作用。工作中严谨务实，带领各级干部深入科研生产第一线解决问题，要求各级领导坚持廉政建设，我带头做好。在我任院长的 6 年期间，领导全院职工完成了国家下达的各项任务，成功地研制并发射了 12 颗人造卫星，其中有的年份发射国产卫星数量每年达 4 颗之多。在这期间，卫星的科研成果提供给国内有关领域应用的范围迅速扩大，包括通信、广播、地矿、水利、气象、海洋、测绘、交通、城市建设、农林、国防、教育、科学研究等众多部门。我国空间技术为国家经济和国防建设作出了重要贡献。我离任后不少群众鼓励说，本届院长"果多功高"，我答："果属国家，功归集体。"

从我走上航天之路至今已经 30 多年。漫长的经历使我认识了一个真理，国家要发展尖端技术，离不开这样 24 个字：自力更生，艰苦奋斗，大力协同，无私奉献，严谨务实，勇于攀登。

（本文写于 1998 年，标题为编者所加）

闵桂荣 工程热物理与空间技术专家。1933 年 6 月 2 日生于福建莆田，2021 年 4 月 28 日逝于北京。1963 年获苏联科学院动力研究所技术科学副博士学位，同年回国到中国科学院力学研究所工作。1975 年担任卫星总体部领导，负责返回式卫星总体设计。1985 年被任命中国空间技术研究院院长。在航天器热控制方面，负责完成我国多种人造卫星的热控任务，并在航天器热控制理论、方法和技术方面均有系统性和创造性成就。在卫星总体研制方面，作为主要技术负责人之一，领导完成我国第一颗人造卫星和多颗返回式卫星的研制和飞行工作。先后在国内外重要刊物或学术会议上发表 70 多篇论文，出版了《航天器控制》《宇航技术工程手册》《卫星热控技术》等专著。两次获国家科学技术进步奖特等奖。1986 年被评为国家有突出贡献专家。1993 年被委任国家"863 计划"航天领域专家委员会首席科学家。1996 年获何梁何利基金"科学与技术进步奖"。2001 年获国家"863 计划"突出贡献奖。1991 年当选中国科学院学部委员（院士），1994 年被选聘为中国工程院首批院士。1992 年当选国际宇航科学院院士。

有人问我回国的"得失"，我想有一点是肯定的：如果我不回来，我将没有机会为"中国制造"做些什么。

——倪光南

高新技术与"中国制造"

我出生在日本军国主义侵略中国的年代，从小就随父母有过逃难的经历。国家和人民的苦难遭遇在我的心灵中留下了沉痛的记忆。那时的我就懂得了，国家只有强大才能不受列强欺侮。我10岁时，上海解放了。从此，我见证了中华人民共和国发展成长的过程。

我是在上海读的小学和中学。我后来取得的成就得益于我成长中遇到的良师。他们传道、授业、解惑。我不仅学到了知识，也学到了治学和做人的道理。在中小学期间，我除了热爱阅读，还喜欢自己动手做些小制作，如小电机、航模、无线电，等等。可以说，后来我从事的工程实践也是源于我最初的兴趣。

我小时候还喜欢背诵古诗，最先背诵的是《唐诗三百首》。长大后的我其实并没有什么文学细胞，或许只是喜欢而已，或者说是为了锻炼记忆力，因为我看到有些书上确实是这么说的。不论是否有充分的根据，多练练脑子总是有益的吧！

出于对无线电制作的热爱，我报考了东南大学(当时叫南京工学院)无线电系。大学时期，我已经近视了，那时没有钱配眼镜，后来才知道我大约已经近视400多度了。因此，我坐在教室里基本不看黑板，全部靠听老师讲或者自己自学。那时候我就知道在大学学习培养自学能力和方法有多重要。这为我后来走出校门，学会终身学习打下了不错的基础。

倪光南　院士
(中国工程院提供)

　　毕业后，我被分配到中国科学院计算技术研究所工作。当时我国还没有计算机专业的毕业生，所以早期搞计算机的人不多。我到所里工作后非常有幸参与了我国自行设计的第一台电子管计算机和晶体管计算机的研制。这些计算机，包括以后所里陆续研制出来的计算机在内，为"两弹一星"的研制作出了重大贡献。这是我人生第一次感到自豪，因为我也能为国家的科技和经济发展尽些微薄之力。但令人遗憾的是，由于当时我们国家还没有实现工业化，这些产品并没有机会投放到市场得到大规模的应用。我时常在思考：什么时候我们能真正大规模地生产和应用我们自己设计的计算机呢？

　　从20世纪70年代起，我进入了汉字信息处理、模式识别、图形显示等领域。我们的课题组研制了具有汉字输入、显示和输出功能的实验性汉字信息处理系统，并提出了利用上下文的相关性来辅助汉字输入，由于技术本身采用人脑联想的思维模式，后来我就起名为"联想输入"法。我们在文字识别方面下了很大功夫，虽然这个项目也得了奖，但我仍认为是个失败的项目，因为它最终没有机会实现产业化，也没能实现为人类造福并创造经济价值目的。

1981年，我接待了加拿大国家研究院（NRC）代表团的访问，他们对我的研究非常感兴趣。其中主要兴趣点就是在图形显示中用模拟技术实现三维坐标的实时变换，由于当时的数字技术无法达到实时处理，用模拟技术不失为可取的方法。同年8月，我就应邀到加拿大研究院作为访问学者。那时，加拿大待遇与国内的工资相比，差不多是两个数量级。除了待遇优厚外，更令我兴奋的是还有机会接触到新的技术，包括微处理器、高级语言等。我正是在那时学会了C语言，这为我回国后开发联想式汉字系统打下了坚实的基础。

在加拿大学习期间，有一天我路过一家商店，那是一家鞋店，我看到在漂亮的橱窗里陈列着一双双意大利皮鞋、英国皮鞋、美国皮鞋……每一双价格都令我瞠目结舌。而在门口的一个筐子里乱七八地堆着一大堆布鞋，上面写着：1.99美元一双，任拣。我拿起一双鞋一看，上面印着"中国制造"（Made in China）的标记。当时，我的心情真的五味杂陈："中国制造""中国制造"，你什么时候才能不与"简陋""低级"连在一起呢？后来有人问我回国的"得失"，我想有一点是肯定的：如果我不回来，我将没有机会为"中国制造"做些什么。

在加拿大工作了近两年后我决定回国。我觉得电子计算机如果能在中国普及使用，解决汉字系统是急需的，技术条件也是具备的，就把它作为我的研发主攻方向。

在改革开放的形势下，1984年11月，计算所组建了国有的"计算机公司"，我加入公司并担任总工程师。我立志要专注于科技成果的转化。虽然我参与过大型计算机的研制、荣获过国家科学技术奖项，遗憾的是，这些成果至今还躺在奖状上，一直没能转化成产品。我相信，能够将技术转化为大规模应用产品的应当是企业，而不是科研院所。基于这样的想法，我们在1985年上半年就推出了PC机的第一型联想式汉卡。从此，我们差不多每年推出一个新型号汉卡。软件系统版本的升级就更频繁了，在市场竞争中不断地改进和完善。可以说，这也是高技术产品的共性吧。联想式汉卡作为计算所建立的公司之拳头产品，也推动了公司的发展。1988年，联想式汉字系统获国家科学技术进步奖一等奖。翌年，计算所公司正式更名为"联想集团"。

1988年起，我带领着一批青年人在香港和深圳建立了联想微机开发基地，主要开发微机主板和扩展卡。与联想式汉卡不同，这次我们开发的是面向海外市场的产品，也就是要在微机部件这类高技术产

倪光南接受记者采访（资料图片）

品上打上"中国制造"的标记。通过几年的持续努力，在开发、生产、销售和其他各部门的共同奋斗下，联想集团自己设计和制造的微机主板和扩展卡，终于打入了国际市场。接着，用我们自己的主板和扩展卡构成的联想微机也进入了国内市场。1992年，我主持开发的联想微机再次获得国家科学技术进步奖一等奖。同年，打有"联想制造"标记的主板在国际市场上已占有2%的份额，联想微机也在国内市场上居于前列，达到了可观的规模。我们付出的努力终于使"中国制造"同高新技术连在一起了，这正是我多年的梦想。

于是，我满怀壮志欲有计划地开发自己的国产芯片。很遗憾，

倪光南在数博会的"工业互联网应用发展论坛"上演讲（资料图片）

我的是想法并没有得到公司的拥护，最终我竟然被解聘了。

我最爱听的音乐是德沃夏克《来自新大陆》的第二乐章。每当我耳边或是脑际响起这熟悉的旋律，童年时的一幕就会清晰地展现在眼前。那是老师在教室中教我们一班小学生唱的以这首曲调配词的歌，歌词是：

黄金的年华虚度过

才知道从前铸成大错

萧萧两鬓白徒唤奈何

瘦影已婆娑徒唤奈何

雄心壮志早消磨

斜阳景已不多

深悔蹉跎

深悔蹉跎

我不知道这词是谁作的，对小学生来说它实在太艰深了，情绪也有些消极。不过，我懵懵懂懂地觉得它是在告知"少壮不努力，老大徒伤悲"的道理。不管怎样，已这么多年了，我总没能把它忘记。随着这个旋律，我会自问：年龄大了，已经过了工作的旺盛期，但还可以为国家做些什么？如果还能做点事情，那就是最大的幸福。

（本文写于 1998 年，改定于 2022 年 9 月 10 日）

倪光南　计算机专家。1939 年 8 月 1 日生于浙江镇海。1961 年毕业于南京工学院。中国科学院计算技术研究所研究员。曾任联想集团首任总工程师。长期从事计算机及其应用的研究与开发，20 世纪 60 年代初参与研制中国自行设计的我国第一台电子管计算机（119 机），六七十年代开展汉字处理和字符识别研究。作为我国汉字信息处理领域的开拓者和公认的"联想"输入技术的发明人和实现人，首创在汉字输入中应用联想功能，率先解决了汉字信息处理中一系列关键技术，有力推动我国汉字信息处理的发展，获 1988 年国家科学技术进步奖一等奖。主持研发联想式汉卡和微机，分别于 1988 年和 1992 年获得国家科学技术进步奖一等奖。2011 年获中国中文信息学会终身成就奖。2002 年至 2011 年担任第五、第六届中国中文信息学会理事长，2011 年获中国中文信息学会终身成就奖，2015 年获中国计算机学会终身成就奖。1994 年当选中国工程院首批院士。

无论是在野外查勘还是工地苦战，
也不论攻关如何艰苦、会议如何紧张，
我经常是一卷相随，自得其乐。

——潘家铮

我的初恋
——中国文学

1927 年深秋，我诞生在故乡绍兴的一户破落书香人家。由祖母拉扯我长大，她不识字，却是位地道的"民俗文学家"。我至今记得，当我啼哭时，祖母便把我揽在怀中摇晃，并唱起山歌来：

一把芝麻撒上天　肚里山歌万万千
江南唱到江北去　回来再唱两三年
山歌好唱口难开　鲜果好吃树难栽
白米饭香田难种　鲫鱼汤美网难抬

……

我懂事后，祖母又教我猜谜：

年少青青老变黄
十分敲打结成双
送君千里总须别
弃旧换新丢路旁

谜底是草鞋。

这种诗、谜确是佳作。在祖母的启蒙下，我幼小的心灵中就种下喜欢诗歌的根苗。

我刚念到小学五年级，抗战爆发了。父亲带了一家人逃到海滨的一个小村躲避。父亲是个古板封建的人，在兵荒马乱中还不忘教我读经史。他将我关在楼上一间房中，每日除做些数学外，还要授《四书》一段或古文一篇，第二天要背诵出

潘家铮　院士
（中国科学院提供）

来。这真害了我。在万分枯燥之余，我注意到房间里由外祖父留下的一只木箱，当我发现箱中藏有大量诗文和小说时，真是喜出望外。从此，日夜沉浸在文史之海。我感到中国的文学和独特的汉字体系真是人类文明的瑰宝，我是愿意终生沉醉其中的了。

在海滨的避难生活持续了两个年头，接着我在浙东山区流浪，断断续续念到初中二年级。到1942年日军大举进攻浙东而辍学。其后，我还回到沦陷区做了两年"良民"，又跑到游击区当上小学教师。对我来说，读书深造基本无望，我已安心在乡村中做个被人看不起的"猢狲王"，度此一生了。

抗战的胜利给我带来转机，父亲命我参加"沦陷区中等学生甄别试验"，我只好暂时告别唐诗宋词，重新捡起数理化，夜以继日地死啃硬记，这真是一场难以想象的拼搏，半年多时间人竟瘦了10斤，但考得了一个高中毕业的资格。接着，父亲为我买来了浙江大学的招生简章和报名单。我真如枯木逢春，毫不犹豫

地填上报考中文系的字样，不想父亲把我叫去一顿臭骂。

"中文系，荒唐！你将来还要不要养儿育女？"

我素来畏惧父亲，而且一时体会不出这与养儿育女有什么关系，结结巴巴答不上话。父亲见状放缓口气，谆谆教导："中文系是万万念不得的，读出来，好不过混个中学教师当当，清苦一辈子，老婆都养不活的……我已经吃了一辈子苦，不想让儿子也去过这种日子！"

"那我去念什么好呢？"我迷惘地问。

"要读实科！学些真本领，才能有好饭碗。"

于是，我又埋头研究简章上的"实科"了，结果发现一个"航空工程系"。航空工程，不就是造飞机吗？这对于连火车也未坐过的我具有很大的吸引力。结果我在报名单上涂掉中文系，改写成航空系。

接下来又是一场考大学的拼死搏斗。为了要向父亲交差，而且又关系到今后养儿育女大业，我又掉了几斤肉。这年暑假又居然糊里糊涂地考上了航空系。命运似乎已经把我带上做飞机设计师的道路了。

但在第二年夏天，我偶然在报纸上看到一条小新闻，说的是一位留英航空博士，就业无门，贫病交迫，饮恨上吊云云。

父亲叮嘱："要读实科！学些真本领，才能有好饭碗。"（叶雄绘）

我看后不禁倒抽了一口冷气，几经揣摸，决定转到土木系。因为土木系所学甚杂：测量、建筑、铁道、公路、水利甚至还能装马桶排污水，到哪儿也可找到饭碗，装马桶虽然比造飞机要低级得多，但为了饭碗问题，也顾不得许多，就这样我转了系。

四年大学生活在惊涛骇浪般的学潮中梦幻似的逝去了。等我毕业时，已是雨过天晴——解放后的第一个春天了。饭碗问题已经不复存在，因为新中国百废待兴，处处建设，处处需要人啊。我多么渴望飞到祖国边疆去一显身手，可当时我家中父逝、母病、兄疯、妹幼，我无法远离家乡。钱令希老师了解我的处境，介绍我去"钱塘江水力发电勘测处"工作。几天后，我就背了行李卷报到去了。勘测处是个只有二三十人的小单位，主任徐洽时热情安排我参加一座200千瓦的小水电站的勘测设计和施工工作，还给了123个"折实单位"的工资，从此我有了赡养母亲和家庭的能力。

我到勘测处工作，原来是作为"过渡站"考虑的，因为我不满足蛰伏在杭州的处境，总梦想飞到天南海北去为祖国建设贡献青春。没想到一年以后，祖国的水电建设就以不可想象的速度蓬勃发展了，而我也逐渐对水力发电这门科学技术产生了兴趣和感情。不久，我终究走出了浙江，从衢江、新安江走向广东的流溪河、海南的昌化江、西南的大渡河、雅砻江、金沙江、乌江、红水河和澜沧江，西北的黄河和汉江，在无数个大中型水电工地上留下了自己的足迹和汗水，完成了把青春献给祖国的夙愿。所经手的工程也已经从数十万千瓦、数百万千瓦直到跨世纪的1820万千瓦的长江三峡工程。一干就是40多年，面临的科学技术问题也越来越困难与复杂。当我看到通过我们自己的努力，克服了重重

潘家铮（左二）在浙江桐柏抽水蓄能电站工地
（2004，中国科学院提供）

技术困难，征服了一条又一条桀骜不驯的孽龙，让滔滔洪流转化
为无穷无尽的电力，给祖国带来光明和繁荣时，心中总有说不出
的欢乐。

　　现在，我与水力发电已经有了生死与共的感情，什么力量都
不能把我们分开，我的最后一滴心血都将浇灌到水力发电的园地
上去。总而言之，我是热爱水电事业的，但这是伟大的历史潮流
把我推上这条道路的，我与水电事业是"先结婚后恋爱"的。

　　至于我怎么打发自己的初恋——中国文学呢？尽管我已做了
工程师，整天跟大坝、隧洞、水轮发电机打交道，但总是忘情不
了我的初恋。无论是在野外查勘还是工地苦战，也不论攻关如何

艰苦、会议如何紧张，我经常是一卷相随，自得其乐。我喜欢欣赏诗词和古典小说，

　　我喜欢探究古文中的隐微和野史中的疑案，我更喜欢把生活中的喜怒哀乐涂鸦成诗，以寄托我的深情。这是我的乐趣，也成了祸根。尤其在"文化大革命"中，人们查获了我的诗稿，据说，发现其中有"极其恶毒"的攻击。为此，我遭受了难以形容的折磨，但是我仍不后悔。拨乱反正以后，我仍然沉醉其中，最近甚至不自量力地写起"科幻小说"来了，也许这就叫作江山易改，本性难移吧！

　　（本文写于1995年，标题为编者所加）

潘家铮　水工结构和水电建设专家。1927年11月12日生于浙江绍兴，2012年7月13日逝于北京。1950年毕业于浙江大学土木系。1954年后曾任上海水力发电勘测设计院、水电部十二局勘测设计院总工程师，水电部规划设计管理局副总工程师等职。1979年后任电力部水电总局副总工程师，水利水电规划设计院、水利水电建设总公司总工程师，能源部水电总工程师。1993年后任长江三峡总公司技术委员会主任、国务院三峡工程质量检查专家组组长、国务院南水北调办公室专家委员会主任等。长期从事水力发电建设，先后参加和主持黄坛口、流溪河等几十座中型水电站的设计工作。参加乌江渡、葛洲坝等工程审查工作。指导龙羊峡、东江、龙滩、三峡等大型水电工程设计。致力于用力学理论解决实际设计问题并提出新的计算理论和方法，研究和推导出不稳定场压力和封闭式排水设计理论等。曾获何梁何利基金"科学与技术进步奖"、光华工程科技奖"成就奖"和国际岩土工程学会特殊杰出贡献奖等。1980年当选中国科学院学部委员（院士）。1994年被选聘为中国工程院首批院士并推选为副院长。

我深深体会到只有融入集体之中才能有所作为，只有献身于振兴中华的伟大事业才能体现人生的价值。

——潘健生

热处理工艺的青春

有好动好奇的天性

1935 年我生在广东省，7 岁随父母来上海读小学。生性好动、天生好奇，兴许是我最大的特点。记得还是小学生时，我就不太守"规矩"，放学后经常与一群小朋友在操场上玩耍，因没能准时回家而令父母担心。每天早晨穿着整洁的我，晚上回家总"蜕变"成一个泥人。在家里闲着，也总爱东摸摸西弄弄，看见有什么小摆设之类的东西就更来劲了，只要能拆开，非把这些玩意儿搞得"七零八落"不可，目的无非是想看看里面究竟装着什么。虽常挨骂也顽性不改，到初中时竟把家里的收音机、照相机和自鸣闹钟都拆坏了。按照当今的教育理论，所谓从小有强烈的好奇心吧！也许，这些举动为我日后的发展打下了动脑与动手的基础。是不是这样，我自己也没弄明白。

考高中时，首先考虑哪所学校的活动场地大，好让我充分地玩。当得知徐汇中学有一个很大的球场时，我便毅然报考了这所中学，并被录取。高中三年，我确实在球场上花了很多时间，收获的是强健的体魄和健康的心理。

其实，除了喜欢运动，我也爱好读书，学习成绩在班上总居前列。所以，父母对我的好动与好奇渐渐不加干预，有时甚至有些"纵容"。我对数学情有独钟，主要是我有幸遇到一位教数学的好老师——秦老师。他有意栽培我，像语文老师批改作文一般，常在我的数学本上写

潘健生 院士
（2009，方鸿辉摄）

一些评语，但他从来不写表扬之类的话，现在想来他是避免我产生自满情绪。我总算没有辜负秦老师等许多恩师的栽培，三年后以优异的成绩考进上海交通大学机械系。秦老师得知这一喜讯后，自然少不了一番语重心长的叮嘱："学习没有捷径可走，你是一个容易自满的人，读大学时你要扎扎实实地把基础课学好……"

人大了，自然懂事了。我没有辜负秦老师的期望，读大学时确实比较勤奋，各科成绩几乎都得了优，并且对车、钳、刨、铸、锻、焊等金工实习产生了浓厚的兴趣，还自己动手做成了帆船、铁锚等模型，现在还放在家里的玻璃橱内。在读大学五年级时，我又与几位同学一起在交大附属工厂里办起了热处理车间，自己设计制造了各种热处理的炉子。几十年过去了，现在这个车间还在，依然能为交大的教学和科研发挥一点作用。现在，大家说起这个车间，总会和当年的大学生——潘健生联系起来。

对核潜艇关键部件的热处理

在金属材料热处理专业学了五年后，我有幸留校当了一名教师。当时交大冶金系（材料学院前身）可谓名师汇集，其中就有周志宏、徐祖耀等一批学界泰斗，他们对刚留校的青年教师要求非常严格，作为助教的我哪敢有半点松懈。每天除了为学生答疑、批改作业、白天大量时间"泡"在试验室，晚上还要自学到次日凌晨。为了能圆满地回答学生的疑难，只有自己不断努力才行。在前辈学者的点拨下，几年的助教生涯，令我的基础理论和专业知识确实长进不少。

在"文化大革命"中，学校接到上级指示要完成核潜艇中的某关键部件的设计与制造任务，这在当时是一项绝对保密的工作。由于我在热处理技术方面的知识还算扎实，又有一点动手能力，领导就将该部件的材料的选择与热处理部分交给我来负责，但再三叮嘱"要保密"。因此，从选材开始就只能一个人悄悄地进行，在热处理阶段，我自己借辆黄鱼车，把300多斤重的零件拖到工厂去加工。回来后，因学校里正在"闹革命"，实验室里的设备都已封存，我也只能独自一人将封存的设备开封、调试和标定，对加工后的部件一一进行检查，最终圆满完成了任务。当年正值年轻气盛，现在想想真有点后怕，在这种条件和环境下，独自去完成如此重大的任务，一旦有所闪失，后果不堪设想。

潘老师变成了潘师傅

在1970年至1978年期间，因学校不招新生，我已无课可上，就去交大附属工厂热处理车间当了一名没有头衔的技术员。我一到车间就与胡明娟老师等一起设计制造了气体渗碳炉、气体氮化炉，改造了盐浴炉等，使热处理车间的设备上了一个台阶。我还和工人们一起到外面厂里去接活干。由于我们能够进行高速钢的热处理和有特殊需要的模具热处理，这在当时整个上海也没有几家，所以上门的单位也越来越多。时间一长，在本行业中慢慢有了点名气——上交大有位"潘师傅"。即使像钢铁研究所等很权威的单位也常有人来请教。到后来，我们这个车间成了上海有名的模具热处理点和钢铁研究

潘健生去核电大锻件制造现场指导
（中国工程院提供）

所的中试基地，各种疑难产品在我们的努力下都一一迎刃而解。这番当师傅的经历，也带来额外的收获——利用业余时间撰写了多篇论文，有些论文能在刊物上发表，这在"文化大革命"时期实属难能可贵。而最大的收获倒是我和工人师傅能长期摸爬滚打成一片，大家都亲切地叫我"潘师傅"。

信息技术应用于热处理

1978 年，全国恢复高考了，我又回教研室。那时上海交大属于造船工业部管辖，也是该系唯一有热处理专业的高校。为了使造船工业部属下的全国造船系统在材料工艺与热处理技术上有

提高，成立了由上海交大为组长单位的中国造船学会工艺与材料学术委员会，我成了学术委员会会员，多次开办热处理知识更新学习班，向全国造船系统的技术骨干讲课。为此，我自编了《钢铁化学热处理原理》等教材，并结合自己的实践经验几乎把全国造船系统的有关技术骨干轮训了一遍。其实，在热处理领域除了理论知识外，很多经验性的东西是很难用语言正确传播的。比如，被加工的物件，在热处理的加热或冷却过程中其内部结构是看不见摸不到的，只能凭经验进行生产。这种落后的传统工艺，已经远远适应不了现代工业发展的需要。怎么办？

20世纪80年代初，我和胡明娟老师首先提出了要用计算机技术来控制热处理过程，用信息技术来改造传统行业。这一大胆的设想得到了周志宏院士等前辈学者的有力支持，并申请了"微型计算机可控渗氮"项目，得到中科院5万元的基金作研究经费，还自筹了10万元经费，这在当时可是一笔不菲的资金。我们的这一大胆创举开创了我国将计算机技术应用于热处理领域之先河，同时也预示着我们课题组成员已踏上一条前人没有走过的坎坷的探索之路。

智慧和汗水换来硕果

钢铁材料经过加热、冷却等热处理工序后，可以改变其软硬程度，这一特性早已被我国古代劳动人民所了解，并被广泛地加以应用。在已出土的西汉宝剑中，科技人员发现这些兵器也都是经过热处理加工后制成的。因此可以说，只要有制造业的存在，就有热处理加工工艺的存在。但是，传统的热处理工艺只能"毛估估"工件的内部组织及性能，而不能得出一个准确的依据，常常在热处理过程中，因不能准确地进行控制而使材料达不到预期的性能。这一传统工艺已严重影响了机械产品的先进性、可靠性和使用寿命，已远远不能适应现代工业发展的需要。为此，很多国家都花巨资想用现代信息技术来改变这一传统行业，但因难度过大，至今尚处于探索阶段。

为了把计算机技术应用于热处理领域，必须把材料学、传热学、弹塑性力学、流体力学、数学等多学科知识加以集成才行。好在我还有一些数学功底，有一些热处理和材料力学的实践经验，但我还是花了大力气补充知识营养，用多学科知识解决创新中碰到的形形色色的复杂问题。先在理论上加以推导，建立了数学模型，并用计算机模拟反映在热处理过程中内部的温度、组织、性能、内应力等变化，作为优化生产工艺的辅助分析工具。几年来，不知熬了多少个夜晚，流了多少汗水，失败了推倒重来。1998年，我们课题组在这一领域终于取得了重大突破，"热处理数学模型和计算机模拟的研究与应用"获得了成功，并荣获2000年国家科学技术进步奖二等奖。

当掌声响起来，鲜花和荣誉接踵而至时，我确实已很疲倦了。不过，我清醒地意识到，目前只是跨出了一小步，以后的路还很长。打起精神，我们又相继申请了各种项目，并一一获得成功……这些成绩的取得，为我国热处理数学模型和计算机模拟的发展起到了积极的推动作用，为开发热处理CAE智能技术和热处理虚拟生产打下了良好的基础。这是对我们多年努力的最大酬报。

将创新成果转化为生产力

为了把热处理领域的信息技术改革化为生产力，我们课题组还成功开发了"热处理计算机模拟、工艺自动优化与控制一体化软件",使热处理设备装上了"脑袋"。诸如在此基础上与盐城丰东热处理有限公司合作研制成功的全自动智能化热处理生产线,这套具有自动制定和执行最优化热处理工艺功能的流水线,已交付用户使用。经过十几年运转,年产100多万套的汽车齿轮的质量完全达到设计要求,而每班只需要两名操作人员。我们科研团队所研制的一系列成果还运用于起重机、舰船、汽车、电站设备、化工机械、轻工机械、冶金矿山、军工产品等众多领域,目前正参与上海市科委重大科研项目的研究,与上海重型机器厂合作,将热处理计算机模拟技术应用于超临界汽轮机转子、核电设备大锻件、三峡升船机齿条等国家急需的重大产品的研发,为提升我国特大型铸锻件热处理水平而努力。

耄耋老教授潘健生坚持亲自上讲坛（中国工程院提供）

回首往事,我因有幸参与伟大祖国的建设事业而深感欣慰,所以能做出一些小成绩,离不开昔日师长的教诲,离不开我的同事们包括学生们的鼎力合作，在多学科交叉的领域得到其他专业的老师的指教和合作，各种生产实际问题的解决则是许多工厂的工程技术人员和工人师傅们共同努力的结果。我深深感到个人的作用是渺小的，我的日常衣、食、住、行享受到各行各业的人们的劳动成果。

前不久，我与上海华东医院东十八楼的医护人员依依惜别，又投入紧张的工作中，年近古稀，尚能深入大锻件热加工生产现场，多亏华东医院的医护人员所倾注的大量心血。国家给了我这样好的生活与工作条件，我更应珍惜有生之年，尽力回报社会。我深深体会到只有融入集体之中才能有所作为，只有献身于振兴中华的伟大事业才能体现人生的价值。

（本文写于 2009 年 1 月）

潘健生　热处理技术专家。1935 年 1 月 25 日生于广东番禺。1959 年毕业于上海交通大学金属材料及热处理专业。上海交通大学教授。兼任中国热处理学会荣誉理事长、热处理与表面工程国际联合会的数学模型与计算机模拟技术委员会主任等。长期从事金属材料的表面热处理及其计算机模拟的研究及工程应用。将传热学、数值分析、弹塑性力学、流体力学、软件工程等与材料学知识等集成，建立反映热处理过程复杂现象的数学模型，率先实现复杂形状零件和复杂热处理工艺的计算机模拟，用热处理虚拟制造解决实际生产中的难题，并获广泛应用，曾获 2000 年国家科学技术进步奖二等奖。主持开发"分段可控渗氮与动态可控渗氮"课题获国家发明奖三等奖。已申请专利 50 余项，发表论文百余篇，出版著作 3 部，指导博士、硕士研究生 30 多名。2001 年当选中国工程院院士。

不管一开始走过怎样曲折的学习道路，只要培养好了学习能力和创造力，最后都可以把之前学到的知识运用在实际工作中。不是大学学了以后用一辈子，而是应该一辈子学习，一辈子创造。

——潘云鹤

推动人工智能 2.0 取得突破

如果说在人工智能 1.0 时代，中国基本上是"跟跑"世界先进水平，那么在人工智能 2.0 时代，某些领域我们已开始处于"并跑"和"领跑"地位，一些新的概念都是中国提出来的。

什么是科学技术的前沿？全世界科学家普遍关注和热烈讨论的问题就是学科前沿吗？

是的。但是，我认为只答对了一部分。从实际的需求出发提出新的基本问题，是更重要的学科前沿。学科前沿的研究要从中国的特殊国情、特殊优势和特殊需要出发，去提取理论问题。一旦进入新的理论问题研究，就会发现存在大片"无人区"。新一代人工智能正处于从实验室走向产业园的关键时刻，勇闯该领域的无人区，就能够抢占发展先机，实现从"跟跑"向"领跑"转变。中国的科技要上去，不但要关注世界的热点，更要关注实际的需求。这样做研究，中国的科学技术就可以走向一个新的高峰。

潘云鹤 院士
（中国工程院提供）

人工智能 2.0 能让系统更聪明

人工智能的概念是 60 多年前提出来的，当时的目标是让计算机变得更聪明。这方面令人印象深刻的是深蓝和 AlphaGo 等下棋智能算法。现在任何一种"规则明确、场景可枚举"的棋类竞赛，计算机都可以完美地与人类对弈，甚至胜过人类选手。

2015 年，我们曾向中国工程院提出，要申请进行"中国人工智能 2.0 发展战略研究"重大课题研究，研究人工智能对于我国创新发展的意义，并探索相关发展途径。这一咨询项目被简称为"人工智能 2.0"，它与人工智能 1.0 有显著的区别：

其一，需求问题不一样。人工智能 1.0 研究的是让计算机模拟一个人的智能行为。现在要解决的是智能城市、智能医疗、智能制造等复杂场景问题，这不是模拟一个人的智能就可以解决的，而是要模拟用网络互联的大群人和大群机器的智能，目标是研究此类复杂巨系统的智能化运行问题。

其二，信息环境不一样。60 年以前的人工智能是用一台计算机去智能模拟，现在面对的信息环境是互联网、移动计算、超级计算、穿戴设备、物联网等构成的一个复杂信息巨系统，并由此正在形成由信息空间（Cyber Space）、物理世界（Physical World）

和人类社会（Human Society）所构成的 CPH 三元空间。如果不能充分地利用这样的新信息环境，产生的必定是较弱的人工智能。

其三，目标任务不一样。人工智能 1.0 的核心问题是如何让计算机（一种机器）变得更聪明。经过 60 多年的发展，我们认为计算机在某些方面可以比人更聪明，但很多方面它并不如人。人类智能和机器智能一定各有千秋，因为后者是硅片大脑，前者是生物大脑，用硅片来模拟碳基所构成脑细胞的工作原理是不可能 100% 完成的。可以知道，必然是人类智能有其长处，机器智能亦有其长处。人工智能 2.0 应该把各自的长处结合在一起，形成一个更聪明的智能系统服务于人类。

基于以上这些认识，我们认为人工智能必定走向新一代，且已显现五大端倪：基于大数据的深度学习与知识图谱等多重技术相结合而进化、基于网络的群体智能已经萌芽、人机融合增强智能发展迅速、跨媒体智能兴起、自主智能装备涌现。这五个方面，除"群体智能"和"自主智能系统"外，都是由中国提出的新概念。五大方向和 5G、工业互联网、区块链等结合在一起，可能成为实体经济和虚拟经济变革的核心驱动力，将催生更多的新技术、新产品、新业态、新产业、新领域的生成，使生产生活走向智能化，供需匹配趋于优化，专业分工更加生态化。

视觉知识推动人工智能 2.0 取得突破

视觉知识是指什么呢？举个例子，当眼睛看到一个苹果时，大脑是通过什么来判定眼前的物体是"苹果"，而不是其他呢？人脑认识"苹果"的机制在于大脑中记忆了归纳多种不同颜色和不同形状 "苹果"的抽象模式；看到苹果时，大脑通过与记忆的对比，预测与匹配，作出是否是苹果的判断。这种归纳后的苹果模式，包括颜色、形状等多种信息就属于"视觉知识"。

有很多思考和行为，人类难以用语言符号表达，但可以熟练地使用这些非符号化知识，这就是"常识"。人类大脑中，80%以上知识是视觉知识，而不是文字知识。视觉知识有着独特的优点：具备综合生成、时空比较和形象显示等能力，能够进行形象思维的模拟，这正是文字知识所缺乏的。因此，视觉知识能在创造、预测和人机融合等方面为人工智能新发展提供新的基础动力。

视觉知识与迄今为止人工智能所用知识表达方法不同。视觉概念包含典型与范畴结构、层次结构与动作结构等要素。视觉概念能构成视觉命题，包括场景结构与动态结构；视觉命题能构成视觉叙事。重构计算机图形学成果可实现视觉知识表达及其推理与操作，重构计算机视觉成果可实现视觉知识学习。

以往人工智能研究的一大弱点，便是对视觉知识研究不足。实现视觉知识表达、推理、学习，其中的理论和技术将是人工智能2.0取得突破的重要方向之一。

首先，在这次新冠疫情防控中，人工智能在疫情传染途径的追踪方面起到了很好的作用。它的背后正是有人工智能、大数据、移动通信、云计算、区块链等多种技术保驾护航。假如将它用作居民健康数据的综合载体，那么

擅长书艺的科学家（中国工程院提供）

今后如果去医院挂号看病，患者之前的用药历史、健康记录都可以为医生诊疗提供参考。当然，前提是要保护好数据隐私。

其次，在治疗方面，人工智能也大有作为。比如疫情中武汉的医院用人工智能读片，快速识别炎性病灶、分割定位，并准确勾画感染区域，对病灶区域进行量化评估。这种技术凝聚了很多位高水准医生共同诊断的经验，而且读片的速度比人更快，可以为医生诊断至少提升 50% 的效率。还有很多医院开始使用机器人运输物资，大量运用远程医疗分析讨论病例。此外，在社区网格管理、物流调度、供销链调节、在线教育等方面，人工智能都有很出色的表现。我预测，疫情过后，会有更大规模的人工智能应用出现，用智能自主取代人工操作的方法会加速发展下去。

人工智能还会有更大进步的空间。第一是病毒的溯源和预测方面，人工智能有能力通过比较、分类和预测，筛选出哪些病毒

潘云鹤与图灵奖获得者、卡内基梅隆大学 Raj Reddy 教授交流
（2012 年 10 月 16 日，北京，作者提供）

比较危险，加快病毒的识别。第二是药物的筛选和疫苗的培育方面，人工智能可以针对靶标合成药物，加快疫苗的研制。但这两方面的应用还不够。由此可见，人工智能在社会管理、城市大数据应用、制造业应用方面进展较快，而在科学研究方面进展较慢，有待探索学科交叉深入之路。

中国的智能城市建设应该走自己的路

在本次疫情防控中，不同智慧城市系统表现参差不齐，其根源在于智慧城市建设路径的不同。比如有些城市虽然搞了智慧医疗，但没有想到要沿着疫情防控的方向去用。因为智慧医疗更多是从老年病、常见病和医院管理等角度设计的。而疫情所面对的不仅仅是医疗的问题，更重要的是人流与传染等数据的问题。如果不用城市大数据把各种数据都打通并使用，还是运用传统数据库的方式管理，智慧城市就不能很好发挥作用。

传统的智慧城市是 2008 年按照 IBM（国际商业机器公司）最早提出"Smart City"（智慧城市）思路建设的，实际是想把计算机系统运用到城市的管理过程中。这一路径更多地把智慧城市理解为一种城市管理的信息技术。我们的研究发现，中国智慧城市建设的目标及发展途径实际是不同于西方城市的。

发达国家是在完成工业化、城镇化之后再进行信息化的，而中国面临着工业化、城镇化和数字化同时开展的局面。比如，西方城市领导基本不管经济运作，而对于中国城市领导来说，工业化和经济发展是主要任务，不但要把城市的安全管好，而且要把经济搞好。这恰恰契合了在中国的智慧城市不能缺失的"市长视野"。试想一下，一座缺少统筹协调、深谋远虑的城市，各部分之间形同"孤岛",纵然使用信息工具,头痛医头、脚痛医脚,缺乏全局与长远规划,经济怎能增长?城市如何发展?居民谈何幸福?疫情中智慧城市表现的差异启示我们,中国的智慧城市建设应该走自己的路,我认为中国该用"Intelligent City"(智能城市),它比"Smart City"更为合适。

中国的智能城市之路该怎么走?第一以城市大数据为核心,第二采用人工智能的方法。它不仅是云计算、大数据、物联网等技术的集成运用,还是工业化、数字化、城镇化以及农业现代化的"四化"融合。城市的智能化发展,实质是将新城镇化、新信息化和新工业化的深度融合,使城市集约、绿色、宜人、可持续地发展。中国工程院已于2012年启动了"中国智能城市建设与推进战略研究"这一重大咨询项目,专门研究中国特色智能城市建设的路径。项目分成了12个课题组,有的研究智能交通,有的研究智能家居,有的研究智能产业,还有的研究智能空间布局……另外,还有一个综合组,把12个组的内容综合起来形成我们对智能城市的总体看法及状态评价。通过我们共同努力,把对中国城市发展规律的认识提高到新的水平,走出一条中国特色的城市智能化发展道路。

把握"人—信息—人"以化危为机

现在大家都在讲,世界不会再回到疫情以前的状态,会产生很大的变化。具体有什么变化呢?在我看来,过去大量通过"人—人"(人和人接触)的方式来完成的事情,以后很多会被"人—信息—人"(人和人不直接接触)的方式取代。

这样的变化也是新的机遇。比如,现在很多单位采用远程会议的方式开会。就我个人的使用体验来看，大部分远程会议系统都有待完善。最突出的问题在于网络会议难以进行充分和及时的讨论，线下开会那种"你一言我一语"的互动很难有效实现。这意味着中间的调度器不够灵活，不能远程、及时并善解人意地开关、切换话筒和镜头。问题就是动力，企业应该瞄准这个重要的商机，研究更智能的产品，解决这些现实问题。

我估计，企业等生产体系会进行一次改造，人类的活动方式也会进行一次改造。这个改造究竟深刻到什么程度，还有待进一步考察。化危为机，关键是要洞察这个重大变化，并落实到商机之中。

当前有很多声音表示，疫情以后全球化会走回头路。据我看，全球化应该不会走回头路，但会换一种方式发展——由过去线下的全球化走向线上和线下共存的全球化。比如，现在有很多阿拉伯人、非洲人在义乌小商品市场工作，而今后他们可以在自己国家中，通过线上工作，同样把义乌的小商品输送到世界各地去。

人类发明了数据，也把握着数据

赫拉利的《未来简史》很激动人心，影响也非常大。我认为赫拉利提出的一些观点是正确的，比如数据很重要，数据的联系很重要，数据会变成很重要的资源和力量等。但由此走向"数据主义"则是片面的，主要依据有三：第一，赫拉利认为世界会变成一个数据处理系统，我认为世界会变成三元系统：物理空间（Physical space）、人类社会空间（Human society space）、信息空间（Cyberspace）。三元空间同时存在，不会出现数据信息系统淹没另外两元系统的情况。第二，赫拉利认为世界以数据为中心，我认为数据的确重要，但世界仍是以人类社会为中心。开发数据、运用数据、把握数据的依然是人类。第三，赫拉利提出数据自由的概念，这显然是不对的。数据有对有错、有表有里，需要我们用工具进行鉴别，然后再使用。

赫拉利"数据主义"的主要问题是把信息数据的重要性夸大了。以前的世界是二元空间，一元是人类社会，另一元是物理世界；而如今世界正在形成一个新的空间——信息空间。信息空间之所以独立于人类，是因为由于传感器网、物联网、移动通信等，使信息绕过人类，直接反映物理空间。我们的世界正从原来的 P-H 两元空间变成 C-P-H 三元空间——人工智能走向 2.0 的本质原因也在于此。对人工智能 2.0，我们的判断应该是人机融合的增强智能。

设计，既是集成创新也是典型的智能活动

1977 年，美国一位留学生在宿舍里做了很多卡片，每张卡片上写一个事物，比如钉子、橘子等。他将这些卡片进行任意组合，希望用这个办法形成一个新创意。一次他拿出三张卡片，一张写着发音的设备，另一张写着词典，还有一张写着显示屏，他由此构思出了电子词典的雏形。这个人叫孙正义，后来成为日本软银公司的总裁。这种卡片组合的方法形象地表明了设计是一个集成创新的过程，这个过程可以形式化，并用人工智能和 CAD 的方法进行模拟，通常称之为智能 CAD，也就是我研究生阶段从事的研究方向。

智能 CAD 设计实际是把三个学科综合在一起：计算机学科、人工智能学科和工业设计学科。这门学科核心研究三个问题：第一，如何运用计算机技术？第二，计算机可以辅助哪些设计活动？第三，设计是怎么一回事？设计是典型的人类智能活动，它不但

需要形象思维，还需要逻辑思维。

我在研究生阶段为什么选这个方向来研究呢？原因很简单，计算机、人工智能、设计这三个领域之前我都有涉猎。我初中毕业后考进杭州艺专美术系，学习丝绸设计，后来又考进同济大学，做过建筑设计。经过了设计的专业实践，就能更准确地用人工智能去模拟设计过程所需要的知识，并且把这些知识形式化。我在研究生阶段不但学习了人工智能，还自学了计算机图形学。把这些知识优势聚集在一起，才能在 CAD 的研究上游刃有余。

我们这一代人从小所受的教育是报效国家，所以我也一直有强烈的报国愿望。当初考人工智能方向的研究生，就是为了在科学技术上把我们国家的实力真正搞上去。后来美国康奈尔大学的教授动员我去读博士，卡内基梅隆大学提供奖学金邀请我去做研究，但我从来就没想要在国外一直待下去。在外面学习先进技术很重要，但是更重要的，是回来把自己所学贡献给国家和人民。

和那些留在国外没有回来的人相比，我感到很幸运。当时他们的生活会比较富一点，但他们缺失了一个过程：亲历我们国家迎来"从站起来、富起来到强起来"的伟大飞跃，从 20 世纪八九十年代到现在，中国在大跨步前进。人的一辈子能够遇到这样的时代，而且在其中为之奉献，这是最大的愉快和最大的安慰。

一辈子学习，一辈子创造

这 40 年来，我一直在研究人工智能，也一直在培育时代新人。应用人工智能的目的是优化或取代一部分工种。比如，我们过去

潘云鹤在上海"世界人工智能大会"做主旨演讲（作者提供）

花费很多时间学习英语，而现在的计算机翻译已经越来越成熟。这是必然的趋势，也很正常，不必过分焦虑。我们回忆一下古代的工种，现在大部分已经被取代了，比如汽车驾驶取代了马车夫、邮件取代了驿站、电机取代了磨坊等，这都是时代发展的必然。随着人工智能不断发展，很多直接按照规则、规律办事的工作可能都会被取代，如一些单位的安检、柜员等。

在工种的知识结构被人工智能重组的背景下，越来越多人意识到一个问题：如何修正大学的人才培养科目，使学生更适应未来的发展？从我个人经历来看，大学学什么出来就做什么，这是比较难得的经历。其实，很多人毕业后都做着和大学专业看起来关联不大的工作。浙江大学确定了"宽、专、交"的人才培养体系，第一阶段拓宽基础学习，第二阶段实施专业培养，第三阶段进行学科交叉。这样让学生在大学既打下了基础也有了特长，今后即使改行，也可以改得很好，而且可以形成自己独到的知识结构。

我自己非常幸运的是，学过的美术、建筑设计、计算机，甚至本科毕业后在襄樊工作时创办自动化研究所时学到的知识，都综合用在了我的工作中。所以不管一开始走过怎样曲折的学习道路，只要培养好了学习能力和创造力，最后都可以把之前学到的知识运用在实际工作中。不是大学学了以后用一辈子，而是应该一辈子学习，一辈子创造。

（本文原为作者接受中央纪委国家监委网站孙诚先生的专访，作者改定于 2022 年 8 月 18 日）

潘云鹤 计算机应用和人工智能专家。1946 年 11 月 4 日生于浙江杭州。1970 年毕业于同济大学建筑系。1981 年浙江大学计算机应用专业研究生毕业后留校任教。1986 年后赴美国加利福尼亚大学洛杉矶分校、卡内基梅隆大学做访问学者。历任浙江大学人工智能研究所所长、现代工业设计研究所所长、计算机系主任、副校长。1995 年至 2006 年担任浙江大学校长。2006 年至 2014 年担任中国工程院常务副院长，2013 年至 2018 年担任第十二届全国政协常委、外事委员会主任。兼任国家教材委员会委员、国家新一代人工智能战略咨询委员会主任、中国人工智能产业发展联盟理事长、中国创新设计产业战略联盟理事长、中国发明协会名誉理事长、中国图像图形学学会名誉理事长等。作为中国智能 CAD 和计算机美术领域的开拓者之一，长期从事人工智能、计算机图形学、CAD 和工业设计的研究，在计算机美术、智能 CAD、计算机辅助产品创新、虚拟现实和数字文物保护、数字图书馆、智能城市和知识中心等领域，承担过多个重要课题，创新性地提出跨媒体智能、数据海、智能图书馆、人工智能 2.0、视觉知识、多重知识表达等概念，发表 200 多篇研究论文，取得了一系列重要研究成果，多次获国家科学技术奖励。1997 年当选中国工程院院士。

坎坷的童年经历，磨炼了我不怕困难与艰险的性格。几十位"母亲"给我的爱抚，感染了我热爱百姓的本能……延安圣地培育了我的自力更生、艰苦拼搏、直率坦诚的习性。总之，我姓"彭"，但心中永远姓"百家姓"。

——彭士禄

朗读者 陈昱臣

一家与百家

一生已过了 71 个年头，留苏回国后与核动力打交道也有 40 个年头了。几点感慨如下：

其一，一家与百家。我 3 岁时母亲牺牲，4 岁时父亲就义。奶妈背着我东逃西藏。不久，我被转移到潮州一带开始过着姓"百家姓"的生活。我有 20 多个"爸"与"妈"，他们都是贫苦善良的农民，对我特别厚爱。平时，他们吃不饱，我却吃得饱；逢年过节难得有点鱼肉，我吃肉，他们啃骨头。最后，我住在红军哥哥陈永俊家，我叫他母亲"姑妈"，再加上姐姐，我们三个相依为命，过着贫寒的生活。1933 年农历七月十六晨，由于叛徒出卖，我和姑妈被捕，8 岁的我成了小囚犯，被关进潮安县监狱女牢房。在女牢里我又见到曾经养过我的"山顶阿妈"，她是先期被捕的。

真有幸，有两位妈妈护着我坐牢，生怕我受饥寒。姑妈是那么善良，忍受着残酷审讯的痛苦，宁把牢底坐穿，也不供认我是彭湃的儿子。多么伟大的母性啊！男女牢房几百位难友见我衣衫破烂，共同凑钱给我做了一套新衣裳，我穿上了"百家衣"。几个月后，我哭别了两位母亲，被单独押至汕头石炮台监狱，后又转押到广州感化院监狱受"感化"一年。这下可真苦了我，差点病死在狱中。

彭士禄　院士
（中国工程院提供）

坐了两年多牢，算是没有"造反"，属"不规良民"被放了出来。寻路回到姑妈家，姐姐不见了，姑妈仍在坐牢，只好跟"婶娘"乞讨度日，当了小乞丐。由于我是当时年纪最小的小囚徒，才八岁，引人注目；而且国民党报纸上大登"'共匪'彭湃之子被我第九师捕获"，所以"出了名"。祖母知道了我的下落，1936年夏把我带回香港。12岁了，才读了两年书，勤奋之状就不用说了。

由于在香港受到轰轰烈烈的抗日救亡运动的影响，心里痒痒的，横了一条心毅然与堂弟偷偷逃离香港，奔向惠阳平山，参加抗日游击队，以图

有两位妈妈护着我坐牢（叶雄绘）

救国、救家、救百姓。

1940 年底我被送抵革命圣地延安。喜悦的心情难以言喻。我和"百家姓"的小朋友们和同志们同学习、同劳动、同工作。日子是艰苦的，一切都得自力更生：开荒、种地、纺线、做鞋袜、缝衣服和被褥……生活却是愉快的，无忧无虑；学习是勤奋的，争分夺秒。前方抗日战士流血牺牲，后方的一切非拼搏不可。

坎坷的童年经历，磨炼了我不怕困难与艰险的性格。几十位"母亲"给我的爱抚，感染了我热爱百姓的本能。我的亲生父母把家产无私分给了农民，甚至不惜宝贵的生命，给了我"要为人民、为祖国奉献"的一腔热血。延安圣地培育了我自力更生、艰苦拼搏、直率坦诚的习性。我虽姓"彭"，但心中永远姓"百家姓"。

其二，主义与精神。我坚信共产主义必胜无疑，作为共产党员，我将为之奋斗终生！也许因属"牛"吧，我非常敬仰"孺子牛"的犟劲，不做则已，一做到底。如活着，就要热爱祖国、忠于祖国，为祖国的富强而献身，足矣；群体团结，是合力，至关重要，最怕"窝里斗"，分力抵消，越使劲越糟糕，最后变成负力，悲矣！尽自己的力气去做正功，没有白活。

由于历史的误会，我有幸参加了我国核潜艇研制的全过程。时值"文化大革命"，"老虎"都被赶下山了，只好"猴子"称大王，我也被抬上"总师"的宝座。为了实现党中央"核潜艇，一万年也要搞出来"的雄伟决心，我们这批"臭老九"既闹"文革"，又忙核潜艇。我们的国家应该有自己中国牌的核潜艇！在国外资料严密封锁下，在乱哄哄中，我们这一群体却顶着头皮，用一股犟劲，只用六年时间，硬是把它搞了出来，真是奇迹！靠的是什么？除了中央的决心和领导的支持外，靠的是坚定的爱国之心、群体的智慧和合力、一股"孺子牛"的犟劲。我深深感到"老九"们的可爱，群体的可爱。在这一宏伟工程中，我和他们一样，努力尽职尽责，做了铺砖添瓦的工作。

其三，明白与糊涂。凡工程技术大事必须做到清清楚楚，明明白白，心中有数，一点也不能马虎。但人总不会完美，对事物总有几分模糊。这时，就要"不耻下问"、调查研究、收集信息、通过试验等途径来搞清楚。例如我们为了建立反应堆物理的计算公式，在20世纪60年代只有手摇计算器和计算尺，我们的科技人员夜以继日地计算了十几万个数据，确立了自己的计算公式，但仍没有把握保证反应堆在常态下能安全受控。因理论值与实际值还有一定的差值，我们被迫做了1:1零功率试验，发现了误差，修正了公式，补添了近一倍的可燃毒物棒，保证了在常温下安全可控，把反应堆的脾气与性格摸得清清楚楚、明明白白。

做一个明白人谈何容易？他要有超前的意识，对问题有新思路、新见解；对工程技术能亲自计算主要技术经济数据；对工程进度能说出某年某月应办哪几件关键事；对技术攻关能亲自挂帅出征，出主意给点子……但当一个糊涂人则更难，难得糊涂。凡对私事，诸如名利、晋升、提级、涨工资、受奖等，越糊涂越好。记住：为公明白，为私糊涂，以此自勉。

其四，拍板与改错。我有幸被美誉为"彭拍板"。凡事有七分把握就"拍"了，余下三分通过实践去解决。这属本性难移——急性子。科技人员最珍惜时间，时间是生命，是效益，是财富。有些问题只有赶快定下来，通过实践再看看，错了就改。改得越快越好，这比无休止的争论要高效得多。拍错板之例，如高温高压全密封主泵，该泵原采用垫片密封，出厂试验不漏，装到艇上时漏时不漏。经过讨论，拍板改为"O"形环密封，结果一样。最后查阅了螺栓的设计强度，发现还有余量，又加大了预紧力，问题就解决了。说明两个方案都可用，恢复了垫片密封方案。体会：不怕拍板，也不怕拍错板，因为拍错板可以改；最怕不拍板。

结语，遗憾之事。一生最大遗憾之事就是"夫人"太多，共有三个。第一"夫人"是核动力；第二"夫人"是烟酒茶；第三"夫人"才是小玛沙。小玛沙不甘心当第三，造反了，非晋升不可。为了和睦，只好提为第二才算平息。来世能否当第一夫人？很难说。

（本文写于1998年，标题为编者所加）

彭士禄　核动力专家。1925年11月18日生于广东海丰，2021年3月22日逝于北京。1956年毕业于莫斯科化工机械学院，1958年于莫斯科动力学院修毕核动力专业，同年回国到北京原子能研究所工作。长期从事核动力研究设计。先后被任命为中国造船工业部副部长兼总工程师、中国水电部副部长兼总工程师、广东大亚湾核电站总指挥、国防科工委核潜艇技术顾问、中国核工业部总工程师兼科技委第二主任、秦山二期核电站联营公司首任董事长。兼任中国核学会名誉理事长、核动力学会理事长。作为中国第一任核潜艇总设计师，主持了潜艇核动力装置的论证、设计、试验及运行的全过程，并参加指挥第一代核潜艇调试和试航，被誉为"中国核潜艇之父"，获1985年国家科学技术进步奖特等奖（第一完成人）。参加、组织研制成的耐高温高压全密封主泵达到当时的世界水平；建立的核动力装置静动态主参数计算法有很强实用价值并推广应用于压水堆核电站；在筹建大亚湾核电站以及秦山核电站二期工程中均亲自作了经济分析模型，提出"汇率风险等同因子"新概念，被公认为"电站技术经济学专家"。曾获何梁何利基金"科学与技术进步奖"（1996）和"科学与技术成就奖"（2017）；2021年追授"时代楷模"称号。1994年当选中国工程院首批院士。

> 生活真是一个不沉的咸水湖啊，经
> 过汹涌波浪的冲击，我保持了青年时代
> 的激情，同时淡漠了功名利禄。

——钱　易

心平如水　奉献永恒

我出生在战争风云密布的 1936 年，虽然由于父母在我之前没有女儿，又夭折了一个儿子，我的出生给家中带来了欢乐，但不久全家就被战火所驱赶，从北京南迁苏州，爸爸也很快只身西行去了后方。自此开始了国破家难的生活。

我记忆中的童年有沦陷区的灯火管制，有日本兵的军靴皮带，当然也有欢乐。我们居住的苏州耦园小巧玲珑，十多户邻居的几十个小朋友常在其中捉迷藏；夜幕降临，大哥指天为图，教我们认识北斗星、牛郎织女星；桂花盛开的季节，我们用大床单放在树下，轻轻摇动树干，就可收获一大包桂花，由妈妈制成桂花糖浆吃……

记忆中最鲜明、最深刻的是妈妈的坚韧不拔。相当长一段时间里，爸爸与家的联系完全中断了，一家老小七张口，都由我当小学教师妈妈的微薄薪水喂养。为了增加些收入，每天放学后，妈妈还为邻居家的孩子们补课。我是一个很乖的旁听生，虽然听

钱 易 院士
（中国工程院提供）

不懂妈妈在讲什么，但我爱注视她的面容，那是我心目中最美的；我爱聆听她的声音，那是我觉得最动听的。上课结束妈妈安置我们上床后，还要在灯下缝补衣裳。有一次，两个哥哥和我都患了伤寒，妹妹偏巧在这个节骨眼上摔折了腿，妈妈就更辛苦了，但我们还是一个个顽强地活了下来，逐步成长了。身为小学校长的妈妈还特别注意开发孩子们的智慧，挖掘我们的潜力。当她发现我们跟班上课太轻松时，就让我们跳一级。因此，我不到10岁就小学毕业了。

抗战胜利，一家终于团圆了，但好景不长，爸爸又远去香港,两个哥哥先后患上肺结核，还要躲避警察与特务对学生运动积极分子的追捕。又是妈妈，用珍藏的金银首饰换来了特效药，让哥哥们藏在她所熟悉的尼姑庵里。待一切困难和威胁都过去了，我们迎来了新中国，妈妈却病倒了，因中风导致了半身不遂。我没见她流过泪，没有听到过她的叹息，只清晰地记

妈妈与我和三个哥哥合影（1938，北京）

得她顽强锻炼自立的能力，练习用左手写字做饭，挂着拐杖学走路……于是，我对妈妈建立了无限的信心：妈妈是什么都不怕的，妈妈是什么事都能办到的。我也暗下决心，要做一个像妈妈一样的小学教师，要像妈妈一样不怕人生的一切艰难困苦。

我就这样进入了妈妈的母校——由苏州女子师范学校改名的苏州新苏师范学校。当时的社会像一个沸腾的大熔炉，有许多革命工作需要热血青年去投入。我曾被推荐去当电台播音员，又被动员去参加文工团。当年，我第一次没有听从妈妈的教诲，自作主张地放弃学习，参加了苏州市文联文工团，在唱歌、舞蹈、话剧的排练和工厂、农村、学校舞台的奔波演出中，度过了一年半的时光，接触了家庭亲友之外的很多人，了解了工人农民的生活远比我们困苦，还受到了文化艺术的熏陶与教育，这段经历始终是我值得珍藏的。

国家经济建设的热潮召唤青年一代掌握科学技术，我的艺术天赋、身体条件又远不足以成为一名专职的艺术工作者。于是在1952年，我以调干生的身份进入了上海同济大学，又服从分配学习了下水道专业。文工团的战友们大吃一惊：怎么啦？通阴沟还要上大学啊？

我想的是，既然是祖国让我上大学，我就应该学习祖国需要的专业，何况当时我正为微积分、投影几何发愁，没有时间去想别的。大学一年级是我最紧张的一年，我既要补习高中课程，又要跟上大学课程的进度，还被大学中多彩多姿的文化体育生活所吸引，对于出黑板报等社会工作我也十分热心。令我不能忘怀的是老师们对我的关怀和耐心。当我以全班前五名的成绩结束一年级学习时，他们甚至比我自己还高兴。以后的三年可说是我青年时代的幸福期。我追求着身体好、学习好、工作好的目标，我享受着友谊和集体的温暖，我对专业知识越来越感兴趣，我憧憬着到祖国建设前线去大干一场。

毕业设计答辩时，全国闻名的清华大学陶葆楷教授应邀担任答辩委员会主任，他对我的导师表示，希望那个普通话说得不错又很有自信的小姑娘去报考他的研究生。尽管我向往的是建设工地，尽管去北京意味着我要远离妈妈，但报考研究生仍是十分诱人的挑战。我报考了，被录取了。在大年初一乘火车来到了北风凛冽大地皆白的北京。当时，我常引用苏联英雄卓娅和舒拉的母亲说的一段话："生活就像是一个咸水湖，勇敢地投入生活吧，你永远不会沉下去。"我觉得自己一直被重重的湖水托着，翻过了一浪又一浪，我是多么热爱生活，多么想在生活的波浪中遨游啊。

没有料到，反右斗争的狂风暴雨来临了。我不能理解，不能接受；反右倾斗争又开始了，拔白旗插红旗运动又来了，我更觉迷惑不解，痛苦彷徨。为什么我钦佩的师友一个又一个被批判？为什么人与人之间要充满猜疑和仇视？我曾经把自己的困惑倾吐给远在列宁格勒的丈夫，又觉得自己是在做不大光明的事，于是把信交给团支部书记看，盼望得到帮助，结果得到的帮助是团支部大会的批评。从此，我从一名积极分子变成了一个"只专不红"的典型。我以沉默代替争辩，热烈的情绪逐渐冷却，注意力都转移到了教学科研上。幸运的是陶先生信任我，培养我，在我结束研究生学业不久就让我上台讲课，又要求我与他一起写书，还不断地有一些科研课题，这些都占据了我的精力和时间。生活中的乐趣除了业务工作外就是我的家，我有了两个可爱的儿子。啊，我似乎已安于在躲避政治风暴的港湾中生活了。但"文化大革命"

带来更大的风暴打破了我的幻想，我的家庭、我的父亲为我增添了罪名，我与学校数以千计的教职员工一起去了江西鄱阳湖畔的鲤鱼洲农场劳动改造，开荒耕地、插秧割稻、搬砖盖房、挑土抗洪……烈日下、寒冬里、风暴中，我们天天在与天斗，与地斗，还要与人斗，特别是与自己的"私字一闪念"斗。一位老教授说："这不是舍我之长取我之短吗？"他的话立即成了批判的活靶子。我天天处在矛盾之中，既为"革命"的口号所激奋，要求自己改造思想，又觉得学校不再像学校，工厂不再像工厂，社会上怪事层出不穷，我也并不像自己批判自己的那样，我的知识和经验都没能使我作出正确的判断，但我确实得到了锻炼，我更不怕艰难困苦了，我也更能面对冤屈无理了。我学会了夹紧尾巴做人。

终于盼来了中国人民的春天，科学的春天，知识分子的春天。回顾改革开放以后，我们的国家走上了一条全新的道路，各方面都发生了很多变化。我在回顾自己的经历和生活时，发现我的人生道路也随着发生了三大转变。

第一个转变是我从"准革命对象"变成了"统战"对象。由于我父亲曾被定性为"三个反动文人"（钱穆、胡适、傅斯年——编者注）的代名词，我虽然在多次革命运动中没有成为"革命对象"，但也多多少少受到了一些冲击，工宣队张师傅还曾经给我定性为是"推一推就能推过去，要拉一拉才能拉过来"的人。因此，可以说是"准革命对象"吧。但改革开放以来，我的政治地位却有了明显的变化，我成了统战对象，被封上了各种不同的职务，参与了很多社会活动。

最早是在 20 世纪 80 年代初期，我被指定为北京市青年联合会委员，当时觉得很惊讶，因为我已经年近半百，儿子都可以加入共青团了，但参加后发现，与我年龄相近的还不少，都是非党（非共产党）的各界人士。

1985年，又通知我说，要我作为大学教育界的代表参加北京市政协，不久又被选为常委。1988年我被选为全国人民代表大会代表（江苏团），1993年又被选为北京市政协副主席（作为无党派人士代表），同时也被选为全国人民代表大会常务委员会委员及全国人大环境与资源保护委员会委员。1998年，在我的请求下，撤销了我的全国人民代表大会常务委员会委员职务，但提升我担任全国人民代表大会环境与资源保护委员会副主任。直到2008年，我才从这些岗位上全部退下来。

在这些岗位上，我参加了很多从未参加过的会议，也接触到很多不同行业、不同地位、不同人生经历的人。出于我的本性，我力求自己不能只是挂名、装样子，而是要真正参与进去。而且我逐步发现，政协、人大会议上讨论的很多问题，是我们普通老百姓关心的问题，甚至是与我从事的环境保护事业，包括水污染控制密切相关的问题。因此我参与这些会议和活动时采取的原则是：积极参与，认真投入，好好学习，发挥作用。具体说来，就是在讨论会上要发言，有意见和建议一定要提出来，对不懂的事情要多听、多学。我发言和建议的主题主要集中于三个方面：一是环境保护，二是教育事业，三是妇女问题，这些都是我熟悉而且思考较多的。从事这些工作的二十多年里，我不仅接触到了很多社会真实面、收获了大量知识，还结交了很多好朋友，真是受益匪浅。我参与全国人大环境资源与保护委员会工作的10年间，全国人大制定并颁布了循环经济促进法、清洁生产促进法，还对环境保护有关法律的执行状况进行了多次检查，参与了世界各国议会组织有关全球气候变化的讨论等，这些工作及其成果是我在清华大学所无法介入和取得的，而对于我们国家的环境保护事业都是非常重要的，我能参与其中并出了微薄之力，深感无比欣慰。

第二个转变是我的教学与科研从纯科学技术转向战略研究的方向。如前所述，过去我的教学和科研都是集中于水污染防治技术，在 20 世纪 80 年代初期，我老伴张忠祥和我就开始关注西方学者对于清洁生产和循环经济的研究，这个全新的研究方向是环境污染的防治从末端处理转变为源头控制，从环保工作者单枪匹马搞环保转变为与各行业、各岗位人士的团结协作，这样的战略方向，可以同时收到节约资源、减少污染的效果，获得经济效益和环境效益的双赢。由此，我们也非常关注西方的有关进展，开始行动起来，努力推动各项工作。

记得当时世界各国的学者和政治家们还针对世界面临的资源、环境、生态问题以及造成这些问题的原因（特别是经济发展的模式）进行十分热烈的讨论，甚至激烈的争论。在近半个世纪之后，终于在 1992 年联合国环境与发展大会上提出了"可持续发展"的战略方向，明确指出："可持续发展是既符合当代人类的需求，又不致危害未来人类满足其需求的发展。"联合国大会的政治宣言要求各国都要遵循可持续发展的战略方向。联合国大会是在巴西里约热内卢召开的，当时我正应邀参加在里约举办的一次学术会议，并有幸去旁听了联合国大会通过会议宣言的过程。真如惊雷震耳一样，这次大会唤醒了我和很多人，我开始努力把可持续发展战略的理念贯彻到我的工作和生活中去。

我在清华大学具体做了两件事。一是我对清华大学领导提出了建设生态清华园的创意，得到了以王大中校长为首的领导的支持，经过多次讨论，决定改名为"建设绿色大学"，于 1998 年正式启动。校领导明确指出，绿色大学建设应包括：进行绿色教育、开展绿色科研、建设绿色校园三大方面。学校还专门成立了绿色大学办公室，推动并组织各院系做了大量工作。

第二件事是我建议并准备了为各专业本科生开设的公共课——"环境保护与可持续发展"，于 1998 年正式开课，至今已经二十多年了。开始时一年上一次，使用了 400 个座位的阶梯教室，但每年选修的学生数都超过了教室的容纳能力，学校教务处要求我们改为每学期上一次。因此，这门课程至今已有万余学生研学了。最早这门课是由我一人承担的，后来环境学院的领导们担心我年岁日长，一旦身体健康不允许，课程将不能持续下去，就安排了三位年富力强的老师与我分担。我万分感激地举双手赞成。这门课还在国内不同城市的大学中得到推广，我和北京大学唐孝炎教授共同主编的《环境保护与可持续发展》教材，也获得了优秀公共课教材的奖励，在全国得到广泛应用。相信这门课不仅能够持续永久，还将日益丰富、不断更新，取得越来越好的效果。

其实，我的教学科研方向的转变，只是整个环境学院教学科研方向转变的一个例子，使我更高兴的是近 20 年来，清华大学环境学院里的年轻教师石磊教授、温宗国教授、陈吕军教授等都带领他们的研究团队进行着清洁生产、循环经济及生态文明建设的研究和实践，还开始了工业生态学的教学与科研，即按照生态文明的原理和方向改变工业和城市的发展模式。他们与国家发改委、工信部、生态环保部等部门有很紧密的合作，对推动我国的生态文明建设发挥了不可忽视的作用。

第三个转变是我工作的范围随着上述的两个转变扩大了，从

"不要叫我院士，请叫我老师。因为做老师是我真正喜欢的事情。"（作者提供）

国内走向了世界。这主要也是因为国家改革开放的新方针推动中国的教育科技界走上了新道路。我先后参加了由国务院领导的"中国环境与发展国际合作委员会"、由中国科协联络的"世界工程组织委员会"（World Federation of Engineering Organization 简称 WFEO）和"国际科学联盟"（International Council for Scientific Unions，简称 ICSU），并担任了一些职务。我还受到了美国世界资源研究所的邀请，担任了该所的顾问。我曾经参与主办了几次国际会议和活动，包括 1993 年主持举办第三届世界工程与环境大会，2004 年参与主办了第二届世界工程师大会，2006 年主办了"面向可持续发展的工程教育"研讨会，还应邀为萨尔斯堡讲座作了专题讲课，参加了美国富尔布莱特项目的中美专家演讲活动……这些国际组织及国际活动，都与环境保护及可持续发展密切相关，但都不是研讨具体科学技术的。

是各种机遇推动我进入了上述工作，从不了解到逐步了解，从不会做到努力去做，最后到达了视之为己任、得到很多收获、对工作有享受不尽的境界。

当然，在清华大学的水污染防治技术研究团队，我也并没有放松努力，"六五""七五""八五"期间，我和同事与学生们一起，完成了"城市废水的处理和利用""高浓度有机废水厌氧生物处理技术"和"高浓度有毒有机工业废水的处理技术"等国家科技攻关项目。成果分别得到了国家教委科学技术进步奖一等奖和国家科学技术进步奖二等奖和三等奖。面对污染日益严重的江河湖海，我并没有一点成就感，有的只是越来越沉重的责任感。

1994年进入中国工程院这个大家庭后，曾经先后参加了由钱正英副主席、徐匡迪院长和其他领导主持的一系列咨询项目，进行有关水资源可持续管理、城市化建设与发展以及生态文明建设等战略性调查和研究工作，学到了广泛的知识，为国家献计献策，也贡献了自己的一分力量。20世纪末期，我还与清华大学不同学院、不同专业的老师们联合成立了清华大学生态文明研究中心，共同开设了一门公共课"生态文明十五讲"，也受到了广大学生的欢迎。改革开放以来，我曾经应清华大学继续教育学院的邀请，为很多地方在职干部班讲课，主要也是讲环境保护、生态文明建设与可持续发展。

我衷心希望中国人能毫无愧色地屹立于世界民族之林。因此，更希望能有更适合此任的年轻人取代我，但在位一天必须努力奉献一天，这是我做人的原则。此外，在数十年的工作中交了不少好朋友，时时可触摸到知识分子对祖国、对人民的一颗颗滚烫的心，听到不少真知灼见……我唯一的憾事是自己的精力和时间远不能满足工作对我的要求。

岁月飞逝，我已进入耄耋之年。回顾我无忧无虑的少年、青年时代，回顾我曾经夹紧尾巴做人的时光，回顾我参与奋斗拼搏的激情岁月，现在我已进入年老体衰、发挥余热的年龄。平心而论，我确实是十分幸运的。在我的一生中，我周围的好人有多少啊。我的母亲、我的姨妈、我的兄弟姐妹、我的老师、我的上级、我的同事、我的学生，还有我的丈夫与我的儿子们，他们爱我，教育我，帮助我，信任我。他们把高于我成绩的荣誉赐给我，把超过我能力的重任交给我，他们与我分担喜和忧，他们在我懈怠松劲时督促并推动我。生活真是一个不沉的咸水湖啊，经过汹涌波浪的冲击，我保持了青年时代的激情，同时淡泊了功名利禄。对于地位、荣誉和评价，我是心平如水，对于我从事一生的环境保护事业和教育事业，我将付出一切，永不止息。

（本文写于 1998 年，改定于 2022 年 7 月 17 日）

钱　易　环境工程专家。1936 年 12 月 27 日生于江苏苏州。1952 年入同济大学卫生工程专业本科，1959 年清华大学研究生毕业后留校任教。清华大学环境工程系教授。长期进行高效、低耗废水处理新技术研究，对难降解与有毒有害工业废水处理工艺研究，对清洁生产与循环经济的研究与推行。20 世纪 70 年代末，在我国环境工程界首先提出了工业废水可生化性及其鉴定标准的理论与方法，为工业废水处理方案的确定提供科学依据并有重大实用价值。80 年代，主持和参加的城市污水处理与回用、高浓度有机废水的厌氧生物处理、氧化塘技术等国家科技攻关项目，达到国际先进水平并在全国推广应用。研制和开发了适合国情的高效低耗水处理设备，并使其系列化、产业化。曾获国家科学技术进步奖二等奖 3 项、三等奖 1 项，国家科学技术发明奖三等奖 1 项，国家教委科学技术进步奖一等奖 2 项、二等奖 2 项，中国科学院自然科学奖一等奖 1 项。在国内外杂志和学术会议上发表 360 余篇论文，完成《环境保护与可持续发展》等 16 部著述。2000 年被选为富尔布赖特杰出学者，2007 年获第三届高等学校教学名师奖，2015 年获"寻找最美教师公益活动"最美教师荣誉称号，2017 年获全国"教书育人楷模"称号。1994 年当选中国工程院首批院士。

> 我认为郭永怀同志是一位优秀的应用力学家，他把力学理论和火热的改造客观世界的革命运动结合起来了。

——钱学森

写在《郭永怀文集》的后面

现在已是20世纪80年代的第一春，还要倒数到第11个冬天，郭永怀同志因公乘飞机，在着陆事故中牺牲了。是的，就那么10秒钟吧，一个有生命、有智慧的人，一位全世界知名的优秀应用力学家就离开了人世，生和死，就那么10秒钟！

10秒钟是短暂的。但回顾往事，郭永怀同志和我相知却跨越了近30个年头，而这是世界风云多变的30个年头啊。我第一次与他相识是在1941年底，在美国加州理工学院。当时在航空系的有林家翘先生，有钱伟长同志，还有郭永怀同志和我，在地球物理系的有傅承义。林先生是一位应用数学家，傅承义同志专的是另外一行，钱伟长同志是个多才多艺的人。所以，虽然我们经常在一起讨论问题，但和我最相知的只有郭永怀一人。他具备应用力学工作所需求的严谨与胆识。当时航空技术的大问题是突破"声障"进入超声速飞行，所以研究跨声速流场是个重要课题，但描述运动的偏微分方程是非线性的，数学问题难度很大。永怀同志因问题对技术发展有重大意义，故知难而进，下决心攻关，终于发现真正有实际意义的是上临界马赫数而不是以前大家所注意的下临界马赫数，这是一个重大发现。

钱学森 院士
（中国科学院提供）

1946 年秋，郭永怀同志任教于由西尔斯主持的美国康奈尔大学航空学院，我也去美国麻省理工学院，两校都在美国东部，而加州理工学院在西部，相隔近 3000 公里，他和我就驾车旅行，有这样知己的同游是难得的，所以当他到了康奈尔而留下来，而我还要一个人驾车继续东行到麻省理工学院时，我感到有点孤单。

1949 年我再次搬家，又到美国加州理工学院任教，所以再一次开车西去，中途到康奈尔，这次我们都结了婚，是家人相聚了，蒋英也再次见到我常称道的郭永怀和李佩同志，这次聚会还有西尔斯夫妇，都是我们在加州理工学院的熟朋友。我们都是冯·卡门老师的学生，学术见解很一致，谈起来逸趣横生。这时郭永怀同志已对跨声速气动力学提出了一个新课题，这个问题比上临界马赫数问题更难，连数学方法都得另辟新途径。这就是 PLK 方法中 Kuo 的来源，现在我们称奇异摄动法，这项工作是郭永怀同志的又一重大贡献。

郭永怀同志之所以能取得这两项重大成果，是因为他治学严谨而遇事看得准，有见识；而一旦看准，有胆量去攻关。当然，

郭永怀（右一）在解答研究生提出的问题（资料照片）

这是我们从旁见到的，我们也许见不到的是他刻苦的功夫，呕心沥血的劳动。

我以后再见到永怀同志是 1953 年冬，他和李佩同志到加州理工学院。他讲学，我也有机会向他学习奇异摄动法。我当时的心情是很坏的，美国政府因不许我归回祖国而限制我的人身自由，我满腔怒火，向我多年的知己倾诉。他的心情其实也是一样的，但他克制地劝我说，不能性急，也许要到 1960 年美国总统选举后，形势才能转化，我们才能回国。所幸的是：在中国共产党领导下，新中国有亿万人民的团结，迅速强大起来了，我们都比这个日程早得多回到祖国，我在 1955 年，他在 1956 年。

郭永怀同志归国后，奋力工作，是中国科学院力学研究所的主要学术领导人；他做的比我做的多得多，但这还不是他的全部

郭永怀院士（中国
科学院提供）

工作。1957 年初，有关方面问我谁是承担核武器爆炸力学工作最
合适的人，我毫无迟疑地推荐了郭永怀同志。郭永怀同志对发展
我国核武器是有很大的贡献的。

　　所以，我认为郭永怀同志是一位优秀的应用力学家，他把力
学理论和火热的改造客观世界的革命运动结合起来了。其实，这
也不只是应用力学的特点，也是一切技术科学所共有的，一方面
是精深的理论，另一方面是火样的斗争，是冷与热的结合，是理
论与实践的结合。这里没有胆小鬼的藏身处，也没有私心重的活
动地；这里需要的是真才实学和献身精神。郭永怀同志的崇高品
德就在这里！

　　由于郭永怀同志的这些贡献，我想人民是感谢他的。周恩来
总理代表党和全国人民对郭永怀同志无微不至的关怀就是证据。

大家辛勤工作，为翻译、编辑和出版这本文集付出了劳动，也是个证据。是的，人民感谢郭永怀同志！作为我们国家的一位科学技术工作者，作为一位共产党员，活着的目的就是为人民服务，而人民对他的感谢就是一生中获得的最好评价！

我们忘不了郭永怀同志，这本文集是一件很好的纪念品，一本很好的学习材料。

（本文写于 1980 年 1 月 16 日，刊于 1982 年科学出版社出版的《郭永怀文集》）

钱学森　应用力学、航天技术和系统工程科学家。1911 年 12 月 11 日生于上海，祖籍浙江临安。2009 年 10 月 31 日逝于北京。1934 年毕业于上海交通大学。1935 年赴美国麻省理工学院学习，翌年获航空工程硕士学位，后转入加州理工学院，在冯·卡门指导下深造，1938 年获航空数学博士学位，后留校任教并从事应用力学和火箭导弹研究。1947 年至 1955 年间任麻省理工学院和加州理工学院教授。1955 年回国，历任中国科学院力学研究所所长、国防部第五研究院院长、七机部副部长、国防科委副主任、国防科工委科技委副主任，中国科协主席、全国政协副主席等职。兼任中国力学学会、中国自动化学会、中国系统工程学会、中国宇航学会理事长等职。早年在应用力学和火箭、导弹技术等许多领域都做过开创性工作。回国后长期担任火箭、导弹和卫星研制的技术领导职务，为创建和发展我国的导弹、航天事业作出杰出贡献。在工程控制论、系统工程和系统科学、思维科学和人体科学以及马克思主义哲学等许多理论领域都进行过创造性研究，作出重大贡献。1956 年获中国科学院自然科学奖一等奖，1985 年获国家科学技术进步奖特等奖，1991 年被国务院、中央军委授予"国家杰出贡献科学家"荣誉称号和一级英模奖章。1999 年获"两弹一星功勋"奖章。2001 年经国际小行星中心和国际小行星命名委员会批准，将紫金山天文台发现的国际编号为 3763 号小行星命名为"钱学森星"。2007 年获"感动中国年度人物"。1957 年被增聘为中国科学院学部委员（院士），1994 年被选聘为中国工程院首批院士。

> 朝阳生辉，夕阳更红，人生可贵在
> 于奋斗不息。我病愈后又开始投入了抗
> 辐射加固的技术研究工作。
>
> ——乔登江

朝阳生辉　夕阳更红

赴京领令　投笔从戎

1963 年是我人生中最难忘的一年。是年烟花三月之初，执教于江苏师范学院（现为苏州大学）物理系的我，受师院党委刘书记谈话，并通知我中央组织部已下调令了，要我月底前赴北京去二机部八局报到，至于干什么工作他也不知道。

这突然的调令如同平静湖水中投进一石，令我的生活激起波澜。当时，从苏联留学回国还不到三年的妻子在上海工作，孩子才一岁多，苏州和上海虽百里之隔，但毕竟可以经常生活在一起。因此，从感情上讲，我是很不愿意离开苏州的。但从组织观念上讲，在国家利益与个人利益冲突时刻，我必须服从调动，但在不到一个月的时间内就赴京报到，确有困难，经请求推迟到四月初。后来才知道，之所以要求三月底报到，是因为毛主席和中央首长要在这个时间内接见从事国防尖端的科技干部。

四月初，我惜别妻儿和离开多年从教的苏州，如期来到二机部八局。在接待我之前，正巧有一位准备报到的技术干部被接待，

乔登江　院士
（中国工程院提供）

这位同志提出了两个问题：一是干什么，二是在何处。接待的同志反问他："这两个问题对你重要吗？"被接待的同志说："对于个人来说当然很重要。"我被接待时就非常简单，他告诉我："你到总政西直门招待所找张超同志（所长）报到。"为尽快了解我也关心的前面所提的问题，我急忙赶到西直门招待所。张超告诉我，程开甲教授会详细介绍所从事的工作和任务。此时，我才知道将从事"惊"天"动"地的理论研究工作，并要投笔从戎。从此，走上了为国防尖端事业终生献身的征途。

西出阳关　鏖战戈壁

1963 年 7 月，研究所正式成立。此后，中央从全国各地调集精兵强将，组织中国科学院下属的有关单位大力协同地进行我国首次核试验的准备工作。我则负责从事理论方面的研究。在缺少资料的情况下，通过数值模拟和理论分析的途径，经过一年多的努力，一切准备工作就绪。

1964 年进入了我国首次核试验的实施阶段，大批技术人员陆续赶赴大漠深处——核试验场。我是那年 8 月偕同少数同志西行的。从北京经三天三夜的火车奔波和近 300 千米的卡车劳累，终于抵达部队驻地——马兰。这是荒漠戈壁中的一片绿洲，只见清澈的天山雪水，湛蓝的马兰花朵，绿树成荫，与出玉门关后的戈壁荒原相比真有天壤之别。我们在此休息两天后，又继续向试验场区进发。在300多千米的行进途中，恰遇塔里木盆地的热风暴，热浪袭击，令人窒息，给我们鏖战戈壁来了一个下马威。

地处戈壁深处罗布泊畔、孔雀河边的试验场区，是一望无际的"地上不长草，天上无飞鸟"的无人区。虽是世界上理想的核试验场，但生活甚为艰苦。住帐篷，喝苦水，"饥餐砂粒饭，渴饮苦水浆"正是当时生活的真实写照。尽管在后勤保障中，全国为试验场敞开绿灯，有周总理无微不至的关怀，各种食品甚为丰富，但恶劣的生活环境使我们无法享受这美味佳肴。然而，苦并没有影响我们进场同志的斗志，因为这是壮国威、展军威的大的事业，为此吃苦是值得的。

科学耕耘　期待春雷

我和理论研究室的同志们一年多的研究准备，将要在试验的实践中受到检验，其实也是一次严峻的挑战。

首先要确保安全。保证场区人员不受到任何伤害，特别是眼睛不致受损，放射性污染不致造成潜在伤害；保证测试系统不受冲击波和光辐射的破坏，电测系统不受电磁脉冲的损坏和干扰；保证放射性烟云不致造成下风方向广大地区和邻近国家的有害污染。

本来，我对我们理论上做出的能够保障安全的预测是满怀信心的。可是进场后，有从事核防护的专家指出，上风方向可能受到较严重的污染，这与我们的理论预测相距较大。问题提出后使我日夜不安，这涉及零时部队的部署和测试人员的安全。我们经过反复的论证，用国外实测资料进行核对。最后，我确认我们的结论是对的，原定的安全措施是得当的，试验后也证实了我们的结论。

其次要对核爆炸过程诊断爆炸参数、测试的布点、量程的选择、防护措施的制定,提出咨询与建议,供首长决策参考。根据"一次试验多方收效"的要求,现场还安排了大量的核效应试验。因此,核效应的布局、效应参数收集、效应结果分析等都需要理论工作的帮助。

最后是快速诊断数据和对核效应结果作初步分析,特别是现场速报核试验结果,更是理论为现场服务的重点之一。根据简易快速测试数据和宏观景象,判断试验是否成功和速报核爆炸 TNT 当量,以保证指挥部及时上报中央,无疑是一项细致而慎重的任务。为此,设置了专门项目和理论预测小组以保证此项任务的顺利完成。

经过大半年的现场准备工作,万事俱备只等春雷轰鸣了。1964 年 10 月 16 日 15 时,随着一声起爆口令,荒漠戈壁出现了"比一千个太阳还要亮"的闪光和火球,其后形成核爆宏观景象——独有特征的高大蘑菇状烟云。在这标志着我们跨进核大国阵营的时刻,全场一片欢腾,同志们高声欢呼,互相祝贺。我和速报小组顾不得去欢呼,去祝贺,而是忙于收集宏观资料和速报数据,进行分析、判断、作出结论。由于距爆心 60 千米以上的冲击波参数偏小,影响了当量约 20 千吨 TNT 就是成功核爆炸这一重要结论的权威性。可是,担任总指挥的张爱萍将军已经等不及我们的推敲了,根据初步结论向中央报了圆满成功的喜讯,比我们最后经推敲确认的结论早了一个小时左右。这个不能满足首长指挥要求的事件,使我这个理论工作者铭记在心,并终身引为教训,在以后的试验中再未出现过。

开拓进取　完善理论

尖端武器系统是高新技术的结晶。充分发挥尖端武器系统在战时的作用，采取加固措施以防护这类武器的破坏，同样需要高新技术的支持。我国核试验的次数和试验方式都是比较少的，如何利用所取得的有限成果向多方面开拓，是我们面临的新课题。开拓的途径主要有两条：实验室模拟、数值模拟，并将两者相结合。开拓的方向有：不同高度（含20至40千米和80千米以上）、不同当量爆炸、水下爆炸、山区爆炸所产生的核环境参数及其变化规律，各种单个和群体目标毁伤分析、参数表征和概率分布以及核效应、核安全、抗核加固和核模拟。这项开拓工作既是实战的需要又是防护的需要，从技术上讲，它使我国这方面的理论能系统化，并更加完善，也更加实用。

红山怀旧　夕阳殷红

从1965年开始，研究所从北京迁往新疆驻地——红山。它是天山南麓一个风景秀丽的山沟。由于保密关系，红山几乎与老百姓隔绝，形成无社会依托的自我封闭的小社会。尽管这里环境优美，气候宜人，但信息闭塞，难以和外界交流。为了弥补物质生活的贫乏，同志们利用业余时间种菜、养鸡、进山沟拾柴禾，甚至修打家具等，互相间还交流这方面的经验，共同分享劳动成果。这些生活插曲不仅增进了同志间的感情，还为闭塞与单调的山沟生活增加了情趣。

我在红山过了20多年牛郎织女的生活。但单身的日子，也为自己摆脱家务烦扰、集中精力攻关创造了条件。在这20多年中，正是我国大气层核试验鼎盛时期，也是地下核试验技术成熟时期，成果累累。在此期间，除了从理论上解决试验中所出现的各种问题外，我还结合我国现场试验的实践，进行了核爆炸现象学的全面总结，并于 1983 年完成了第一本专著《核爆炸物理概论》。在此期间，我还担任过室主任、副所长和基地科技委副主任等职务。

1988 年 6 月因右肾患癌在北京 301 医院作了手术治疗。同年退出现役，我写的专著正式出版。1990 年"解甲归田"，由新疆搬回上海，结束了两地分居的历史。

朝阳生辉，夕阳更红，人生可贵在于奋斗不息。我病愈后又开始投入了抗辐射加固的技术研究工作。由于各级领导的支持和关心，加之退出领导岗位后科研时间更加充裕，1988 年后共完成了三个国防科研预研基金项目，主编了一本手册，写了 30 余篇文章。1997 年底被中国工程院选为院士，这既是我个人的荣誉，也是从事这项工作群体的荣誉。

（本文写于 2008 年 3 月，原标题"奉献让青春永恒"）

乔登江 核技术应用专家。1928 年 3 月 28 日生于南京，原籍江苏高邮。2015 年 5 月 8 日逝于上海。1952 年毕业于金陵大学。曾任国防科工委 21 基地研究室副主任、主任；西北核技术研究所副所长、基地科技委副主任，兼研究所科技委主任。西北核技术研究所研究员、博士生导师。1988 年因患肾癌离休。1999 年始任华东师范大学终身教授、博士生导师。作为我国核爆炸、核武器效应及核辐射加固技术领域开创者之一，多年来获得了地下、大气层、中高空（20 至 40 千米）、高空（80 千米以上）核爆炸所生成的瞬态和持久的核环境系统结果，并反映在《核爆炸物理概论》等专著中；对目标的冲击波效应，电子元器件及系统的辐射效应等开展系统研究，并将成果编写成《核爆炸效应参数手册》；形成了完善的核安全保障和评估理论，提出了新的措施和意见并开拓了新领域；在数值模拟并使之与实验模拟相结合方面也作出重要贡献。1988 年被授予"胜利功勋"荣誉章。1997 年当选中国工程院院士。

医生要以仁爱之心来实施医疗全过程，不仅服务态度要好，还要技术精益求精。当然，仁术德为先。

——邱蔚六

仁术德为先

从医的道路

1932年我生于四川省成都市。家父是一名旧军官，古文底子很好。在我的亲属中，大多是在金融界搞财经的，我却对这"金饭碗"没有多大兴趣，倒是一门心思要学医，以"治病救人"。这个念头的萌发起因于一个偶然事件。

那是在解放前一个风高月黑的夜晚，几名歹徒突然闯进我家，对着我父亲就开枪。父亲腹部及肘部连中数弹，生命垂危。经当时的四川省立医院抢救后方转危为安。这次谋杀事件乃是政治斗争的表现，因为家父是国民党员，却同时是地下民革（中国国民党革命委员会）的成员。我在医院陪伴受伤的父亲近半年，目睹了医师高尚的风格和精湛的技艺。我深深感激他们救了我父亲的生命，也将他们救死扶伤的崇高情怀嵌入我稚嫩的心灵。因此，还是中学生的我就已在心底里萌生了要当一名外科医师的愿望。

我的愿望果然实现了。1955年我毕业于四川医学院口腔医学

邱蔚六 院士
（2008，方鸿辉摄）

系。毕业后又有幸被分配到上海第二医学院口腔医学系和附属的广慈医院（现上海交通大学附属瑞金医院）工作。自此，踏上了我从医的科学历程。

医学是一门实践性很强的学科，但又离不开理论指导，毕竟"外科医师不是开刀匠"，而应该是"学术型的外科医师"。我很幸运地能在有很好条件的口腔颌面外科工作，且能师从我国口腔颌面外科的创始人——张涤生教授和张锡泽教授。因此，在朝着学术型外科医师道路上，脚步迈得更坚实。

为了加强基础训练，当时我们住院医师每周有专门的小手术门诊，并获得两位科主任亲临指导。在理论学习方面，每月得交读书报告；每周还有科内交流。为了拓宽知识面，住院医师被安排到普外和内科轮转学习。甚至派我去上海肿瘤医院头颈肿瘤外科学习了半年，并经常有机会下乡巡回医疗及参加意外灾害事故的处理……从中，我确实学到不少在医院内学不到的东西。1964年我随上海第二医学院口腔医学系教学基地搬迁到上海市第九人民医院，告别了工作近10年的上海广慈医院。

1969年至1970年，我还受命去小三线安徽皖南工程医疗队。在那里，我和一位内科医师、一位外科医师、一位麻醉科医师和一位检验科医师创立了简易手术室，在皖南各地救治病人，对医学伦理及医术的长进也确实获益匪浅。

1976年唐山大地震后，我院派出两个医疗队，我任一个队的队长，在震灾发生的第二天赶赴灾区。在救灾的两个月中，我不但体会到天灾的无情，也在抢救病员当中学到了不少相关灾害医学的急救知识和技术。还有机会在艰苦的条件下，应用了我在60年代的科研成果——针刺麻醉，甚至为患者成功地施行了颞下颌关节强直成形术。

改革开放后，我院与日本大阪齿科大学、美国哈佛大学、加州大学旧金山分校以及多个国际组织有了广泛的学术交流。经30余次学术出访，我了解了口腔颌面外科最新学术动态，增长了知识，开阔了眼界。

1985年，我参与发起成立中国抗癌协会头颈肿瘤外科专业委员会。该会由口腔颌面外科、耳鼻咽喉科和肿瘤医院的头颈外科三部分学者组成。我历任专业委员会副主任委员、主任委员和名誉主任委员。

1986年开始我倡导、组建了中华医学会口腔学会口腔颌面外科学组，并担任组长；1998年以来历任中华口腔医学会副会长，兼任口腔颌面外科专委会主任和名誉主任。1999年，我代表中国出任国际口腔颌面外科医师学会理事，使中国口腔颌面外科在国际上占有了一席之地。

2001年我还有幸当选中国工程院院士。这不仅仅是我个人的成绩和光荣，更重要的是我国口腔医学界以及口腔颌面外科学界的光荣，因为它反映了口腔颌面外科学界取得的成就已被医学界承认。

成长和成功的条件

我认为，一个人的成长和成功需要三个条件：第一是能主动学习与思考，否则将一事无成；第二是要有良好的环境和基地，否则出不了人才；第三是要有团队协作精神，当今学科交叉错综复杂，一个人难有创新之举。

邱蔚六酷爱学习与思考（作者提供）

我从当住院医师第一天起就养成泡图书馆的习惯，不间断地做学习卡片，包括写书摘和目录，即使在"大跃进"的年代，也没有放松过。我几乎没有一天晚上在12点以前睡过觉。我还体悟到学必须"杂"，不限于钻研本专业，还应广涉其他专业；不但要学自然科学，也要学人文学科。我的成长环境是优越的，上海第二医科大学是国内名列前茅的医学院校，已出了7位院士，在一定程度上也反映其学术水准。现代医学科学是相互交叉相互渗透的，医学诊治和科研同样也趋于综合与协作。作为一名外科医师更需要团结协作，因为一个人是无法完成一台复杂手术的。要做颅颌手术，不能缺少神经外科的协作；要做正颌手术，颌面外科医师少不了口腔正畸科医师术前术后的牙颌矫正。在这一点上我同样也是幸运的。我与我的同事或学生，不论是神经外科或其他兄弟科室，都有着良好的协作共事关系。应当说，我事业上的一些成就也都有他们的努力和辛劳。

我也深深地体会：一个人的成功与机遇有关，但机遇对任何人都一视同仁，其公正性恰恰体现出个人平时的努力程度，而个人的努力，我想也绝不能离开上述三个条件。

除了上述的有幸，其实我也遭遇了很大的不幸。不过，那都是发生在 20 世纪中叶那段"唯成份论"的时期。

1950 年我加入了共青团，进大学后又曾数次申请入党。然而这一切皆因我父亲曾是"旧军人""地主"而无法实现，哪怕他曾经是地下民革成员和四川民革的领导人之一，并在解放初期还担任过川西区行政公署民政厅厅长。

参加工作后，我仍积极上进，但总有光明的"玻璃华盖"，前进不得。而事情的发展也越来越不幸：家父 1957 年被划为四川省的大右派；"文革"中他因反对林彪，定为现行反革命而被捕入狱。最使我难忘的是军宣队负责同志找我谈话："你父亲的情况决定了你今生今世不能入党。"除了当一名好医生，我没有大的奢望，但我可以争取当先进工作者、当名副其实的"劳动模范"。在那个年代，我只有资格"促生产"而不能"抓革命"了，甚至连民兵活动也没了我的份。

反过来看，"促生产"也是好事。"文革"中救治武斗致伤残的病员特别多，救治工作的繁重，使我的业务有了更大的提高。尤其是促使我对以前放弃手术的晚期头颈肿瘤患者增加了更多的感情，并想方设法为他们争取手术和治愈的机会。这也是在 20 世纪 70 年代后期我下决心一定要闯"颅颌联合根治术"禁区的思想基础。

20 多年后的拨乱反正，事情发生了意想不到的变化：家父在 20 世纪 80 年代初终于得到了彻底平反，还给了他四川省参事室参事的职位，这在他 95 岁仙逝时也得到了安慰。我在 1983 年入了党，还被选为上海第二医科大学党委委员并曾获优秀党员称号，以后还兼任过两年医院党委书记。当然，我也实现了当全国卫生界先进工作者和上海市劳动模范的愿望。这所有的一切都应当归功于改革开放的好政策；衷心感谢邓小平、胡耀邦等英明的领导人。

人的成长过程总不会是一帆风顺的，总会有幸运的和不幸运的时期或事件。关键是要坚持自己的信念和愿望，坚定信心，更加努力地去学习和工作。我的成长经历似乎也验证了这一点。

要有仁者之心

医术古称"仁术"，"仁"就是要有爱人之心，现在俗称"救死扶伤"。医生要以仁爱之心来实施医疗全过程，不仅服务态度要好，还要技术精益求精。当然，仁术德为先。

医师很重要的心理素养是"将心比心"，即作角色转换，以病人的立场去理解和体会患者的心情和痛苦。我虽曾是运动员，数十年来却"身经十刀"，即动过大小 10 余次手术，从慢性中耳炎手术一直到坏死性胰腺炎手术。因此，作为患者，我也算是深有体会吧！

　　就拿"疼痛"来说，局麻下行外科手术常常是镇痛不全的，手术后伤口痛也是可以理解的。然而作为外科医师常常忽略这些，有时甚至让病员"咬咬牙""忍一忍"就过去了。只有在自己患病后，我才真切体会那"咬咬牙""忍一忍"是什么滋味。在我腹壁切口疝手术后全麻将醒之时，禁不住疼得要从床上跳下来。从此以后，我对同行总是要宣传手术及术后的镇痛。提倡对患者的"痛"和"镇痛"要像对待自己的"痛"一样。

　　自己有了体会，才有发言权。"文革"前夕的1964年，为学习祖国医学开展针刺麻醉手术，我曾带了一组人专门从事口腔颌面外科针刺麻醉手术的研究。针麻究竟能否起镇痛作用，它的效果究竟如何？我决心"以身试针"。在说服了同事们后接受了一次在针刺麻醉下摘除我一个耳前淋巴结的手术。这个手术给我的启示是"切皮时稍微有点痛，能接受；缝皮时基本不痛；分离淋巴结时一碰到神经末梢像闪电一样地痛"。这次亲身经历，我

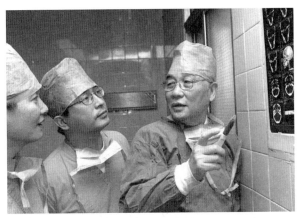

邱蔚六与学生一起分析病例（作者提供）

对口腔颌面针麻手术应当说具有了一定的发言权。在此基础上，我和我的同事们总结出一套针麻手术操作的常规，它可以减轻患者的痛苦，提高手术成功率，并写入《针刺麻醉》和我主编的《口腔颌面外科理论与实践》之中。

当然，我不是提倡外科大夫每人都要生病，都要自己去经历一次手术。

作为一所教学医院，必须重视教学。十年树木，百年树人，人才是学科兴旺发达的基石。从毕业后第一年，我便担任起带教实习的工作，采取的是主动教学而不是等学生来问的被动教学。在 20 世纪 50 年代，教学改革如火如荼，开门办学要经常下乡。作为指导教师，我带教的班级，自然十分强调育人德为先。

1979 年，我国恢复研究生招生制度。当时上海第二医学院的口腔医学是全国首批硕士和博士点。张锡泽教授是第一批博士生导师，也是当时国务院学位委员会学科评议组的唯一口腔医学界代表。我于 1980 年被批准为硕士生导师，1986 年被批准为博士生导师。1984 年起我接替张锡泽教授参加国务院学位委员会评议组工作，作为第二、第三、第四届成员，并先后出任临床Ⅱ组及口腔医学组召集人，直到 2003 年。至今，我已带教了 26 名硕士研究生和 33 名博士研究生，7 名博士后也相继出站。如今我已不再每届招研究生，毕竟我的科室已有 8 位博士生导师，需要考虑他们的成长。我的研究生大多学有所成。现任的第九人民医院院长、南京大学口腔医院院长、同济大学口腔医学院院长都曾经是我的博士研究生或博士后。至于任科主任者那就更多了。他们中有的还被评为"有突出贡献的中青年专家"。除他们自己的努力和天赋外，我想研究生训练对他们的成长应该是有很大帮助的。

作为科研成果的反映，50 多年来我已在国内外杂志上发表了 300 余篇论文，主编了数十本专著，虽然产量不低，但真正让我满意的论文不过 20 来篇，约占自己执笔论文的 1/5 左右，其中为口腔颌面外科医师和学生写的规划教材《口腔颌面外科学》、参考书《口腔颌面外科理论与实践》以及最近出版的《邱蔚六口腔颌面外科学》，应是我比较满意的。

卒业植根半世纪，悬壶问药无穷期。

夕阳无限风光好，耄耋之年犹奋蹄。

这也许能说明我眼下的心态吧！

（本文写于 2008 年 11 月，改定于 2022 年 9 月 4 日）

邱蔚六　口腔颌面外科专家。1932 年 10 月生于成都市。1955 年毕业于四川医学院。曾任上海第二医科大学口腔医学系主任、口腔医学院院长、附属第九人民医院院长等职。现为上海市临床口腔医学中心主任，上海交通大学口腔医学院名誉院长、口腔颌面外科教授。兼任中华医学会理事、中华口腔医学会口腔颌面外科专委会名誉主任委员、中国抗癌协会顾问、中国香港牙医专科学院名誉院士、日本大阪齿大名誉教授，以及国际牙医学院等四个国际学会院士或成员。擅长颌面部肿瘤与整复外科。在国内首先对颞下颌关节强直伴发 OSAHS 患者行手术矫治。倡导的"综合序列治疗"使口腔鳞状细胞癌的平均五年生存率有显著提高。在国内外杂志上发表论文 300 多篇。曾获国家发明奖、科学技术进步奖 3 项，其中"游离前臂皮瓣软腭再造术"及"经关节镜滑膜下硬化疗法治疗颞下颌关节脱位"分获国家发明奖（1996，1997）；20 多次获部、市级科学技术进步奖。2004 年获何梁何利基金"科学与技术进步奖"。2001 年当选中国工程院院士。

> 提起沙漠，总令人想象：极端干燥，万里不毛，地面狂风推着沙丘滚动，沙暴蔽日……野外实地探测后却发现那里景色多姿，生机盎然。
>
> ——任阵海

野外探测考察纪事

在我从事大气环境研究工作的过程中，曾有一段承担野外探测考察的经历，而且是来往于戈壁大沙漠的腹地。

提起沙漠，总令人想象：极端干燥，万里不毛，地面狂风推着沙丘滚动，沙暴蔽日……我被派到那个地方工作，思想上总会有或多或少的困惑乃至做好牺牲的准备。然而，野外实地探测后却发现那里景色多姿，生机盎然。戈壁沙漠无边无际，有的地方原是远古时期的海，偶尔也能看见贝壳、螺丝等古海洋生物的遗骸。站在古海底放眼望去，沙漠漫延却相对平坦。海底地区，其间亦有高山壁立，看得出是古海洋中的岛屿，这类岛屿山体长期受海水冲刷，山坡很陡峭。也看得出有岛屿山系，虽然称"山系"，似被海水长期冲刷，常有断裂隙缝，隙缝两边，高高的山峰对峙，山脚之间形成夹壁样的狭窄的小径，沿着小径走去，就容易穿过远看似连绵高耸的山系。沙漠中也有另一类景观的山域，山峰的相对高度可达几百米甚至五百米以上，但山坡平缓，群山连绵。

这个地区处于西北方向吹来的盛行风下游，夏季较强的气流翻越山峰，在峰顶形成强烈的上升气流，时常出现局部积雨云，故往往带来阵雨，虽是短暂的阵雨也常呈雷鸣电闪，倾雨如瀑；而冬天的山顶和山坡却铺满白雪。而且，这类积雨云总是沿着山脉的峰脊移动，边移动边降水，因之峰顶和背风坡承受

任阵海 院士
（中国工程院提供）

着相对丰沛的雨量。背风坡又是向阳坡，山坡的脚下汇成不大的沼泽或湿地，林木郁郁成片。走近观察，林地中遍地枯落的枝叶，茂绿的树木挺立其间，杂伴着不少高大的枯树，偶有好事者点燃它，会烈焰冲天。它常是营造临时的野外营地的梁柱，也是取之不尽的篝火原料。沿着山脉的向阳坡脚，断断续续生成一条可能亘古以来罕有人踪的丛莽之地，绿芜相杂，是真正的世外之境。

宏观而言，不少的向阳坡脚也可以看到当年不竭的水源走向，它们从山坡向外流出去，会在沙漠中形成既深又宽的干涸了的流水沟。可以想见，这些水沟是由丰水年的山洪冲刷而成，它们甚至可蜿蜒流出山脚十几千米远。大沙漠里还有不少泉水眼，抑或是这类水源也有一定的贡献吧。水会在沙漠地下流动，在合适的地点冒出了水头。我们的很多工作点都选在泉水旁，安营扎寨。沙漠泉水溶解了许多矿物质，人虽不能喝，但方便洗用。小小泉水滋润着周围的生机，夏天引来野鸭，池水上面蜻蜓翩翩，附近

生长着的植物丛间也偶有珍贵的中药材。茫茫沙漠纵横散布着黄羊跑出来的羊径。据说，循着羊径或远或近总可以找到泉水，有泉水就出现了一派生机。

当然，沙漠中也确有不毛之地，日光晒得沙面耀眼，错落着矮矮的石山，山体黑白条纹层层相叠，好似月球上的景色。这样的地方，平时完全没有噪声，两人谈话能清楚地传播到数公里之外。

这一带的野生动物并不怕人，听说有解放军战士反穿着有毛的大衣混入野生动物群，彼此相安无事。我就亲眼看着大头羊来泉水边饮水，我们可以走到离它们很近的地方，它们喝完水抬头凝视我们片刻后，便悠闲自得地带着小羊羔调转身缓缓离去。夏天的黑夜里一群跳鼠在帐篷里到处乱跳以寻觅食物，它们似乎最喜欢吃葡萄，在天亮前便逃得无影无踪。倘若扣住一个，发现它最怕阳光，会全身颤抖出汗而死。后来知道是阳光的刺激，使它们神经错乱。狐狸也常会溜进我们的食堂，偷吃剩饭剩菜，它们似乎偏爱炸油饼，连着盛油瓶的篮子也会一齐被叼走。遇到动物发情期，深夜还会传来断断续续的嗥声，由远及近，传至我们的住地，听来凄厉。设在远处的观测点，常常需要单人值班以操作仪器，不能中断观测，黑夜中常常会有不知道名字的动物来到观测点附近嗥叫，那场景真的令人毛骨悚然。

在广袤无垠的区域，我们发现了许多地点的大气环境条件很奇异。经过讨论商定，我们分成几个小组分散到拟定的地区，同步探测几天数据，再回来集中分析与研究。于是，每个小组带上仪器、水、口粮，还有防身用的武器，各乘一辆汽车按着地图和方位去寻找预定地点。车轮在荒寂无路的沙丘间探索前行。我所属的小组凌晨出发，跋涉至晚才找到了指定的地点。我们选择了冲蚀形成的旱沟里，傍着沟崖搭起临时的工作点，又从工作点拉出电线到百米以外平坦沙面建好临时观测站，立即进入工作。借着天空的余晖，看见远处山脚苍茫一片。第二天留下观测人员，我们便驱车来到山脚的林地，既是要拖运枯木以备篝火，也是来探究其神秘的。说不定我们还是自古以来到访此处的最早探访者呢。有一位同志走近沼泽，渐渐走向深深的草丛，蓦然惊出了一只土豹子，蹿起来与我们擦肩而过，很快又消失得无影无踪。沼泽四周丢弃着一些野羊的尸体，看来食肉野兽会伺机捕食来此地喝水的野羊，似乎它们的食物相当丰富，只吃掉内脏，丢弃肉体与骨架。我们驾车围绕林地观察，见到了林地的主人——野兔、野羊和一群野驴，还看见几只野骆驼，体形高大膘肥皮亮，还有不少飞鸟。由于林中飞虫叮人，我们实在难以再深入了。

这次组织的分散探测是在暖季，中午漫野阳光曝晒，沟里石头很烫手，同伴说："石头上能烤熟面饼不算夸张。"而进入夜晚又需穿棉大衣，烧着篝火倒也别有情趣。有的飞鸟掠过我们头顶，鸣声各异，似乎它们也好奇地飞来探究我们。

观测工作是结对轮班，夜班分成上半夜班和下半夜班。有一次，轮到我下半夜出来观测，仪器出现了故障，只好用拉线电话请工作点来人帮助修理，有人很快走来，他远处看见我身后黑乎乎一团，用手电照亮，黑团突然站立起来，上肢伸开，随即向远处遁去。我们惊异不止，立刻叫醒睡觉的同伴要警戒。天亮后仔细观察，有类似熊的爪印，还蹲在我身后近处呢。我们这下才明白，大型野兽夜间行动既迅捷又悄无声息。当然，以后我们凡夜班都设置了保护。

严寒季节的一天晚饭后，驻点电台收到通知；尽快派人到总

任阵海野外考察留影（作者提供）

部开会。驻点距总部有上千公里，一时找不到汽车，情况突然，不能迟疑。我立即步行十多公里走到交通干道上的哨卡，好搭乘便车。天色暗下来，寒风透骨，终于遇上交通车，车厢里已坐着几位同志都是同一目的。汽车疾驶，进入山区，天色愈黑，突然汽车停住了。驾车同志命令道："出发时很紧急，忘了给汽车加水，现在水箱里的水开锅了，你们拿上脸盆到山坡上取雪，化成水，加上水再走。"我们才发现驾驶员是一位很年轻的小战士。大家服从他的命令。有人收集雪，有人用石头垒起炉灶，有人折断干枯灌木枝。这时，气温已近零下40℃，手电筒里的电池已失效，好在雪面映着星光，四周还是微亮。点燃枯枝成熊熊火把，尽快塞进脸盆下的炉灶里。"事故"发生了，极端寒冷的石头突遇火焰，噼啪崩裂，碎石飞溅，脸盆崩翻了，人也不能近前，我们都是第一次看见如此场景。虽融雪失败了，但获得了经验，先小心加热炉灶，使石块受热均匀了，再把堆满雪的脸盆放在炉灶上面，雪终于缓慢地融化成了水。划亮火柴看了看，发现水里已落入很多烧黑的小枯枝。"大家把手帕拿出来盖在水箱口上过滤。"不知是谁理智地想到了，"真是个好主意。"大家赞叹着。于是，小战士端起水盆兴冲冲走向汽车。可是，汽车水箱已完全冻死了。车已不能开动，大家只能躲进车厢避寒，车厢里的空气好像冻凝了，先是脚趾、手指冻得生疼，黑暗中不时有人跺脚，接着麻木了，失去知觉了，渐渐全身也都僵硬了。幸而被过路车辆上细心的人们发现了，他们把我们架出来，送到几十公里外最近的一个修路道班的窝棚里，人家都很热情，马上把温暖被窝让了出来，烧了红糖姜水给我们喝，经过了五六天的养伤，我们才暖过来了。事后回想起来，我们一路所遇到的问题全是普通的物理常识，然而，在情急之下却茫然失措。

姿态万千的戈壁景观，孕育着并影响着很有地区特色的大气环境条件，常常探测到地面以上几十米高就出现了强风切变，观测到几近没有水汽条件的垂直的感热交换。清晨施放一批气球，一段时间后，个别气球又飘回来了……这些都是野外探测获得的意想不到的知识，大大开拓了我们的眼界。

探测与观测的驻点很分散，彼此相距遥远，我们都是同解放军同志一块吃、住、工作。他们对我们关心备至，严寒期发给我们超过了战士配备的御寒装备，为我们构筑托泥沙的坯子，还盖上泥沙坯的屋顶。屋子虽矮，里面却建起有火墙，暖烘烘的。我们不参加解放军战士的轮流放哨，但必须参加军事紧急集合。深夜睡得正香时，一阵急促哨声，要赶快穿衣，打好行军背包，带上必须携带的物品，跑出去站在队伍的尾部。一切必须在3分钟内完成，在规定的时间内，我们并没有拖沓。我所在的这个驻点，解放军人数不多，倒是营首长的驻地，营长看着我们走过来，身前身后打量一番说："你们几个人不像解放军，背包松松垮垮，倒像进京赶考的秀才！"营长的话引来一片笑声。我们看看解放军战士，个个行军背包整齐，一律背着弹药挎包，紧握武器，并带着必须携带的物品，严整且抖擞。但我们没有自馁，时间长了也练就了好身手。夜半哨声一响，我们动作敏捷，跑出去站队，也成了这支威武队伍的一员。大家愈混愈熟，亲如兄弟。在紧张工作的间隙，我们也会来一场球赛，号称"北京队"对"八一队"。那时，我们也都年富力强，球赛的结局总是互有输赢。

这段野外探测考察经历，在别人或为寻常。对于我和一起工作的同志们，却都深铭难忘。

（本文写于 1998 年，改定于 2022 年 8 月 25 日）

任阵海 大气环境科学家。1932 年 11 月 7 日生于河北大名，原籍河南新乡。1955 年毕业于北京大学。曾任中国环境科学研究院副总工程师、国家环保局气候影响研究中心总工程师。兼任中国环境科学学会理事会顾问、《中国环境科学》编委等。主要从事大气环境检测与治理的理论与工程应用、气候变化对环境影响的研究。20 世纪 50 年代末参加国家战略作物防寒害工程，从事云雾催化工程。60 年代受命组织军事环境研究，负责核试验场边界层污染实验及三线基地设计中的选址和防环境污染研究，倡议建立大气环境实验基地并创造性解决建立适宜模型、发展探测技术、获取综合参数等关键问题，填补学科空白。建立大气环境容量理论，解决了环境规划、控制的难点，应用于多个区域性经济与环境的调控对策。首次揭示我国与跨国大气输送宏观规律，创立大气环境资源背景场。主持气候变化对我国环境影响研究，向联合国提交国家报告。曾获多项国家科学技术进步奖一等奖、二等奖。发表《沙尘天气对大气环境影响》等多部著述。1995 年当选中国工程院院士。2011 年在中国大气环境科学与技术大会上获"终身成就奖"。

纵向培育人才有优点，但也有局限性。只专注纵向，大学就变成了职业大学。上海交通大学不是职业大学，是培养工程师、大师的地方。如果只懂一个学科，是成不了大师的。

——阮雪榆

不断探索和追求

难忘恩师教诲

我祖籍广东中山，祖父是澳大利亚华侨，外祖父是泰国华侨，到我父母一辈移居回国内。父亲是上海的工商业者，母亲是著名的医师。1933 年 1 月，我出生在上海静安寺路（现名南京西路）的静安别墅。由于时值日本侵略军占我国山海关之时，山海关又名榆关，"雪榆"之名乃父亲望我解雪榆关之耻也。

我是在上海当时广东旅沪同乡会办的郇光小学求学的，从校长、教师到校工都一律用广东话授课和交流，做礼拜（校长是基督教的著名牧师）也用广东话。小学毕业后转入位于上海新闸路的大同大学附中二院念初中。高一时转入上海市南洋模范中学。1953 年毕业于上海交通大学机械工程系，毕业后留校任助教。

在高中学习时，赵宪初老师教我们三角课程，他要我们背诵许多公式，使我感到在学习中记忆与理解都是十分重要的。在

阮雪榆　院士
（2012，方鸿辉摄）

大学学习期间及毕业后留在交通大学任教的多年工作中，我师从庄礼庭教授（以后他任西安交通大学校长），庄教授不仅在业务上对我要求严格，更在生活上与思想上对我关怀备至。我的治学态度和从事研究工作的方法都得益于庄礼庭教授的悉心指导。

探索冷挤压技术

1958 年交通大学迁校至西安，我在西安交通大学任教一年，后被派回上海工作。回沪后，即从事机械制造中少切削甚至无切削技术——冷挤压技术的研究，并在 1963 年出版了我的第一本著作《冷挤压技术》。

1966 年的"文化大革命"将我列为"反动学术权威"，更因为《冷挤压技术》上的一个图案，将我列为"现行反革命"，还被抄了两次家。当时，每天要洗 15 条大被单，要打扫厕所，还要做其他清洁工作。

1969 年，我有机会被列为"控制使用"对象了，就要我将冷挤压技术应用到工业生产中去。在"受控制"的条件下，我不顾当时的恶劣环境，将这项新技术往轻工、机械、航空、兵器生产上推广，并得到了很好的应用。当然，我也未曾放弃自己所从事的其他研究工作。

在粉碎"四人帮"后的 1978 年，由于我的工作成绩，被破格直接由讲师晋升为教授，并出席了 1978 年在北京召开的全国科学大会。

"科学的春天"终于来到了，心情舒畅，科研效率自然高了。同年，我被任命为交通大学压力加工教研室主任。压力加工是机械制造中的一个二级学科，重点大学的学科仍然按照 40 年前的苏联模式划分得很细，这与当代科技发展的水平与高科技人才的培养是不相适应的。重点大学学生的培养应着重打好学科基础并注重能力（包括学习能力、工作能力以及研究能力）的培养与知识的拓展。

将科技转化成生产力

1978 年，我提出了一个从改革科研体制入手，从而改革教育体制的设想。当然，这只是一个小规模的体制改革试验。

1983 年，我与上海当时的第二轻工业局联系，建立了上海交通大学与上海市第二轻工业局共同领导的上海模具技术研究所。这是一个由交通大学与上海市共同组建的研究所。自 1983 年起就开始实行董事会领导下的所长负责制，经济上独立核算。这个研究所是以模具CAD（计算机辅助设计）/CAM（计算机辅助制造）为科技服务作为工作重点的。在研究所具体工作内容上，以 50% 的精力从事研究开发（R&D），另外 50% 的精力从事对工业企业的技术转移。这个研究所在技术转移的战略上的一个更大的特点是，不仅将本所的科研成果对工业企业进行技术转移，而且应用"系统集成"的新战略来实施技术转移。我认为，为了将科技转化成生产力，必须进行有效的技术转移；研究开发则是技术转移的一个重要基础；而系统集成则是技术转移的重要手段。要进行系统集成，必须及时掌握国内和国际上的科技信息。为此，高层次的国际合作就必不可少。多年的工作实践表明，我们研究所已经与美国福特汽车公司、美国 EDS 公司、日本三菱株式会社、日本沙迪克株式会社、日本松下电工株式会社、瑞士 FEINTOOL 公司等国际一流跨国公司建立了高层次的密切的技术与经济合作。我们不仅吸取他们的高技术与管理经验，还跟他们作相互的技术转移，将我们研究所的层次提高到一个较高的水平。我们也使用国际上的先进技术为推动国内许多支柱产业的技术进步作出贡献。

当然，学校办研究所必然有育人的功能。也就是说，我们不仅建立了一个一流大学的科学技术研究开发基地、技术转移基地，还建立起一个一流大学高科技的教学基地。我们这个学科的学生，可以用国际一流的教学科研设备从事学习、研究。同时，还为高等工业学校培养机械学科人才、先进制造技术人才探索一条较理想的通路。客观地说，这项改革在当代高科技迅猛发展的时代，既走出了一条大学科研如何与工业生产相结合的道路，也为工业企业进行高科技改造探索了一条有效的途径。

不断探索和追求

20 世纪 50 年代，我们曾全盘学苏联，建立一套教学体系，把专业划得很细，基本属于纵向体系，搞机床的搞机床，搞造船的搞造船。这个体系有优点，也有缺点。最近几十年科学技术的发展表明，只有纵向体系是不完善的。学科间必然会有相互渗透、相互影响，因此还必须建立横向的育人平台，有纵有横，才能全面。

我承认我是模具专家，我也承认我是塑性成型专家。从 1955 年成立教研室，到现在已有 55 年了，纵向确实做得不错。我从

1959 年起就从事冷挤压技术，把钢材像牙膏一样挤出来。1963 年我出版的《冷挤压技术》，到 2009 年开国际会议时，日本大阪大学的一位教授还向我索要这部专著，他说要引用其中的部分内容。可见，虽然已过了 50 年，该技术仍然有用。后来，我又写了两部专著。最近，我的学生又将其修订出了一本新版。冷挤压技术各行各业都会用到，这项技术毕竟有它独特的优点：切削量很少，节能减排，节省材料；产品精度很高。目前，它仍属于先进技术。这个项目 1978 年曾得到了"全国科学大会奖"。

目前我的学生——38 岁的赵正教授已当选国际冷锻学会的委员，全球只有 7 位。联合国教科文组织设立了专门教席，秘书长亲自颁发聘书给我，是全球冷锻方面的联合国教科文教席。在最近的国家重大专项中，我们塑性成型拿了 7 项，是交大拿得最多的专项。

所以，我们在纵向上确实是做了一点事情的。改革开放初期，一位德国科学家来访，我们聊到纵向培育人才有优点，但也有局限性。只专注纵向，大学就变成了职业大学。上海交通大学不是职业大学，是培养工程师、大师的地方。只懂一个学科，是成不了大师的。还必须从横向拓展，在传统学科知识体系中不断注入新的科学和技术理论，让学生的知识营养更丰富，知识结构更合理。

冷挤压技术可用于汽车制造，但在 20 世纪 80 年代，我们国家汽车工业还不很发达，我想冷挤压技术暂时不会有大的发展。那么，接下来该做什么呢？

我想，当时要大力发展轻工业，所以模具就很重要，于是转向做了模具。当时已经有了计算机辅助设计（CAD），我认为模具的出路也就在于 CAD。当时，胡耀邦同志曾在上海问道："你们哪个单位要贷款？"我们立即响应，通过上海第二轻工业局申请了 9000 万美元的贷款，买了当时最先进的计算机和软件。电子工业部计算机司司长知道后，成立了"南方 CAD 中心"，由我来做主任。

阮雪榆在办公室接受采访（2012，方鸿辉摄）

20 世纪 90 年代，美国的科学比日本、欧洲发达，但是工程方面却没有日本、欧洲那么强。所以美国拨款建立 ERC。我国了解这一情况后也想这样做，就向世行贷款 3 亿美元，我们研究所拿到了 300 万美元，成立了研究中心，从电子工业部所属的中心，再到国家模具 CAD 辅助设计中心，我们在 CAD 方面打下了基础。

当时分两条路：（1）产业化，生产一些外面不会做的模具和塑性成型，模具产业化的最高端是检具，就是检查汽车上零件对不对，全中国只有我们一家做；（2）软件开发，从1982年开始，至今已做了28年了，我们有一流的设备、人才和管理，所以国家发改委的相关部门就看重我们，认为设备那么好，应该关注全行业，国家需要我们建立横向数字化制造的平台。现在，我们已在造船、汽车、机床、风力发电、轻工业产品、数字化医学等各个领域都有课题。

50多年来，我们的专业已培养了1800多名本科生，400多名硕士，150多名博士。经过这么多年的努力，我们终于建成了一个纵向和横向交叉的学科平台。我一直反复叮嘱学生：你们不是职业大学的学生。

另一个策略思想是走国际合作之路，我们现在一半做国家课题，另一半做国际合作。国际合作是一个重要战略。我们现在与40多个跨国公司进行国际合作，最重要的收获是战略信息。15年前福特同我们签约，副总裁是克林顿总统的原顾问萨克奇，前一段时间他的顾问还跟我聊了两个多小时。法国前总理拉法兰带了记者来看，德国工程院院长是我的好朋友，也来看了。科研的微观信息是保密的，因为涉及知识产权，但是有些战略信息我们是可以让他们了解的，共享这些信息对于我们把握大的发展方向也是很有好处的。这是第一个收获。

我们的第二个收获是技术的管理，比如项目管理。第三个收获是经费支持。这些收获就不在本文展开了。

另外，就是要做别人没想到、不敢做、不能做的事。我是日本熊本大学的荣誉教授，我们帮他们设计软件，把原先要16个小时的工作缩短为 1 个小时。原来汽车的安全气囊要做 60 次安全试验，每次试验所用的假人要 15 万至 25 万美元，现在用我们的软件，做 3 次就可以了，节省了大量的试验费用。

目前，国家计委、国家科委、国家教委、上海市政府、世界银行都肯定了我们的工作方向与成绩。已批准在上海模具技术研究所的基础上再给予大规模投入，建立中国国家模具 CAD 工程研究中心。因此，我必须在以前工作的基础上更加努力，继续不断地探索和追求。

（本文写于 2012 年 8 月）

阮雪榆 压力加工专家。1933 年 1 月 6 日生于上海，祖籍广东中山。2019 年 2 月 3 日逝于上海。1953 年毕业于上海交通大学，1954 年在清华大学机械系进修。1959 年起在上海交通大学任教。历任上海交通大学材料科学与工程学院教授、名誉院长，国家模具 CAD 工程研究中心主任，上海模具技术研究所所长，国家数字化制造技术中心主任，数字化造船国家工程实验室技术委员会主任，联合国教科文组织冷锻技术教席负责人、国际冷锻学会 ICFG 会员以及多本国际学术期刊编委，清华大学兼职教授、日本国国立熊本大学荣誉 FELLOW。作为国际知名数字化制造技术与塑性成形技术（冷挤压技术）专家，曾先后主持完成多项国家重点攻关项目、上海市科委重点科技攻关项目和国家自然科学基金项目，并与 30 多家国际知名企业建立联合研究室，涉及汽车、造船、航空、装备制造多个领域。曾获国家及部、市多项科技奖和国际奖励。著有专著 4 部，发表论文 100 多篇。1994 年当选中国工程院首批院士。

在国家建设中，林业不可缺少；在维护人类生存环境中，林业非常重要。要完成祖国绿化大业，真正改善国土面貌，还要进行世纪性的努力。这件大事需要有人去做，也需要有才华的人为之操劳。

——沈国舫

光荣的"林家大院"一员

我出生和成长在上海弄堂环境之中，可能正是由于这种城市环境太拥挤憋闷，反使我从小就向往大自然，喜欢绿树青山。

1950年高中临毕业时，正值中华人民共和国成立后第一个春天，祖国百废待兴，为我们青年学生展示了美好的明天。我在上海一所名牌中学（上海市上海中学）上学，按平时的学习成绩，选考名牌大学和专业一般不存在什么问题。我的同学们大多报考清华、北大、交大等理工科院校，而我却别出心裁地以当时刚组合成立的北京农业大学的森林系（以原北大农学院森林系为基础）作为我的首选志愿。我看过几本讲述森林作用的小册子，应该说对我有一定的影响。曾在报刊上看过的有关苏联防护林建设（从1948年开始）的材料也激励了我，加上平时对大自然的爱好，就毅然作出了报考林学专业的决定。至于这个行业的发展前途如何、

沈国舫 院士
（中国工程院提供）

工作环境是否艰苦等问题，当时连想都没有想过，只知道这是国家建设所需要的。这就够了。我以相当高的考分考上了我的第一志愿。这年秋天，我就兴冲冲地北上，去向往已久的首都，到北京农业大学森林系报到了。从此，进入了林家大院，开始了我一生与树木打交道的历程。

在北京农业大学一年级（当时大一部集中在学校卢沟桥农场）的学习生活是艰苦的，也是新鲜的。我们除了上一些基础课外，要参加农耕实习，还要到附近农村办夜校，教农民识字、认数，并传播先进的农业技术。特别是那年正开展"抗美援朝"运动，学习、宣传、参军、参干，搞得轰轰烈烈。我当时已被选为大一部的团总支委员，政治活动很多，业务学习上靠着老底子也还取得不错的成绩，但对于林业是怎么回事还是不甚了解。

1951 年 7 月，突然收到校本部通知，要我去面谈，由校领导亲自跟我谈话，是要我立即去燕京大学（即现北大校址）集中，准备去苏联留学。为了培养社会主义建设的专门人才，中央作出了提前或抽派出国留学生的决定，甚至不等我们做好语言准备（我们中大多数原来都是学英语的）就要派出。我是作为高等教育部派出的生源，给我规定的具体专业方向就是造林。经过一阵忙乱的集训、置装、办理护照等活动，8 月中旬的一天晚上，周恩来总理亲自在北京饭店设宴为我们钱行。第二天，我们这些解放后第一批国家公派的300多名留学生就从前门老北京站出发，登上专列，踏上去莫斯科的旅程。记得送我们去火车站的汽车经过天安门广场的时候，大家情不自禁地唱起了当时很流行的《歌唱祖国》，唱得是如此不同寻常，高亢激昂，至今声声在耳。

到莫斯科以后，我被分配到以历史悠久、学术水平高而著称的列宁格勒林学院求学。单身一人，又不懂俄语，就这样被送到了学校，连入学注册都出现了困难，临时只能请一位英语教师来帮忙。来苏联前，高教部曾给我们打过招呼，可以在苏联先学一年俄语，但我们这批人中几乎没有一个是这样做的，都是一面学俄语，一面跟着听课。听不懂就根据公式图像符号去猜，靠翻字典去抠，一天花不少于13个小时的纯学习时间去拼，到学期结束时与苏联同学一样参加考试。这样，两年下来就完全跟上了学习进度，以后就比较自如了。我上的林学专业那个年级，大班有近150名同学，其中除苏联同学外，还有不少来自东欧和亚洲的留学生。在这样的国际环境中，我产生了作为一名中国学生的荣誉感和为祖国社会主义建设而努力学习的强烈责任感，这也成了我好好学习的强大动力。我成了班上的学习尖子，我的照片年年都贴在学校的光荣榜上。我还成了学生中多项活动的积极分子，深得苏联同学的拥戴。在5年的学习中，我的全部课程成绩是优秀，我的关于固沙造林的毕业论文也被作为优秀论文选送到列宁格勒市参展。怀着参加祖国第一个"五年计划"建设的冲动，和为祖国山河治理、大地绿化而献身的崇高愿望，1956年7月，我又搭横穿西伯利亚的火车回到了阔别5年的北京。

回国后，我被分配到北京林学院（即现今的北京林业大学），这实际上是我的母校，因为她是以北京农业大学森林系为基础、联合其他学校的同类教学单位组合建成的。因为留学前给我规定的专业方向是造林，我就被顺理成章地分到了造林教研组，当上了一名助教。我还是用在苏联留学时同样的热情投入了工作，熟悉国内情况，了解学科前沿，钻研基础理论，参加生产实践，尽力讲好每一堂课。同时，开展一定的科学研究工作。在起步的头几年，虽然也有过不如意的遭遇，如在1958年就差点被当作"白专道路"的典型而成为批判对象，但我以我的执著、我的热情、我的刻苦、我的工作效率，终于得到了大家的认可。1960年，我顺利地晋升为讲师，当上了教研组副主任，开始带研究生。1961年初，在我27岁的时候，就被委任为我国第一本全国通用统编教材《造林学》的编写组组长，并在较短时间内出色地完成了这项任务。1963年，我被《光明日报》公开表扬，成为有希望的中层骨干教师，在校内也由于教学效果好、科研成果多而小有名气。谁知这一切却成为后来"文化大革命"初期被扣上"修正主义苗子""镀过银的小权威"等帽子的缘由。

"文化大革命"是一场噩梦，给我们大家都带来了不小的冲击，但我清醒得比较早。从1967年下半年始，我又偷偷地钻研起了业务，因为我坚信，祖国需要绿化，国家需要人才，"知识越多越反动"是混账逻辑，我们的知识不是多了而是少了，有了知识将来总会有用武之地。利用"文化大革命"中的空闲时间，我重新学起了英语，细啃了几本原来没有足够时间阅读的大部头著作，进行了不少生产实践的调查研究。功夫不负有心人，在"四人帮"被打倒的时候，我已经成为林学界有点声望的中年专家了。

改革开放的大好时光给了我一个充分发挥自己能力的环境和机会。1979年上了一年"四会"英语班。1980年参加了国家科委组织的在香港举办的微机培训班，使我如虎添翼。在林业工作迅速发展的强烈需求下，在我的前期工作长期积累的基础上，我的科研进度大大加速，科研成果也不断涌现。"华北石质山地立地分类评价和树种选择的研究""树种抗旱特性及其机理的研究"等，一项项成果完成并发表；制订发展速生丰产用材林的技术政策，确定太行山绿化方针，编写大兴安岭特大火后灾区恢复森林资源和生态环境的考察报告等，一项项任务的顺利完成，也逐渐地把我推到了全国造林界学术带头人的地位上来。

沈国舫考察原山生态资源保护（资料图片）

同时，我的专业职称由副教授、教授及博导，行政职务也由教研组主任上升到教务长、副院长直到大学校长。"双肩挑"的重担我一直挑了十几年。1993 年由于年龄及健康等原因而从北京林业大学校长的位置上退下来的时候，又被选为林学界最大的学术组织——中国林学会理事长。1995 年，我还荣幸地当选为我国工程技术界最高学术机构——中国工程院院士，达到了我学术生涯的高峰。我并不满足于已取得的成绩，愿继续学习进取，发挥作用，为祖国的林业及工程技术的发展贡献我微薄的力量。

从 1956 年算起，我在林业工作岗位上已超过了 40 年。林业工作的艰辛，林业工作在一定时期内不被人重视，搞林业的人有时还被人看不起，被认为没学问……这些，我都亲自经历过了，但我对自己进入"林家大院"从来不悔。在国家建设中，林业不可缺少；在维护人类生存环境中，林业非常重要。要完成祖国绿化大业，真正改善国土面貌，还要进行世纪性努力。这件大事需要有人去做，也需要有才华的人为之操劳。我在这件大事上献出了自己毕生的精力，是很值得的。

（本文写于 1998 年，改定于 2022 年 8 月 8 日）

沈国舫 林学及生态学专家。1933 年 11 月 15 日生于上海，原籍浙江嘉善。1956 年毕业于苏联列宁格勒林学院，同年回国进入北京林学院工作。1980 年后相继担任该校副教务长、副院长、副校长、校长、校学术委员会主任。兼任中国林学会理事长。1998 年至 2006 年担任中国工程院副院长。长期从事造林学和森林生态学的教学与研究，是国家重点的造林学科带头人。主编了我国第一部《造林学》。主持起草的《发展速生丰产用材林技术政策》列入国家科委蓝皮书。第一个提出分地区的林木速生丰产指标。较早应用立地因子——树种生长关系多元统计分析方法，创造性进行多树种平行研究，使我国造林技术得到大提高。主持起草"大兴安岭特大火灾后恢复森林资源考察报告"，对火灾后的森林资源和生态环境的恢复工程的确立起到关键指导作用。着力从事林业可持续发展战略及水资源和生态建设研究及咨询，取得显著效果。已发表论文 110 多篇，出版专著 6 部。1995 年当选中国工程院院士。

对我来说，教学、科研早就与生活融为一体，而育人的无穷乐趣更是在我的血液里欢快地奔腾着。

——沈祖炎

乐育英才

幸遇名师承父业

我从小生长于上海。家父是位土木工程师。19世纪20年代，上海滩有名的建筑都由外国工程师设计，家父年仅28岁时却成功地承担了当时上海外滩最高建筑——字林大楼（现外滩友邦大厦）的结构设计，从此在上海土木工程界小有名气。

由于从小对父亲职业的好奇和对大工程的敬畏，加上自己非常喜欢物理学和数学，似乎自己认真地画画算算与所崇拜的父亲的职业很接近，因此，1951年9月，自上海市南洋模范中学毕业后，报考大学时的唯一志愿，就是上海交通大学土木工程系。我有幸成了当年上海交大土木工程系录取的最高分学生。实现了继承家父事业——建筑工程师的梦想。

院系调整后，我于1955年毕业于同济大学。

1962年我又有机会攻读研究生，当时是四年制的，没有学位制度，接近于现在的博士研究生。更有幸的是我在同济求学时遇

沈祖炎 院士
（2009年，方鸿辉摄）

上了两位泰斗级恩师：王达时先生和李国豪先生。王先生主要负责制订培养计划和课程；李先生有一个研究室，我当时在那里做研究写论文。李先生对于研究方向规划得很细，当时有很多研究生和一些青年教师一起在那里做研究。

两位恩师的言传身教至今历历在目。王达时先生授课很有魅力，听他的课是一种享受，令我们陶醉。他的最大魅力是，上钢结构课从不带讲义，只用一支粉笔，从头讲到尾，板书准确，逻辑性很强，连例题中的演算、表格中数字的小数点都一个不错。而李国豪先生的桥梁设计课则有很强的逻辑性，强调重点，条理分明，讲深讲透，不留疑点。

我曾大胆地向王先生请教：为什么你的记性那么好。王先生说出的秘诀居然是"下苦功"。为讲好早上的课，他总是清晨4点就起床备课。我后来自己当教师，清晨4点怎么也醒不过来，只能前一天晚上一吃完晚饭就开始备课，直到午夜。这兴许是王师风格的"改进型"吧！

李国豪先生的研究室有几个研究方向，我们可以找自己感兴趣的题目去做，李先生自己也做研究。我们每周有一个上午大家轮流介绍自己的研究计划并报告进展情况。在报告过程中大家一起讨论，提出一些想法。李先生尽管已是中科院学部委员（院士），但没有一点大科学家的架子，他做的题目我们年轻人也可以提意见。通过相互讨论的方式慢慢就把大家的研究方向定下来了。

攻读研究生期间，两位恩师在总体研究方向上帮我们把握得很牢，指导研究思路、技术路线，指明前程，激发我们的研究兴趣。两位恩师育人的最大特点是鼓励我们独立思考，独立进行科学研究，不希望我们"老师怎么说你就怎么做"，要我们自己拿出想法与导师一起讨论。这种把我们推向科研前沿的"独立能力"的锻造，对我们培养科研兴趣，学会科研方法，培养科研能力，激发创新活力，均打下扎实的基础。

那时我尽管年轻，但从心底里深深感受到恩师在悉心地栽培我们，在科研前沿引领我们。我们与恩师的接触非常频繁、非常密切，师生感情非常融洽，没有学生看到导师就害怕或疏远的感觉。我们对导师的尊敬，完全是发自内心的由衷的尊重。那年月，我们研究室的师生融洽相处的道德学风和人文情怀，多么令人难忘，这对我们日后的科研创新和教书育人有着深深的影响。

中外比较育英才

在我做钢结构领域学问时，有很长一段时间是"英雄无用武之地"的。因为我国在很长一段时间是大造防"美国原子弹"的建筑，混凝土结构占了绝对主导的地位，加上那时钢材十分紧缺，必然成为钢结构的"郁闷年代"。研究生毕业时又遇上"文化大革命"，十年动乱令中国的钢结构研究与世界完全脱节。"文革"结束终于能看到国外学术刊物时，我惊讶地发现自己已完全看不懂了。原来这十年间正是国际上钢结构设计快速发展的时期，计算机的发展让钢结构的计算方法又发生了彻底变革。我只能再埋头苦学，一面刻苦补习英语，让自己能更准确地阅读国外学术刊物，另一方面则要尽快掌握如何使用先进的编程与计算。

"机遇偏爱有准备的头脑"。1980年，作为访问学者，我获得了前往以钢结构稳定和高层钢结构研究而闻名于世的美国里海大学符立兹研究所做两年研究的机会。当时，国家规定出国访问学者的最高年龄须在45岁以内，我很幸运地搭上了"末班车"。

在美国的两年访学，亲眼看见了美国研究生培养的思想与方式，其中不乏"研究生是导师的廉价劳动力"的例子。据我细察，确有这种情况，导师与研究生之间是雇佣关系，导师出了钱，研究生来做，学费、生活费都给了研究生，研究生就给老师做事，人情淡薄，缺乏人文关怀，也根本没有国内那种为国家培养高层次人才的观念。他们从不提人才培养的话题，只是导师有项目有钱，就要请研究生来做，完全是市场交易的手法与理念。有的美国导师觉得学生很好使，总想多留他们几年，在自己身边一直有一批廉价劳动力可供驱使，研究生念了七八年还毕不了业。难怪有些研究生对美国导师恨极了，师生关系变得非常紧张。

经历了中外研究生培养理念的对比，感触很深。回国后，我也当了研究生导师，就不得不令我思考：该用哪种思想和方式去带研究生。我觉得国内的研究生培养思想和方式确有自己的特色，首先是目标明确——为国家培养高层次建筑设计人才。所以，导师带研究生不是为了让他们来为自己打工，仅是帮导师完成某项科研任务或者帮导师完成什么事情，而始终应该明白，导师的责任是为国家的需要而培养高层次人才，这是国家托付给每一位导师的任务，应该把培养的事情、关怀人的事情摆在主要位置。

为此，我带研究生着眼于人才培养，根据学生的具体情况，制订相适应的培养计划，这符合"因材施教"的古训。我当然极力反对把研究生当成导师所雇佣的劳动力这种市场交易行为。我们周围确有一些导师接了很多项目，让研究生帮他完成，这些项目与研究生培养关系不大，这样的导师市场意识确实很强，唯独缺乏了对研究生培养的准确意识，所以学生也觉得几年的研究生生涯只是帮导师打工而已。

从重在思考怎样指导研究生的科研和实践能力出发，我对硕士研究生的学分要求也就特别高，一般导师只要求三十几个学分，我则要求我的学生念五十几个学分。我认为学生年轻，只要身体允许，理应刻苦钻研，我会给我的研究生把课程安排得比较满。只要是课题研究需要学的基础我都要让他们学到位，这样才谈得上"真才实学"。我并不要求研究生非做我的课题不可。在进行论文开题时，我总是先让学生自己拟定一个研究方向，学生按照研究方向查资料、看文献，然后师生一起商量，看看拟定的题目是否合适。一般研究生的课题方向都要反复斟酌两三次，最后才定下一个课题。这个过程既能让学生初步掌握做研究的一些基本方法、理念，又能通过课题的筛选，找出符合自己兴趣、特长的研究方向，为今后的科研生涯奠定良好的基础。毕竟一个好的开题报告，实际上已经把论文的50%完成了。

我总是希望学生能具备较强的独立科研能力，同时也强调做学问要有一丝不苟的精神。我常给学生讲：师父领进门，修行靠自己。我负责地把学生带进学术殿堂的大门，进门之后，更多的是靠学生自己的悟性，寻求独立的发展道路。我的这种思想和做法完全是秉承了我的恩师——李先生和王先生当年培养我们的观念和作风：重在根据学生的兴趣，培养他们独立研究的能力。我很少主动告诉他们下一步去做什么，让他们自己去摸索，他们摸索方向有偏差时，我会适时地给予指点，让他们去读哪些文献，然后再去独立探索。

至今，我已经培养了100多位研究生，他们离开校园后跟我的关系仍很和谐。他们认为做我的研究生确实很苦，我的要求很高，学习的课程也排得很紧，可是到了工作岗位之后，觉得这种苦是值得的，工作开展起来很潇洒自如，得心应手，只有基础扎实，方能游刃有余。他们的论文与日后所从事的工作不一定完全对口，但是所学的课程是有用的，论文中的具体知识不一定能派上用场，但是在写论文时一些科研思考的方法，一些处理问题的能力，却能让工作变得得心应手。

带研究生若产生了雇佣关系，研究生独立自主创新的能力就被压抑了，做导师的有责任去悉心爱护每一位学生。我还觉得，教师为人师表以身作则很重要。教师的一举一动学生都看在眼里，做得好，学生会把老师当作榜样；做得不好，他们觉得老师也不过如此，可能对自己的要求也自然而然地放松了。

教书是一门艺术，教学的内容与方法可以有很多种组合方式，讲坛其实是一个展示教师心灵和精神境界的舞台。作为一名教师，只有全身心地投入教学，才会感到其中的乐趣。其实，一个人不管做什么事情，倘若没有乐趣，是不可能达到很高境界的。这种乐趣，在教师生涯里比比皆是。

从教50多年，看着自己的学生从进入大学到走进社会成为国家的栋梁，这无疑是一件非常有成就感又极其快乐的事情。我一再鼓励他们要敢于冲破教学"条条框框"的束缚，走自己的路，希望他们发展得比老师更强，否则学术谈何进步。在钢结构领域，我教出来的学生留校从教开始独当一面时，凡他们的科研选题与我的课题发生冲突，我也总会主动避让，让学生站出来挑大梁。此外，我也尽可能推荐他们出席全国和国际的学术会议，让年轻才俊去崭露头角，让他们在专业领域尽快地开辟自己的一片天地。

而今我依然奔忙在钢结构领域，作讲座、写教材、主持重大课题、指导青年教师……依然忙得不亦乐乎。对我来说，教学、科研早就与生活融为一体，而育人的无穷乐趣更是在我的血液里欢快地奔腾着。

（本文写于 2009 年 11 月）

沈祖炎　钢结构专家。1934 年 6 月 5 日生于浙江杭州，2017 年 10 月 11 日逝于上海。1955 年毕业于同济大学，1966 年同济大学结构理论专业研究生毕业。同济大学教授、博士生导师。曾任同济大学副校长、研究生院院长、国家土木工程防灾重点实验室主任、国际桥梁与结构协会钢木结构委员会委员等职，兼任上海市防灾研究所技术委员会主任、中国工程建设标准化协会轻钢结构委员会副主任、中国钢结构协会结构稳定与疲劳协会副理事长，也是英国土木工程学会（ICE）和英国结构师学会（IStructE）资深会员。长期从事钢结构领域的科研、实践和教学工作，研究方向为钢结构稳定、抗震及非线性分析理论及设计方法。发表论文 300 余篇，出版《房屋钢结构设计》《钢结构学》《钢结构基本原理》等著述近 20 部，主编上海市《高层建筑钢结构设计规程》等和参编有关的规范、规程 14 部。主持 40 余项国家及省部级科研项目和 20 余项重大工程项目的结构理论分析和试验研究，包括为国家大剧院、上海环球金融中心、上海东方明珠电视塔、上海体育场、浦东国际机场航站楼、广州新体育馆、南京奥体中心等重大工程建设提供关键技术支撑，获国家级和省部级科学技术进步奖 30 余项。2001 年获"全国模范教师"称号，2006 年获全国"第二届高等学校教学名师奖"。2005 年当选中国工程院院士。

> 我是一个"只问耕耘不问收获"的人，只要对国家的科学及发展有利，便努力而为之。因此，十几年来，"疲于奔命"。有时连星期天都被占用了，但心情是愉快的。
>
> ——师昌绪

只问耕耘 不问收获

作为一名科技工作者，自 1955 年回国以后，我的经历大致可以分为以下两个阶段：1955 年至 1978 年主要从事金属材料的研究、开发和推广，这在《中国科学院院士自述》卷中已有所交代；从 1978 年到现在这一段，则以科研组织管理工作为重点，我大致做了以下四个方面的工作。

科技管理

1978 年，李薰所长调任中国科学院副院长之后，作为常务副所长，金属所的业务工作便由我来主持。1980 年我被任命为所长，一直干到 1985 年。金属所是一家名家如林、成绩卓著的大所。对于我这样一个声望不够高、性格较软弱的书生，其管理难度可想而知。20 世纪 80 年代初，鉴于腐蚀科学的重要性，我主动承担了筹建金属腐蚀与防护研究所的任务，作为兼任所长，在选址

征地、组织队伍、确定研究方向等
方面均付出很大努力。这个所是由
长春应用化学所及金属所有关学科
组成的 200 人左右的一支队伍，他
们能密切合作，优势互补。十几年
来已形成了具有一个博士点和博士
后流动站，一个国家重点实验室和
一个国家工程技术研究中心的科研
单位，在国内外有较高的知名度。

师昌绪 院士
（中国科学院提供）

1983 年春，李薰副院长不幸谢
世，他所兼任的中国科学院技术科
学部第一主任一职由我接任，干了 13 年，直到 1996 年 6 月才卸任。
在任的前几年，技术科学部是管中国科学院有关研究所的实体，
大到各所研究方向的确定，小到研究员提升的审定，往往感到有
点应接不暇。在此期间，由于接触面广，学习了不少专业知识，
也结识了不少朋友。

1986 年 2 月，国家自然科学基金委员会成立，我被聘任为副
主任。在任的 5 年内除了分管材料与工程学部以外，还有政策局
和管理科学组，做了很多具体的工作，如《申请项目指南》的制
定与编写，《科学发展战略研究》的启动与编写等。通过不懈的
努力和勤恳的工作，得到了广大同事的爱戴与拥护，所以在 1989
年推选全国劳动模范与先进工作者时，在完全自由投票情况下，
我被选为代表出席了大会。

我的最后一个职务是中国工程院副院长。倡议成立中国工程
院，早在 1982 年我就参与了。那时，受中国科学院技术科学部李

熏主任的委托，由张光斗、吴仲华、罗沛霖和我四个人组成小组，研究成立工程院的必要性并提出初步方案，经过几天的讨论，形成了一个意见，上书党中央和国务院，未能实施。尔后，每年人大会、政协会以及个人均不断提出成立中国工程院或扩大中国科学院技术科学学部的建议。1992年4月21日，由张光斗、王大珩、张维、侯祥麟、罗沛霖和我，又提出了成立中国工程技术科学院的建议。同年5月11日，江泽民总书记作出了肯定的批示，并请中国科学院牵头商请有关方面提出意见。这项任务就落到技术科学部的头上。不久，成立了一个以国务委员宋健为组长，由45名科学家和部门代表组成的筹备组，我被指定为筹备小组副组长之一。在整个筹备期间，自然花费了很多精力，特别是有些难以解决的问题，作为发起者的"老科学家"，起到一些作用。在中国工程院首届院士大会上，我被选为副院长之一。像我这样大把年纪还担任这个职务，主要是希望新成立的工程院与中国科学院建立更密切的联系，共同发挥作用。我也愿意为此站好最后一班岗。

1999年6月在庆祝中国工程院建院五周年时，六位发起人合影
（左起：师昌绪、张维、侯祥麟、张光斗、王大珩、罗沛霖，中国工程院提供）

学会工作

20 世纪 80 年代以前，我曾担任过中国金属学会、中国航空学会、中国宇航学会的理事或常务理事，但没有做过实际工作。进入 80 年代，中国金属学会下面的一个材料科学学会选我当了第一任理事长。当时考虑到材料科学涉及各类材料而不只是金属，除材料生产之外还有应用。于是，在中国科协的组织下，联合了 27 个学会有关材料的部分，组成了一个"中国材料联合会"，选我为第一任主席。这个组织就是当今"中国材料研究学会"（CMRS）的前身。在 CMRS 的成立过程中，我也尽了很大努力，包括几次出席国际会议，防止出现"两个中国"和"一中一台"问题等。我目前虽然只是一名顾问，但有些棘手的难题，我还要作更多努力。

汽车薄板的品种质量是发展汽车工业关键之一，早在 80 年代初，日本理化研究所的吉田清太教授就提出来要帮助我国生产合格的汽车薄板，几次来中国，要我们组织一个包括研究、生产与使用汽车薄板人员为一体的"中国汽车薄板研究会"，以我为主席，便成立了这样一个组织，并于 80 年代末加入了"国际深冲研究会"（IDDRG）。1992 年在我国召开了一次国际会议，会上选我为 1992—1994 年度的 IDDRG 的主席。由于吉田的倡导，使我国研制成功含磷汽车薄板，为我国汽车减重作出了贡献。同时，中日互访和学术交流达七八次之多，使我国钢厂和汽车厂的有些工程师们受益匪浅。

值得一提的是，生物医用材料是材料领域最活跃的分支之一，国际上有一民间组织，每次大会参加人数以千计，我国有一位在这一方面有成就、又有活动能力的专家多次参加会议，并受到该组织领导集团的承认，同意我国作为团体会员加入。但是，我国有个别权威写信给他们，说了我们这位教授不少坏话，并声称他不能代表中国。因此，他们认为中国加入该组织的时机尚不成熟，因为没有一个统一的专业组织。为此，中国材料研究学会副理事长朱孙教授找我商量，要我出面把国内几个学会有关生物医用材料部分组织起来，我写信给中国科协讲明这个意图，在科协的努力下，终于组织起来了。但是，一定要我担任这个组织的主席，否则难以达成协议。在万般无奈下，勉为其难。可喜的是，在加拿大召开的国际会议上，经过我国代表的艰苦奋斗，终于被接纳为团体会员。

编辑出版

出版工作是传播研究成果主要的形式之一，也是提高民族科学素养、宣扬国威的一个有效渠道。为此，在这个阶段，在出版工作上我投入了相当大的精力。80 年代初，我创办了《能源材料》杂志，后来又改为《材料科学进展》和《材料研究学报》。与此同时，中国金属学会迫切希望创办一本有关金属的英文杂志，苦于找不到承办人，我便接受了这项任务，主编了 Chinese Jour. of Metal Science and Technology，这是我国第一本有关金属材料的英文杂志，并由纽约的 Allerfon 出版社行销国外。几年前这本杂志已实现了国际化，不但有外国人作编委，而且刊登相当数量的国外作者的文章，并更名为 Jour. of Materials Science and Technology，还进入 SCI 索引系统，在国际上产生了一定影响。《金属学报》在我国材料科学杂志中无论在索引刊登量或引文数都属第一，在国内影响很大，1956 年至 1983 年的主编一直是李熏所长，我是编委会常委，李熏先生去世以后由我任主编，一直干到 1996 年。

在担任国家自然科学基金委员会副主任以后，我又创办了《中国科学基金》和《自然科学进展（中英文版）》。前者我任主编 5 年，后者则一直干到今天。《自然科学进展》是一本高档次杂志，也已被 SCL 收录了。

进入 90 年代，我还主编了一本《材料大辞典》（化工出版社）和一套《材料科学技术大百科全书》（中国大百科出版社），

师昌绪一生爱书（中国工程院提供）

两者都有约 400 万字。在编写过程中发动了国内高水平专家加入编写行列。前者已将版权售予台湾出版商。近年来，又发现一套由 R.W.Cahn（英）、P.Haasen（德）、E.J.Kramer（美）主编的 *Materials Science and technology* 共 18 卷，由德国 VCH 公司出版，售价折合人民币约 5 万元，像这么贵的图书，国内只有个别图书馆买得起，又因版权问题而不能影印，如此国内只有个别人能看得到。为此，我提出把它翻译成中文出版。如此不但有更多的材料工作者能看到此书，而且可以扩展到长期在工厂的工程技术人员。于是，我建议买下本书的翻译权，并在中科院弄到几十万元资金，已签合同并组织力量开展这项工作，1997 年底问世。

选题策划与出版并不是每次（或每一项）都是成功的。几年前，由中科院组织的《科学技术前沿大百科》由于资金没落实，出版

社能力不足，虽费了很大的力气，已编就的各学科已交稿两年也未能出版，正在编写的几卷，前途也很渺茫。为此，我感到十分内疚，毕竟已发动了很多院士和专家，无法向他们交代。

服 务

咨询包括的范围很广，从论文的评审答辩、项目的论证、课题的鉴定以及国家规划的制订等。自20世纪80年代初到北京工作以来的十几年间，差不多有三分之一至四分之一的时光在从事这类工作。现就其中有影响的列举如下：

1983年前后，在国家计委和科委的主持下，我负责主持新材料计划的制订，历时近一年，在建议的8个重点领域中，有6个列入了国家攻关计划，其余两项目前也都有发展前景，如电动汽车的高效能材料，"863计划"实施的初期是以跟踪为主要目标，在成都和苏州召开的会议上，我强烈地提出"必须重视创新"的建议，因为高技术的核心是创新，否则"跟踪"也是无法实现的。作为"863计划"新材料领域的顾问，我也做了一些工作。国家重点实验室的建立，是我国改革开放以来在发展我国科学技术方面的一项重要措施，在这方面我也曾付出一些劳动。特别在利用世行贷款，建立75个国家重点实验室和58个专业实验室的立项及可行性报告的评审工作中，作为国家计委聘任的专家组长，从1988年至1991年付出了很多心血。在任国家自然科学基金委员会副主任期间，还主持对重点实验室的定期评估及运行费用的评议工作；两项工作分属两委（计委与科委），执行不同标准，在我的努力下，把它们统一了起来；在评审方面上也不断改进，使我们的评审做到规范化。1996年在两委的委托下，我还主持了我国重大科学工程项目的评审，投资强度大，情况复杂，涉及面广，是一项难度很大的工作。

促进我国科学技术的进步，在具体科技项目方面作出有创造性的成果固然是非常重要的，而科学管理与组织也不容忽视。有人说我在后者所起的作用比前者更为重要。我是一个"只问耕耘不问收获"的人，只要对国家的科学及发展有利，便努力而为之。因此，十几年来，"疲于奔命"。有时连星期天都被占用了，但心情是愉快的。

（本文写于 1998 年，标题为编者所加）

师昌绪　金属学及材料科学专家。1920 年 11 月 15 日生于河北徐水，2014 年 11 月 10 日逝于北京。1945 年毕业于西北工学院。1952 年获美国欧特丹大学冶金学博士学位。曾任中国科学院金属研究所所长、中国科学院技术科学部主任、国家自然科学基金委副主任、中国工程院副院长、中国材料学会第一任主席及学会联合会主席、湘潭大学名誉董事长等。作为我国高温合金技术开拓者之一，领导研制出我国第一代空心气冷铸造镍基高温合金涡轮叶片；发展了我国第一代铁基高温合金、耐热腐蚀铸造镍基高温合金及低偏析高温合金；研究出抗尿素无镍不锈钢及不含铬、镍的铁锰铝系奥氏体钢。多次参加或主持制订有关冶金材料、材料科学和新材料方面的全国规划。获国家级自然科学奖、科学技术进步奖及发明奖多项。发表学术论文百余篇，担任《能源材料》《中国金属科学与技术》《中国科学基金》《自然科学进展》等刊物主编。2010 年获国家最高科学技术奖。2015 年被评为"感动中国 2014 年度人物"。1980 年当选中国科学院学部委员（院士）。1994 年被选聘为中国工程院首批院士。1995 年当选第三世界科学院院士。

青少将入世，洪潮乘东风。

激流挟嫩枝，支流载浮萍。

中流奋击水，逐浪争先锋。

滞泊湾渚畔，沃土育梁栋。

江河偶潆洄，湍流时发生。

机遇不常有，抓住不放松。

——宋 健

勤奋与机遇

能在事业中做出成绩，勤奋和机遇缺一不可。

关于勤奋的重要，从"学而不厌，自强自坚""业精于勤，荒于嬉"等千年古训，到现代科学家们的"聪明寓于勤奋""勤能补拙"等宏论，都少有异议。对机遇则时有争论。南宋陆放翁风华正茂时主张：机会无时不有，只要努力就能成功。历尽山河破碎和人生坎坷后，他晚年改变了看法，写下"不如意事常千万，空想先锋宿渭桥"的感慨。18世纪末法国大革命后，出现了"机会主义"一词，泛贬随机应变、投机取巧之徒。从此，忌讳讲机遇的人就多起来。然则历史总在反复证明，国家的兴旺，事业的成功，人生的成就，莫不需要机会。天时地利不常有，良机难得，稍纵即逝。杨振宁先生最近归纳道：一个人不管做什么，要成功，总得有机会。

　　下面记述的故事片断，都是与机遇有关。

　　"九一八"事变岁杪，我出生于黄海之滨的一个穷乡僻壤。全村世代无鸿儒，户户近白丁。连年旱灾，饥寒交迫，以杨、柳、槐、榆皮叶充饥。日寇入侵，人民起义，天下大乱。我常听到的话是"鬼子来了！"这是大人们吓唬孩子的魔语。就在这兵荒马乱的年代，有一位张绍江老师，坚持在这穷村办小

宋 健 院士
（中国工程院提供）

学，使我们几十个幼童得以念完小学四年。现在回想，倘如在战乱中张老师走了，我们全会成为文盲。

　　1937 年"卢沟桥事变"后，日寇入侵华北、山东，胶东各县城镇相继沦陷。日军烧杀抢掳，民不聊生。兵荒马乱之际，小学停课，我们都无书可读了。理琪、林一山等共产党人发起了天福山起义，成立了山东抗日第三军，建立了敌后根据地。浴血抗战之时，他们不忍塞儿童们一隙之明，让孩子们继续受教育，责令各地建立完（全）小（学），即小学五、六年级，和几所战时中学。柳暗花明又一村！我们又得到机会念完小学五、六年级。我于 1944 年考入文（登）荣（成）威（海）联合中学。日军扫荡，天天逃难，中学无住所、无教室，全然是一支"孩子游击队"。学枪、学炮，还似懂非懂地学了"抗日游击战"之类高深课程。

　　1945 年抗战到了最后阶段。八路军需要知识分子，故解散联中，鼓励从军。我，这个初中一年级尚未念完的"小知识分子"

1957 年文荣威联中同学与于洲同志合影于北京，左起杜永进（人大新闻系学生）、宋健（莫斯科留学），于洲、刘昌东（人大新闻系学生，1930—1981）

被分配到八路军东海军分区当护士。日本投降前夕，又逢精兵简政，一批十三四岁的"小八路"被精简了，派往刚从日军手中收复的威海市，进威海第一中学续读。1946 年春，风云又变，国民党发动内战，同学们又纷纷从军。时年五月，我 14 岁，成为八路军的一名勤务兵。有幸遇到了一位可敬首长，威海市市长兼卫戍区司令员于洲（1904—1979）。他是山东著名教育家，30 年代进北平师范学习。回山东后办师范学校并任校长。抗战爆发，他成了胶东抗战领导人之一。我爱读书，值勤之余，读了不少当时威海市图书馆所藏。出于职业爱心，他鼓励我勤奋学习，给我批改日记，纠正词句，教导我成为一名为人民利益献身的战士。1948 年，他奉调南下前未忘嘱下属照料、安排我的学习和工作。于洲是我一生中第二位启蒙老师。

1948 年秋，淮海战役前夕，我被辗转调到华东工矿部工业干部学校学习。这是为接管大城市培训干部新成立的一所中等学校

2002年宋健看望刘辛人（中）（左一为时任山东省政协副主席刘殿奎）

（今济南大学和山东科技大学前身），设在刚解放的博山市。我们从初等数、理、化开始学起。第一堂课便激起我无尽兴致，似饥餐渴饮，课后余音袅袅，如醉如痴。解放战争胜利，共和国成立，要加速结业。1950年秋同学们纷纷奔赴济南、上海等接管了大城市。我们十几个人报名参加志愿军，去"抗美援朝"前线。教育长刘辛人、班主任刘孟栋等命令我"你哪也别去，组织决定保送你去哈尔滨工业大学继续学习。你学习不错，才18岁，念完大学能承担更重要任务"。二刘都是上海高级知识分子出身的新四军干部。是他们，在时代的大潮中，送我上了科技航船。

1951年春，我遵命只身从山东去哈尔滨，不情愿地走进哈工大，孤雏离群，不胜惆怅。哈工大当时用俄语授课，经考试，俄语课交白卷。学校认为学历不够，命我进预科。我急忙抗争："组织"要我念大学，而不是预科。校领导勉强同意我进大学一年级试读。深知面临严峻的考验，我决意不惜代价，昼夜奋战，学习俄语，补习课程。于1952年以优秀成绩读完大学一年级，并顺利通过

1961年原华东工业学校师生合影于北京（前排为刘孟栋老师及夫人王辉，后排左起为学生钟培成、宋健、李树江）

了留苏考试。

1953年，我进入莫斯科包曼高等工学院炮兵系二年级。这是曾造就过苏俄数代科技英才的学府。苏航空巨擘图波列夫、航天之父柯罗略夫（S.Korolev）、数学家车彼谢夫（P.Chebyshev）、力学家茹科夫斯基（N.Rukovski），任过苏共第一书记的赫鲁晓夫、斯大林夫人阿鲁里也娃，都曾在该校任教或是该校毕业生。我遵命学炮兵，但心底爱好数学、力学等基础科学。从四年级起，我私下考入莫斯科大学数学力学系夜校，昼夜分读于两所大学。在莫斯科大学细听过微分方程、几何、代数等课程，引起我对数学的兴趣。美丽的体系结构，严密的逻辑推理，广泛的定理涵盖，杳渺无际，不尽山色。1960年，我同时毕业于莫斯科大学数学力学系夜校和包曼高工研究生院。

1957年秋，学校炮兵系教研室送我去苏联著名科学家费德包姆教授（A. Feldbaum）处做毕业论文，半年后完成了三维空间最优控制系统设计和试验。论文发表后，受到苏联和各国科学家鼓励，增强了我的信心。进研究院后，我仍留在费德包姆的试验室，继续学习控制论。一年后基本完成了"最优控制场论"的研究。

天有不测风云。完成副博士学位时，中苏开始论战，两国关系恶化。赫鲁晓夫背信弃义，撤回苏联援华专家，中国上百个发展项目陷于困境，对留苏学生采取限制措施。人们义愤填膺。我谢绝了数位老师要我再留数月，完成博士学位的建议，立即整装回国，分配到国防部第五研究院，忝列钱学森先生麾下，参加发展中国的导弹、航天事业。

三十年河东又河西，20世纪80年代末，戈尔巴乔夫访华，恢复了中苏关系。1990年，我以国务委员兼国家科委主任身份应邀率团访苏，顺回母校，接受了由苏最高学术委员会签发的博士学位证书。他们申明，这是补历史上的阙失。报章发消息后，一位美国教授来信祝贺，说这叫"飞去归来器"。

控制论这门学科的命名，源于美国数学家维纳（Norbert Wiener，1894—1964）于1948年发表的《控制论——动物和机器中的通讯和控制》一书。苏联哲学界曾率先对控制论发起毁灭性攻击，斥之为"帝国主义战争贩子的哲学帮凶"。1954年，钱学森在美国出版了《工程控制论》并立即被译成俄文，主编正是我的老师费德包姆。此前，我也曾在苏联作过演讲，为"控制论"在苏的遭遇鸣不平。因钱学森的书名中有"工程"二字，批判家们望而生畏，不敢进逼，从而为控制论在苏联恢复名誉创造了条件。不久，苏联的《百科全书》第二版对"控制论"条目作了180度的修改，从严厉批判改为全面肯定。可以说，钱学森专著的出版扭转了一个学科在苏联的命运。1978年在芬兰举行的国际自动控制联合会（IFAC）第六届大会上，我见到各国很多学者，均对钱学森专著的历史性贡献作出极高的评价，说钱的《工程控制论》"开创了一个新的时代，他的序言简直是一首诗歌！"60 年代，我受钱先生委托，主持编写此书的第二版，以补充 1954 年以后该学科的最新进展。将近完成时，"文革"开始。又过 15 年，《工程控制论》第二版才得以于 1980 年问世。

1961 年，钱学森感到控制论科学的重要，倡议在中科院数学所建立控制论研究室，得到了科学院领导的支持，命我协助华罗庚、关肇直先生筹建该研究室，兼任室副主任。不久，该室就初具规模，开展了最优控制、非线性控制、随机控制等领域的研究工作。在这里，我和韩京清同志合作，完成了线性最优控制系统综合的理论研究。

1963 年，国际自动控制联合会（IFAC）第二届代表大会在瑞士巴塞尔举行。中国是该联合会的发起国之一，钱学森曾任第一届理事会理事。第一次成立大会曾于 1960 年在莫斯科举行，中国派出以中科院自动化所领导人武汝杨为团长的大型代表团与会。我有幸"就地"成为代表团成员。记得那是一次盛会，除钱学森外，众多控制论奠基学者们齐聚一堂，庆祝这门科学的辉煌胜利。控制论奠基人维纳也来了，受到英雄般接待。他已近耳顺之年精力已弱，听别人报告时，鼾声大作。数分钟后，上台发表评论，顾左右而言他。会议休息时，他又精神大振，来到中国代表团，用汉语向我们说："我喜欢中国。1935 年我曾在清华大学授课。很高兴见到中国学者。"言毕，不计反应如何，转身扬长而去，不知所往。

1963 年，在瑞士巴塞尔召开 IFAC 第二次代表大会。中国自动化学会推荐报送的韩京清和我的《线性最优控制系统综合理论》论文，未被录取，引起中国老一代科学家们的愤慨，疑是有人利用美苏彼时共同反华的形势，在评审论文时做了手脚。中国派以科学院自动化所所长吕强为团长，清华大学自动化系主任钟仕模为副团长的大型代表团去瑞士开会，命我背负论文120份，印上"曾投稿"字样，去"揭露"某些人的违犯科学道德的行为。代表团到达瑞士很快查清果真如所料。在钟仕模教授的指挥下，我抓住机会在大会上作了发言。主持会议的主席是美国A. Hopkins教授。他不知内幕，觉得我的发言不是针对前报告的评论，出面干涉，听众哗然，顿时会场大乱，会议无法按程序进行下去。为了不影响会议的进行，钟仕模教授示意我随他退出会场。钟先生是20世纪40年代美国麻省理工学院博士，A. Hopkins认识他。后者慌忙走下主席台，找钟先生交涉并道歉。钟谴责道："这种做法，令人不解，这哪里是做学问！"我速随钟走出会场，如释重负。然数百名各国科学家穷追不舍，霎时间将120份论文抢夺一空。窘境既过，晚上放心睡了一觉。哪知，第二天清晨，会议大厅挂出一份大字公告："今天早上9点，在会议大厅召开特别大会，邀请中国宋健教授作特邀报告，请大家参加。"西方的科学家也造反了！消息传到中国代表团，都觉得难办。代表团研究后认为"凡是敌人拥护的，我们就要反对；凡是敌人反对的，我们就要拥护"，决定抵制报告会，不予理会。团长派人去观察，看怎么收场。后来得知，聚集在会议厅中的数百名科学家久等不见报告人踪影，便通过了一个决议，谴责某些人的违犯科学道德的行为，申明这是一篇优秀论文，对当代控制系统的综合理论作出了重要贡献，要求IFAC理事会纠正错误，将该论文纳入会议文集，予以刊出。后来理事会采纳了他们最后一条意见。这大概是20世纪60年代东西方科学界的"协同造反"获得成功绝无仅有的一例。20年后，中国已实行改革开放，我应邀去西方各国访问讲学，到处都遇到巴塞尔事件的参加者，他们都是著名学术机构中控制论学科的领导，笑谈那次"遭遇战"的余兴，成了日后学术交流合作的新契机。

巴塞尔事件，引得会上许多西方科学家来找我，或索要论文，或约求合作，交换资料。在闭幕招待会上，美国加州伯克利大学的 L.Neustadt 教授偕夫人要与我干杯。纽约州立大学张守廉教授（抗战时期国立西南联合大学的"三剑客"——杨振宁、黄昆、张守廉之一）、麻省理工学院的拉萨尔（La Salle J.P.）教授等都到代表团驻地表示支持和慰问。

但这些都成了"文革"时期指控我"里通外国"的证据。批判、审查、告状、抄家，我为此付出了沉重的代价。1968年，"文革"升级，武斗频起，我家被抄。以阎揆要将军为首的军管会遵照周总理指示，采取断然措施，集中保护一批科学家，以防意外，我被列入被保护名单。经军委批准，军管会送我到国防科工委第二十试验基地"出差"。在部队首长的关怀下，我得以在酒泉基地从容度过一年多时光。那里有一个藏书很多的图书馆。我抓住机会，发奋苦读，补学天文学、宇航原理、超高音速空气动力学、原子物理、分子光谱学等理论。强颜于学，才得以慰藉离别孤独之苦。若夫概断"文革"全损无益，也未必。太史公早有议论：《春秋》《离骚》《国语》《兵法》《诗》三百篇大抵为发奋之所作。这一年多的逃难，收获甚丰。特别是天文和原子、分子物理方面知识的学习，对我以后的工作和科研产生了极其重要的影响。

1969年秋，我奉海军副司令兼七机部军管会副主任杨国宇将军之命返京，恢复了工作，任七机部二院生产组副组长，得以为祖国的航天事业继续效劳。1976年周恩来总理去世时，我泪流满面，惶惶然不知所依，肠一日九回，忽忽于所亡，全家伫立于八宝山下，敬送总理归去。忆及1971年，总理在人民大会堂主持会议，深夜听取反导弹第一次试验前汇报。他问及导弹试验状态和我的出身经历及其他，亲切勉励之言萦绕于怀，终生难忘。

半生经历使我深信，机遇难得，须抓住不放，才能做出成绩。1986年，我受命出任国务委员兼国家科委主任，惶惶不可终日。我深知，如果别人受命于此岗位，可能比我做得更好。但是，我绝不轻易放过这个机会。我要竭尽绵薄，为振兴中华，为人民得享科技之惠，为学者能为国尽才，鞠躬尽瘁，贡献出我的智慧、心血和生命。

遂以上述"勤奋与机遇"为题，草记经历片断，略陈固陋。知我罪我，听之诸公。

（本文写于1995年，改定于2022年7月26日）

宋 健 控制论专家。生于1931年12月29日，山东荣成人。1958年获苏联莫斯科包曼高等工学院工程师学位，1960年毕业于莫斯科大学数学力学系，同年包曼高工研究生毕业，获副博士学位，后又获科学博士学位。曾任国务委员兼国家科委主任、全国政协副主席、中国工程院院长、中日友好协会会长等职。1960年前后，在最优控制系统理论方面作出一系列重要成果，后又从事分布参数控制理论的研究，建立了由偏微分方程描述的受控对象与常微分方程描述的控制器的模型，解决了这类系统的稳定性、点观测、点控制的理论问题。70年代修订和扩充了钱学森《工程控制论》一书，发展了控制理论。在几个型号导弹控制系统设计和反弹道导弹方案的设计及组织领导通信卫星的发射和定点过程中作出重要贡献。先后被选为俄罗斯科学院、美国国家工程院、瑞典皇家工程科学院的外籍院士。1991年当选中国科学院学部委员（院士），1994年被选聘为中国工程院首批院士。

我过去30年对肝癌的研究，可归纳为"识变"与"促变"，即不断认识肝癌变化的客观规律，并促使其按自身的规律转化。因此，如果能更自觉地运用辩证思维，就可能更快地推动事物的转化。

——汤钊猷

朗读者　王吉人

前景光明　任重道远

1978年秋，中国医学代表团一行10人，飞行34小时，从北半球到南半球，从东半球到西半球，经历了季节和昼夜的颠倒，到达阿根廷的首都布宜诺斯艾利斯，出席第12届国际癌症大会。这是四年一度全世界影响最大的癌症大会。我第一次出国，感到十分兴奋。但没有想到，我的论文竟被排在最后一天的下午，而且只能讲5分钟。当时我国肝癌研究在国际学术界的不受重视，由此可见一斑。我不得不采取主动参加讨论的方式，力求将我们小肝癌研究的成果加以表达。这个"挤进去"的发言，受到意想不到的重视。三年后，我成为一次最重要的国际肝癌会议主席团七名成员之一，并第一次坐到国际学术会议的主席台上。1990年在汉堡召开了第15届国际癌症大会，我是肝癌会的共同主席之一；到1994年在新德里召开的第16届国际癌症大会上，我成了肝癌会的主席，所有的特邀演讲，都是由我决定去邀请的。在不到20

年间，已有 52 个国际会议邀我作大会演讲。我国的肝癌研究已成为国际会议上不可缺少的重要内容。

从"挤进去"到"请过去"，反映我国肝癌研究的国际地位已有明显的提高。我以为这主要是我国走自己的道路和改革开放的结果。1985 年我主编出版了英文版《亚临床肝癌》一书，由国际著名出版社出版，在国际上发行。这是世界上第一本叙述小肝癌的专著，现代肝

汤钊猷 院士
（中国工程院提供）

病学奠基人汉斯·帕波在为此书写的前言中写道："亚临床肝癌这一新概念，是人类认识和治疗肝癌的巨大进展。"同年，我们获得国家科学技术进步奖一等奖。两年后，作为全国 14 名中青年科学家之一，我有幸受到邓小平等党和国家领导人的接见。

1954 年从上海第一医学院（即日后的上海医科大学）毕业后，我就一直从事外科工作，主要是血管外科。1968 年由于工作的需要，我改行搞肝癌研究。于是，一切又得从头做起。那时肝癌临床的情景可以用一句话来概括——"病人从前门进来，又从后门出去"。天天有病人死亡，病房哭声不断。作为一名医生，目睹病人死亡是难免的，但短期内有这么多的病人相继去世，则是终身难忘的。这种痛苦使我下定决心，一定要为救治肝癌病人奋斗终身。如今，肝癌病房的面貌已明显改观，"病人从前门进来，又一个个从前门出去"。他们或好转，或治愈，病人在病房死亡已很少见了。

在将近 30 年间，我（应该说也是我们上海医科大学肝癌研

究所的集体）主要做了两件半事：第一件是小肝癌研究；第二件是不能切除的肝癌缩小后切除；第三件只做了一半，就是肝癌复发的防治。

1971 年，有一位外国学者收集全球 1905 年至 1970 年间生存 5 年以上的肝癌病例，结果只能找到 45 人。换而言之，生存 5 年以上的肝癌病人全世界每年还不到 1 人。肝癌是不治之症，是符合历史事实的。而上海医科大学肝癌研究所至 1990 年已有 239 位肝癌病人生存 5 年以上。住院的肝癌病人过去 5 年生存率不到 5%，如今已提高到 40% 左右。导致这个提高的主要原因是"小肝癌的研究及其延伸"。简而言之，肝癌得到早期发现和"早期切除"的多了，而小肝癌切除的 5 年生存率比大肝癌切除者至少高一倍以上，可达到 60% 至 70%；复发的肝癌由于可以在症状出现前早期发现并加以"再切除"，使肝癌切除后的五年生存率又提高了 10% 至 20%；小肝癌研究的原理同样适用于部分不能切除的大肝癌，通过综合治疗使不能切除的大肝癌缩小，再加以"二期切除"，这种"二期切除"病人的 5 年生存率竟和小肝癌切除者一样好。但是，不论"早期切除""再切除"或"二期切除"都有复发的问题，不解决复发问题，肝癌的生存率就难以进一步提高。这样，我们在 90 年代又开辟了一条新的战线——肝癌复发转移的研究与防治。

现在，无论"早期切除""再切除"或"二期切除"都已经是很多人都熟知的。但在当时，每迈出一步都是十分困难的，要经过一系列变革才能够获得。例如，小肝癌研究之所以得到成功，是经历了由"等病人"到"找病人（普查）"的转变；诊断上则由"依靠四大症状"到"依靠甲胎蛋白和超声"的观念更新；外科治疗上也经历了由"肝叶切除"到"局部切除"的术式改变……

汤钊猷侃侃而谈我
国肝癌研究的水准
日益提高(作者提供)

最后，才导致肝癌的预后由"不治之症"变为"部分可治之症"。因此，"变革"是科学得以进步的关键。前人的结论和原则，既要遵循，又要敢于怀疑，敢于改革。任何一个新的进步，都是在修正了过去认为天经地义的原则的基础上取得的。

　　记得在 1978 年夏，当时美国纪念斯隆－凯特林癌症中心（Memorial Sloan-Kettering Cancer Center）主任古德教授来访，事先说是给我们示范查房，但逐一看了我们的病人，看了刚手术切除的小肝癌标本，信服了。第二年春，他叫秘书打电话来，说要给我们发奖。1979 年秋，当我到美国受奖时，我问古德教授："你们的中心有上百个实验室，每年有上千篇论文，肝癌外科也不错，为何不给他们发奖，而发给我们？"他很简单地回答："你们治好了一批病人，而他们没有。"也许这正是我国肝癌国际地位提高的关键，因为我们走了自己的路。我们始终把"提高疗效"摆在第一位。至今，我们肝癌治疗的疗效，仍然比很多西方国家好。

　　30 年来，在肝癌的临床研究中，慢慢悟出一点道理：世间一切事物总是不断地在变化，如肝癌的诊断已由"难"变"易"，现在只要验一滴血、做个超声检查，就不难查出肝癌；过去认为不正规的"肝局部切除"，在伴有肝硬化的小肝癌的条件下变成正规的手术方式；肝癌的预后已由"不治"变"部分可治"；肝癌可以"由小变大"，同样也能"由大变小"；我国肝癌研究的国际地位已由"低"变"高"，但如果不抓紧，也可能重新由"高"变"低"……总之，事物在一定条件下是可以向其相反方向转化的。我过去30年对肝癌的研究，可归纳为"识变"与"促变"，即不断认识肝癌变化的客观规律，并促使其按自身的规律转化。因此，如果能更自觉地运用辩证思维，就可能更快地推动事物的转化。

回顾过去30年研究肝癌的历程，第一个10年是大量地拥有前人肝癌研究的成果，在开始从事肝癌研究的头几年，我每天在图书馆看文献，到晚上8时闭馆才离开，终于看完几千篇与肝癌相关的文献；与此同时，进行从早期发现、早期诊断到早期治疗的大量实践，特别是到肝癌高发现场——江苏启东县（现为启东市）工作了一年，终于总结出一整套小肝癌相关的规律，并在此基础上提高到理论，写成《亚临床肝癌》一书。第二个10年又将小肝癌研究的理论引申到复发小肝癌的再切除和不能切除肝癌的缩小后切除上。在此期间，我和吴孟超、夏穗生教授共同主编出版了第二本英文专著《原发性肝癌》，这本书总结了我国肝癌研究的精华。第三个10年，我们又马不停蹄地为研究肝癌切除后复发的防治而奋斗。

肝癌治疗研究取得实效的历史至今约40年。20世纪五六十年代大肝癌切除，约使5%至10%的肝癌病人获益；七八十年代小肝癌的研究，又使第二个5%至10%的肝癌病人获益；八九十年代，不能切除肝癌的缩小后切除，预期将使第三个 5% 至 10% 的肝癌病人获益。但仍将有约 80% 的肝癌病人有待医学科学工作者的努力。对我来说，30 年来虽做了两件事——小肝癌研究和不能切除肝癌的缩小后切除，但第三件事——肝癌复发转移的防治，则刚刚开始，这是一项比前两件事要难得多的任务，我将这个希望寄予年轻的医学科学工作者。总之，肝癌研究的过去值得鼓舞，前景光明，但任重道远。

（本文写于 2001 年 1 月，原标题"严谨进取　放眼世界"，改定于 2022 年 8 月 7 日）

汤钊猷　肝胆医学家、肝癌研究学者，肝癌早诊早治奠基人。1930 年 12 月 26 日生于广东江门新会。1954 年毕业于上海第一医学院。现任复旦大学肝癌研究所名誉所长、复旦大学附属中山医院终身荣誉教授。曾任国际抗癌联盟（UICC）理事、中国抗癌协会肝癌专业委员会主任委员、中华医学会副会长、上海医科大学校长。在国际上最早系统提出"亚临床肝癌"概念，主编英文版《亚临床肝癌》专著。近年又投入"肝癌转移复发"研究，在国际上最早建成转移性人肝癌裸鼠和细胞模型。曾两次任国际癌症大会肝癌会议主席，90 余次在国际会议作特邀演讲，主办 7 次上海国际肝癌肝炎会议并任主席。任 11 本国际杂志编委，两本亚太区杂志主编。主编专著 9 部，参编国际专著 16 部。发表肝癌研究论文 1000 余篇，其中 SCI 论文 400 余篇。1979 年获美国纽约癌症研究所"早治早愈"金牌。以第一作者获国家科学技术进步奖一等奖 2 项、三等奖 2 项，何梁何利基金"科学与技术进步奖"，中国医学科学奖，中国工程科技奖，吴阶平医学奖，陈嘉庚生命科学奖。还曾获全国白求恩奖章、全国"五一劳动奖章""上海市科技功臣""上海市教育功臣"等荣誉。已培养博士研究生 64 人，其中 4 人获全国优秀博士论文奖。热心科普，撰写了《消灭与改造并举——院士抗癌新视点》等多部关于控癌思想的科普书籍，著《西学中——创中国新医学》等展望医学前景的科普，多次获全国和上海市优秀科普图书称号。1994 年当选中国工程院首批院士。

朗读者　王吉人

脑子一旦被金钱、荣誉占满，那么药物研究的灵感就全空了。我与我的团队想得最多的是怎样更有效地从祖国中草药宝库中挖掘出更多更好的药物，以早日解除患者的病痛。

——唐希灿

让中草药走向世界

兴趣与爱好引导科学人生

我的中学年代是在上海市育才中学度过的，老校长的治校理念就是强调培养学生的自学能力。中学6年的学习是我的人生从朦胧走向清明的年月，也是人生各种习惯和作风养成的关键时段。在良好的校风、校纪以及宽松的学习氛围熏陶下，不仅提高了我的学习自觉性和自学能力，也培养了我多方面的兴趣爱好。在校期间，我除了喜爱排球等体育活动，也爱上了种植花草。这些业余爱好虽没有少

唐希灿从小就喜好种植花花草草（陈云华绘）

花去我的青春年华，却大大提高了我的学习效率，也为我以后选择投身药物研究起了不小的影响，在报考大学时我依然顺利地以第一志愿考入了北京大学生物系人体及动物生理专业。

唐希灿　院士
（2009，方鸿辉摄）

中学毕业前夕，原本打算报考医学院校，在听了一位在北大就读校友对北大的介绍与描绘后，萌发了改考北大生物系的念头。改变投考志愿的决定，除了被北大优美学习环境所吸引，最大的推动力恐怕还是我对花草种植的兴趣爱好。北大的学风是兼容并包，更强调自力自强。学校除了课程学习安排，还为学生组织了多种形式的课余文体活动。因此，我在中学养成的业余爱好和兴趣能继续发展。

应该说，我日后能一辈子从事药物研究，除了机遇外，最大的推动力乃是得益于从中学时代养成的喜好种植花花草草。每年我会饶有兴趣与耐心地观察从种子到开花结果的漫长过程，从中除了得到收获的喜悦，也培养了耐心与细致的性格。参与这些课余活动，不仅增强了我的体魄，还培养了乐观、豁达、耐心与互助的性格，这对我日后从事科研工作带来很大的益处，使我能有充沛的精力、乐观的心态去面对日复一日的枯燥且繁重的研究工作。

我也要感谢当年北大生物系的各位恩师，是他们的悉心栽培，让我初步体悟人生的乐趣，并引导我迈开了科研生涯的第一

唐希灿在给学生讲课
（作者提供）

步。在他们的指导下，让我接触并领略了如何做科研。我的毕业
论文课题是"剧烈运动后对狗消化液分泌的影响"以及"人参对
人红细胞的作用"。没有运动基础是不可能完成前一课题的，因
为那需要牵着狗在操场上狂跑 400 米。我的研究结果得到老师的
赞许，从中不仅有一些小小的成就感，也更坚定了我投身药物研
究的志愿。

因此，从个人成长的历程，我深感青少年时代养成的兴趣与
爱好，确能左右人生的前程。

认准中草药开发的大目标

1957 年从北大毕业后，根据个人志愿，我有幸被分配到中国
科学院上海药物研究所药理室，参与神经系统疾病治疗药物的开
发与研究，至今已 60 多年了。

回忆这些年走过的科研道路，我深感幸运并收获颇丰的是，能有幸一睹那些在 20 世纪 50 年代就已德高望重的老一辈科学泰斗为人处世的风采，聆听他们的亲切教诲，得到他们的循循善诱的指导。当年他们毫不犹豫地放弃国外优厚的待遇，全身心投入到新中国的建设中来，不计报酬，不计个人得失，他们的高洁人品，值得我们后辈好好学习。我也有幸从兢兢业业工作在药物研究一线上的许多无名英雄（科研人员）身上，学到他们的无私奉献的风格和敬业精神，他们也是值得我敬佩的人。但我深感遗憾的莫过于曾痛苦地遭遇改革开放前不断的"瞎折腾"，那时的科研方向被无端地频繁变换，在短短几年内，我被要求从研究神经系统疾病药物改行从事老慢支、肝炎、计划生育等药物开发研究，理由居然是因为神经系统疾病是资产阶级疾病，而被莫名其妙地取消。运动过后，才得以正名，我才能又回到神经系统疾病药物研究的队伍。回忆那时的科研道路实在太坎坷，科研环境实在太恶劣，整个国家的科研水平只能处于原地踏步的停滞状态。但我一直坚信："运动"是暂时的，总会过去的，中国百姓以及全人类的健康，乃至社会的发展都是需要药物的。哪怕荆棘遍野，我还是要坚定地踩出自己的路。我没有逍遥，更没有放弃，依然我行我素，一步一个脚印地前行。好在苍天有眼，机遇也频频地眷顾我的"玩世不恭"，让我的工作屡屡呈现"柳暗花明又一村"之境界！

自从进入上海药物研究所药理室工作后，在前辈科学家的带领下，与植物化学家紧密合作中，我与我的研究团队锲而不舍地认准了"作用于神经系统的中草药有效成分开发及作用机理的研究"这一方向，从不动摇。先后参与开发研究了活性成分加兰他敏、高乌甲素、草乌甲素及石杉碱甲等多个成分，用于治疗重症肌无力、慢性疼痛及阿尔茨海默病（AD）等疾病。80年代初通过深入调查浙江民间用药情况与经验，获得草药"蛇足石杉"（又称"千层塔"）对治疗神经系统疾病的可能前景之信息，然后对它开展一系列深入研究。运用独创的简便、快速的动物模型，对各分离的化学成分的活性进行鉴定，很快在近两周时间内，协助植物化学家找到其中的新化学结构活性成分——石杉碱甲。接着对它的药理作用进一步开展深入研究，证实了石杉碱甲是一种迄今从自然界中发现的最高效、高选择性乙酰胆碱酯酶抑制剂，能明显改善学习、记忆障碍，并阐明石杉碱甲除了能改善脑内胆碱能系统功能外，还具有多靶点的神经细胞保护作用。石杉碱甲片剂于1996年获得国家新药证书，用于治疗AD及老年良性记忆障碍。其针剂用于治疗重症肌无力。

其实，西方国家开始研发治疗AD的药物也是始于80年代，我们对于石杉碱甲的研究工作是从1982年开始选题的，国内外几乎是处于同一年代。1988年在美国春田市召开的首届AD国际学术研讨会，我有幸应邀作为出席这次会议的唯一一位中国科技工作者，在会上报告了石杉碱甲的研究进展，引起与会各国代表的极大关注。会后，美国的新闻媒体对我进行了采访并作了报道。这段经历至今历历在目，我们的自主研究工作，充分说明中国治疗AD药物的开发研究水平并不落后于西方。随着我们团队对石杉碱甲研究工作的深入，已相继在国际著名学术期刊发表了60余篇系列论文，被他引数千余次。我也有幸多次被邀请在国际学术会议上介绍石杉碱甲的研究成果，并应邀为一些国际著名学术期刊撰写石杉碱甲研究工作综述。

一个新药的诞生，在国外确实可以造就一批百万富翁，更何况我们的团队迄今已先后开发成功4种新药。不过，我们从没叨念着发财，在漫长而枯燥的研究过程中，我们也始终没有想过在今后能否出名。我们都很清楚：脑子一旦被金钱、荣誉占满，那么药物研究的灵感就全空了。我与我的团队想得最多的是怎样更有效地从祖国中草药宝库中发掘出更多更好的药物，以早日解除患者的病痛。

我与我的团队深信：我国丰富的中草药资源有开发新药得天独厚的优势，在获得足够开发资金等支持条件下，通过化学、药理与临床等多学科密切合作与科学整理，并从分子水平上揭示出它们的活性成分的作用机理，定能使中国研发的药物走向世界，为人类的健康作出贡献。

（本文写于2009年6月，改定于2022年7月15日）

唐希灿 神经药理学家。1932年12月29日生于广东潮阳。1957年毕业于北京大学生物系，同年进入中科院上海药物研究所药理室工作。1987至1991年，作为访问学者先后在法国国家健康及医学研究院、美国南伊利诺依大学医学院及芝加哥洛约勒大学医学中心开展合作研究。上海药物研究所终身研究员，原药物研究所学位委员会主任、《中国新药与临床》杂志主编。与植物化学家紧密合作，长期从事中草药内作用于神经系统的有效成分发掘及其作用机理的研究。已先后成功开发4种新药。研究成果获多项国家发明专利、美国专利、欧共体专利、日本专利。获国家自然科学奖、科学技术发明奖及国家科学技术进步奖二等、三等奖6项，何梁何利基金"科学与技术进步奖"、中国药学发展"特别贡献奖"及药物研究所终身成就奖各1项。2001年当选中国工程院院士。

> 看到自己几十年来坚持教学相长，诲人不倦，以致桃李芬芳，我就感到昔日的"赤脚大仙"一辈子的希望和追求，终是无怨无悔！
>
> ——涂铭旌

"赤脚大仙"的追求

1928 年寒冬，我出生在四川穷乡僻壤的巴县圆明乡一间终日不见阳光的小屋子里。父亲略能看书识字，却没有文凭和背景，又无家产和特殊手艺，为了谋生和养家糊口，他早年外出当学徒打工。善良的母亲则在亲友的支持下，用"打会"（互助储金的原始形态）开了一家小饭店，勉强维持全家 10 来口人的生活。即使这样，对于这么大一个家庭来说，总还是捉襟见肘，顾了吃就顾不了穿。小时候一年四季总有四分之三的时间要光脚，因此在同学们中享有"赤脚大仙"的雅号。

从江津四川中学初中毕业后，我考上了江津中学高中，终因家中经济拮据，只得辍学。后由好心人推荐，年仅 15 岁的我当上了一村办小学的娃娃先生。生活的艰辛，求学的艰难，少年时代的我就已充分领略了。

抗日战争期间，同济大学被迫辗转内迁到四川宜宾的李庄，同济附中在当地招收公费生。这一意外的消息，无疑给了我继续求学深造的希望和勇气。1944年暑假经考试角逐,有幸被同济附中录取。从此,我的人生道路发生了重大的转折。

1946年抗战胜利后,同济大学由四川宜宾迁返上海,我也随校赴上海继续学习。1947年7月从同济附中毕业后,直接升入国立同济大学工学院机械系学习。

当时国立学校的公费生,每人每月有23斤米,菜金菲薄,八人

涂铭旌 院士
(中国工程院提供)

一桌,有时仅面对一碗水煮蚕豆,真是粒粒皆可数!我只得靠当家庭教师、假期打工等勤工俭学来补贴学校的生活费。无论是在李庄还是迁回上海,同济学生社团都十分活跃,至今我还珍藏着1950级同学汇编的世界名歌选集 *Wanderer*。我对世界古典音乐的爱好也是在那个时期培养的。我不会踢球,但我确实是同济足球队的"铁杆球迷"。同一时期,我还经历过许多惊心动魄、终身难忘的历史事件,如日本侵略者打到贵州独山所引发的青年学生投笔从戎运动;抗日战争胜利后,在北京、上海等地爆发的反对美军暴行的学生运动,以及地下党领导的同济师生的大游行;解放初期"抗美援朝保家卫国"的大学生参军参干运动……所有这些都给了我深刻的爱国主义、民族自尊心的教育。

进入大学高年级的时候,面临专业的选择,我最初想学刀具设计。有一次,我和另一位同学主动联系到上海工具厂实习。在车间里,一块黑色的刀具经过热处理炉处理后,变得通红,淬到

油里就变得坚硬无比，削铁如泥。这一神奇的变化深深地吸引了我，探索其内在奥秘的欲望油然而生。实习回校后，我改变了初衷，开始自学热处理原理及工艺知识，习作热处理方面的技术论文，并大胆向科技刊物投稿。1951年我写了题目是"钢的热处理"的毕业论文，指导教师是李国华教授。李教授是在抗战结束时从瑞士留学回国的，他在工具、刀具及其热处理方面造诣很深。在李教授的指导下，我写成了大约10万字的毕业论文，获得了97分的高分。该论文1952年由上海龙门书局正式出版，这还是国内第一本中文版钢的热处理方面的技术书。现在看来，该书内容十分粗浅，但它凝聚了老师的心血。同济给了我现代科技方面的启蒙教育，也培养了我独立自学的能力。

1951年，我在同济大学工学院机械系毕业后留校，担任了金属工艺学、压力加工、热处理及金相学等课程的助教。对我影响最深的是给孙珍宝教授当助教。孙珍宝先生当时是上海工业试验研究所的工程师，在美国留学时主攻合金钢，是我国著名的合金钢及金相学方面的专家，被同济大学聘为客座教授，讲授金相学。在给孙教授当助教时，有机会经常到实验条件很好的上海工业试验研究所去，学习材料金相组织及内在质量鉴别、产品失效分析等。孙珍宝教授后来到北京钢铁研究总院，任合金钢研究室主任。孙先生谦逊、平易近人、诲人不倦的品德，使我终身难忘。1952年9月我随院系调整到了上海交通大学机械系，在刚成立的金属学热处理教研室任教。在教研室里，有我国著名的冶金学及金相学专家、留美博士周志宏教授和机械学及材料学家周惠久教授等。我当时给讲授金属学课程的周惠久先生当助教。在我踏上工作岗位之初，能有幸获得到这么多学识渊博、治学严谨的老一辈著名学者的教诲，终身受益匪浅。

1952 年年底，我被学校选送去哈尔滨工业大学攻读研究生，由苏联专家指导。1954 年 9 月随苏联专家转至北京钢铁学院金属材料系继续进行研究生论文工作。一年以后通过毕业论文答辩，我又回到了上海交通大学。这以后，我从上海交通大学搬到了西安交通大学，从西安交通大学到了德国卡尔斯鲁厄大学，又从德国返回西安交通大学，最后回到了阔别 42 载的故乡的四川联合大学。时间在忙忙碌碌的工作中转瞬即逝，许许多多的事情在我脑海里早已变得模糊，但有的却仍记忆犹新。

1975 年，南京楼霞山化肥厂从法国某公司进口了一套 30 万吨合成氨设备。在安装时，氨合成塔突然从 10 多米高的空中掉下，检查发现吊耳与塔体联结的 12 个螺栓全部断裂，所幸的是没有造成人员伤亡。法方技术代表认为，四台卷扬机吊装不同步引起的摆动和振动，是造成螺栓断裂的主要原因，设计上没有问题，表示将出具法国权威设计专家的证明。因此，事故责任在于我方吊装操作不当。对此，在南京的我方专家也说法不一。在风声鹤唳之际，该厂派人向西安交通大学强度研究室求援。我们急工厂之所急，为了维护国家利益，立即成立了专题组，要求强度研究室全部人员、设备开绿灯。用化学分析、电子显微镜等测试手段，对断裂样品成分、组织及断裂机制进行详细分析，并作了螺栓实物承载能力的模拟实验和强度校核计算。5 月初，我和另一位同事与工厂技术人员，坐火车日夜兼程地去南京现场取证核实。充分的实验依据证明法方吊装设计时安全裕度考虑不当，起吊后螺栓产生过大的塑性变形直至断裂。我们的研究说明了合成塔既能吊上去，螺栓又必然会断裂，从而导致合成塔掉下来。在事实面前，法方代表在谈判桌上不得不承认自己的设计错误。最后，法商赔偿了 10 万美元的损失，并同意将该合成塔的使用期延长 10 年。作为一名中国人，此时此刻我感到很自豪。

唐山大地震那年，我和课题组成员一行三人应煤炭部邀请，到张家口煤矿机械厂进行调研，洽谈课题合作。也许是地震刚刚夺走了 24 万多同胞生命的惨景犹存，也许是京津唐地区余震未消，一下火车便遭遇到寒风凛冽、飞沙走石的恶劣天气，时值 10 月却颇有隆冬之感。到了煤矿机械厂，门房大爷惊慌地说："你们可来得不是时候哟！市里刚预报今晚可能发生 8 级地震，厂里正通知提前下班，我看你们还是趁早乘火车回北京吧，免得遭灾。"当时想，既来了就得抓紧时间干，同时作好应变准备，不过心里确实也有点害怕。到了晚上，我们挑灯夜战，将厂里几年来记录的几千个数据进行了分类统计，作出统计分析图表，从中找出影响零件使用寿命的主要因素。第二天上午睡了一觉，下午和晚上又继续"作战"，工作紧张的时候，地震的事已完全被忘了。地震预报解除时，我们的工作已告完成。厂里对我们的分析结果很信服，同时被我们的精神所感动，当即达成了厂校科技合作的事宜。1976 年至 1986 年的 10 年间，张振洪同志和我几乎每年都去张家口，主要针对提高煤矿机械关键的易损零部件寿命进行实验研究。10 年来，我们两家真诚合作，共同攻关，取得了上亿元的经济效益。所有这一切都离不开当初的那种忘我精神。当年，我还写了一首顺口溜互勉：

> 塞外北风寒，风沙滚滚急。
>
> 地震何所惧，奋发永不息。

1988 年，已年近六旬的我调到了四川联合大学。新的环境对我是一种挑战，同时也带来了新的机遇。我将研究方向从原来在西安交通大学的金属强度与断裂，转向复合材料、功能材料及智能材料，想方设法从国内外引进人才，并尽可能利用当地资源、科研和企业等优势，为家乡"科教兴蜀"作些奉献。在此期间，我还注意学习科学学、科学方法论以及一些横向学科，如系统论、协同学、突变学和耗散结构论等，从中吸取营养。在课堂上，我将自己的经验和学习心得传授给自己的博士生及年轻的学术骨干，并与他们共同讨论、交流多年用心血换来的心得体会。我一直认为：只要人的思维常新，生命自然长青。所以，尽管1993年我患直肠癌住院手术，仍感到很乐观。看到自己几十年来对科学的孜孜以求，结出的硕果；看到自己几十年来坚持教学相长，诲人不倦，以致桃李芬芳，我就感到昔日的"赤脚大仙"一辈子的希望和追求，终是无怨无悔！

（本文写于1997年，标题为编者所加）

涂铭旌 金属材料与热处理专家。1928年11月15日生于四川巴县，2019年1月1日逝于成都。1951年毕业于同济大学机械系。1955年哈尔滨工业大学、北京钢铁学院研究生毕业。曾任西安交通大学金属材料及强度研究所副所长（1979年至1982年），成都科技大学高新技术研究院院长（1988年至1999年），四川联合大学教授和稀土及纳米材料研究所所长（1999年至2019年）。长期从事功能材料及纳米材料的研究与应用工作，以及材料强度与断裂及失效分析研究。在发挥金属材料强度潜力的理论与应用，综合强化，耐寒高强钢的低温脆断规律、机制、判据及安全评价，在重大机械工程领域中广泛应用后，取得可观效益。1984年被评为国家级有突出贡献的中青年专家。2008年正式受聘重庆文理学院教授、学校发展战略顾问。2009年创建重庆文理学院材料交叉学科研究中心。编写并出版《钢的热处理》《机械零件失效分析与预防》等5部专著，与合作者联合发表论文300多篇。1995年当选中国工程院院士。

> 我常常感到人生有时很像交响乐，
> 有抒情的慢板，有华彩的乐章，也有英
> 雄的主题，事业的每次成功并不意味征
> 程的休止，而是预示着一个新的乐章又
> 要开始了……
>
> ——汪燮卿

抓住机遇　不断探索

我祖籍是皖南最南端的休宁，但生于斯长于斯的家乡却是浙江的龙游。抗战胜利前夕，我十一二岁时就离开家乡，到邻县衢州去念中学。老师们循循善诱的教学方法和身体力行的拳拳爱国之心给我留下了终身难忘的回忆。50多年过去了，我至今仍清楚地记得物理老师在讲"功"与"力"的概念区别时所讲的那个故事：从前有一个精明的老财主雇了一名长工，要他挑一担谷子进城。进城后，给了他五毛钱，

同学们对老师演示的"糖饼破碎"都很感兴趣（叶雄绘）

长工很高兴地回家了。又有一天，长工看到财主家的一片围墙快要倒了，急忙伸出双臂去撑着，过了老半天才见财主走过来，他向财主要钱，但财主不给，说你只用了"力"而没有做"功"，因为只要用一根木头把一块木板顶在那快要倒的地方就行了。这就是"功"与"力"的差别。我还记得，那时吃不到白糖，只能吃一种用麦芽发酵制成的麦芽糖。这种糖为饼状，很硬，咬

汪燮卿　院士
（中国工程院提供）

得动但掰不开，不过你只要把它在桌子上用力一拍，它就会像玻璃一样碎成好几块。在讲牛顿三大定律时，老师就抓住这个现象，问我们怎么去解释？牛顿能从树上掉下的苹果发现万有引力，你们能不能也发现一个"糖饼破碎定律"？这些把书本知识与日常生活现象相结合的思考方法，引起了我对自然科学的浓厚兴趣，并启迪我要不断探索，解决实际问题。

　　1951 年，我进了清华大学化工系。1953 年，由于国家经济发展和国防建设的需要，清华大学将化工系调整为石油系，并在此基础上成立了北京石油学院。从此，我就与炼油和石油化工结下了不解之缘。在当时还没有发现大庆油田的情况下，1956 年组织上选派我到民主德国麦塞堡化工学院学习人造石油技术。1961 年完成学业回国时，正值三年困难时期和苏联对我们进行全面技术封锁，国家急需军用喷气飞机燃料和润滑材料，于是我就被分配到石油科学研究院，从事这方面的分析与研究，由此跨入分析

研究专业，并整整度过了 22 个春秋。在这段时期内，我经历了"文化大革命"，还意外地接受过两项"任务"，至今记忆深刻。

记得是 1968 年 5 月底的一个下午，我们正在北京东郊农场劳动，广播喇叭突然叫我，说是军管会有要事，要我马上回院。这突如其来的召唤，使我这个"资产阶级的黑苗子"有点受宠若惊。回院后，军代表告诉我有紧急任务，由两位民航局的保卫人员陪同，第二天坐飞机去太原，具体任务到时再布置。我们一到太原机场就召开了紧急会议。场站领导向我简要地介绍了情况，说三天前一架磁力探测飞机在执行任务途中，因发动机熄火而被迫返航。着陆后经化验汽油质量合格，但发现发动机的油滤网被一些灰色细粉堵死，造成因汽油无法进入气缸而致发动机熄火。由此认定这是一起人为的破坏案件，是"阶级斗争新动向"。我此次太原之行的任务，就是从技术上帮助破案。在那个"以阶级斗争为纲"的年代，此任务可谓既艰巨又"神圣"。经现场调查，我发现那架单引擎飞机翅膀内的油箱里也有灰色细粉末。这细粉是什么？是从哪里来的？因发现离机场 20 多米远的一个工地上堆有几袋水泥，于是，场站领导判断：很有可能是有人从那里拿了水泥，然后撒入了汽油。

轮到我从技术上来支持这个"判断"了。油箱内的灰色粉末是否是水泥，只要化验分析一下就会清楚，但是机场没有任何化验的仪器设备，就连最起码的化学试剂也没有。怎么办？我灵机一动，机场里有飞机和汽车，所以一定有蓄电池，而蓄电池里有硫酸，可以把硫酸取出作为试剂。于是，我用饭碗作烧杯，把水泥和从飞机上取下的灰色粉末分别放入两个碗内，倒入经过稀释的浓硫酸，只见那放入灰色粉末的碗中立刻冒出了很多小气泡，而放入水泥的碗中则毫无反应。实验证明，这是两种不同的粉末，看来"用水泥进行破坏"的判断不成立。那么，这灰色粉末是什么，仍然是个谜。

这一晚我浮想联翩，夜不能寐。忽然我想到山西人爱喝醋，是否与当地的水质有关。但水质和粉末两者之间又有什么联系呢？第二天一早，我就去问地勤人员，飞机的大修是在何时、何地、以何种程序进行的。他们告诉我，大修是在离太原不远的长治县进行的，说不清具体的操作规程，只知道翅膀内的油箱先是用锅炉蒸汽吹扫，然后经普通自来水冲洗后再晾干。我又问他：锅炉的水垢严重不严重，多少时间清一次垢？他说严重得很，过不了几个月就要清垢。这下，答案找到了。由于水的硬度太大，油箱内的水分蒸发后留下了碳酸盐细粉末，长期积累后混入汽油，导致油路中的过滤网被堵死。这既不是一桩政治事件，也不是一起技术责任事故，而是由于没有严格执行操作规范所造成的"无头案"。后来，我把细粉带回院里进行分析，证实了我的结论是完全正确的。

另一项任务是1972年6月底的一个下午，全院正在开"批斗大会"，当时石油部军管会一个电话把我叫去，要我接受一项重要任务，说是从"内参"上看到一条消息：长沙马王堆挖出一具两千多年前的汉代古尸，尸体看上去就像刚去世一样，肌肉还有弹性，原因是尸体浸泡在"棺水"里，据说这种"棺水"具有防腐作用。石油部当时正拟建一条输油管道，如果这种"棺水"对石油管道防腐蚀有用处，就可以继承古代科学的文化遗产，创造一项"古为今用"的奇迹。因此，要我去实地考察，并带回"棺水"样品作分析化验。于是，我抱着一种怀疑又好奇的心理，带上军管会的介绍信，与同事王宗明一道立即坐火车南下长沙。

7月初的长沙天气已相当炎热，有关领导十分热情地接待了我们，并说因观看古尸的人实在太多，只得把古尸转移到一个安全的地方。第二天中午，我们被领到湖南医学院一座教学楼楼顶的小房间里，一位教师告诉我们尸体现浸泡在福尔马林溶液里，"棺水"已经倒掉了，他们只留了两小瓶作化验用，但化验不出什么结果，"棺水"也所剩无几了。失望之余，我们好奇地去看了看那具汉代女尸。古尸放在一个另外制作的棺材里，全身浸泡在福尔马林溶液中。透过盖棺材的玻璃板可以看见一位老贵妇安详地仰卧着，皮肤的毛孔还很清晰。打开玻璃盖，我伸手去触摸了一下她的身体，已没有弹性了，这是因为受了福尔马林溶液作用而变硬的缘故。看过尸体以后，湖南博物馆的同志又带领我们参观了发掘出来的文物，有绫罗绸缎、刺绣及各种谷物、水果等。但引起我们注意并最感兴趣的是绸缎上有几颗白色的晶体。在征得当地领导同意后，我们带了几颗回来作分析化验。

为了进一步弄清情况，博物馆的同志又派车把我们送到离长沙十几千米的马王堆开掘现场。那是一个小土丘，挖开以后足有数百平方米大小。据说是解放军为贯彻"备战"指示在那里挖防空洞，休息时因抽烟突然引起洞内起火。据说火着了一天一夜，因而引起了当地文物管理单位的注意，经过他们的精心发掘和保护，整个墓的棺、椁和文物都保存得很好。但因缺乏必要的设备，尸体仅用冰块冷冻，加之观看的人又多，不久女尸的鼻子尖就开始腐烂，所以后来只好用福尔马林溶液来保存。土丘旁，用铁网围着一堆出土的、排列整齐、大小如铁路枕木似的木头和一大堆木炭。为了防止被老百姓拿走，上面还故意画了一些骷髅等有毒的标志。据说，当墓打开后，老百姓看到如此奇迹，都想取走一些东西，就连那些木头也拿，说是煮汤喝了可以治病，所以文物管理的同志不得不采取这些措施。

这个古墓的安装和设计是非常科学的，用棺、椁、枕木似的木头、木炭、白膏泥及泥土等，一层层地密封得非常好。可以想象，在整个密封系统内，陪葬物多是生物制品，经过微生物作用，有可能变成甲烷气体，这样就形成了一个甲烷和氮气的密封体系。当解放军挖开以后，甲烷气体逸出而引起燃烧就不足为怪了。

为了解开这个防腐"棺水"之谜，我们对带回的几颗白色小晶粒先进行分析。通过红外光谱观察，发现是丝绸分解后形成的氨基酸，与标准谱图完全对得起来，所以它不是加进去的防腐剂，也起不了防腐作用。再把取下的棺材漆片作了分析，证明含有硫化汞。下一步，就是把剩下的少量"棺水"作了化验分析。经过各种化学处理，色谱和各种波谱分析，得到了低碳脂肪酸和醇类等系列物质，但它们都不是防腐剂，而是有机物质分解的产物。正在山穷水尽之际，忽然发现在试管壁上沾有红色小水珠，起初没有注意，几乎要把它倒掉，参加工作的李秀容同志忙把它取出，用发射光谱进行分析，化验结果含有大量的汞，再进一步证明是硫化汞，中药里叫"朱砂"，说明汉代已把它作为药材或防腐剂来用了。经过全国各有关单位科研人员的共同努力，长沙马王堆西汉古尸之谜的研究得出了科学的结论，引起了海内外各界人士的广泛兴趣。不久，这一过程被拍成科教电影，在海内外放映，因而使我有幸生平第一次上了银幕。

我的业余爱好是欣赏古典音乐和阅读古典文学作品。我喜欢它们赋予我的那种沉静而凝重的文化氛围。在这氛围中，我得到一种特有的休息和松弛。在欣赏贝多芬等欧洲著名音乐大师的作品时，我常常感到人生有时很像交响乐，有抒情的慢板，有华彩的乐章，也有英雄的主题，事业的每次成功并不意味征程的休止，而是预示着一个新的乐章又要开始了……

（本文写于 1998 年，改定于 2022 年 8 月 10 日）

汪燮卿 有机化工专家。1933 年 2 月 21 日生于浙江龙游，原籍安徽休宁。1951 年考入清华大学化工系，1956 年毕业于北京石油学院。1961 年获民主德国麦塞堡化工学院博士学位。现任石油化工科学研究院高级工程师、总工程师，中石化科技委资深顾问。长期从事催化裂解、催化裂化等方面的研究。率先研制成功独创性地用重质原料生产轻质烯和高质量汽油新技术并得到广泛应用；研究成功 DCC 和以压渣油为原料的催化裂化工业成套技术 ARGG 新工艺；研究成功符合催化裂解和催化裂化工艺要求的 CHP、CRP、CIP、RMG 和 RAG 等催化剂配方并实现了工业化。指导研制成功最大量生产异构烯技术，达到国际领先水平。先后获得 1978 年全国科学大会奖 2 项，国家发明奖二等奖 1 项，国家科学技术进步奖二等奖 1 项，省部级发明奖和科学技术进步奖 14 项；获得国内专利授权 252 件，国外专利授权 55 件。发表学术论文 50 多篇。先后培养硕士、博士生和博士后 60 多名。1995 年当选中国工程院院士。

人的一生会有很多机遇，但机遇只偏爱有准备的头脑。多方面的知识和实践经验，对社会需求（包括未来需求）的敏感，对技术发展方向的正确判断，一丝不苟和锲而不舍的精神，都有助于把握机遇，取得成功。

——王　选

朗读者　张吟聆

做学问的人生抉择

（一）

我父亲 10 多岁时从无锡到上海求学，后来考入南洋大学（现上海交通大学），毕业后在一家国际贸易公司做会计师，是一位正直、严谨的知识分子。我的母亲出身于书香门第，外祖父曾留学日本，回国后在晚清的学堂里教化学和测绘课，是一位反封建的开明之士。受外祖父影响，我的母亲也是一位喜爱读书、追求进步的知识女性。我兄姊五人，我排行第五，父母对我们既要求严格，又爱护有加，兄姊之间非常关心体贴，和谐亲密的家庭环境使我从小养成了做人宽厚与真诚的性格。

由于父母的文化修养和殷实的家庭环境，我从小受到了良好的教育。我 4 岁进入上海市南洋模范中小学附属幼稚园，5 岁入

王 选 院士
（中国工程院提供）

一年级，直到高三毕业，在南洋模范（简称"南模"）上学达 13 年，算得上空前绝后的"老南模"。南模从 20 世纪 30 年代起成为上海的名校，现在校友中已出现 20 多名院士，还有不少海外的知名学者。

中小学的教学水平，关键在于师资。小学时教我历史的是陆维周先生，毕业于上海大夏大学，我至今仍喜欢历史，大概与小学时的基础有关。我从小学开始语文成绩一直较好，小学五年级时举办过一次作文比赛，我还得到了优胜奖。语文、历史等文科知识对我后来的科研和教学大有好处，所以我很赞成理工科学生要增加人文学科的知识，而文科学生应具备更多的自然科学基础知识。

小学的学习环境是宽松的，只要上课比较专心，每天的课外作业大约一小时就能完成，剩下的时间就是玩，做各种有趣的事。我小学时的课余爱好是打乒乓球、拍毽子和在泥地上打玻璃弹球，练就了一些"绝技"。这些户外活动培养了同学间的友谊和集体精神。大概由于我人缘较好，有一次以压倒多数的票数被选为班上品行最好的人。小学五年级我被选为班长，以后一直当学生干部直到大学毕业。12 年的学生干部的经历使我终身受益。除了组织能力、交往能力的提高外，更重要的是学生干部必须懂得为别人考虑、为别人服务，习惯于接受来自各方面的批评意见，而这些是一个人日后能够作出成绩的不可缺少的素养。前几年我看到了美国某著名心理学家的一个公式："I + We = Fully (developed) I"。只有把个人融入集体，才能体现完整的自我价值，而小学和中学的环境，使我在青少年时代就较好地融入了集体。

1948 年小学毕业时，我以班上第二名（第一名是位女生）的成绩升入初中。但不巧的是，南模初中部从那年起迁往郊区七宝镇，必须住宿。父母兄姊均劝我改读其他中学，高一时再考回南模，但我已对南模有了感情，加上想当从幼稚园到高三的第一届"元老"，所以坚持去了七宝。想不到坏事变成好事，七宝的条件差，没有电，晚上自习点的是汽油灯，宿舍里是煤油灯，初一时不论寒暑，每天清晨须出操……从 11 岁起，3 年这样的住宿生活使我的能力得到锻炼，收获不小。七宝初中部地方较大，我的课余活动又增加了踢足球和玩捉人游戏，国民党军队留下的碉堡成了我们玩游戏或捉迷藏的场所。在这种集体生活中，性格孤僻、自私和不合群的人是不容易受欢迎的，也会受到压力的。而这些缺点恰恰也是今天高科技时代科研工作者取得成就的重要障碍，需要在青少年时代加以纠正。

南模初中的老师比小学更加优秀，数学老师刘叔安先生已年过花甲，经验丰富，上课时轻松愉快地教会我们很多知识，也启发了我们的学习兴趣。我喜欢数学就是从初中开始的。以致有一年，还在学期中间，我就把该学期数学课程的全部习题提前做完了。

初中毕业时，我以班上名列前茅的成绩升入高中，并在 14 岁那年加入了共青团，以后就一直任团干部。

南模高中部的特点是名师多。40 年代和 50 年代初，南模对高水平教师实行高薪，使一些老师宁愿放弃交大讲师或副教授的职位而到南模任教。教物理学的俞养和、贾冰如，教化学的徐宗骏、沈克超，教历史的沈起辉，教数学的吴宗初等先生均为学术渊博的名师，如后来的校长、著名的特级教师赵宪初先生，他教"三角"课程是一绝。这些名师都教过我，他们的教学生动活泼，特别重视厘清概念，从来不搞题海战术、疲劳轰炸，而是启发我们的学习兴趣和主动性。所以，我可以花很多精力从事社会工作。高一时全班仅我一名共青团员，高三时已发展了十多名团员。近年来，我在北大方正研究院招聘员工时很注意他们是否当过学生干部，因为组织管理能力对于研究、开发和经营都是至关重要的。

中小学是一个人成长的关键时期，幸运的是我在南模受到良好的教育，为大学学习和日后取得成绩打下了扎实的基础。

（二）

人的一生会有很多机遇，但机遇只偏爱有准备的头脑。多方面的知识和实践经验，对社会需求（包括未来需求）的敏感，对技术发展方向的正确判断，一丝不苟和锲而不舍的精神，都有助于把握机遇，取得成功。风风雨雨几十年来，我经历了多次人生抉择，每一次都给我带来非凡的意义，甚至命运的转折。

1954年我高中毕业报考大学，由于对数学的喜爱，填了三个志愿：北京大学数学力学系、南京大学数学系、东北人民大学（现吉林大学）数学系。后来顺利考取北大。我一生中第一次大的抉择，就发生在1956年大学二年级下学期，学了两年的基础课后大三要分专业，我选择了计算数学专业。

北大54级数学力学系总共录取了200多人，不少都是全国各地的数学尖子。年龄最小的马希文当年只有15岁，是系着红

王选阖家照（后排右二为王选，由王迅院士提供）

领巾踏进北大校园的，被《北京日报》称为"神童"。其余像张恭庆、陈天权、张景中、杨路等人后来都成为我国著名的数学家。

当时北大的校长是马寅初先生，他主张把教学重点放在基础课上，抽调校内著名的学者教授任基础课教师。教我解析几何的是中国最早的学部委员、当时已是一级教授的江泽涵先生；教数学分析的是34岁的教授程民德先生，他1980年当选为中科院学部委员（院士）；教高等代数的则是丁石孙先生，后来任北大校长，现在是人大常委会副委员长……他们都富有真才实学，教学方法科学，治学态度严谨，使我打下了扎实的数学基础，对我后来多年的科研工作起了至关重要甚至是决定性的作用。因为计算机本身就是数学和电子学结合的产物，数学基础对从事计算机软硬件及应用系统的研究是十分重要的：其一，"抽象"，这是数学的本质，而计算机硬件、操作系统、高级语言和应用系统的设计中经常使用"抽象"的手法；其二，数学基础好、逻辑思维严密的人，一旦掌握了软件设计和编程的基本方法和技巧后，就能研制出结构清晰、高效率和可靠的软件系统；其三，好的算法往往会大大改进系统的性能，而数学基础对构思算法是很有帮助的。

到了二年级下学期，我们开始分专业——选择正确的专业往往对一个人的发展方向起非常关键的作用。当时，数学系有数学、力学和计算数学三个专业。数学专业作为一门古老而又成熟的学科，散发着迷人的光彩，大多数成绩好的同学选择了它。相比之下，计算数学专业则是北大刚刚成立的新兴学科，不但没有一套像样的教材，而且应用性强，包含大量非创造性的技术工作，不见得有多高深的学问，所以许多人不愿问津。

我却有不同想法，越是古老、成熟的学科，越是有完整严密的理论体系，越难以取得新的突破；而新兴学科往往代表着未来，越不成熟，留给人们的创造空间就越广阔。恰好这时，我看到了1956年1月制定的国家"十二年科学技术发展远景规划"，周恩来总理讲了几个未来重点发展学科，其中就包括计算技术，这对我真是一个很大的鼓舞。我又留意了报刊上一些有关计算机的报道和论述，发现计算机在未来将对人类产生巨大甚至神奇的作用。我就想，一个人必须把自己的事业和前途同国家的前途命运联系在一起，才有可能创造出更大的价值，奉献于社会。就这样，我下决心选择了计算数学专业。

实践证明，这一选择是完全正确的，它为我今后的科研工作奠定了第一块基石。

（三）

1958年我大学毕业，留校在无线电系当助教。我曾主持过电子管计算机逻辑设计和整机调试工作，也参与过部分电路设计工作，一直在硬件第一线上跌打滚爬，每天工作都在 14 小时以上。在紧张工作的同时，也阅读国外文献。50 年代国外有名的计算机体系结构使我赞叹不已，同时不断问自己：为什么只能欣赏别人的成果，而不能有自己的创新思想呢？我试图寻找创造的源泉，即剖析这些创新构思的背景，逐步领悟到程序和应用对硬件设计是非常重要的，只掌握硬件设计，不懂得程序和应用，照样产生不出创新的想法。于是在 1961 年，我作出了一生中最重要的一个决定：从硬件转向软件，但不放弃硬件，而是从事软硬件相结合的研究，以探讨软件对未来计算机体系结构的影响。

当时，"软件"（Software）这一名词还没有，帮我在这一领域入门的是苏联 Ершов 教授写的《快速电子计算机编制程序的程序》，这是一本详细介绍他们研制的一个程序设计自动化系统框图的书，Ершов 后来成为苏联科学院院士；另一本是详细介绍 IBM 650 上流行很广的汇编语言 SOAP 资料；另外，还看了 FORTRAN 的一些文章，后来则仔细钻研了修改后的 ALGOL 60 语言以及一系列叙述编译系统原理的文章。当时有了一种"茅塞顿开"的感觉。原先以为自己是懂得计算机的，此时才发现：只有了解软件，才真正懂得计算机。高级语言、汇编语言（和机器语言）以及微程序语言是三个不同级别的语言，贯通这三者，必然会在体系结构上有创新的构思。

为了这一目的，1964 年我承担了当时正在进行硬件设计的 DJS 21 机的 ALGOL 60 编译系统研究任务。我觉得，不能浮光掠影地参加一个软件系统的研制，而应该彻底投入一个真正实用的系统，这样才能切实理解软件对硬件的影响。60 年代的那些日子里，我用 90％的时间从事 ALGOL 60 编译系统的研制，另外 10% 的时间探讨适合高级语言的计算机的体系结构。对于 ALGOL 60、FORTRAN、PASCAL 这类汇集时间（binding time）早的高级语言，我从来不赞成硬件直接执行高级语言的方案，而主张寻找编译和目的程序运行中的瓶颈，依靠灵巧的硬件设计显著地提高效率。由于我有硬件实践经验，所以很容易想出以硬件上的方法来克服这些瓶颈。经过与同事们几年的共同努力，该系统最终研制成功，在几十个用户中得到推广，成为国内较早的高级语言编译系统，被录入"中国计算机工业发展史大事记"中。当时，我感到似乎找到了创造的源泉，并相信一旦有了这种源泉，中国人有可能和外国人同时或更早提出某些新的思想。这种信心，以及软硬件两方面的知识和实践，是我后来能够承担激光照排系统研制的决定性因素。这一选择使我深切地体会到，跨领域研究是取得创新成果的重要因素，就像控制论发明者维纳说的那句话：在已经建立起来的学科之间的无人空白区上去耕耘，最能取得丰硕成果。

（四）

20 世纪 60 年代初在研究计算机体系结构和编译系统过程中，我大概看了近 100 篇国外文献，以后养成了每做一个项目先要了解国外现状的习惯。为了加快英文阅读速度，1963 年初又决定锻炼英语听力，这是我人生的第三个重要抉择。先收听短波中北京电台对外英语广播，后来觉得不过瘾，就收听英国广播公司 BBC 对远东的英语广播，1963 年起连续两年多，每天半小时的收听使我反应速度明显加快。但"收听敌台广播"后来在"文化大革命"中成了我的一条"罪行"，因为"文革"前这样做的理科教师很少，因而显得情节特别严重。虽然带来不少麻烦，但对我当时了解国外的先进技术起了很好的作用。

1975年我开始研制精密照排系统这个项目时，一般的科技人员不大习惯查阅国外科技文献，而我则大量地看国外文献，了解国外在这方面的最新研究动向和发展方向，这就很容易判断国内比我早开始做这个项目的几家采用的技术路线是否正确，为我们放弃模拟方式，选择数字化技术提供了保证。

（五）

我研制精密照排系统始于1975年，当时听说国家有一个"748工程"，即汉字信息处理系统工程，分三个子项目：汉字通信、汉字情报检索和汉字精密照排。对于这三个子项目，我独钟情汉字精密照排系统，因为它的价值和难度吸引了我。我当时正病休在家，每月只领40多元的劳保工资，但可以做自己想做的任何事情。于是，义无反顾地投入汉字精密照排系统的研制工作中。这一事例也说明在可能的条件下让年轻人自由选题，做自己喜欢做的事情，才能激发创造的欲望。

按照过去养成的习惯，首先要了解并清楚国外的研究现状和发展动向。为此，我常挤公共汽车到地处和平街的中国科技情报所查阅外文资料。研制工作后来虽列入北大自选项目，但经费是没有来源的，当时条件很艰苦，车费不便报销，从北大到情报所车费为二角五分，但少坐一站就可省五分钱，我于是就提前一站下车走过去；复印资料也很谨慎，对于字数不多的页，常常靠手抄来节省复印费。当时，国内还处于"四人帮"统治时期，是闭关锁国的，不像现在大家都很注意国外的动态，我在中国科技情报所借阅杂志时发现我常常是那些杂志的第一位借阅者。

我查阅了照排系统方面的有关文献，以及 *Graphic Arts Monthly* 等印刷杂志上面的报道。得知日本当时流行的是光学机械式二代照排机，机械方式选字，体积大，功能差；欧美流行的是阴极射线管式三代照排机，所用的阴极射线管是超高分辨率的，比黑白电视机分辨率高20倍，对底片灵敏度要求很高，国产底片也不易过关；英国正在研制激光照排四代机，但尚未形成商品。1975年时，先于北大，国内已有五家在从事汉字照排系统的研制，其中两家选择了二代机的方案，另外三家分别选择了飞点扫描、字模管和全息模拟存储的技术途径。而对国外状况的调查，使我得出下述结论：数字式存储将占统治地位；光学机械式二代照排机，尤其是汉字二代机难度很大，且没有前途；字模管式三代机和飞点扫描式三代机正在走下坡路，很快将被数字存储的 CRT 三代机所淘汰。

一旦选择了数字存储的方案，汉字字形信息量太大，马上成为十分突出的问题。西文只有26个字母，汉字多达数万，常用字也有三千，国外流行的黑白段描述方案压缩率低，日本京都大学的字根组合方案压缩率高但质量不好。假如当时国产计算机硬盘容量很大，我大概不会努力探索新的途径了，正是由于落后才迫使我们另觅新路，这是一种社会需求的压力。由于我是数学系毕业，所以很容易想到信息压缩，即用轮廓描述和参数描述结合的方法描述字形，并于1976年设计出一套把轮廓快速复原成点阵的算法。但当时用常规计算机上的软件来复原点阵，速度是很慢的，因此一个只懂数学和软件的人可能就会就此却步。由于我有多年的硬件实践，并懂得微程序，所以很容易想到可以用一个专用硬件将复原速度提高 100 到 200 倍。1976 年时国外尚无激光照排机的商品，而国内在高精度传真机研制方面已积累了多年经验，激光扫描分辨率高和幅面宽等突出优点强烈地吸引了我，但逐线扫描，不能改变光点直径和扫描后不能停顿的特点，又使控制器的设计难度很大。"需要"和"矛盾"正好促使新方法的产生，我的逐段形成点阵、逐段缓冲、四路平行输出等方案就是这样被逼出来的。这些困难找到了解决办法后，我于 1976 年夏做出了一生中第四个重要抉择：跳过第二、三代照排机，直接研制当时尚无商品的第四代激光照排系统，这实际上选择了技术上的跨越。

　　一石激起千层浪，对于这一大胆而新颖的方案，许多人不相信、不理解——就连二代机，中国几个权威部门都还没有解决，忽然一个小助教能够用数学的方法，绕过二代机的困难搞四代机，岂非异想天开？有人甚至说我是"玩弄骗人的数字游戏""梦想一步登天"，说什么"你想搞第四代，我还想搞第八代呢"！非常幸运的是，我得到了有关主管领导的支持。当时最早支持我的是 748 工程的组长、电子工业部计算机工业管理局局长郭平欣，以及小组的重要成员张淞芝。这两位 1976 年了解了我的方案后给予了包括经费在内的大力支持，这是非常难能可贵的，因为当时这样做要冒很大的风险。后来教育部、国家计委、国家科委，以及后来的国家经委、经贸委，甚至邓小平同志、江泽民同志，都给予了支持，才使得中国没有经过二代机、三代机，没有经历照排机输出毛条、人工剪贴成页的阶段，直接从铅排跳到了最先进的第四代激光照排。

　　多年以后，我看到一部讲"科教兴国"的电影中讲了钱学森回国以后的一段故事，颇有感触。钱学森回国后建议中国先发展导弹，后发展飞机，他说导弹容易飞机难，飞机是要上天的，涉及安全性材料、发动机等一系列问题，中国的基础工业、材料工业不发达，需要很长的周期来考验和完善，一下子上不去。而导弹是一次性消耗，难就难在它的准确制导，制导是依靠算法的，中国人非常聪明，完全有能力想出非常好的制导方法。后来的实践证明，钱学森的看法是对的，中国的导弹、火箭很快上去了，现在成了世界四强之一。

西方在 80 年代中期才开始采用附加信息描述西文字母笔画的宽度、距离、拐角等敏感部分（即称为提示信息或控制信息的 HINT 技术），而我早了 8 年提出并实现了类似方法，原因是汉字笔画多，变小时横、竖的宽度控制对质量影响很大，我比西方同行更早获得这一需求刺激。这一技术和其他方面的创新后来获欧洲专利和 8 项中国专利，我们绕过按常规方式发展会遇到的巨大困难，走了一条高效益的、事半功倍的捷径。

（六）

1979 年，正当我们的"原理性样机"研制工作进行到关键时刻，改革开放的大门打开了，"748 工程"立即受到了"引进风"和"出国潮"的"内外夹击"，当时我仿佛一下子被打晕了。

首先面临的是外国厂商的竞争。世界上最先发明了第四代激光照排机的英国蒙纳（Monotype）公司宣布于 1979 年夏在上海、北京展示英国制造的"汉字激光照排系统"，准备大举进入中国市场。Monotype 公司 1976 发明了第四代激光照排机，很快成为商品；Monotype 系统尽管设计思想不先进，中文排版软件和终端的功能还很差，但硬件可靠，最绝的是可以在一个字中间走走停停却仍能保持字的精度（当然彩色精度不够），而软件经改进后是可以实用的，尽管性能价格比不见得好。与 Monotype 相比，我们的原理性样机采用"轮廓加参数"字形描述方法，设计思想先进，但在闭关锁国的条件下，全部用国产元器件（磁心、小规模集成电路）和外设，系统的可靠性差得多，即使完成，勉强使用，也不易变成商品。

与此同时，北大教师开始热衷两件事：出国进修和评职称。谈起工程项目都有点"谈虎色变"，特别是我们的激光照排项目从事的又是繁重的软、硬件工程任务，开发条件很差，看不到任何名和利，变得有点"不得人心"，人员也出现流失。

这种内外交困使我再次面临人生的第五次抉择：是临阵退缩，还是决战市场？我毅然选择了后者。因为我对自己的设计方法充满信心，也被广阔的市场前景和为国争光的想法所激励。我们决定加紧原理性样机的研制，一定要在 Monotype 展览前输出一份报版样张。同时着手研制基于大规模集成电路的真正实用的Ⅱ型机。

在各方领导的支持下，一批骨干教师还是留了下来。大家不分昼夜地苦干，终于在 1979 年 7 月 27 日与协作单位共同努力，输出了一张八开报纸的样张，报头是郭平欣题写的"汉字信息处理"六个大字。第二天上午，方毅同志来参观，鼓励了一番，并指示要宣传。当时新闻界认为这一成果还很不成熟，不宜报道；只有《光明日报》在总编的支持下，由朱军同志执笔写了长篇报道，刊登在 1979 年 8 月 11 日头版头条，通栏大标题是"汉字信息处理技术的研究和应用获重大突破"，副标题是"我国自行设计的计算机——激光汉字编辑排版系统主体工程研制成功"。所用标题字号之大当时是不常见的，朱军还在头版编发了评论员的文章和小报样张的照片。《光明日报》力排众议，如此大张旗鼓地报道，对当时处在困境中的我们实在起了不小的鼓舞作用。

英国 Monotype 公司延至 10 月，在京沪两地举办了展示会，但我们报版样张的输出和这年秋汉字终端的成功演示，增加了各方面的信心，计委、科委、电子部和教育部均赞成抵制洋货，大力扶植国内系统；这一主张还得到了国务院进出口管委会的有力支持，当时任管委会副主任的江泽民同志于 1980 年 2 月 22 日给国务院几位副总理写了一封四页的亲笔信，反对引进，主张支持北大等单位完成先进的系统，信中特别提到了国内研制的这一系统"解决了汉字缩小和放大不变形的问题，有几项技术指标已达到国际先进水平""将来在国内推广，在具备一定条件以后，还可将产品打入国际市场"。

经过千辛万苦，我们又在 1980 年 9 月 15 日上午排出了一本《伍豪之剑》，这是中国在告别铅字的历程中排出的第一本书。印后送给了方毅同志，周培源校长又请方毅同志送给政治局委员人手一册。方毅同志于 1980 年 10 月 20 日在随书附上的北京大学的一封信上写了一段热情洋溢的话："这是可喜的成就，印刷术从火与铅的时代过渡到计算机与激光的时代，建议予以支持，请邓副主席批示。"小平同志于 1980 年 10 月 25 日作了"应加支持"的批示。

各方领导的支持和干预加上英国产品的不完善，使得引进 Monotype 系统的风潮暂时平息。1981 年 7 月 8 日至 11 日，国家计算机工业总局和教育部联合召开原理性样机鉴定会，鉴定结论是"与国外照排机相比，在汉字信息压缩技术方面领先，激光输出精度和软件的某些功能达到国际先进水平"。

我们决定见好就收，不致力于原理性样机的实用和生产，集中精力研制有竞争能力的Ⅱ型机。就在这紧要关头，我又一次面临内外交困的境地。10月，我的夫人陈堃銶查出患了直肠癌。从1975年照排项目一开始，陈堃銶就负责设计和软件调试，在没有软盘和显示器的情况下，专用的分时操作系统、命令处理程序和批处理书版排版软件全部用汇编语言写出，程序量多达14万行，其艰难是可想而知的。1981年上半年，她已发现便血，但忙于准备鉴定会，顾不上去医院。直到10月才抽空去医院检查，被确诊为直肠癌，要立即住院手术，这不啻是晴天霹雳。陈堃銶倒很镇静，住院动手术之前还和同病房病友谈笑风生，并一起唱起50年代的苏联歌曲。好在手术后没发现任何扩散，使我稍放宽心。陈堃銶住院的这一个多月是我一生中做家务最卖力的时期，每天起床后考虑的不再是工作，而是应买什么菜和烧什么菜，按菜谱设计使一周内尽量不重复，但这种努力做家务的局面只维持了一两个月后又恢复原状了。陈堃銶手术后休息了一年，1982年秋她又投入了工作，继续负责软件的研制，以后几年的紧张程度和所承受的压力丝毫不亚于手术前的1976至1981年，但总算挺过来了。

1984年，第二次引进高潮向我们袭来，而且更为凶猛。美、英、日等国的产品纷纷到中国展示，那时改革开放已前进了一大步，中央也不大可能去干预地方上和各部门的引进。我们的Ⅱ型机虽然已在新华社安装和作系统测试，但各部分均存在不少毛病，尤其是照排机的可靠性问题，更是突出。在这种情况下一些有钱的报社和印刷厂目光投向了外国产品，五六家大报社、几十家出版社和印刷厂购买了美、英、日生产的照排系统（后来均被国产系统取代），一些人对"748工程"产生了怀疑，认为"北大的

王选兴奋地介绍方正激光照排系统（作者提供）

系统即使搞出来也是落后的"。

面对第二次引进高潮的压力，我充满信心，相信 1985 年上半年新华社的系统能投入运行，经过北大和各协作单位的共同努力，Ⅱ型机系统终于在 1985 年 5 月 6 日至 8 日通过了国家级鉴定，10 月 26 日《北京日报》头版以"科研战线的中国女排"为题进行了长篇报道，1986 年汉字激光照排系统被评为"中国十大科技成就"，获得了日内瓦国际发明展金牌，1987 年获国家科学技术进步奖一等奖，我也获得了 1987 年首届毕昇奖。

然而，面对这些荣誉，我一直有一种"负债心理"，觉得还未形成产业，国家投资尚未收回，这种"负债心理"促使我们不断进取，华光Ⅲ型机、Ⅳ型机、方正 91 型机相继推出。1987 年，《经济日报》成为我国第一家勇试华光Ⅲ型机的报纸。第二年，经济日报社印刷厂卖掉了全部铅字，成为世界上第一家彻底废除了中文铅字排版的印刷厂。1989 年，华光Ⅳ型机开始在国内新闻出版、印刷业推广普及，这年年底，所有来华的研制和销售照排系统的外国公司全部退出中国大陆市场，《人民日报》由于在引进美国HTS照排系统后一直无法使用，1990年全部改用华光系统，HTS公司宣布彻底破产。到1993年，国内99%的报社和95%以上的书刊印刷厂均采用了国产系统，这就是那场被称为"告别铅与火、迎来光与电"的印刷技术革命。

1991年至1994年，我们不断抓住机遇，用创新技术引导市场，又引发了报业和印刷业三次技术革新：告别报纸传真机，直接推广以页面描述语言为基础的远程传版新技术（1991年开始），致使我国报纸的质量和发行量大大提高；告别传统的电子分色机阶段，直接研制开放式彩色桌面出版系统（1992年开始），引起一场彩色出版技术革新；告别纸和笔，采用采编流程管理的电脑一体化解决方案（1994年开始）。

1995年以前，北大计算机研究所与北大方正（最早叫北大新技术公司）是技术转让与合作关系，1995年7月1日，双方合二为一，共同成立方正技术研究院，由我任院长，建立起从中远期研究、开发、生产、系统测试、销售、培训和售后服务的一条龙体制，树立了"顶天立地"的高新技术企业发展模式："顶天"就是不断追求技术上的新突破，"立地"就是商品化和大量推广、服务。顶天和立地紧密结合、相辅相成。多年的实践证明，这是一条产学研一体化的成功之路。

（七）

今天讲起北大方正，人们会说，"既有名，又有利"，不太了解当时是何等的艰难！在很长一段时间内我都有种"逆潮流而上"的感觉，这个决战市场的过程是九死一生的，松一口气就会彻底完蛋。从1975年到1993年这18年中，我几乎放弃了所有节假日（包括星期日和春节、元旦），每天上午、下午和晚上三段工作，身心极为紧张劳累，没有时间像普通人那样生活，我的家庭失掉了常人所拥有的乐趣，但也得到了常人所享受不到的乐趣。这个乐趣就是工作过程本身——百思不得其解，凌晨或半夜忽然想出解决办法来，这种兴奋愉快是难以形容的。我从1987年到1992年，每到一处首先就看街上的报纸，看哪一份报还是铅排，哪一份报已采用我们的激光照排系统。看到用自己研制的成果排出如此漂亮的版面，真是一种高度的享受。正如居里夫人所说，科学探讨本身就是一种至美。

然而，1993年我56岁时发生的一件事，使我意识到并非每个领域的科学研究都欢迎年长者。计算机技术发展日新月异，年轻人具有明显优势，我该从科研第一线退下来了。

这年春节，我像往年一样闭门搞设计，这是可以聚精会神搞科研的一大块宝贵时间。两个星期后设计完成，恰巧我的一个学生过完年回来，他看了以后对我说："王老师，您设计的这些都没有用，IBM的PC机主线上有一条线，您可以检测这个信号。"这句话，意味着我两个星期的研究成果被否定了。

这件事对我的震动实在太大了。我对学生说："你这个主意非常好，可为什么自己想不出来，非要我用一个傻主意给逼出来呢？"这是在问学生，也是在问自己。

从事电脑研究开发的最佳年龄是20岁到40岁，我自己的两次创造高峰——1964年从事软硬件研究和1975年研制激光照排项目，分别为27岁和38岁。当时我是无名小卒，常常会受到一些表面上比我更"权威"，却对实际技术细节了解甚少的人的干扰。

幸运的是我常常能说服别人，有时也不得不采取阳奉阴违的办法来绕过这种干扰。今天我创造的高峰已过，却似乎成了计算机某个领域的所谓"权威"，获得了众多的奖项，而由于各种事务性工作和社会活动的增加，我看的技术资料和文献已不如年轻人多，第一线的实践更不如年轻人，那些有才华、有潜力，但尚未成名的小人物才是最需要重点支持的。

更值得警惕的是，在计算机这种新兴领域，人过中年、步入老年时往往会跟不上形势，固执己见，发生技术决策或市场策略方面的重大失误，会导致严重损失。当时我就看到三个这样的例子，它们像阴影一样驱之不散：华裔电脑巨头王安、美国"巨型计算机之父"克雷、世界第二大计算机公司 DEC 的总裁奥尔森，他们都曾是叱咤计算机界的风云人物，因为晚年跟不上技术发展

晨曦中，王选在北大校园 *(作者提供)*

的潮流，从而导致下台甚至公司破产。

于是，1993年我作出了一生中第六个重要抉择：退出科研第一线，全力扶持年轻人，为他们创造良好的氛围，使之产生更多的新思想、新方案、新成果。

1993年我们任命了肖建国（36岁）、阳振坤（28岁）、汤帜（28岁）三位年轻人担任研究室主任，后来他们分别主持研制出了第一个中文彩色报纸编排系统、第一个中国人研制的基于国际标准页面描述语言Post Script Level 2的照排系统，以及采用面向对象技术的新一代的排版软件。现在，他们担任着研究院和计算机所重要的领导职位，率领一批年轻技术骨干做出了可喜的成绩。

曹操年逾50作《龟虽寿》，虽"烈士暮年"，仍"壮心不已"。我则以为，"伏枥老骥"最好用"扶植新秀，甘做人梯"的精神实现自己"志在千里"的雄心壮志。

（八）

我很欣赏日本索尼公司名誉董事长井深大的一句话："独创，决不模仿他人，是我的人生哲学。"当然，这绝不意味着闭门造车，而应该针对市场需要，结合自身的优势与不足寻求发展，因为"需要"和已有技术的"不足"是创造的源泉。北大方正国产照排系统在1990年取得我国内地市场的垄断地位之后，开始大举进入我国港澳台中文出版业市场，到1995年占领了海外华文报业（包括东南亚和北美）70%的市场。这年12月，方正在香港以红筹股的形式成功上市。中国报业的技术水平已跃居世界先进行列。

但我总以为，中文出版系统进入海外市场不能看作是走向国际的标志，只有非中文领域的产品大量进入发达国家的市场才算真正的国际化。1995 年我去日本考察，发现了一个令人惊喜的现象：日本的彩色印刷业十分发达，不亚于美国，领先于中国 5 到 10 年；北大方正在国内中文专业排版领域的年营业额很难超过 15 亿元，而日本市场却大得多，大概是中国的 10 倍！但是其印刷出版系统的软件并不先进，北大方正完全可以依靠自主技术打进去，在如此庞大的市场占领一席之地。这个市场"太可爱了"！更可贵的是，发达的日本市场带来很多国内碰不到的需求，将刺激北大方正一批优秀年轻人的创造才能，使他们产生去发达国家领导技术新潮流的使命感，这是高额奖金所买不到的。于是 1995 年，我的第七次抉择渐渐明晰：进军日本市场，依靠自主创新技术走向国际。

1996 年 4 月，日本方正公司在东京成立，负责市场和销售。总经理管祥红是毕业于北大无线电系的小伙子，绝大多数员工是日本人，薪金按日本当地标准，比国内高得多，否则无法吸引日本优秀人才开拓市场。研发的任务则由国内的方正技术研究院来负责。

1997 年 5 月 23 日是个值得纪念的日子，方正集团与日本第二大杂志社——日本株式会社利库路特（Recruit）公司在人民大会堂举行了签约仪式，该公司花 400 万美元购买了方正日文出版系统。各大新闻媒体进行了报道，《北京日报》称"这是中国企业第一次较大规模地出口和销售拥有自己知识产权和自有产品品牌的高科技应用软件"。会上中国记者问日方："你们出版日文杂志，为什么不用日本开发的排版软件，而要选择方正系统？"日方技术人员回答：方正系统把文字、图形和图像处理功能集成在一起，使用方便，可以大大提高效率。这一合同使方正日文出版系统用于出版日本著名大型杂志 Carsensor，这是一个专门刊登二手车销售信息的杂志，双周刊，有关西、关东、名古屋三个版，每期多达 1500 页左右，包含上万张照片和大量广告。由北大方正承担的出版系统是基于数据库、Internet，全部流程由电脑管理，自动产生版面的新型系统。与以前该杂志使用的美国系统相比，生产效率提高近 10 倍，被认为是日本同类系统中最先进的。目前，方正日文出版系统已进入日本报纸、广告和杂志业。

现在看来国际化有三种方式：第一种方式是与国外合资引进技术，占领国内市场，也就是以市场换技术；第二种方式是引进技术，依靠良好的管理、高品质和低成本生产，然后出口海外；第三种方式是依靠自己的创新技术，把性能优异的中国品牌产品打入国际市场。一个国家在发展初期往往不得不采用第一种方式，以缩短产品和管理与国际先进水平的差距，人们常称之为"引'狼'入室，与'狼'共舞"。日本和韩国一些名牌公司当年还很弱小时，先采取第一种方式合资，后逐步转入第二种，甚至第三种方式，因为他们建立起自己的技术创新体制，慢慢不再依赖外国技术，结果形成"引'狼'入室，与'狼'共舞，把'狼'赶走"的局面。而我国有些企业在合资过程中被外方控股，丢掉了自己的品牌，丧失了进一步技术开发的权利，市场并未换来技术，反而造成"引'狼'入室，与'狼'共舞，被'狼'吃掉"的结局。方正系统之所以能够进入日本市场则是一开始就走了第三条路，依靠自主创新技术打入国际市场。这样做还证明了两点：让优秀的年轻人"出彩"，最好的办法是把他们放在最前沿的需求刺激的风口浪尖上；"学术上的远大抱负"与"占领市场"在一定的条件下可以是高度一致和相互促进的。

（九）

1994 年我访问了纽约附近的 IBM Watson 研究中心，当时该中心主任是 IBM 高级副总裁麦高地，他做过一个形象的比喻：不考虑适合当前市场需要的开发，好比一个人不呼吸；不作未来市场需要的研究，好比一个人不吃饭。不呼吸，几分钟就会死去；不吃饭，两三个星期也会丧命。这一比喻生动地说明了研究开发中近期和远期的关系，给我留下了深刻印象。当时北大方正的电子出版系统在国内已处于"祖国山河一片红"的地位，即使主流产品不断升级换代，也总有饱和的一天，要发展，就必须开辟能够成为方正第二大支柱的新领域。

1995 年秋天，机会降临了。9 月 4 日，时任副总理李岚清接见中央电视台领导，在谈到应向孩子提供更多、更好的国产动画片时，他指示中央台可与北大方正合作，研制中国自己的计算机动画制作系统，以提高制作效率，降低成本，提高质量。这一指示使我心头一亮，随着信息时代的来临，视频领域数字化将是我国广电业必须面临的重大变革，这将产生巨大的市场，因为中国有众多的广播电视用户，而它们的经济实力要比报社、出版社更雄厚。北大方正应该抓住这一机遇，进入数字视频领域，抢占市场，它足以成为方正的第二大支柱。于是我做出了此生的第八个重要抉择：以研制计算机动画制作系统为契机，开发数字视频领域，进军广电业。

1996 年 5 月，方正与中央电视台签署协议，共同开发动画制作系统。由 33 岁的邹维副教授和 31 岁的郭宗明副教授为首，组成 7 人课题组，历时一年半，于 1997 年底开发成功"点睛"动画制作软件，在功能和使用方便程度上均超过了美国的 AXA 软件，一上市就受到用户欢迎，中央电视台的 AXA 软件被"点睛"

代替，上海东方电视台也购买了这一系统，北京电影学院、北京广播学院采用"点睛"软件建立了动画培训教室。中央电视台由于有对同类国外软件丰富的使用经验，在合作过程中给予很大帮助。这说明，只要国内高新技术企业与权威的使用部门同心同德、紧密合作，我们是能够异军突起和后来居上的。

1997年，我与香港亚洲电视台的领导人接触，了解到亚视现在用的是模拟影像带，他们打算跳过数字影像带阶段，直接跨越到基于硬盘视频服务器的系统，这样电视台的人员可以减半，从而大大节省开支（当时的亚视是亏损的）。我马上想到这有点类似当年照排系统的跨越，一旦电视台所有的资料都放在服务器上，将极大地改变电视台的日常操作，技术上会带来一系列的挑战，这正是我们所渴望的技术难度大、发展前途无限的领域。我组织年轻的技术骨干与亚视展开合作，研制出国内第一个基于硬盘的视频播控系统并投入使用，目前已研制出六大系列产品，为我国广电行业采、编、播、互联网发布以及自身新闻业务管理提供了一体化解决方案，被上百家广播电台、电视台和有线网络公司使用。

过去戏曲界有一个说法，叫"一招鲜，吃遍天"，每位名演员在保留剧目中常常有一些绝招以吸引观众，因而经久不衰。企业特别是高新技术企业讲创新，就应该有"一招鲜"甚至"几招鲜"。根据我们二十多年的实践，一个成功的产品大概要同时满足下到五条件：（1）采用国际最先进的技术和设备；（2）有自己的创新，而这种创新是用户所特别需要的，能使用户感到耳目一新，具有高的技术含量，是产品与众不同的"卖点"；（3）贴近用户；（4）稳定可靠；（5）研发进度得到控制，产品按时上市，从而能抓住机遇。

（十）

1998 年，方正在连续多年赢利后第一次出现亏损，在业界引起很大震动。我们仔细分析后发现，原因是多方面的：产品越来越成熟，价格显著下降；盗版严重；在报业以外的出版市场，国外商品大量进入，方正面临激烈竞争……但最主要的原因，不是技术上落后了，而是典型的管理问题。联想总裁柳传志形容联想赚取利润就像"拧一条干毛巾，必须使劲拧，才能拧出一点水来"。而多年来，我们的利润就像是"拧一条湿毛巾，不用使劲，水就嘀嘀嗒嗒往下掉"。方正创业期间技术领先的产品带来的高效益，掩盖了长期以来存在的管理弱点，当企业进入持续发展阶段时，管理便成为十分突出的问题，大家认识到，方正必须要过管理关。

我在方正从一开始就只负责技术，不负责资金运作和经营，1993 年脱离技术第一线后，技术方向和技术管理还由我来做，1996 年开始，我把技术管理也交给了肖建国副院长。20 世纪 90 年代以来，我的头衔和社会职务越来越多，先是 1992 年到 1994 年一年增加一个院士头衔，然后又当选第八届全国政协委员、九三学社中央副主席、中国科协副主席，直到 1998 年被选为第九届全国人民代表大会常务委员会委员、人大教科文卫委员会副主任……随着社会事务的增多，加之年龄的增长，我觉得应该从公司的位置上逐步淡出，让年轻人充分施展才华。1999 年，我辞去方正技术研究院院长职位；2002 年，我又辞去方正控股董事局主席的职务。我要做的是排除一切干扰，支持改革，努力建立一个团结、和谐、奋斗、不断学习和进取、充满活力的领导班子，使方正真正上一个台阶，逐步成为国际化公司。同时尽己所能，为知识经济时代的"科教兴国"战略奉献心力。目前，在新领导班子的努力下，方正发生了值得欣慰的大变化，正逐步走出困境，以崭新姿态迈向新世纪，我对方正的未来充满信心，对国家的未来充满信心。今后，我给自己的座右铭是"多做好事，少做错事，不做坏事"，在这里，将《后汉书》对"方正之士"的描述录下，与大家共勉：

"察身而不敢诬，奉法令不容私，尽心力不敢矜，遭患难不避死，见贤不居其上，受禄不过其量，不以之能居尊显之位，自行者此，可谓方正之士矣。"

（本文选自上海教育出版社2005年5月版《科学的道路》，由丛中笑撰稿）

王 选 计算机专家。1937年2月5日生于上海，祖籍江苏无锡。2006年2月13日逝于北京。1958年毕业于北京大学数学力学系计算数学专业。北京大学教授。曾任北京大学计算机研究所所长，方正控股有限公司董事局主席。先后任九三学社中央副主席，中国科协副主席，第九届全国人民代表大会常务委员会委员、人大教科文卫委员会副主任，第十届全国政协副主席等职。作为汉字激光照排系统的创始人和技术负责人，所领导的科研集体研制出的汉字激光照排系统及世界首套中文彩色照排系统，为新闻、出版全过程的计算机化奠定了基础，被誉为"汉字印刷术的第二次发明"。先后获日内瓦国际发明展览金牌，中国专利发明金奖，联合国教科文组织科学奖，国家重大技术装备研制特等奖等众多奖项，1987年和1995年两次获得国家科学技术进步奖一等奖。还被授予国家级有突出贡献的专家称号，1987年获"毕升奖"及"森泽信夫奖"，1995年获何梁何利基金"科学与技术进步奖"，2001年获国家最高科学技术奖，2009年被评为100位新中国成立以来"感动中国人物"之一。1991年当选中国科学院学部委员（院士），1993年当选第三世界科学院院士，1994年被选聘为中国工程院首批院士。

我与年轻的共和国同步成长与发展，尽管困难与曲折不断，但我更懂得要珍惜祖国的发展和前途，并有一种强烈的前进愿望。正是这种珍惜的心情和前进的愿望支持着我去克服人生与科研中的种种困难。

——王 越

青少年时代的二三事

我出身于一户爱国的知识分子家庭。父亲早年曾就读于北洋大学，后因家庭困难辍学而转入银行工作。1931年日本侵略者发动"九一八事变"，占领我国东北大部分地区，在父亲看来，这是由于中国对日本的侵略不抵抗而导致的。所以在我出生以后，父亲便打破了家族按辈取名的规矩，并不按当时习惯取双名，打破常规只取单名"越"字，意在越过这场灾难与国耻。在我童年时，父亲便常以此来教育我。

1941年以前，我家住在天津英租界内，但每出入租界，无论男女老少，不但要被日本兵强迫搜身，还要向他们鞠躬敬礼，令每一个中国人都感到莫大的耻辱。日军还在文化上进行侵略，逼迫小学更换课本，渗透亲日内容。我所在的耀华中学的赵校长就

王 越 院士
（中国工程院提供）

因拒绝更换课本而被暗杀于自家门口。1941年以后，随着日军在前线的失利，对沦陷区的老百姓的压迫更加残酷，普通老百姓只能以橡子粉、榆树皮、观音土充饥。我的家庭环境还算比较好，但在1942年以后，也是常年吃玉米粉，逢年过节偶尔才能有一顿面食或米饭。而现在大城市的孩子偶尔吃一次玉米粉都觉得非常新鲜。

日本侵略者对中国犯下的战争罪行罄竹难书，中国人强烈盼望打败日本侵略者，所以当第一次盟军的一架B-29"超级空中堡垒"轰炸机高高地飞到天津上空，轰炸盘踞在此的日军时，很多居民冒着炸弹落在头上的危险，拥上街头争相观看。尽管日军在中国那么猖狂，可是他们的高射炮弹还只能在远远低于飞机的下方就爆炸了，形成一朵朵白烟。当时，我的心里既盼望盟军飞机快点来轰炸日军，同时也害怕炸弹落在自己头上，这是一种非常矛盾的心态，但盼望还是远远超过了害怕。当年，我还只是一个11岁的孩子，却由"日本高射炮打不着盟军飞机"留下了一个非常深刻的印象，就是只要有了"本领"就可制服日本侵略者，这也许就是我在20世纪40年代第一次领悟到"科教兴国"的意义吧。

日本侵略者对沦陷区的统治采用的另一种手段就是封锁消息，其主要措施就是查封所有带短波的收音机，听短波就等于严重犯法。日伪的广播电台和报纸，整日长篇累牍地散布其"捷报"，一派谎言。日本侵略者对中国的统治越来越紧，老百姓的日子也越来越苦，不断横征暴敛，甚至逼迫老百姓捐献家中的铜器、铁器去制造炸弹，尽管许多人已经感觉出局势的转变和日军的艰难处境，但又很难得知真正准确的消息，设法偷听短波也就成了一种"神圣的举动"。父亲常常到一个朋友家去偷听短波广播，在临戒严前才匆匆赶回家。听到父亲讲述的日军一个个打败仗的消息，既兴奋又激动。这时，我脑中形成一个概念并有了一种愿望；短波无线电真伟大，我将来一定学无线电！由此，也奠定了我日后所从事的专业方向。

人在困难和盼望中的日子是很难熬的，十四年抗战，我在沦陷区当了"小亡国奴"，千百万老百姓被日军屠杀或在痛苦中死去，我作为一个幸运者总算熬过来了，更有理由多尽些义务和责任。

抗日战争的胜利是中国近代史上第一次反侵略战争的全面胜利，人民兴高采烈迎接来之不易的胜利，但这仅仅是昙花一现，内战紧接着爆发了，老百姓又陷入水深火热的日子。那时，物价一日数涨，在上海买一个烧饼差不多要 20 多万元的"金圆券"，人们扛着成麻袋的钱去买东西已经司空见惯，市场上只好流通银圆和美元。在上海的外滩公园甚至还挂着"华人与狗不得入内"的牌子，这真是不堪回首的往事！我的童年和青少年就是在这样的环境中度过的，确实经受了难以忘怀的磨难。直到 1949 年，随着毛泽东"中国人民从此站起来了"的宣言，中华民族才真正结束了深重的灾难。

1950 年我进入大学，在六年的大学教育中，经过努力学习，顺利毕业。但在严格的考核下，我们那一届学生有一半以上的同学（27 名）被淘汰，最终只有 25 名同学毕业（因只要有一门考试课不及格便要被淘汰），虽然看起来有点残酷，但反观现在的大学中淘汰率又似乎太低了些，大学生承受的压力太小了！人没压力轻飘飘。

我与年轻的共和国同步成长与发展，尽管困难与曲折不断，但我更懂得要珍惜祖国的发展和前途，并有一种强烈的前进愿望。正是这种珍惜的心情和前进的愿望，支持着我去克服人生和科研中的种种困难。有几次，科研中的难题曾困扰我长达二三年之久，一系列的困难和矛盾将我逼到山穷水尽的境地，正是这种"珍惜"和"前进"的理念支撑了我，也帮助了我，使我险渡难关。有的问题百思不得其解，在夜半人静，半睡半醒时，会突然闪过一个念头，豁然开朗，找到了解决问题的途径。这时，我会马上找同伴们进行试验。当然，真诚的合作精神是很有必要的，志同道合的合作伙伴也是非常重要的，要不然深更半夜的谁愿意跟你一起干？我深深地体会到：要想做成一件较重要的事，没有五年八年时间恐怕很难，有的甚至要花费10多年或者20多年的时间；更重大的事情也许要倾注科研人员毕生的精力去为之奋斗。在这漫长的岁月里，除了"核心概念"要准确外，毅力和拼搏精神比聪明才智更重要。

一转眼几十年过去了，我没能为社会做多少事，有愧于父亲所起的名字。回首往事，觉得环境（也包括组织领导和同志们）对人的教育是很重要的。日本侵略中国，使中国蒙受深重的灾难，但又以反面教材教育和激发了中华民族的奋进。现在的中国虽然不再会有被占领、被奴役的危险，但是中国人民应该体会到仍有更深层次的环境与生存压力，那就是在科技、国防、经济方面相对国际先进水平的落后，落后还会被欺压。不过，这种"欺压"

是隐性的，虽不见"血"与"火"，但同样是很严峻的，且丝毫不容缓和，说不定会演变成"血"与"火"。

对我们的青少年一代而言，要能体会到这种压力，这实在是太重要了！因为只有这样的认知，我们的国家和民族在 21 世纪的中叶才有望达到中等发达程度，这是 200 年来多少代中国人的期望！帮助年轻人认识环境的"压力"是我们这一辈人不可推卸的责任。正是基于这种想法，使我在 60 岁退休之年，欣然接受领导调我到重点高校去从事教育工作的决定。我明白，这辈子再要取得什么大的成绩恐怕是不敢奢望了，但我一定会尽心尽力工作，把育人这件大事担当起来。

（本文写于 1998 年，标题为编者所加）

王　越　雷达与通信系统专家。1932 年 4 月 1 日生于江苏丹阳。1956 年毕业于中国人民解放军通信学院（现西安电子科技大学）。曾任北京理工大学教授、校长、名誉校长，兼国务院学位委员会学科评议组召集人。主要从事信息与通信系统应用工程研究。提出并建立了我国电子工程对抗系统的理论体系。曾任多部火控雷达系统的总设计师，成功主持并研制出多部高性能火控雷达。相继获全国科学大会奖、国家科学技术进步奖一等奖、兵器工业部科学技术进步奖特等奖、高等教育国家级教学成果奖一等奖、机电部科学技术进步奖特等奖、光华基金一等奖、国防科学技术进步奖一等奖、何梁何利基金"科学与技术进步奖"等。发表学术论文 100 余篇，已出版《网络对抗》《信息系统及安全对抗导论》等著述。1991 年当选中国科学院学部委员（院士）。1994 年被选聘为中国工程院首批院士。

> 个人的知识能力是有限的，事业要靠群策群力来完成，一切要服从祖国的需要。
>
> ——王大珩

我是时代幸运儿

民族苦难时期的青少年经历

我的小名叫膺东，生于 1915 年。那年的大事是日本帝国主义侵略中国。趁第一次世界大战时机，日本帝国主义向袁世凯政府提出旨在独占中国的秘密条款——"二十一条"。5 月 7 日，日本提出最后通牒。25 日袁世凯在北京签订了丧权辱国的《关于南满洲及东部内蒙古之条约》《关于山东之条约》。当时激起全国人民大规模的反日爱国运动，把 5 月 7 日称为"国耻纪念日"。父亲因此给我起了"膺东"这个小名。寓意是满腔义愤打击东洋——日本帝国主义。

1918 年第一次世界大战结束。次年，国内爆发反帝反封建的"五四运动"，导致中国代表拒绝在具有侵犯中国主权内容的巴黎和约上签字。德国作为战败国，将原来侵占的山东青岛交还了中国。

1926 年，日本军舰驶进天津大沽口，炮击我国军民，被守军击退，日本竟联合英美等八国，向北京军阀执政段祺瑞提出拆除大沽口国防设施等无理要求。为此，3 月 18 日北京群众聚会游行抗议，要求拒绝八国通牒，竟遭开枪射击，当场死 47 人，伤 150 余人，史称"三一八惨案"。至今有关学校还保留着死难烈士纪念碑。

王大珩 院士
（中国工程院提供）

1931 年"九一八事变"后，日本侵占东北。东北学生大批流亡关内，"我的家在东北松花江上……哪年，哪月，才能够回到我那可爱的故乡……"那深沉而悲壮的旋律，激荡着我的爱国热情。难忘的《松花江上》那支歌，是我最爱唱的歌曲。

1935 年"一二·九运动"爆发，经受多年压抑的中国人民，第一次喊出"打倒日本帝国主义"的口号。

1936 年，我在清华大学毕业。由老师带领同学南下作修学旅行。在火车途经天津时，遇到一伙日本浪人，竟野蛮地把我们乘客从客车上赶下来，装上他们的走私货物。这时，我们已尝到了做亡国奴任人宰割的滋味，终生难忘啊！

1937 年的"卢沟桥事变"，全面抗战爆发。接着是"八一三"上海保卫战。这时，我第一次听到《义勇军进行曲》："起来！不愿做奴隶的人们！把我们的血肉，筑成我们新的长城！……"当时我参加了国民党政府的兵工工作，由于抗日失利，从南京撤退到长沙。我和群众一起唱着："把我们的血和肉，去拼掉敌人的头……""牺牲已到最后关头……"那正是日本侵略军占领了南京，进行残暴的大屠杀的时候。

我的青少年时代，就是在日本帝国主义侵略、蚕食中国的历史环境中度过的。

在光学被看作要害技术的日子里

1938 年，我有机会考取了中英"庚款"留英公费生。整个抗日战争和第二次世界大战时期，我是在英国度过的。我留学的专业是应用光学。这决定了我终身的志趣和事业。

在强权政治的世界环境中，由于军事上的需要，光学的前沿技术一直被各国视为要害技术，竞相强化，竭尽保密之能事。其中突出的有光学玻璃的制造技术。20 世纪初，由德国光学名家阿贝（Abbe）和化学家肖特（Schott）合作，扩展了光学玻璃性能的新领域——重钡玻璃系列。英国传统上有著名的法拉第（Faraday）研究光学玻璃的历史。由于保密，第一次世界大战期间，美国也被迫自己解决制造光学玻璃的奥秘，战后发表了世界第一本光学玻璃制造专著。帝俄在第一次大战初期，也曾以同盟关系派人到英国学习光学玻璃制造，但未得要领。"十月革命"成功后，列宁的第一个科学举措就是成立了国家光学研究所，最初的重要成就之一，就是掌握了光学玻璃制造技术。

正因为受到这种国际环境的启示，在学习应用光学，已获得硕士学位接近完成博士研究的时候，我的英国同学汉德告诉我，英国昌斯玻璃公司，急需一位懂应用光学专业科研人员，担任新型光学玻璃开发研究工作。这真是一个难得的机遇，我的祖国是多么需要这种技术啊。为了能学到制造光学玻璃的真实本领，要抓住二次世界大战的时机。我毅然放弃获得学位的机会，经英国同学的介绍，离开学校，到英国昌斯玻璃公司工作。

我在这家公司实验室工作了五年，职务是物理师。在那里我学会了如何从事开发研究。虽然不许我进入生产车间，但因为实验室既是产品质量的控制中心，又是进行新技术、新产品开发的策源地，所以我对生产的组织形式，以及生产光学玻璃的要害问题能有足够的了解。

所谓开发研究，就是要改进现有生产工艺，提高质量，发展新品种，同时研究为应用开发所需的基础性问题，我作为既有应用光学基础知识，又具备一定硅酸盐知识的物理工作者，从事这类工作，理论和实验结合，如鱼得水。我进行了200多埚的玻璃熔炼实验，对新品种光学玻璃发展掌握了一定的主动权，发展出稀土玻璃系列，并获得两项专利。为了快速测量并提高玻璃光性的精确度，我创研了V－棱镜折光仪，而且成为商品，现已成为测量光学材料光性的经典仪器。我还不懈地研究了玻璃的热处理性质，这是保证光学玻璃精密退火以得到物理均匀性的理论基础。

在那些年里，我是受雇于人，出卖自己的智慧，为别人出成果出效益的。然而可以自慰的是，我除了学到保密性很强的光学玻璃制造的要害技术，还学会了一套从事应用研究和科研开发的思路和方法，特别是建立了讲求实效的意识。这对我回国后从事新技术创业和应用研究等开发工作，做了铺垫，确有深刻的意义。

有了用武之地

1948年，我回到了阔别10年的祖国。

中华人民共和国成立以后，由于社会主义现代化建设的需求，我的专长能很好地发挥。使我引以为豪的是曾为祖国做了一些创业性的工作。

1949年3月28日，我到达老解放区大连市，参加了大连大学应用物理系的创建工作。这是党创办的第一所正规的综合大学，为即将诞生的新中国培养建设人才。

当时物质匮乏，办学条件是极困难的，学生做实验没有仪器设备。为了给学生创造学习条件，我和教师们亲自动手制作，许多实验仪器和器材只能到旧物市场去找，边开实验课边制作仪器设备。经过努力在一年之内，建成两个能同时容纳130人的普通物理实验室，能进行30多种物理学实验。满足了全校工学院和医学院学生的物理学实验之需。

这段时期的教学，锻炼了我对创业工作的自信。

中华人民共和国成立后，几个部委的领导提出，设立中国科学仪器研制机构的建议，决定在中国科学院设立仪器馆。当国家需要我去创建新的事业，我毫无异议地承担起这项光荣而艰巨的任务。在上级领导及多方力量支持下，1951年在长春成立了中国科学院仪器馆。其后经过发展，整合，1960年更名为中国科学院长春光学精密机械研究所。经过群策群力，逐步发展成为我国从事应用光学及光学工程研究开发与人才培养的摇篮和科研发展基地。在龚祖同先生主导和我的协同下，研制出我国第一埚光学玻璃，建立起全套规模生产技术和设备，培养了生产骨干。

在这里，有青年科技工作者发扬开拓创新精神，研制出我国第一台激光器，成为我国发展激光科技事业的开端。

在这里，还研制出我国第一台电子显微镜，我国第一台红外夜视光学设备，以及其他第一台……

作为战略科学家，王大珩善于倾听（作者提供）

1959年，在"解放思想，破除迷信"的思想指引下，通过"八大件"（指八项具有先进水平的高档光学仪器）的研制，完善了光机所从事光学工程的设计及工艺基础，开始从仿制走上自行设计制造的道路。

60年代，侧重军工项目，大力协同研制成功靶场用大型跟踪电影经纬仪，开国内自主研制大型精密测试设备的先河，形成了国防光学中的一个高技术重要领域。

我在长春光机所主持业务30多年，还先后从这里分建或分流出一些厂、所、学校和人才。1954年分建出上海光学仪器厂和长春材料试验厂，均为原机械部系统的主干厂。1962年分建出西安光机所，由龚祖同先生任所长，专门从事高速摄影及光子学技术研究。1964年分建出上海光机所，专门从事激光科技研究。以后又从中成立了专门从事激光核聚变研究的实验室（与核工业部联合）。

1964年前后，支援中国科学院科学仪器厂从事电子显微镜及相关工作的科技人员。1967 年分出部分人员支援航天部，从事空间观测工作（现已成为专业所）。1970 年进行"三线"建设时，分建出大邑光电所（现为成都光电所），从事国防光学及光机电一体化的精密光学机械研制工作；同时支援有关人员成立安徽光机所，从事大气光学与激光科技工作。

1958 年，长春光机所又创建长春光学精密机械学院，由我兼任院长。这所学院是当时国内唯一专门培养光学和精密机械人才的大学。现在已发展成为一所综合性大学——长春理工大学。

现在，上述机构都已壮大、成长，并以不同专业特点，建有开放重点实验室。

上述事件和变迁，都是在国际形势的大环境中，国家经济建设需求的促进和推动下，我所经历的历史的回顾，并不是我个人的功劳。

1979 年，我国成立了中国光学学会，我是主要发起人之一，当选为第一届理事长。

1983 年，我从长春到北京中国科学院任技术科学部副主任、主任。其间步李熏主任后尘，倡议学部向国家进行主动咨询。经过院士们的努力工作，现在中国科学院学部已形成一套完整的咨询体系。院士们作出的许多重大建议，已纳入国家计划。其后所做的咨询工作，我与多位院士合作向中央提出下述一些建议：

1986 年，当美国总统里根提出"星球大战"计划时，陈芳允院士和我商议，向中央提出我国也应当发展高新技术的建议，我欣然起草了报告。并联合王淦昌、杨嘉墀两院士，四人讨论《关于跟踪研究外国战略性高技术发展的建议》，定稿后及时报给小平同志，很快得到了批准，并形成了"863 计划"，见诸实施。

我由衷地敬佩小平同志的高瞻远瞩，使发展高科技成为实现我国现代化的一项重要战略部署。

1989 年与王淦昌、于敏院士共同提出《开展我国激光核聚变研究的建议》，这项倡议促成建设激光核聚变装置。

王大珩、王淦昌、杨嘉墀、陈芳允在"863 计划"十周年纪念会议上合影（作者提供）

1992 年又与张光斗、师昌绪、张维、侯祥麟和罗沛霖等五位学部委员向国家建议成立中国工程院。这一建议得到中央和国务院的批准，并得到工程界的热烈拥护。中国工程院于 1994 年正式成立。

1996 年联名建议并协调成立原子、分子、纳米科学重点实验室。

在我的科技生涯中的另一个重要方面，始终关心国家计量事业和国家仪器仪表科技事业的发展。

1956 年我被邀请参加国家十二年科技远景规划编制，并主导编写仪器仪表和计量技术项目规划。其后，我担任国家科委仪器仪表专家组组长、国家计量局顾问，并于 1979 年至 1991 年代表

王大珩（左）、谢光选（中）与王希季在航天器总装车间讨论
（2000，中国科学院提供）

中国出任国际计量委员会委员。

1979年中国计量测试学会和中国仪器仪表学会成立，我作为创办者之一，当选为第一届副理事长。其后，担任理事长和名誉理事长。

在40多年里，我与院士们三次联名建议国家发展仪器仪表科技与工业，受到中央的重视，根据建议：1979年国务院批准成立国家仪器仪表工业总局；1994年院校联合建立跟踪国际计量科学发展的国家计量测试高技术实验室。

鉴于我国已进入信息科学时代，为适应时代进展的需要，与仪器仪表界联合倡议召开了香山会议。这次会议为我国日后仪器仪表科技事业的发展，以及获得社会重视，具有深远的影响。

根据长期的实践，提出仪器仪表是认识世界的工具；仪器仪表是信息工具；仪器仪表工业是信息工业的概念。我们应该有这样一种共识。

对北京市科学技术的发展，对促进光电学和高科技产业化等各个方面，我十分关心，也做了一些工作。譬如，曾担任过北京市科学技术协会主席、中国光学光电学行业协会理事长、中国高科技产业化研究会理事长等项职务。

在我从事光学事业的大半生中，面临一个如何办好应用科学和高技术研究机构的模式问题。根据我当年在国外实践的体会，新技术科研要面向实际，必须有工厂制造技术体系密切配合。就如我国医学科学的传统那样，搞医学科研与教学，必须有临床医院。长春光机所从开始建立（当时称仪器馆），就是实行科研与生产密切结合的模式。后来在中国科学院内建立的几个光学研究机构，以及其他高新技术研究所，都采用了这种模式，这样才能更好地以实物（整机），验证成果的实效，并以少量产品满足国家的特殊需求。

我提倡的这种建所模式，在承担大型光学装备任务时，也曾引起争议，即研究所究竟应当搞"半竿子"，还是搞"一竿子"。"半竿子"就是研究所只研究科技问题，而整机工程，不论工艺难易，产量多少，都应由工业部门承担；"一竿子"就是考虑到任务中科技问题错综复杂，工艺难度大，数量要求少的，应由研究所从科研攻关，直到出产品（整机）都承担起来。我是搞"一竿子"的拥护者与坚持者。

实践说明，这样做，使科研与实际结合，既争取了时间，又保证了质量，可取得又好又快的效果，还锻炼了一支科研与工程技术结合的人才队伍。这在今天改革开放的新形势下，已肯定是研究所从事高新技术开发并向产业化过渡的有效形式，是符合国情的。而在当时，这种在产业部门是当然的做法，在科学院系统中，却是别树一帜。而现在这种做法已经被普遍接受了。

王大珩院士纪念邮票（资料图片）

在祖国社会主义现代化建设中，我有了用武之地！

我是时代的幸运儿

我出身于知识分子家庭，父亲王应伟在20世纪初曾留学日本，是早期的地球物理和气象学家。母亲周秀清极其重视对子女的教育。在军阀混战时期，欠发工资，家里一直过着清贫的生活。

父亲看我有点灵气，从小就引导我学科学，激发我爱科学的兴趣。记得在我很小的时候，当看到筷子半截斜插入水杯中，出现挠折现象时，父亲就指出，这叫折光现象；在小学时，父亲就带我去看他亲自做地磁观测；在初中时，带我进行气象观测实习。在父亲循循善诱精心辅导下，我超前学完了中学数学和微积分。

1932年，我考入清华大学物理系。在叶企孙、吴有训、周培源等名师的教育熏陶下，我不仅学到了科学知识，而且学会了从事科学工作的思想方法，更重要的是长辈们的道德为人，爱国思想，对事业严肃认真负责的态度和进取精神。

在英国留学期间，我有很长一段时间过着似乎是工人和被雇用者的生活，有机会洞察资本主义世界的形形色色。交往过德高望重的学者教授，也见到过市侩气十足的学术人物。同时也体会到一些处世之道，即只有通过自己的钻研实践，才能成为知识里手；只有作出贡献，并争取出人头地，才能被同行看得起，才能交上朋友，并在学问知识上得到互益。同时，我也深深感悟，在解决问题时，如何分清主次，洞察现象，会发现与分析问题，而不受陈规所约束，这也是科学发展和前进所必行之道。这些思想上的认识和收获，对我自中华人民共和国成立以来所从事的各项工作，都起了一定的作用。

1948 年，我回到了日夜思念的祖国，正值国民党政权即将垮台的时候，经济上通货膨胀到天文数字。当时，英国的公司曾打电报来，欢迎我再回公司任职。与此同时，吴有训老师通过地下党组织，引导我到解放区去参加创办大连大学。在这截然不同的两条道路上，我选择了到解放区的道路，我的路子走对了。

在党的培养下，我对马克思主义有了初步的认识。更加理解了上层建筑要与经济基础和生产实践相适应的道理；人民作为推动社会进步的主人，要在认识客观世界的基础上，能动地改造世界；要树立革命的人生观；并深感由于专业局限，个人的知识能力是有限的，事业要靠群策群力来完成，一切要服从祖国的需要。

这些思想引导我努力做到以公为先，不计个人名利，爱惜人才，培养后进，团结协作，以及顺应实际情况，因势利导等，同时也要敢于向错误做斗争。记得在 1977 年，针对"四人帮"的爪牙单奎章在长春光机所搞所谓的"阶级斗争"犯下的罪行，我在有 4000 多人参加的批判大会上发言，竟获得了长达两分钟的热烈掌声。

在多年的实践中，我认为一个人的机遇，是靠主观和客观多方面条件所促成的，除了上述因素外，说到底，还有一个和谐的家庭因素。1994年，我荣获何梁何利基金"科学与技术成就奖"首届大奖，在颁奖大会上致辞中曾谈到，我所取得的成就，主要是同志们集体智慧的体现，同时还因为我的夫人顾又芬，她是长春白求恩医科大学的儿科教授，医疗任务是相当繁重的。但是，她还要在生活上和健康上对我精心照顾，以及在教育、培养子女方面承担了主要家庭责任，使我得以全身心投入于工作。而我对她的关心很少，现在想来总觉得抱歉，并非常感激。

现在我已年近九旬，身体还算健康，愿以喜看祖国日益昌盛的欣喜心情，仍希望努力有所作为。

我是时代的幸运儿！

（本文写于2004年，标题为编者所加）

王大珩 应用光学专家。1915年2月26日生于日本东京，原籍江苏苏州。2011年7月21日逝于北京。1936年毕业于清华大学物理系。1938年就读英国伦敦帝国学院技术光学专业，1940年获硕士学位。曾任大连大学教授、中国科学院仪器馆馆长、长春光学精密机械研究所所长、中国科学院长春分院院长、中国科学院技术科学部主任、空间科学与应用研究中心主任、中国科协副主席、中国光学学会理事长等。中国现代国防光学技术及光学工程的开拓者和奠基人之一。创建长春光机学院，培养了大批光学技术人才。对中国仪器仪表事业及计量、测试科学的发展作出重要贡献。联名提出发展高技术建议（863计划）、联名倡议促成激光核聚变重大装备建设、联名倡议促成中国工程院建立。获1985年国家科学技术进步奖特等奖项，1994年何梁何利基金"科学与技术成就奖"、1999年获国家"两弹一星"功勋奖章等。1955年选聘为中国科学院学部委员（院士），1994年选聘为中国工程院首批院士、主席团成员。

我的思维像长了翅膀，在奥妙无穷、变化莫测的生物王国里忘情地飞翔。探索的欢愉常常使我忘却了休息、就餐，更无暇光顾慕尼黑郊外那迷人的大自然风光。

——王红阳

朗读者　王红阳

科学家要甘于寂寞

"我要当医生"

1952年冬，我出生在徐州，随父母工作调动在南京长大成人。

1970年10月，我坚定地退回第一个月的公务员工资，乘坐一列绿皮火车去了甘肃，成为大西北一名部队野战医院的新兵。

在六盘山脚下的新兵训练结束以后，作为一名卫生员，我被安排参加中央医疗队开赴宁夏回族自治区最偏远、最贫困的农村搞妇女病普查。我目睹了从未见过而终生难忘的情景：在极左和无政府思潮影响下的动乱时期，由于贫穷，不少老乡全家春夏秋冬就一床被子御寒，没有像样的衣服蔽体。由于缺少文化卫生教育，有一位年仅38岁的妇女就已是19个孩子的妈妈了。每天晚上，这位疲惫的母亲往往来不及数一数自己的孩子是否都已安全回家就鼾声震天了。这位可怜的女人患有严重的子宫下垂，黑褐色的

王红阳 院士
（中国工程院提供）

子宫像松鼠的尾巴一样低垂着，时时散发出阵阵令人窒息的恶臭。这情形惊得我目瞪口呆，眼泪禁不住流了下来。那段时间，我几乎每天都一路小跑，追着那妇人，为她消毒、上药，而刚一治疗完，那妇人便赤着脚，急急忙忙奔向田间。她那风中飘荡的褴褛衣衫和凌乱的头发搅动着我们这些年轻的城市姑娘的心绪，她匆匆的脚步仿佛踏在我的心坎上……那一刻，我有一种从未有过的震惊、冲动、颤栗不止，凝视着她远去的身影叹息，体会着直面另一位无助的生命时的悲哀和同情。我能为他们做些什么？我一遍遍地责问自己。

转眼到了1972年春节，已是一名护士的我兴冲冲地从兰州回南京探亲。岂料迎接我的又是一个不幸的现实：刚从"五七干校"归来不久的父亲被诊断为肺癌晚期。那个冬天，我无奈地看着父亲一口口地把鲜血咳在地上，又一步步地离我们而去。父亲的去世，让我再次感到人在病魔与死亡面前的无助与无力。

回到部队，整整一周的时间，我都沉默无语。对于战友关切的询问，报以机械的微笑，凄楚而惨淡的笑容令周围的人为我担心。

一天傍晚，我忽然大步流星地撞开女队长的办公室，未曾开口，却已泪流满面。队长探询地看着我，知道倔强的我是不会轻易流泪的，一定有什么特别的事。我抹干眼泪，语气坚决地说："我要考大学当医生！"队长有些不知所措，这事她决定不了，可又怕伤了我的心，她知道我这是铁定的决心，只是在用这种特别的方式喷发出久藏心底的愿望啊！她本想好好安慰我，没想到竟会不由自主地说出："好好努力，等待时机吧！"

随时准备起飞

哲人说过：机遇垂青于有准备的头脑。

对这句话，我是深有感触的。多年来，我几乎从未放弃过任何一次学习进修的机会。对我们这一代人来说，生命中的转折点是同中国历史的转折点紧密相连的。

1973年正是这样一个转折点。这一年，邓小平复出主持工作，全国高校尝试恢复考试招生。我珍惜这来之不易的机会，第一时间报名应试。考前半个多月，几乎每天只睡两个小时。功夫不负有心人，我终于以高分考取了第二军医大学军医系。

当第一次拿着学员证推开大学图书馆的大门，满架的图书、扑鼻的书香，让我激动不已。有一天，我突然发现，以前读过的一本没头没尾的书竟是《内科学》教材。那一刻我突然感到能读书真是幸福的事！有什么理由不珍惜这样的幸福呢？大学期间，我心无旁骛地专心于学业，当以优秀的学业成绩毕业留校时，才知道竟是班上少有的没谈过恋爱的学员。在全力以赴，全神贯注攻读的行止之下，有着一颗对人生、对未来、对医学充满美好憧憬的炽热之心。

毕业后留校，我在大学附属的长征医院工作，如愿以偿地圆了我的医生之梦。

第一次以医生身份坐在消化内科的诊室里，我思绪万千，一位位就诊的患者竟让我眼前一次次地闪现出父亲的身影，还有西北宁夏田埂上那位可怜的农妇……

为尽快掌握世界医学的前沿信息，我千方百计地搜寻并追踪国内外的最新文献。为此，我还努力提高英语表达水平。尽管那时月工资才54元钱，我却毫不犹豫地掏出一个月的工资，买回一本英文原版的希氏《内科学》。厚厚的一摞铜版纸，抱起来胳膊都有点发酸，可我硬是一页一页地啃下这块硬骨头。每个星期，我都把翻译出的一章请内科的邓琨老教授修改。令我深深感动的是，邓教授不辞辛苦地逐字逐句地帮我把关。就这样，我的外语水平日益长进。那时，大学办起了外语培训班，规定主治医生以上才有资格考，这可急坏了我。情急之下，我去找杨院长提意见，认为也应该给年轻医生学习机会。幸运的是，我遇到了一位开放开明的好领导。杨院长并没认为我的做法冒犯了领导，而是把我的意见认认真真地装进心坎里，上会讨论。而我也争气地成为那拨同龄人中第一个考上英语培训班的学员。脱产学习四个月后，尝到甜头的我又一鼓作气考进了学校专门为出国预备人员而举办的英语高级口语培训班。得益于这连续不断的"充电"与"吸氧"，为我日后考取研究生乃至出国留学做好了充分的外语准备。

1984年，作为著名的张国治和孔宪涛教授的开门弟子，我的硕士毕业论文——《肝病的免疫调节研究》获得了"全优论文"的好成绩。有幸被孔宪涛教授和上海市免疫学会推荐作为第三世界优秀青年学者代表，我参加了1985年多伦多国际免疫学年会，并作成果交流。一周的会议不断地给我惊喜，令我眼界大开。我国与国外科研上存在的巨大差距，更激发了我不甘平庸、奋起直追的勇气。为了不辜负学校领导和导师的信任与培养，我毅然放弃了美国实验室的工作邀请，按期回国，并把节省下的外汇如数上交。

1989年，由时任第二军医大学副校长的吴孟超教授和中德医学会主席裘法祖教授的大力推荐，我参加了由德国大众汽车公司出资，由德中医学会组织的10个留学名额的竞争考试，以优异成绩获得了留学德国的机会。从此，我才有了与基因对话的机会、与生命的信息传递结下了不解之缘。

钟爱科研

我攻读博士学位的乌尔姆大学，位于德国南部的巴符州，其所在的乌尔姆市是著名科学家爱因斯坦的出生地。在这座简朴的德国小城，我度过了留学生活中最艰苦的3年。生活费不足，靠当助教和家教来补充；德语不流利，租住在德国人的家庭公寓，下苦功夫多说多练，半年后就过了语言关。为了能开展临床研究，直接服务病人，我填了上百页的表格申请到重症医疗科实习。我始终没有忘记我的病人们，博士论文做的依旧是有关"多脏器衰竭的肝脏生化代谢研究"的课题。从硕士毕业论文到博士论文，乃至后来从事的生物信号调控研究，肝病一直是我关注的焦点。我深知，中国是世界肝病高发大国，又是世界上肝癌高发地区，诊断治疗困难，病死率高，始终是我国医学界基础和临床研究中面临的重大挑战，而这个挑战性课题也伴随着我的科研生涯，成为我始终关注、责无旁贷地愿为它付出的生命攀登。

我认为，医学科学研究永远是对人的最大尊重和最大关注。如果你热爱生命，你就不会对科学无动于衷；你就会理解那些甘于寂寞的科学家们，为什么他们能慷慨地乐于将一生中最好的时光、激情与爱恋都献给了科学事业，心甘情愿地忍受寂寞的煎熬与失败的挑战。是他们，能从单调的试管碰撞声中听到病人的呻吟与挣扎，在漫长枯燥的重复实验中感受到患者的期待与呼唤。正是这种对生命的尊重与感悟、信念与情操，激励我安于寂寞，不计名利，不懈追求，始终不放弃科学高峰的攀登。

博士毕业后，我进入慕尼黑的德国科学院马普生化研究所做博士后研究。从此，我把探索的触角伸向一个更艰深、更前沿的领域——生物信号传递。我终于发现了一座富矿。

时光在一点点地流逝，实验在一天天地进行……在这优越的科研环境和浓厚的学术氛围中，我的思维像长了翅膀，在奥妙无穷、变化莫测的生物王国里忘情地飞翔。探索的欢愉常常使我忘却了休息、就餐，更无暇光顾慕尼黑郊外那迷人的大自然风光。

王红阳在办公室（2006，方鸿辉摄）

王红阳院士（作者提供）

还有许多事要做

1993 年我进入马普生化所做博士后时，导师交给我一份新文献：每个人体内都存在着癌基因与抑癌基因。当抑癌基因功能正常时控制癌基因不被过度激活，两者平衡稳定着机体的正常功能。因此，那时世界上有条件的实验室都在不失时机地克隆和鉴定癌基因和抑癌基因，为寻找抗癌秘钥而忙碌着。

连续两年时间，我夜以继日地专注于研究。1995 年 6 月 11 日，我成功地发现并克隆了一个新的基因，即胞浆型酪氨酸酶，自命名为"PNP-1"。可是，当我把这一消息告诉导师时，导师不无遗憾地说："科学研究只承认第一，因为你的发现比日本科学家晚了一周，日本科学家已将这个新基因命名为 BAS。"

打击不可谓不大。我拭去眼角的泪花，开始了科学攻关的第二次长征。1997 年初冬，我有幸在世界上首次克隆出 PCP-2，即受体型酪氨酸磷酸酶，并提出 MAM 型酪氨酸酶家族的新概念。这一成果获得国际专利，并在世界人类基因库登陆命名。

1997 年，为报效祖国与母校，我带着从德国科学院争取到的一个集装箱仪器设备和联合申请的 250 万元科研经费，回国创办了"国际合作生物信号转导研究中心"，次年被评为"全军医学重点实验室"。以后又在国内率先提出并开展了"关键生物信号分子的三维结构和功能""慢性肝病炎-癌转化分子机制与干预"等重大研究课题；筹建了临床综合治疗内科病区，在上海东方肝胆外科医院建成了国内外两个研究基地和基础、临床交叉结合的崭新创新发展模式。

人类的基因数量超过 10 万个，目前科学家只搞清了其中的一小部分。破解基因与疾病天书的奥秘任重道远，"板凳需坐十年冷"的精神更要发扬。我和我的团队还有许多事要做。

（本文写于 2006 年 6 月，原标题"让生命远离名利与平庸"，改定于 2022 年 6 月 10 日）

王红阳 肿瘤学、分子生物学专家。1952 年 1 月 31 日生于江苏徐州。1978 年考入第二军医大学临床医学系，毕业后入长征医院消化内科。1992 年获德国乌尔姆大学医学院博士学位，入德国科学院马普生化研究所从事生物信号转导研究。1997 年回国创办国际合作生物信号转导研究中心和综合治疗病区，形成基础与临床结合的创新基地。现任国家肝癌科学中心主任、上海东方肝胆外科医院肿瘤临床医学中心主任，国际合作生物信号转导研究中心主任，教育部长江特聘教授。兼任中国女科技工作者协会会长，中国抗癌协会副理事长，曾任国家自然科学基金委医学部主任。始终面向临床救治重大需求，着力解决我国肝胆肿瘤诊疗的瓶颈问题，形成了分子机制研究和诊疗新技术研发、转化两大特色，为提升我国肝胆肿瘤诊疗水平作出重要贡献。自主研发了 Glypican3 肝癌特异抗体诊断试剂，规模化开展我国肝癌早筛临床研究和新技术研发，解决了我国肝胆肿瘤高危人群预警监测、早诊分型和耐药监测等技术问题，研发了老药新用等治疗新策略，引领了肝胆肿瘤防治研究的前沿学科发展。在 *Cell*、*Cancer Cell*、*Science Translational Medicine* 等有国际影响的学术期刊发表论文 300 余篇，近五年获发明专利授权 14 项（含国际专利 3 项）。以第一完成人获国家科学技术进步奖一等奖创新团队奖、国家自然科学奖二等奖、军队科学技术进步奖一等奖等，是全国创新争先奖（奖章）和吴阶平医学奖获得者。先后荣立一、二、三等功。2005 年当选中国工程院院士，也是发展中国家科学院院士。

我做了一些应做的工作，国家给了我许多超过自己贡献的荣誉，但我永远的信念"物我两忘，荣辱不惊"，一直在鞭策着我前进。

——王梦恕

物我两忘　荣辱不惊

我出生在战争动乱的 1938 年冬季，祖父是跟随孙中山先生进行国民革命的顾问，父亲是学了法文准备出国勤工俭学、主张"工业救国"的孝子，因祖母病重而放弃外出就职于陇海铁路一生的职员。我的老家在司马懿的故里河南温县安乐寨，至今未回去过，据说故里确实物华天宝，人杰地灵，是块风水宝地。这块宝地由于重视教育，仅有百多户的小村，从清初至民国时期考中贡生、举人、秀才和大学生者有 30 多人。古如是，今更是，当代安乐寨籍人在祖国四面八方具有教授、副教授级职称者达 20 余人。1977 年恢复高考制度后，相继考入各类大中专名牌学校者有 80 余人。历代大官名将也层出不穷。我生不在家乡，长不在家乡，但历史的缘分与巧合，让我这个游子于 1979 年回到了坐落在家乡河南洛阳市附近的中华人民共和国铁道部隧道工程局。

王梦恕 院士
（中国工程院提供）

20世纪50年代末，我就读于唐山（北方）交大，1964年研究生毕业。当时许多学子冲着交大土木系茅以升所从事的桥梁专业而来，而我却非人所常，选择了刚刚起步、十分落后、非常艰辛、危险的隧道及地下铁道专业。起因出自1959年在成昆线进行认识实习的第二天，面临着隧道山崩地裂的大塌方，八位工人壮烈殉职，同窗学友越南留学生腿被砸断。目睹殉难遗体及家属们声泪俱下悲痛欲绝的惨痛场面，我的心在剧烈跳动，我深感我国地下工程施工理论技术水平已到了亟待研究与提高的时刻。攻读隧道，改变面貌，改变解救工人的工作条件的决心，油然而生。别人退却了，我却爱上而选择了这个专业。

从小，父亲就说我爱管闲事，爱打抱不平而帮别人打架，对我一直不放心。然而，当我确定人生为隧道专业打抱不平时，父亲却支持了我，并告诫我一辈子要有锲而不舍，做一番大事业的品德。的确，这一选择竟造就了我不同常人的坎坷人生。

20世纪60年代研究生毕业的人很少，留校任教是已经确定也是非常当然的事，安逸、舒适、待遇、名誉等方面都优于去现场，留校或是去现场这是我面临的第二个选择。我深感隧道这门专业的改观不能停留在学校的理论层面，要有冲在第一线的带头人去拼搏，去宣传，去结合实际进行研究，且是冒着生命风险的研究。我的导师高渠清系主任在多年的接触中，了解我是一个不安分的人，他被我执著的精神所打动，全力支持我离开学校去工程局工作。我有幸参加我国第一条地下铁道——北京地铁的建设，这是我国自行设计、自行施工的首条地铁，毛主席为修建地铁，长中国人的志气曾批示："精心设计、精心施工，在建设过程中一定会有错误、失败，随时注意修正。"我被分配到局机关施工处，首先负责对设计图纸进行审核的工作，我用自己的知识纠正了隧道内净空确定未考虑施工误差、贯通误差的重大设计失误而受到领导高度表扬时，我更加努力去承担第一段钢筋混凝土衬砌的施工工艺试验，做到了滴水不漏，满足了强度要求；承担了具有国外先进水平的第一次用压缩混凝土模拟机械化盾构的大型工艺受力试验；主持、参加设计、制造了当时国外所没有的我国第一台直径 7.3 米的大型机械化压缩混凝土盾构。正当盾构从上海江南造船厂运到试验工地，准备在竖井拼装、试推时，史无前例的"文化大革命"的风暴也没有放过年仅 30 岁对事业无限执著的我，一笔勾销了我的一切成绩，我变成了资产阶级教育制度的"黑尖子"。因"政治上不合格"而被迫中断了我所从事的工作，参加无休止的下放劳动。我当时刚刚结婚而分居于北京、四川两地，在工班认真劳动了一年。我为建成第一条中国地铁而高兴、自豪。五年的奋战，自感我对得起祖国，对得起自己所从事的事业。然而又面临着工改兵的考验，我有自知之明，打了离京报告，申请调成都局工作。因为我的心已碎，带着"宁饮峨眉水，不吃北京鱼"的心情，带着惋惜，带着空虚，也带着解决分居的高兴，更带着对前途的迷茫，于 1970 年 5 月坐上了西去成都的火车，来到了我曾实习过的成昆线，但专业不对口的峨眉内燃机务段，因爱人在峨眉铁路医院工作，开始我在利材班劳动，许多人用怀疑的眼光审视我，"从北京来的研究生一定犯了错误""可能是 5.16 分子"……一片猜测与唏嘘。幸好派性斗争宽容了我，档案中没装进黑材料，我用自己的忠诚劳动，赢得了工人师傅们的理解、好评和领导的信任，机遇让我代表成都局去交接这个未建成的机务段，交接了有近 1 吨重的图纸和各种设备、未建成的厂房、未建成的各种流水线等，让我当技术主管，承担起建设这个在当时还是国内最大、最先进的第一个架修的内燃机务段。生活的充实莫过于事业的充实，摆在我面前的有土木房建、有机械、电机电器仪表等五花八门的知识领域。设备车间主任是一位工人出身的老师傅，视我为宝，在他的行动中朴素而真诚地体现着尊重知识、尊重人才，令我至今难忘。我没日没夜地查资料，边学习，边工作，边设计，边与工人一起干，真是一身油，一身土，滚爬在产业工人队伍之中，连第二个孩子出生我都是回家后才知道的。当我赶到医院看到虚弱的妻子时，她用原谅的目光安慰了我，的确她为我能更好地工作承担了家中所有的难事杂事，吃尽了经济不富裕的苦，而将家安排得井井有条。

功夫不负有心人。机务段建成了，全国络绎不绝的同行来学习，变成铁道部第一个样板内燃机机务段。"科学的春天"到来后，我含着眼泪在成都局科技大会上领取了"对铁路事业作出贡献的先进个人"的奖状，并晋升为机械工程师。随后被调到成都铁路局机关筹备科研所，科学的春天也迎来了生产的大飞跃，压在知识分子头上的石头落地了，全家迁居成都。就在这时，铁道部 4501 工程指挥部成立了，由于当时形势的需要，第一条黄河水下铁路隧道，将在洛阳小浪底附近穿行。当时，这项大工程，急需要技术人员，调令下来了，是去还是不去？我又面临着人生第三次选择。留在大城市过着安逸的生活好呢，还是继续实现一直不忘的改变隧道工程现状的愿望。我又反人所常，让人费解地选择了后者，不顾成都局领导的挽留，全家又来到了黄河之滨洛阳城还没有修建一间家属房的临时住地，孩子上学困难也不习惯，闹着要回去。

王梦恕作坚持"不讲假话"的演讲（中国工程院提供）

不少人说我傻，放着大城市不待，放着安定的日子不过，偏要去钻山洞，有什么劲？当时的老局长把自己的办公室腾了出来给我们全家住，这是对知识对人才的关心和重视。"士为知己者死"，有这样的好领导我不后悔。我深感一个人的真正价值不在于当了多大官，享受了多好的待遇，而在于不图名不图利为社会，为人民干了些什么，奉献越多，一个人的价值就越大。随着业务的开展，经过认真研究分析，感到凡不能平战结合、耗资大、维护成本也大的工程再上马是不利的，中央领导部门认同了我的这个观点，取消了这项工程，将4501工程指挥部正式改为铁道部隧道工程局。

这是集设计、科研、施工三位一体的专业大型国家级水平政企合一的单位。为了发展华南，我们立刻转入衡广复线坪石至乐昌32公里由桥隧相连所组成的区段施工任务，其中全长14.3公里的大瑶山双线铁路隧道能否在八年内顺利建成，是决定全线提早贯通通车的关键工程，施工技术的跨度太大。20世纪70年代我国仅能建成单线7公里的隧道，如何用最短的时间建成是问题的关键。我带领20多位工程技术人员在大瑶山隧道之旁的雷公尖隧道，应用新原理、新方法、新结构、新技术、新材料、新设备、新工艺、新仪器进行了与传统方法完全不同的隧道施工的全工艺试验。在试验中突破了我国许多规范、规程，创建了许多国内一流的关键技术，取消了木支撑，实现了光面爆破、喷锚支护、监控量测反馈、大型机械化快速施工的新局面，为大瑶山隧道全面开工提供了数据和模式，彻底改变了传统的不安全的慢速施工的方法，使大瑶山隧道应用八新，创造了高速度，把工期从8年减少到6年半，将施工水平从落后国外30年迅速提高到20世纪80年代末的世界先进水平，被称为我国隧道修建史上第三个里程碑，其中10项配套技术，42项技术难点均达到国际、国内先进水平。在1990年、1992年荣获铁道部、国家科学技术进步奖特等奖。我多年的愿望实现了，但软弱围岩的施工还需突破，我又转战到大秦线军都山隧道进行大跨、软弱、有水、浅埋、上有民房的设计和施工研究，总结出7项配套技术、14个技术难点。随后，又将该技术在北京地铁施工中应用，用少拆迁、不扰民、造价低、机动灵活的浅埋暗挖法，彻底改变了城市修建地铁的方法，给城区修建地铁、地下工程开辟了一条新路。我连续和同志们奋战十多年，取得了十多项国家级、省部级成果，给国家创造了相当可观的经济效益和社会效益，但十多年来，我由于忙于试验，很少在家尽孝尽忠，1981 年从小抚育于我成长的大姐临终当天我才从广东工地赶到她的病床前，未照料她一天，她拉着我的手，但很宽慰地离开了人间。1989 年在北京进行大跨超浅埋车站试验时，妈妈病重，我由于抽不出时间拖了一个多月才回家，当北京市科委负责人亲自给我买了一个大蛋糕，催促我回家，当我下了火车看见从不接我的爱人在车站等候，含泪告诉我妈妈等不及你的到来已在 8 小时前去世了，当时我头昏脑涨，险些晕倒。旧社会受惊吓而精神失常的妈妈，饱尝苦难，临死未见到她的大儿子，至今我感到终身遗憾。

　　我做了一些应做的工作，国家给了我许多超过自己贡献的荣誉，但我永远的信念"物我两忘，荣辱不惊"，一直在鞭策着我前进。

　　（本文写于 1998 年，标题为编者所加）

王梦恕　隧道及地下工程专家。1938 年 12 月 24 日生于河南省温县，2018 年 9 月 20 日逝于北京。1964 年唐山铁道学院桥隧系研究生毕业后留校任教。1965 年参与中国自行设计、自行施工的首条地铁（北京地铁 1 号线）的建设。1970 年进入成都铁路局峨眉内燃机务段工作。1978 年晋升工程师，并调入成都铁路局科研所。1979 年到铁道部隧道工程局科研所工作，先后担任铁道部隧道工程局副总工程师。开拓了铁路隧道复合衬砌新型结构领域的理论，摸清了结构受力特点、机理，确定了施工要点及工艺；主持并参加大瑶山隧道和双线铁路隧道不稳定地层新奥法施工，在隧道及地下工程的理论、科学试验、新技术、新方法、新工艺的开发，以及指导设计、施工方面做了一系列开创性研究，并创造了"浅埋暗挖法"修建城市地铁和车站的施工配套技术，也为城市地铁及地下工程开辟了新路。曾为北京交通大学土木建筑工程学院教授、博士生导师，北京交大中国隧道及地下工程试验研究中心主任。兼任北京市、南京市、厦门市地下工程专业顾问、西南交通大学等 12 所大学的名誉教授和客座教授、4 个学会常务理事、副理事长、河南省政府参事等。多次获得国家、省部级科学技术进步奖。1995 年当选中国工程院院士。

我常常责问自己："你对病人尽全力了吗？难道不能为了拯救一个宝贵的生命而甘冒一点风险吗？"医疗措施的得当与否有时确能起到影响患者生死的效能，做医生的为什么不竭尽全力去争取哪怕只有 0.5% 成功救治的可能，而把医生自己的风险放到次要地位去考虑？

——王士雯

尽力挽救垂危的生命

我虽有一个哥哥三个弟弟，但我是个"独生女"。根据"物以稀为贵"的普遍规律，我从小便受到大人们精心的呵护与照顾，把我捧在手里，含在口里，下雨怕淋着，刮风怕吹着，养成我胆子奇小的性格。看到同龄的孩子敢于用手去抓爬着的蚂蚁和蠕动着的小虫，我便躲得远远的，认为他们是胆大包天，不可思议。有一次，邻居的孩子送我几条从河里捞来的小鱼。我把它们养在玻璃瓶里，不敢去碰，很怕它们咬到我的手指。但是，我又怕饿着它们，便把一大块馒头和不少好吃的菜放到瓶里，欣赏鱼儿争食的情景，高兴极了。谁知第二天鱼儿便一条条地死去，肚皮朝天，胀得很"胖"。大人们说这是撑死的。为此，我十分伤心，不禁对生命的神秘产生了一种模糊的玄想：为什么活生生的小鱼会一下子死去？为什么活的时候眼睛明亮，死了便逐渐灰暗混浊？能不能想个法子叫它们不死或多活几天？……也许正是这些幼年时期的不解之谜，激发了我后来学医的兴趣和愿望。

王士雯 院士
（中国工程院提供）

1950年，南京解放的第二年暑假，我考进南京大学医学院（原中央大学医学院，后改为第四军医大学）。从此，开始了我人生事业的旅程。然而生性胆小还是给我带来不少烦恼。学医，免不了接触尸体和鲜血。对于一个连蚂蚁、小虫都不敢碰的人，面对冰冷的僵尸，心中的恐惧可想而知。一开始，我最怕人体解剖实习。不仅尸体使我胆战心惊，双手颤抖，而且一闻到浓重的福尔马林气味便想呕吐，不敢呼吸。夜晚常做噩梦，害怕极了。

二年级时，到妇产科去见习。一进产房，看到产妇们分娩的鲜血，尽管强作镇静，也免不了多次昏倒。记得当时的主治医师，现在著名的血液病专家杨天盈老师不无忧虑地望着我说："你这个样子怎么能学医？"

上课时不知谁从背后传来一张纸片，上面写着几段"天津快板"：

学医胆子小，见血就晕倒，叫人真发愁呀，如何是好？

进了手术室，医生在开刀，鲜血真吓人呀，闭眼不瞧。

背上行李卷，回家不操劳，躺在沙发上呀，实在逍遥！

漫漫人生路，你走哪一条？天上掉馅饼呀，幻想可笑！

看了以后，我心中激荡，也自然而然地产生了四种联想：伤心—自怨—振作—感谢。感谢这位同学善意的讽刺、批评和鼓励。至今难忘。

我想到，人的胆子是锻炼出来的，敢于用手去抓小虫子的孩子第一次也是会害怕的。高尔基笔下的母亲最初胆小怕事，后来经历革命斗争的锻炼，成了无所畏惧的坚强战士。《钢铁是怎样炼成的》中的保尔·柯察金，还有女扮男装驰骋疆场的花木兰……这些人的形象都让我的心"升温"并增加了克服胆怯与困难的信心和勇气。

有一句国外的谚语使我把问题的症结体会得更深刻："人生最大的敌人往往就是他自己！"从此以后，我"反其道而行之"。偏用于去抓我怕的蚂蚁和虫子，把它们装在小瓶里，当作我的"俘虏"。我怕看见血，但主动去杀鸡见血……终于，有效地战胜了自我。

医务工作直接和生命打交道。特别是我到 301 医院以后不久，兼管干部病房，面对的病人几乎全是 VIP。稍有疏忽，个人责任自不待言，严重的是会使国家、社会遭受巨大损失。这就使我更加专心致志地钻研业务理论，如饥似渴地研读与老年病有关的中外专著，并做了大量笔记，以扩大个人的知识面。一方面，临床实践中，我还注重基础理论与临床实践联系实际的结合，并不断地总结经验，使专业能力得以提高。另一方面，那时的医德医风确实很好，医生和护士们都在不断地完善对患者及其家属的服务，例如增加临床巡视次数，必要时长时间守在病人身旁，重视病人及其家属的要求，研究后及时给予答复，解答提问耐心周到，不厌其烦。这种医风确实收到良好的效果，受到病人及家属们的赞扬与认可。

然而，还有许多不尽如人意的地方，这又令我不禁进一步思索：我们这样"尽力"是不是做到了"全心全意"？

在医疗实施中，对于病人的具体处理，如手术，往往医疗组中就有两种不同的态度与决定；特别面对的病人是一位高级官员、国际友人或社会知名人士时，出于谨慎或特别慎重，不少医生偏重于避免可能的风险而采取保守方法治疗。当然，这样既可免去万一手术失败的风险与后果，又符合某些患者家属的心理。这时，我往往会感到矛盾和苦恼，常常责问自己："这能算是对病人尽到全力吗？难道不能为了拯救一个宝贵的生命而甘冒一点风险吗？"医疗措施的得当与否有时确实能起到影响患者生死的效能，做医生的为什么不竭尽全力去争取哪怕只有 0.5% 成功救治的可能，而把医生自己的风险放到次要地位去考虑？我并不是说医药万能，但愿医生首先应敢于承担风险而尽全力去救人，尽一切可能去挽救一个垂危的生命。

40 多年的从医岁月中，家属听到亲人们"无法救治"的宣布后，那种绝望和无助的表情都使我如受重创，久久不能平静，甚至心酸落泪。似乎那些患者就是我的父母或同胞手足，我不能袖手旁观。

随着时间的推移，我在医疗工作中形成了一种个人准则：考虑的中心问题应是怎样把病治好，最大限度地延长患者的存活时间，改善他们的生存质量，绝不能首先考虑可能的风险和个人安

王士雯带领学生查房（资料图片）

危得失。经过深思熟虑，包括听取各种不同意见，给患者以可能的最佳施治方案，并加以坚持。遇有阻力或不同意见，一般不轻易让步，同时也要注意群策群力，依靠协作。这样，才能收到最佳效果。

数十年来，救治病例很多，仅举下述一二：

一位80多岁的VIP，患有肺心病、慢支炎，引起肺心脑病，冠心病心肌缺血、糖尿病等。老年肺炎患者死亡率高，主要是有痰排不出，造成窒息死亡，而这时抗生素已不起作用。为抢救病人，我大胆提出气管切开，但遭到不少同事反对。

现今，气管切开已普遍开展了，然而在几十年前国外刚刚采用这种方法于严重肺部感染者，国内在呼吸科领域也少用。当时，据我了解很多知名人士因未采取此种排痰措施而死亡。我根据国外文献报告与临床经验，认为这是唯一的可行方案。结果手术成功，病人出院后又活了十几年。气管切开的抢救方法，以前在国内高干病人中未曾开展，主要怕高干患有多种疾病会有风险。这次成功的经验，提高了我们的认识，也开了一个好头。以后半年时间内应用这一方法挽救了不少生命。

一位76岁患者有冠心病，严重三支血管病变，肾功能濒临衰竭，反复心绞痛、心衰、肺水肿，脑瘤入院，发现脑瘤已有两处，逐渐膨大影响步态。曾遍访上海、广州几所大医院，均不同意手术。由于心脏病严重，怕在手术台上出现危险。入我院在手术前，我与病人的两个女儿通报手术中可能出现的风险，她们只说"最好不出问题"，不肯明确认同。经说服后同意手术。

手术开始血压下降，心肌缺血，处理后不见好转，领导考虑到有下不了手术台的可能，切瘤前将情况通知两个女儿。她们忽然提出手术不做了。这时面临的问题是，不做手术，肿瘤日益长大，后果可知；手术切除肿瘤又很难有十分把握。出于医生的责任感，并重新衡量肿瘤部位及生长情况后，我对他的女儿说："应当手术，风险我们承担。"在外科、麻醉科诸多专家的协作下手术整整进行了四个小时。手术很成功且无后遗症。

去年（1996年）初，一位74岁某省的VIP患急性心肌梗死8天，这时他的膀胱癌侵及血管引起泌尿道出血，经内外科抢救，出血不止。老年人急性心肌梗死急性期间做大手术，在国内外均是禁忌的。但如果不做手术切除肿瘤，则血流不止，出血达4000毫升处于休克状态，患者生命受到严重威胁。这时有多名内外科专家会诊讨论，是否做手术意见不一，大家要我做决策。时间就是生命。在心梗急性期，患者本身死亡的可能性很大，而又面临着大手术实在是性命攸关的大问题，因为心源性休克加出血性休克、严重心律失常等均极大威胁着患者生命，再加急性期大手术死亡率可高达90%以上，但为了冒险挽救其生命，我仔细权衡利弊，敢于承担风险，当机立断，立即为患者施行膀腕切除术。在内外科、麻醉各科密切配合下，肿瘤顺利切除，出血也被止住，四周后患者安然出院，至今生活良好。

《王士雯老年心脏病学》书封（资料图片）

类似以上的例子，几十年来我经历了有数百例之多。30年前我初出茅庐时，由于经验知识不足，遇到这类情况，自己内心苦闷，有时几天情绪沮丧，夜不能寐，甚至为此流泪，感到自己无能，未完全尽到医生的天职，从内心觉得愧对病人。

我总认为，作为一名临床医生，对重危患者不能仅仅满足于日夜守候，尽力抢救而获得赞扬，而应该与病人站在一起，把个人得失置之度外，放弃保守思想，千方百计去改进救治措施，使患者获得当前可能的最佳治疗。随着知识的增长以及在本专业领域内多年经验的积累，使我在重症病人重大抢救中，逐渐有胆量提出自己的见解。有时即使面对众多的不同意见甚至面对着权威人士，我也敢大胆坚持己见，不怕承担风险。在这种思想指导下，我们还先后在干部病房开展了多项先进的救治技术（当然也有一定的风险），使患者能及时获得一些先进医学科学技术带来的恩惠，也使干部病房的救治技术得到大幅度提高。以前年轻医生总认为，在干部病房不能开展新技术，业务水平提不高，现在这种情况也得到了改进。尤其是每当我看到患者在术后余生还能与家人亲热团聚，有的甚至还能胜任工作，我与患者及其家人的喜悦产生强烈的共鸣，得到极大的鼓励与安慰。这种喜悦和安慰完全发自内心，似乎世界上一切美好的事物都不能与此相比拟，有什么事能比这种感情更可贵呢？

我为年幼时胆小如鼠的举动感到可笑。今天我在临床实践中，在同事们的帮助下，在处理重危病人的复杂而又困难的条件下，我的胆子（魄）正逐渐地变得越来越大了。

（本文写于1997年，标题为编者所加）

王士雯　老年心脏病学专家。1933年1月29日生于山东枣庄峄城区，2012年1月30日逝于北京。1956年从国立中央大学医学院毕业后进入解放军总医院工作，1963年转到解放军总医院临床三部，1974年转到解放军总医院老年心肾科，并担任科主任。1984年前往美国哈佛大学医学院、麻省总医院从事病理研究，1985年进入美国加州大学医学院病理科，从事博士后研究，1986年获心血管病理博士后证书。同年回国担任解放军总医院老年医学研究所所长，1989年担任解放军总医院老年心脏病科主任，1996年任解放军总医院老年心血管病研究所所长。2002年创办《中华老年多器官疾病杂志》并任总编，2003年创办英文杂志 *Journal of Geriatric Cardiology*。长期致力于老年心脏病和老年急救医学的临床、科研和教学工作。在国际上首先提出严重危害老年人健康和生命的多器官衰竭（MOFE）临床综合征，并应用其临床和实验研究成果指导抢救，救治成功率由29.7%上升到59.6%。在国内率先总结了对老年心脏病人施行外科手术的内科保障。培养了第一批老年医学硕士生、博士生、博士后及高级进修生。先后40余次参加国际老年医学和老年心脏会议，发表论文30余篇。被聘为美国老年心脏病学会理事和国际医学杂志：美国《心血管病理》和《心血管生物学》、中国香港《老年医学会杂志》的编委。获国家科学技术进步奖二等奖1项，军队科学技术进步奖一等奖1项、二等奖4项、三等奖4项，曾获光华科技基金一等奖、中央保健委员会"特殊贡献奖"，1999年何梁何利"科学与技术进步奖"等。1996年当选中国工程院院士。

> 青年时期结合国家的需要选定事业的方向是非常重要的，但更为重要的是在长期的奋斗中，不为眼前的私利所诱惑，不因暂时的困难而退缩，百折不挠地向既定目标走去，将必有所成。
>
> ——王永志

朗读者 张吟聆

无悔的选择

1950 年 2 月，我的故乡辽北尚沉睡在冰封之下，我背上了行囊，告别了亲人，准备去沈阳求学。站在村口的路上，举目四望，略显起伏的原野清冷而宁静，田头偶尔有一两块地面裸露在雪地里，有鸟儿在觅食，皑皑白雪在湛蓝天空的映衬下，闪着耀眼的光芒。

走在通往八面城镇的路上，禁不住使我回想起那艰难的求学岁月。7 岁那年，我的大哥不甘一家人没有文化受人欺辱，避开父亲把我送到八面城的南街小学报了名。这样，哭着闹着上学读书认字的愿望总算实现了。几年后正愁无力升学之际，日本侵略者投降了，八路军来了，成立了昌北中学，贫苦农民子女念书不要钱，真乃绝处逢生。对于这来之不易的读书机会，我万分珍惜，刻苦用功，初中三年，年年考第一。因此，初中毕业后，我被免考保送到东北实验学校（辽宁省实验中学的前身）读高中。

从辽北小镇来到东北首府沈阳，使我眼界大开。学校位于沈阳北陵附近，校园很大。校长由东北人民政府教育部部长、著名教育家车向忱兼任，学校的老师大多来自东北大学，水准很高；宏伟的礼堂，明亮宽敞的教室，当时的说法是"玻璃黑板太阳灯，水磨石地板麦克风"；最能吸引我们的是那些独立

王永志　院士
（作者提供）

成楼的物理馆、化学馆、生物馆和图书馆；学校使用的是苏联教材和教学法。这么好的教学条件，当时在全国的中学里很可能是独一无二的。这些都激起了我和同学们极大的学习热情，雄心壮志也油然而生。

中学的岁月是一个多梦的季节。也许是我出生于农家的缘故，当时最喜欢的课程是生物课，我的生物老师王致谦引人入胜的讲解和近于神奇的实验，给我留下了深刻的印象。摩尔根的遗传理论、米丘林的学说，都使我着迷，梦也越来越真切——当一名生物学家，改良物种，创造新物种。我梦想着有一天，麦子、水稻能像野草一样春风吹又生，玉米梢上能长出高粱。我的脑海中常常出现那"蓝天、远树、金黄色的麦浪……"

可是，随着美军仁川登陆，朝鲜战场的形势急转直下，美军倚仗着先进的武器装备，由南向北迅速推进，直逼界河鸭绿江，并开始轰炸我沿江地带。美国侵略者的飞机不时侵犯我辽东领空，

有时甚至深入抚顺一带，空袭警报一响，学校师生就得停课进防空洞，幸福宁静的学习生活就这样又被破坏了。为了免遭侵略战争的破坏，学校不得不北迁，物理馆、化学馆的实验仪器设备装箱了，生物馆的珍贵动植物标本运走了，初中的小同学先期迁往黑龙江的绥化，学校搬空了，同学们的心里多么不是滋味啊！

美帝国主义欺人太甚了！那时，每当同学们聚会，都要反复唱一首老歌"……赴国难，共伸义愤，卖牛买枪从军……"，同仇敌忾义愤填膺的热血青年们喊出了"抗美援朝保家卫国"的心声。除我校外，当时沈阳各所中学的同学中很多人都汇入了志愿军的洪流，在忍无可忍的情况下，跨过鸭绿江，奔向战场，伟大的"抗美援朝"战争开始了。

不久，学校附近的沈阳北陵机场出现了苏制米格-15战斗机，在当时这是一种非常先进的超音速喷气式飞机，它飞过之后好久才能听到声音。一有空袭警报，它们便一架接一架地直插蓝天，勇敢地前去迎敌，不一会喇叭就会传来："敌机向东南方向逃遁，警报解除。"多解气啊！我们也有所仰仗了。接着，在朝鲜战场上空战斗捷报频传，战斗英雄王海、张积慧等击落美军王牌驾驶员的战机，他们的名字也很快传遍全国，大长了中国人的志气，灭了敌人的威风。

磨难使人早熟，尤其在高中学习了中国近代史后，我懂得：一个民族如果弱小是要受人欺凌的，一个国家如果没有强大的国防就难得安宁。由此，我的学习志向出现了大转折。我为那使敌人望而生畏、让自己人扬眉吐气的喷气式飞机所倾倒，它在蓝天上的勃勃英姿、在战场上的凛凛威风使我爱慕不已。

就这样，1952年高中毕业前，我在班主任钱永耀老师和好友关真等的鼓励下，作出了影响我一生的选择——报考清华大学航空系飞机设计专业。天遂人愿，我被录取了，并从此踏上国防尖端科技的道路，走向航空航天的征程。

在清华大学学习一年之后，我被选送到北京外国语学院留苏预备部学习俄语，1955年被国防工业部选送到莫斯科航空学院飞行器设计系飞机设计专业学习。这时，我除了贪婪地吸收课堂上的各种知识外，还利用二、三年级暑假时间，邀两位中国同学翻译出版了《喷气式飞机》一书。这是我的第一部译作，但万万没有想到这也是我和航空事业的告别之作。

1956年，毛主席和党中央作出了一个历史性的决策，开展两弹（导弹、原子弹）的研制。次年，聂荣臻元帅率中国代表团同苏联政府谈判并签订了协议，苏联政府答应接收火箭导弹设计和原子能专业的中国留学生若干名。为了争取时间，领导决定从飞机设计专业三年级的留学生中选一些人改学火箭导弹设计，我恰逢其时，于是成为其中的一员。改专业时，我虽对飞机有所留恋，但人们说："导弹、原子弹可是当代最尖端的武器，如果掌握了洲际战略导弹，它可以把核弹头送到地球的任何角落，一旦遭到侵略，可以直捣敌人的老巢，比飞机要厉害多了。那时，看谁还敢对中国轻举妄动！"我的心被说动了。

国际政治风云变幻莫测。1960年夏天，中苏关系急剧恶化，赫鲁晓夫撕毁了中苏两国政府协议、撤走了援助我们的全部苏联专家，我国也决定召回所有快要毕业的留苏学生。回国之后不久，周总理从长远考虑，指示重要科系派一人回去继续学完，不要断线。于是，我又回到了莫斯科。这时，兼职导弹设计教研室主任的苏联著名火箭总设计师科罗廖夫的第一副手 V.P. 米申院士主动

苏联留学期间在列宁格勒冬宫前留影（作者提供）

1962 年与技术人员研究改进"东风二号"导弹设计（右一为王永志，作者提供）

向校方提出，我这唯一的一名中国毕业生的毕业设计由他亲自指导。在米申院士的指导下，我从国家的需要出发，毕业论文选择了"洲际导弹设计"。当时，我绞尽脑汁想出各种各样的问题来请教他，尽管国家间的关系恶化了，可是米申院士仍然有问必答，尽心尽力地指导我。1961 年，我以优秀的成绩毕业，获得了优秀生毕业文凭和工程师称号。在毕业论文答辩会结束后，米申院士对我说："这是你第一次当洲际导弹的总设计师，但愿这不是你最后一次当总设计师。"当时，苏联已经从我国撤走了导弹专家，老师的这番话也是意味深长的。但我心中有数，中国人一定能靠自身的聪明才智设计出自己的洲际导弹。

回国后，我被分配到成立不久的火箭技术研究院，一干就是30 多年。

王永志在北京指控中心参加我国首次交会对接任务
（右一为王永志，王朋摄）

　　30多年来，我有幸在钱学森、任新民、屠守锷等老一辈著名专家的领导和具体指导下工作，学到了很多东西；有幸参加我国自行设计的从近程到洲际导弹的研制工作，积累了经验。接着，又从事了卫星运载火箭的研制，特别是在担任研究院院长期间，主持"长征系列"运载火箭的研制，使我受到极大的锻炼和考验。

　　真是"三十年河东，三十年河西"。30年后中苏关系忽然解冻了。1990年，我同阔别30多年在国际宇航界已享有盛誉的米申院士在北京相见了。他的第一句话就是祝贺我真的成了火箭的总设计师，实现了青年时期的理想，为自己的祖国做出了成绩，并为我在"文化大革命"的困难时期，能矢志不渝，继续从事航天事业而庆幸。

　　30多年来，我总是忙啊忙，未曾稍许松懈。我热爱我的事业，即使在身处逆境之时，也未曾灰心过。我对我青年时期的选择，终生无怨无悔。

　　现实生活使我进一步懂得，青年时期结合国家的需要选定事业的方向是非常重要的，但更为重要的是在长期的奋斗中，不为眼前的私利所诱惑，不因暂时的困难而退缩，百折不挠地向既定目标走去，将必有所成。我们中国人多，若各行各业的每个人都在自己的岗位上锲而不舍地追求、奋斗，何愁中华民族不再度辉煌于世呢？

（本文写于 1997 年，改定于 2022 年 9 月 1 日）

王永志 著名航天技术专家。1932 年 11 月 17 日生于辽宁昌图。1961 年毕业于莫斯科航空学院导弹设计专业。同年回国，先后担任中国运载火箭技术研究院总体设计部主任、中国运载火箭技术研究院院长。曾任洲际导弹副总设计师、第二代液体战略导弹总设计师、固体战略导弹总设计师、地－地战术导弹首任总设计师和研制总指挥，"长征二号 E"捆绑式运载火箭等型号总指挥，航空航天部科技委副主任、运载火箭系列总设计师、地－地导弹系列总设计师、中国载人航天工程首任总设计师。长期致力于中国战略导弹、运载火箭和载人航天工程的总体设计与研制，参加和主持了 6 个导弹型号、2 个运载火箭型号和载人航天工程的设计研制工作。已发表《同步通信卫星的发射》《试论弹道导弹与运载火箭技术发展方向》《以飞船技术为基础组建空间实验室的构想》等专著和数十篇论文。2004 年获国家最高科学技术奖。2010 年国际永久编号第 46669 号小行星命名为"王永志星"。2015 年中央军委授予载人航天功勋科学家荣誉称号。2019 年被授予"最美奋斗者"称号。2021 年获全国优秀共产党员称号。1992 年当选国际宇航科学院院士、俄罗斯宇航科学院外籍院士，1994 年当选中国工程院首批院士。

　　将基础学科与临床实践密切结合，将祖国医学和现代西医理论合二为一，将中国古代哲理思想与当代科学思想融为一体，是我能在血液学领域中有所作为的制胜法宝。

——王振义

朗读者　张吟聆

甘当人梯育新人

正直为人　平凡人生

　　我与绝大多数知识分子一样，人生平凡，经历曲折。

　　我的幼年及青少年时代是在国人遭受列强欺凌和抗日战争中度过的，幼小的心灵已深深感受"只有奋发读书，有了技术才能救国"。还算富裕的家境允许我从小学一直念完大学。

　　1936年，我毕业于上海法租界的萨坡赛小学（现卢湾区第一中心小学）。1937年至1942年在震旦大学附属中学念中学。1942年进入震旦大学，在"医生是一份崇高职业"的思想以及家庭的要求下，我选择了学医。

　　我从小受到严格的家教，父母一贯教育我要做一个正直的人，成为怀有一技之长、对社会有用的人。现在回望自己的人生，在学生时期受到孔孟之道的熏陶，在大学时代受到宗教思想的影响，中

王振义　院士
（2010，方鸿辉摄）

华人民共和国成立之后，又长期受到党的教育。可以说，我的人生观是由孔孟之道、宗教思想和社会主义道德品质三者融合而成的，潜移默化中朝着：要做一个克己奉公、为人正直，把为病人服务放在首位，能不断钻研业务且努力提高学术水准的人。

1948 年，我在震旦大学医学院毕业，获得了医学博士学位。由于成绩一直名列前茅，毕业后被留在广慈医院（瑞金医院的前身）做住院医师。1952 年参加第二医学院内科的筹建工作，在邝安堃、黄铭新教授领导下，成立了基础内科和临床内科教研组。

1953 年，我参加了第二批"抗美援朝"医疗队，辗转于东北各地，为志愿军伤病员服务。一次，在东北的一个后方医院会诊，发现 60 余例原诊断为结核性脑膜炎的病人，事实上是脑型肺吸虫病，我能及时确诊并提出治疗方法，因而在医疗队工作结束时，荣立了二等功。1959 年，我有机会参加中医学习班，由于学习成绩较好，院领导要我负责中医科的工作，让我有机会学习更多的中医理论并获得中医药实践。第二年，因工作需要我又被调回上海第二医学院病理生理教研组任副主任（主任是章德馨教授）。1963 年因教育改革需要，我被调至医学法语班工作。1964 年春又被调至嘉定，任上海第二医学院附属半农半读医专临床组组长，在农村进行医学教学工作。经历了"文化大革命"，1972 年回上海第二医学院参加教材编写。1978 年学校又调我担任病理生理教研组主任，每周仍回临床一次，指导工作。总之，我的从医历程和人生经历完全受国家的需要所支配。

1982年至1984年，我受命任上海第二医学院基础医学部主任。1984年经过遴选，我被任命为第二医科大学校长。任校长期间，我力主开展广泛的国际交流，提高师资队伍学术水平，努力加强学科建设。1985年，我又有幸被推选为上海市第六届中国人民政治协商会议委员，1988年当选第七届全国人民代表大会代表。同年，我的校长任期满了，便立即返回瑞金医院内科血液科。1987年在病理生理教研组和瑞金医院血液科的共同创议下，成立上海血液学研究所，担任了所长，1996年辞去所长职务。

开拓血栓与止血临床科研

1952年，上海第二医学院成立，口腔系设在广慈医院，不少口腔病患者小手术后有原因不明的出血不止现象，且一般止血疗法均无效。1953年的广慈医院的内科已分专业，我从事血液病的诊治工作。从文献中查阅到国外有轻型血友病A的报道，即血浆中凝血因子Ⅷ的水平仅为正常值的5%至25%，平时并不出血，小手术后便会出血不止，一般实验室检验，无法发现，需要用凝血活酶生成试验。鉴别血友病A及B，只有依靠这种试验。但做该试验时，需要将硅胶涂在玻璃管壁上。当时国内无此材料，我便用石蜡代替硅胶，成功地在国内首先确立了这种检测方法，并做出血友病A、B的分型及其轻型的诊断，解决了这种不明原因出血的诊断和治疗问题。论文先后发表在《中华医学杂志》中、外文版及《中华内科》等杂志，引起国内学者的注意。这些成果成了我1963年晋升副教授的主要依据。

1956 年，鉴于国内缺少一本有关出血性疾病的参考书，我与妻子合译了由 Stefanini 编写的《出血性疾病》一书，成了当时该领域国内唯一可供参阅的图书。1979 年我与卫生部上海生物制品研究所的张天仁教授合作，由邵慧珍等具体操作，在国内首先提纯因子Ⅷ相关抗原，并制成抗血清，应用于临床，在国内推动了血管性血友病和血友病携带者的研究。有关论文发表在《中华血液学》杂志 1980 年第一期及 1981 年第二期上，1982 年获得了卫生部科研成果乙等奖（第一完成人）。此后，我继续在血栓与止血领域中深入研究，取得了一些成果。从 1986 年起，在张彩英等协助及中科院药物研究所合作下，我的第一位博士研究生赵基，从中药蒲黄中提纯了四种有效成分，并从出凝血、纤溶、内皮细胞水平，阐明了生蒲黄防治家兔食饵性动脉粥样硬化的机制，获得了 1989 年国家教委科学技术进步奖二等奖。从 1982 年开始我就指导研究生开展免疫性血小板减少的研究，以后又开展肝素对血小板和巨核细胞刺激作用的研究。1997 年应邀在 *Bailliere's Clinical Hemaology*（*International Practice and Research*）与沈志祥合写了"巨核细胞与血小板在免疫性血小板减少性紫癜中的变化"一章，成了中国学者第一次被邀在这一国际刊物上撰写有关血液学的论文。

尽管我的学术生涯后期重点是在全反式维 A 酸治疗急性早幼粒细胞白血病，但我始终关注着血栓与止血的领域。从 1952 至今，初步统计发表了论文和综述 320 余篇，第一作者 42 篇，其中 120 篇是有关血栓与止血的论文。在我主编的 5 部专著和参编的 19 本参考书中，近 2/3 是与血栓与止血有关的。现在看来，血栓与止血领域的临床与科研确实也是我从医生涯的主旋律之一。

力克急性早幼粒细胞白血病

早在 1959 年，领导就要我负责白血病的病房工作，希望在短期内攻克这种"可怕"的疾病。眼见短短的半年内，有数十例急性白血病患者不治而逝，作为白衣使者，除了痛苦，更理智地意识到光有热情而没有过硬的本领是救不了病人生命的。这成了我一定要深入研究白血病以造福病人的动力。

以后，我被调离了广慈医院，直至 1978 年才重返临床，与血液科的孙关林、陈淑容、蔡敬仁等共同研究白血病的治疗。摆在我们面前有两条研究途径可循：一条是化疗，杀死白血病细胞；另一条是诱导分化，将恶性的白血病细胞转变为良性细胞。1971 年英国的 *Friend* 等报道，小鼠红白血病细胞能被二甲亚砜诱导分化。1980 年及 1983 年美国的 *Breitman* 等报道，人类髓系白血病细胞株 HL-60 和 U937 及新鲜急性早幼粒细胞白血病细胞在 13 顺维 A 酸及 ATRA 作用下，可以向正常细胞逆转。受儒家思想的影响，我们科研团队选择了诱导分化治疗白血病的途径。1980 年西班牙的 *Gosalvez* 报道，硫杂脯氨酸（TP）可使肿瘤细胞逆转，以治疗头颈部实体瘤，并取得了良好疗效。我的硕士研究生陆德炎发现 TP 不能使 L6565 白血病细胞完全逆转为正常细胞，但可能使白血病细胞对 CFU-C 的抑制作用得到改善。1983 年到 1986 年国外已有报道，13 顺 RA 对个别 APL 病人有效。我的研究组证明 ATRA 在体可使新鲜 APL 细胞向成熟细胞分化。1980 年 ATRA 被批准在临床上使用，治疗某些皮肤病。在没有 13 顺 RA 的情况下，取得病人和家属的同意，我试用 ATRA 治疗晚期或化疗无效的 APL 患者，取得惊人的效果。1988 年以我的学生黄萌珥为首，总结了 24 例 APL 的治疗结果，23 例取得完全缓解。我很快将该疗法向国内外推广，并提供 ATRA（那时只有国内可提供）。1990 年法国的研究组报道了 22 例 APL 用 ATRA 治疗，63.6％取得完全缓解。1992 年在孙关林主持下，总结了我国 544 例 APL 用 ATRA 治疗的结果，84％获完全缓解。以后世界各国都先后证实了这种疗法的效果，如法国的 Fenanx（1993 年 54 例，完全缓解率 91％），美国的 Warrell（1995 年 79 例，完全缓解率 86％），日本的 Kanamaza（1995 年 109 例，完全缓解率 89％）。1989 年，我的硕士研究生陈竺、陈赛娟从法国获博士学位回国工作，他们用先进的思路、细胞和分子生物学技术，开展 ATRA 治疗 APL 的作用机理研究，取得了许多创新性成果。

学无止境勤钻研

1950 年，我的老师邝安堃教授，在设备十分简陋的条件下，成功地研究了应激情况下肾上腺皮质的功能。我在参加该项研究中受到了很大的教育，我那时尚年轻，但已真切地体会到：要热爱科学，不断探索和进取；要不计较条件，去刻苦钻研。在以后十多次调动工作期间，在新的岗位上我总提醒自己要不断学习，利用一切机会，掌握新理论，提高自己的业务水准。在病理生理教研组工作时，我不失时机地学习生理、生化、病理解剖、病理生理、免疫学、药理学等学科。在任职中医科时，我努力学习中医中药。在 20 世纪 90 年代以后，我还能向自己的学生——国外学成回国的年轻科学家陈竺和陈赛娟博士学习，钻研新颖的分子生物学，并在较短的时间熟悉了分子生物学等新学科的知识，以不断充实和更新自己的医学理论。

回顾 50 多年的行医生涯，将基础学科与临床实践密切结合，将祖国医学和现代西医理论合二为一，将中国古代哲理思想与当代科学思想融为一体，是我能在血液学领域中有所作为的制胜法宝。尤其是在急性早幼粒细胞白血病的诱导分化治疗的科研程途中，我和我的团队也带教出一大批学生。现在这些弟子均已成才，他们都逐步懂得如何做人、如何做事、如何做学问，树立起对医学的理论和临床实践精益求精的追求，在各自的科研领域中为人类健康奉献的理念。这些都是十分令人欣喜的。

甘当人梯育新人

在浩瀚的自然科学中，一个人再伟大，其所作的贡献也仅仅是沧海一粟。欲使自己奋斗终生的事业不断发展和有所创新，培养接班人是关键中的关键。早在20世纪80年代初，我已意识到这一点。因此，尽管那时科研和行政两副担子已够沉重了，但我毅然努力担负起培育研究生的重任。屈指算来，至今我已先后培养了硕士生34名，博士生21名。

80年代初，百废待兴，困难重重。我排除各种阻力，以第二医学院基础部病理生理教研室和瑞金医院血液科为主体成立了上海血液学研究所。当时研究所一无场所，二无经费（仅5万元开办经费），是一个很地道的"皮包公司"。在这种情势下，我依然鼓足劲头，以科研和医疗上不断取得的成绩来争取社会上更多的支持。1989年，刚从法国回来的年轻科学家陈竺及其夫人陈赛娟，以他们强烈的爱国热情、深厚的科研功底、坚持不懈的努力，为血研所走出国门、走向世界立下了汗马功劳。自此，我们的团队以不断创新的科研成果脱颖而出，成了世界血液肿瘤界中的一支突起的异军，上海血液学研究所也从二医大走出国门、走向世界。

在一片赞誉声中，我清醒地意识到血研所任重道远，看到了血液肿瘤患者的期盼与等待。为了使血研所在激烈竞争中立于不败之地，必须让年轻人尽快成长起来。1996 年，我毅然将上海血液研究所所长的重担让年轻科学家陈竺院士挑了起来。多年过去了，事实充分证明了我的决策是科学合理的，是有前瞻性的，上海血液学研究所果然造就了一大批年轻有为的科学家。如同新建的研究大楼一般，科研的人才梯队也耸立起来了，伴随着层出不穷的科研成果，为我国血液和肿瘤医疗界争取了荣誉，造福了广大患者。

（本文写于 2010 年 3 月，改定于 2022 年 8 月 1 日）

王振义 血液学专家。1924 年 11 月 30 日生于江苏兴化。1948 年毕业于上海震旦大学医学院获博士学位。现任上海交通大学医学院和附属瑞金医院终身教授，上海血液学研究所名誉所长。历任瑞金医院（广慈医院）内科主任、上海第二医科大学病理生理教研室主任、基础医学部主任、上海血液学研究所所长、上海第二医科大学校长、中华血液学会副主任、《中华血液学杂志》副总编等。作为中国血栓与止血专业的开创者之一，长期从事血液学领域研究及临床工作，开创了白血病和肿瘤的诱导分化疗法，在国际上首创用国产全反式维 A 酸治疗急性早幼粒细胞白血病，成功实现将恶性细胞改造为良性细胞的白血病临床治疗新策略，奠定了诱导分化理论的临床基础；阐明了急性早幼粒细胞白血病遗传学基础与分子机制，树立了基础与临床结合的典范；还建立了中国血栓与止血的临床应用研究体系。被誉为"癌症诱导分化之父"。在中外医学刊物发表学术论文 300 多篇，主编专著 5 部，参编著述 17 部。培养了大批血液学人才，包括陈竺、陈赛娟、陈国强院士等。获得 2010 年度国家最高科学技术奖。2011 年经国际小行星中心命名委员会批准将第 43259 号小行星永久命名为"王振义星"。1992 年当选法国科学院外籍院士，1994 年当选中国工程院首批院士。

建筑设计师应该不断进取，跟上新时代对建筑科技发展提出的新要求，努力学习新知识、新技术，提高建筑设计的高科技含量，以创新的精神和魄力投入建筑新时代的洪流。

——魏敦山

我的建筑观

时刻不忘恩师指导

我的建筑启蒙及学习生涯是很幸运的。在刚入上海圣约翰大学建筑系时就得到了黄作燊、罗小未老师的启蒙。在同济大学又得到吴景祥、冯纪忠、谭垣等老师欧美建筑学术风格的熏陶。1955年在北京工作时，利用业余时间，我有幸听完张博老师的"中国建筑史"以及赵冬日老师的"医院设计课程"，获益匪浅。

出校门跨入设计院后，又长期得到陈植、汪定曾、赵深等多位老师的悉心指导，从宏观创作构思到微观细部节点，引领我由浅入深，层层剖析，使我逐步形成"重功能、重实践、重综合、重创新"的建筑理念并踩出一条实践的轨迹。

回顾成长的道路，我由衷地体会到诸位恩师、前辈的渊博学识，敬业执著，悉心指导并提携后辈的无私风格，时时鞭策自己要努力再努力。

魏敦山 院士
（2005，方鸿辉摄）

科学须与人文贯通

建筑设计知识的积累、创作能力的提高，与自己热爱生活、兴趣广泛、融会贯通与务实创新是息息相关的。我喜欢戏剧艺术、脸谱色彩、服装纹饰、民间工艺，我还喜欢绘画、摄影、音乐和观赏体育竞赛，我更喜爱旅游，欲努力了解世界各地的人文环境与历史风貌。工作机缘让我有幸踏上亚、非、欧、美诸洲的大地，考察过风情各异的五十多个国家，目睹了大量历史名城与经典建筑，开阔了眼界，陶冶了情操，充实了学养，对我日后的建筑设计大有益处。

几十年来，我在建筑设计田野上的悉心耕耘，逐渐悟出了"以人为本"的真谛，也形成了自己的建筑设计观。我是沿着"实用、经济、在可能条件下注意美观"这样基本的、朴实的设计原则走过来的。

20世纪80年代以后，随着国家改革开放政策的深入，尤其在加入WTO之后，大力推进社会主义市场经济，全球建筑师们把目光瞄准我国，纷纷进入我国建筑设计市场。我国本土建筑师更是意气风发，充分发挥聪明才智，激起巨大的创作热情，在与国外同行互相交流、学习、竞争、合作中，开创我国设计市场的崭新局面。这二十多年也是我创作思路喷发，作品迭出的大好年华。细细体悟，由衷感到：提倡"创新"意识，提倡"诚信"理念，乃是当代建筑设计师为社会服务的根本。

以人为本的建筑观

建筑设计必须"以人为本"，最大限度提高"功能"质量　建筑创造空间，旨在满足人类居住、生产、生活、交往、娱乐诸多活动的需要，不同的建筑应满足不同的功能要求。

功能不适用的建筑是没有生命力的。诸如在体育建筑设计时，我首先考虑的是如何满足体育竞赛及训练的功能要求。根据建设目的，对竞赛场地尺寸、竞赛空间、声、光、热、机电设备等元素作综合研究。同时还必须合理选择体育场馆的建筑体型，考虑如何满足观众对观看比赛场面的视、听、方位、朝向、安全疏散等功能要求。在上海体育场观众席的平面设计时，我选择了圆形平面，使观众能获取最佳视觉效果，并使它与足球、田径比赛用的椭圆形场地形成合理的观众席区域分布。为此，尽可能使视觉方位相对较好的东、西看台观众席数量大大多于视觉方位相对较次的南、北看台观众席数量。同时考虑到足球比赛大多在下午或晚上进行，西区看台坐西向东，背阳而不受眩光影响，能使视觉质量更佳，故我首次采用东、西看台不对称的布局，即令圆形观众席平面的圆心从比赛场地中心线向西平移了近 10 米。这样的设计使西区看台观众席多于东区看台，西区可设三层看台，东区仅为两层看台，而南、北区看台更低，这样的设计所形成的高低落差悬殊的马鞍形也更富有上下起伏的气势。这种力求"纯与简"的圆形平面却创设出大气雄伟的建筑形象。

建筑创作是集功能内容、物质技术、精神艺术三者于一体的综合体，既错综复杂，又不能千篇一律。建筑艺术的选用的对策与手法很多，除应用综合艺术和美学经典法则，还要兼顾传统的形象、抽象符号与装饰等要素。要辩证处理好"简"与"繁"的关系，且常以取"减"为宜，能"简"则"简"。崇尚自然、"清茶一杯"，往往就是上乘之作。要注意显示各种建筑类型的个性特点，提高建筑的艺术品质，还需吸收新思维、新理念、新技术。一句话，要敢于创新，缜思畅想，努力走出一条不断实践、积极创作、努力进取的创作道路。总之，"以人为本"旨在高度满足功能需求。具体来说，为刻意创造大气的形象，要倡导"纯与简"；为使建筑生根于特定空间，必须注重"环境"；为求建筑艺术与先进的建筑科技完美结合，不忘"综合与创新"；为撞击未来，创造未来，时刻不忘我们所处的"时代"。

以环境为本，使建筑生根于特定空间 建筑创作过程，建筑师都会刻意研究与追求建筑艺术与环境的结合，增强建筑与环境的整体效果，以取得一个较完美的建筑艺术形象。环境中客观存在的空间载体或历史的痕迹，先于需设计的建筑物而存在，它包括地理地貌、自然条件、历史传统、人文风俗、场所意境……真是气象万千，丰富多彩。在建筑创作的过程中，建筑师必须以环境为创作构思的出发点，且视其为吸取设计营养的源泉，以此产生联想，经过反复推敲、巧思探索，将环境特色为我所用，使新创作的建筑艺术形象融合在原有环境之中，给人们再构思出一个融洽的具有美好视觉空间的新环境。

我在设计开罗国际会议中心时，曾充分考虑到建筑所处的特定环境，注意吸收埃及的人文传统、当地伊斯兰建筑形式等特色，力求能较好地反映埃及建筑的艺术风格。在体形组合及空间构思上，考虑到埃及是最早发明数学、几何学等科学技术的文明古国，由此而给人类社会带来的影响；还注意到建造基地东面已建的无名英雄纪念碑，是由四片巨型的混凝土墙体，倾斜组成的一个金

字塔形的雕空四角锥
体，因此新建的各类
大小会议厅平面设计
均采用了多种几何形
体，以圆形、方形和
八角形等单体为主，
有机地排列，构成建
筑群体，使之与周边

首届梁思成建筑奖获得者——魏敦山（作者提供）

的纪念碑形体相协调。同时应用建筑轴线及对位手法，将圆形国
际会议厅的中心轴线、圆形宴会厅的中心轴线均对准纪念碑中心
轴线，形成一个完整三角形轴线的对位关系，令新老建筑充分协调，
既突出建筑主体，又强调建筑的整体性，提高了建筑的环境效益。

　　开罗是一座闻名世界的历史文化名城。金字塔、人面狮身像、
金黄色的沙漠、热浪，尼罗河的清水、绿洲……这种体现阿拉伯
伊斯兰民族的人文风貌、自然景观，尤其是古代巨石的神庙建筑
特有形式，以及独特的地貌环境，都为我设计开罗国际会议中心
的构思和创作立意提供了活生生的源泉与灵感。

　　在设计昆明红塔体育中心时，我充分注意到繁花似锦的春城
特色。昆明是我国著名的旅游胜地，"天气常为二三月，花枝不
断四时春"，五百里滇池波光粼粼，而红塔体育中心就建于昆明
市海埂旅游景区内。基地西临湖滨公路，隔路即为滇池，路南不
远处有登西山索道的上车站，可遥望西山顶峰龙门胜景。如此优
美环境，方案构思时与环境融合，就成了首先要思考的问题。功
能多样，规模各异的建筑群体组合，重点研究"建筑第五立面"
的艺术构成，注意城市景观的视觉空间，改变大跨屋面的乏味、

魏敦山设计的上海体育场（作者提供）　　　　上海国际体操中心（设计效果图）

笨重的感觉，应用轻盈飘逸似鸟翼升飞的曲面体育馆屋盖、水波形半透明膜结构游泳馆屋面、晶莹通透的玻璃天棚的宾馆中庭屋面与平屋面高低结合错落有致整体相连。屋面色彩采用浅灰色与白色相间，与碧水青山融为一体，充分显示建筑艺术特点。

以"综合、创新"为本，力求建筑艺术与先进的建筑科技完美结合　以建筑师为主，综合结构、机电、设备各专业工程师组成一个设计团队整体开展工作，对成功设计十分重要。特别是在设计大跨度、大空间的"观演性建筑"，如体育场馆、剧场、会堂、音乐厅、展览馆时，必须充分注重其空间艺术特色且技术要求又相当复杂的情况。

因此首先选择先进、安全、合理的结构方案，具有重要意义。屋盖结构形式的选择更是点睛之笔。要充分考虑室内建筑空间要求与结构空间相吻合，毫无虚假造作之弊。这类建筑类型多，使用功能复杂，技术要求多样。因此，对建筑设备、建筑物理、建筑材料等学科及相关专业知识要求也更高。建筑师要充分注意其他工种的需求，综合平衡，妥善解决，也是成功设计的关键所在。

特别是随着电子、激光、高效能、新材料、新技术、新工艺等现代化科学技术迅速发展，必须很好掌握与应用这一系列先进建筑科学技术，以完美地体现建筑艺术与先进建筑技术相结合。

以"时代"为本，撞击未来，创造未来　当今，信息化、数字化等高新技术尖端技术覆盖着社会发展的各个层面，也有力地推进建筑技术高速发展。随着我国申奥、申博的成功，为我们建筑设计事业创造了"撞击未来、创造未来"的千载难逢的一展身手之好机会。作为建筑设计师应该努力进取，跟上新时代对建筑科技发展提出的新要求，努力学习新知识、新技术，提高建筑设计的高科技含量，以创新的精神和魄力投入建筑新时代的洪流。我深信，我们会创造出更具人性化的建筑。

（本文写于 2005 年 7 月）

魏敦山　建筑设计专家。1933 年 5 月 30 日生于浙江慈溪。1951 年至 1952 年就读于上海圣约翰大学建筑系，1952 年转至上海同济大学建筑设计专业。1955 年毕业后分配到北京铁道部建厂工程公司工作。1957 年调入上海市民用建筑设计院。1998 年后相继任上海现代建筑设计（集团）有限公司资深总建筑师、教授级高级建筑师、国家一级注册建筑师、魏敦山建筑创作研究室主任。2005 年任同济大学建筑与城市规划学院教授。兼任上海市科学技术委员会副主任、上海市建筑师学会副理事长等。长期从事民用建筑设计，擅长体育场馆设计。所设计的上海体育馆相继获中国建筑学会建筑创作奖、中国土木工程詹天佑奖、优秀工程勘察设计奖，上海体育场获全国第九届优秀工程设计金奖，上海游泳馆获国家科学技术进步奖三等奖。上海体育馆和上海游泳馆设计载入英国皇家建筑学会出版的《世界建筑史》，作为 16 位中国著名建筑师之中最年轻的建筑师载入史册。埃及开罗国际会议中心获上海市科学技术进步奖一等奖。相继获建设部先进科技工作者（1986）、埃及一级军事勋章（1990）、中国工程勘察设计大师（1994）、梁思成建筑奖（2000）。培养了大批优秀建筑设计人才。2001 年当选中国工程院院士。

有了机遇不等于必定事有所成，机遇是专给有准备的有心人的。关键在于要有捕捉机遇的意志，更要有把握机遇的实力。否则，它将与你擦肩而过，转瞬即逝。

——魏复盛

把握机遇之我见

如今，大家时常会提及机遇，不少人更多的是感叹自己的机遇不好。其实，机遇待人很平等，再说机遇虽无形，但确是可以捕捉的。

回首往事，深感把握机遇首先要有百折不挠、顽强进取的信念或者叫"精神气儿"。

我哥姐七人，自幼家境贫寒，父母是文盲，斗大的字不识两个。父亲咬牙供大哥念私塾，仅希望家中有一个能识字会记账、算账的人，不被地主老财欺骗。排行第五的我，六七岁就开始割草喂牛，拾柴禾，下地干杂活。可七人中唯我偏爱读书，见大哥读书，就抢了他的书要上学去。为此，父母追着打我，还是私塾老师向父亲说情："这孩子喜欢读书，你就让他来，我就不收学费了。"从此，父亲才恩准了我的学习请求。

我念的第一本书是"人之初，性本善"，第二本是"赵钱孙李，周吴郑王"。1949年底家乡解放，非常兴奋。1950年入小学，插班三年级，但我不认识阿拉伯数字，不会做算术。结果一费劲，很快就赶上了。高小五年级就"冒名"社会青年去考初中，居然榜上有名，后发现是在校学生又被退回小学继续读六年级。可见，我当时的心比天高。初中三年，年年考第一，平均

魏复盛 院士
（中国工程院提供）

分比第二名高出10多分。1956年保送上高中，志向搞自然科学。1958年赶上"大炼钢铁"，全校高三学生赴深山老林伐木烧炭，挖矿炼钢……后来才认识到那么干，实际上是在破坏自然资源，破坏生态环境。

临近1959年高考前两个月，按教育部通知，应届生必须返校，在匆忙中补学高三的课程。临考时患腮腺炎发着高烧，吃了退烧药和止痛片进了考场，考得不理想，仅勉强录取中国科学技术大学地球化学系稀有元素化学专业，从此跟分析化学结下了不解之缘。

现在很多孩子上学好像是为父母读书，我的念书机遇多半是自己"争"来的。五年的大学生活，除了助学金，主要"财产"只有大姐送的一床棉被、一件棉袄，家里一分钱没给接济，五年的假期只回了一次四川老家，还是小时候的同学资助的路费。生活虽苦，但我并不觉得苦，反倒感到很幸运，学习劲头十足。自己明白：基

础不算好，又不聪明，只有脚踏实地，以勤奋来弥补自己的不足，但五年的大学学习成绩总是名列前茅。我喜欢和同学切磋讨论学习中的各种问题，来发现自己的不足。每学期我还要帮助两三位同学过学业关。其实，与其说是我帮他们讲解原理、概念和重点之类的，不如说是他们促使我深化了对这些知识的融会贯通。

毕业后留校当了教师，时逢特殊年代，先是下乡"四清"两年，后又是在那个"文化大革命"的年代，浪费了多年宝贵的时光。下放劳动在马鞍山第二钢铁厂当一名炉前工。按说我的机遇不佳，然而就是这期间的1970年，我参加铜陵冶炼废渣综合利用的工作，首次接触到环境保护的课题。这对崇尚实际应用的我，敏感地抓住这难得的专业机遇，激发了能够充分发挥自己专长的兴趣点，立志将自己下半生定位环保，以服务民众报效国家。

我叙述这段"流水账"似的经历，无非是想说明，坎坷有时并非坏事，逆境倒可以催人奋进。

诚然，机遇待人很平等，人的一生会有无数次机遇。然而，有了机遇不等于必定事有所成，机遇是专给有准备的"有心人"的。关键在于要有捕捉机遇的意志，更要有把握机遇的实力。否则，它将与你擦肩而过，转瞬即逝。

拿环保专业而言，我国起步较晚，本人也知之不多。论实力不用说与国外比，国内也属小字辈。1983年，我刚到中国环境监测总站时，仅有的一些进口仪器，也只能可怜巴巴地安卧在活动木板房砖砌的水泥台上。然而，凭着全站职工顽强的拼搏进取，我们在"外粗内秀"的板房内开始测数据，开始承接国家攻关课题。如果说"六五"攻关课题——"环境背景值研究"是"萝卜虽小，长在背（辈）儿上"，是靠总站的牌子争取来的话，那么自1985

年起，我们组织全国监测技术人员进行水和废水、空气和废气、工业固体废弃物和土壤监测方法的研究、验证、统一及标准工作；组织全国环境监测质量保证系统化研究与实践；着手环境标准样品的研制与生产；进行污染源监测技术与主要污染物总量控制监测技术的研究，直至初步建立适合我国国情的环境监测技术体系，倒是靠我们锲而不舍的努力而成长起来的，这也印证了我们环境监测总站逐步成长、实力增长的历程。

江桂斌院士（右）和浙江大学宋永华常务副校长（左）为"环境化学终身成就奖"获得者魏复盛颁奖（2017，作者提供）

只有此时，我们才能理直气壮地说，我们较好地把握住了历史赋予我们的机遇。以致后来我们能够领导和协调包括中国科学院有关院所和著名高校在内的成百上千名科技工作者，开展科技攻关的一系列研究课题。例如，"我国酸雨来源、影响及其控制对策研究"，第一次搞清了我国酸雨污染的现状及分布情况，为以后两个五年计划的酸雨攻关课题提供了最基础最重要的信息；

后来又完成国家"七五"攻关课题"中国土壤环境背景值研究"，取得 40 多万个数据，弄清了我国 60 多种元素的土壤背景情况及区域分异变化规律，并相应建成我国的"土壤样品库"，为今后各行各业开展科考研究，提供了难得的实物标本。

这些机遇的把握，靠的是成千上万名长年奋斗在环境监测第一线的科技人员，而个人仅仅是他们当中的一名代表而已。离开一个优秀科研团队或群体的共同努力，是什么事也干不成的。

此次，中国工程院将院士称号授予并不年长的我，如果这也算是一次机遇，而且一定要我向后来者说些什么的话，那么我要说：你既然选择了做学问的路，机遇同样属于在崎岖的山路攀登上不畏艰辛的你。

（本文写于 1998 年，改定于 2022 年 9 月 10 日）

魏复盛 环境化学、环境监测专家。1938 年 11 月 9 日生于四川简阳。1964 年毕业于中国科学技术大学。1974 年开始从事环境污染物质分析与研究，1983 年 5 月调入中国环境监测总站，先后担任分析研究室主任、副站长、总工程师、研究员。2013 年受聘任中国科学技术大学环境科学与光电技术学院首任院长。长期从事环境监测技术工作，包括环境化学、环境污染与健康、环境监测技术方法的系统验证和标准化。1985 年起领导并组织全国科技人员进行水和废水、空气和废气、工业团体废弃物和土壤监测方法的研究、验证、统一及标准化工作，领导并组织了全国环境监测质量保证系统化的研究与实践。组织了环境标准样品的研制和生产和污染源监测技术与主要污染物总量控制监测技术的研究，对建立和发展我国环境监测技术体系作出创造性贡献。曾获国家科学技术进步奖二等奖 2 项，部级进步奖 6 项。2010 年获第八届光华工程科技奖，2017 年获首届环境化学终身成就奖。1997 年当选中国工程院院士。

> 我们已熬过了寒冬，迎来了百花齐
> 放的"教育的春天"。没有经济基础的
> 支撑，没有教育方针的正确引导，大学
> 这种规模的发展和前进是难以想象的。
>
> ——翁史烈

上下求索　创造辉煌

向往造船事业

我生于浙江宁波，6 岁（1938 年）移居上海。父兄经商，都从事银楼行业。也许是时代的进步，也许是我从小学业优秀，家庭改变培养方针，不仅要我上高中，而且希望我考上大学，将来能在纺织行业做一番事业。

上海市晋元中学对我的三年教育，打下了扎实的基础，尤其是郑逸梅老师的中文课、张光复老师的英语课……许多老师的谆谆教诲，至今记忆犹新。高中阶段的教育质量和师资水平对年轻人的成长实在太重要了！

那年代，宁波到上海都是海运，傍晚轮船从十六铺码头起航，一觉醒来，已停泊在宁波江北岸了。晚上，常随大人在甲板上散步，看看这么个庞然大物，冒着黑烟，冲破乌油油的浩瀚大洋，勇往直前，在幼小的心灵中留下很深的印象，觉得轮船威力无比，

翁史烈 院士
（中国工程院提供）

非常伟大。

定居上海后，常到外滩去看各式各样的轮船、军舰，看到满载着乡亲的宁波轮船时，心情格外激动。就这样，从小在心底与造船业结下了不解之缘。当我有机会上大学时，尽管也同时考取了电机专业和纺织专业，我还是毅然决然地走进了国立交通大学的轮机工程系。

科研道路上的甜酸苦辣

1976年教研组承接了一项国家重大课题——涡扇发动机改型。课题要求用新的技术途径改造航空涡轮风扇发动机，使它具有发电、船舶推进等多功能。我们提出了"顶切"的方法。如能成功，用当时的话来说，这肯定是一条多、快、好、省的道路，但国内外都没有成功的先例与经验。外国著名发动机公司甚至有人扬言："谁提出这种做法，谁就该枪毙！"

当时，我们都是四十岁刚出头，虽然已不能叫"初生之犊"，但确实有"不怕虎"的精神。教研组的理论分析、计算绘图是夜以继日的，而协助我们的工厂也分秒必争。不到一年，改型之后的发动机已姿态雄伟地悬挂在专用的试车台上，只等发令启动了。启动指令一下，随着油门的加大，发动机先是摇头晃脑，继以尾部喷火，并同时发出闷闷的吼声。试车台上笼罩着不祥的气氛，专业知识告诉我们：发动机已进入了可能导致机毁人亡的"喘振"区域。

许多同行觉得事情是"凶多吉少"。好心人劝我们拖一拖，最后可以不了了之。可教研组同志们胸中憋着一股闷气，几乎像发动机一样也要"喘振"冒火了。我们不甘心失败，坚信可以采取技术措施，把发动机从"喘振"区中解脱出来。胜利往往在再坚持一下之中。八个月的沉默，八个月的探索，当发动机第二次吊装在试车台时，它的样子已经不像初看时那么可爱了。因为大家担心它随时都可能颤抖，随时都可以喷火，接下来恐怕就是对我们这项研究的沉重打击了。然而，科学技术的力量终于显示出来，眼见发动机小心翼翼地绕过"喘振"边界，愈来愈稳健地加速到最高负荷时，不仅教研组同志欢欣鼓舞，连在试车台上外单位的专家也为这项成功而欢呼，把"顶切"成功的消息传向四面八方。

几十年来，我和同事们一起经历着不少失败的痛苦，也分享着不少成功的欢乐。失败和成功、痛苦和欢乐的交织，使我懂得了很多道理，懂得在大型的工程攻关中如何正确地对待自己，如何正确地对待群体，如何正确地掌握理论，如何紧紧地结合实际。

为交大发展而上下探索

1984 年 4 月国家教委任命我为上海交通大学校长。1997 年 7 月辞去校长职务。在当校长 14 年的漫长岁月中，我曾经历了不少风雨，也见过不少世面，长了不少知识，受到不少锻炼。若要问 14 年中感受最深的是什么，我认为就是中国教育的巨大变化。

20 世纪 80 年代江泽民同志任上海市市长、市委书记时，经常视察交大。当参观学校"微细加工中心"，看到许多先进设备时，他风趣地说："鸟枪换炮了！"多少年过去了，现在的交大，在国家"211 工程"与"985 工程"的支持下，已经不是几个实验室，而是一大批实验室的"鸟枪"都换"炮"了。对比任校长之初，经费上捉襟见肘，学科师资上由于院系调整和部分西迁导致的元气亏损的情况，真有天壤之别。并非交大一家在发展，兄弟院校也都在大踏步地前进。可以说，近年来学科发展的速度、教育改革的深度和投资的强度都是空前的。这说明我们已熬过了寒冬，迎来了百花齐放的"教育的春天"。没有经济基础的支撑，没有教育方针的正确引导，大学这种规模的发展和前进是难以想象的。

作为一校之长，重要的职责是善于利用社会上一切可以利用的资源、善于抓住大形势所提供的重要机遇来促进学校的发展，这也是我的行动指南。在我主持校政期间，许多办学举措中都贯穿着这条思路。这些年来，大形势起了翻天覆地的变化，衷心希望中国的高等教育在许多在职优秀校长们的努力下，会有更辉煌的前程！

（本文写于 2003 年 2 月）

翁史烈 动力机械与能源专家。1932 年 5 月 21 日（农历）生于浙江宁波。1952 年毕业于交通大学，1962 年获苏联列宁格勒造船学院科学技术副博士学位。1984 年至 1997 年任上海交通大学校长。曾兼任教育部科学技术委员会主任、国务院第四届学位委员会委员、中欧国际工商学院董事长、中国动力工程学会理事长、上海市第四届科学技术协会主席、上海工程热物理学会理事长等职，现兼任上海市院士咨询与学术活动中心主任。先后被聘为日本国立横滨大学、昭和女子大学、拓硕大学、俄罗斯圣彼得堡国立海洋大学名誉博士；德国柏林工业大学学术委员会名誉委员。主要研究领域为燃气轮机性能与仿真和新一代的燃气蒸汽联合循环。作为中国新一代热力涡轮机开拓者之一，领导研究组在航空发动机多用途改型方面走出新路。在热力系统动态仿真、新一代能源系统等方面也承担了国家重大研究项目。研究成果曾获国家级和省部级科学技术进步奖 10 多项。出版专著 4 部。1995 年当选中国工程院院士，也是乌克兰工程控制科学院院士。

朗读者 陆安琪

中国有博大的东方文化，可惜我知之甚少，希望你在中与西、古与今方面创造自己的道路。

——沙里宁寄语吴良镛

拜万人师 谋万家居

衣食住行，是人们基本的生活需要，不能有任何的缺乏。就住房来说，很难计算全世界有多少人遭受缺房之苦。我在初中的时候，属于大家庭的房屋被典当，正当我的胞妹患伤寒病重时，被人揭瓦赶出家门，使我亲身感到南京之大竟无我容身之处。中学流亡四川，在高考完毕的当天下午，小小合川城竟也被日本军国主义飞机滥炸，全城大火竟日，顿成瓦砾，居民在废墟中啼哭，我更感到天下之大，却无安乐之土。正是这种家仇国恨，促使我愤然选择建筑专业。

从选择建筑专业到将自己专业与世界建筑思潮相联系，又经历了若干年。在战争的封锁下，当时已不能见到海外新的杂志和图书，忽然学校通知图书馆新到了一点空运来的国外杂志微缩胶卷，大为欣喜。在闷热的暗室中，发现虽处于残酷的反法西斯战争中，世界范围内在热情地探索着战后的住宅与城市重建等重大

吴良镛 院士
（中国工程院提供）

建筑课题，顿时仿佛在黑屋中看到了光亮，吸引我去描绘新世界的建筑蓝图。

当然，青年时代的思想总不免活跃，有时我也心猿意马，堕入玄想。一时想搞美术、文学，另一时又醉心于建筑史，甚至异想天开地要去敦煌考古，等等。生活证明，这些都有助于甚至丰富了我对人聚居环境这条主线的追求，并提示了新的机遇。

我在刚进入大学不久，由于喜爱中国建筑遗产，开始读梁思成、林徽因的文章。1944年初，我一时心血来潮，翻阅了一些典籍，写了篇论中国古代"阙"的文章（《释"阙"》），刊登在我们班办的杂志上。附带说明，当时的大后方由于军事封锁，长期竟没有一份建筑杂志，我们这班未出茅庐的大学生，异想天开地办起油印本杂志来，钱是自己凑的，文章和插图是自己编写刻印的，逐渐得到重庆学术界前辈的支持和捐款，直至我们毕业，共出了6期，毕业后又出了一期。未想到，我的这篇文章竟得到梁、林的欣赏，他们打听我的下落，希望我去中国营造学社工作。一年多后，1945年夏我从云南回到重庆，才听到这个消息的，便去拜访当时下榻在重庆聚兴村中央研究院的梁思成。第一次拜见，使我惊奇的是他是那样年轻（当时仅有40多岁），但身体很孱弱。他很高兴地问："你就是吴良镛？"立刻就要我留在他身边工作（当时他正在从事战区文物保护的抢救工作）。从此，奠定了我们师生的不解之缘。特别是当我向他说明我在云南西部城镇跑了一年多后，看到满目疮痍，决心要搞城市规划，不想搞古建筑了，未想到我的这一转变反而得到梁先生异常的赞许，原来这时他正在认真地阅读美国朋友通过华莱士副总统访华为他带来的一小箱图书，其中包括沙里宁教授的《论城市：它的过去、衰败与未来》一书。读完这本书，还在《大公报》发表了《论市镇的体系与秩序》一文。

正由于这次结识，我被梁思成邀请去协助参与筹办清华大学建筑系。半年以后他赴美访问，专访了沙里宁，还为我师从沙里宁作了安排。这件事是他带我到清华的一年多后才告诉我的。他说："你当然知道沙里宁，我认为你很适合去他那里学习，他学识广博，那里的学术环境和艺术气氛你一定会很喜欢，你还要赶快去，因为他已是70多岁高龄的人了，再迟就赶不上了。"就这样，他为我写了推荐信。林徽因先生还热情地在病床上把梁先生写的原稿修改了一遍。

我从沙师学习了两年，并在他们父子合办的事务所跟随小沙里宁（也是近代建筑大师）从事设计。此时，接到梁、林两师的来函，告诉我北京刚解放，百废俱兴，正要开展城市规划工作，希望我赶快回来。接着朝鲜战争初起，我也就毅然回国。

回顾我的过去，有三件大事最值得回味：

第一是道路的选择。我在战火纷飞中选择了战后安居事业，新中国成立后我选择了回国走建设社会主义祖国的道路，虽历经曲折，我心欣然。

第二是师承。如果说梁思成老师肯定了我的人居环境的追求，安排了我从沙师游学，指出了学术人生的道路，沙里宁老师则影响我对新中国建筑文化追求的道路。我至今记忆犹新的是他不止

协调古都传统风貌的北京城区菊儿胡同的改造工程效果图（资料图片）

一次地指示我："中国有博大的东方文化，可惜我知之甚少，希望你在中与西、古与今方面创造自己的道路。"这句话，当时理解不深，通过近70年在本土上的实践，更感到此语意义的深邃。从梁思成老师身上我接受理想主义色彩多一些，从杨廷宝老师身上我受到现实主义的教育也得益匪浅。当然，我永远忘不了所有业师对我的指引，而这一切都为我的成长打下基础。

第三是追求与创造。近半个世纪以来，我一直身居教职，但从来未放松对社会建设的关心，努力将教学结合科研与生产实践，较为自觉地为创造具有时代感的、中国和地方特色的建筑与城市而探索。当我在1993年10月"世界人居日"从联合国总部讲台上领回北京菊儿胡同工程的"世界人居奖"时，不免百感交集，心潮澎湃，感到道路虽是崎岖的，但面向不断变化中的社会需要，扩展了自己的专业，这条治学与创作的道路却又是无限宽广的。

我要把这一得之愚转达给青年一代，并以对我的尊师的感激之忱，用于 21 世纪人才的培养。至于我自己，仍当继续努力"读万卷书，行万里路，拜万人师，谋万家居"。

（本文写于 1998 年，改定于 2022 年 9 月 14 日）

吴良镛　建筑学家、城乡规划学家、教育家。1922 年 5 月 7 日生于江苏南京。1944 年毕业于重庆中央大学建筑系，1950 年获美国匡溪艺术学院硕士学位。同年回国后在清华大学建筑系任教授。创建了中国人居环境科学，建立了以人居环境建设为核心的空间规划设计方法和实践模式。运用这一理论，成功开展了从区域、城市到建筑、园林等多尺度多类型的规划设计研究与实践。从 50 年代起，一直参与并指导国家重点规划设计任务，包括北京、桂林、唐山、三亚、北海等地城市规划的制定、编审与研讨。从事建筑与城市规划教学 70 多年，培养了众多人才。吸取多学科知识和古今中外文化精华，将宏观与微观结合、自然与人文结合，创立解决人居环境问题的"广义建筑学"，提高了我国城市规划和建筑设计的理论水平。1993 年提出发展"人居环境科学"的论述。出版专著 16 部，参与编纂书籍多套，发表学术文章 200 多篇。北京菊儿胡同规划设计获联合国世界人居奖和亚洲建筑师学会金质奖（1992），何梁何利基金"科学与技术进步奖"（1995），国际建筑协会建筑教育评论奖（1996），法国文化艺术骑士勋章（1999），首届"梁思成建筑奖"（2000），陈嘉庚技术科学奖（2010），2011 年度国家最高科学技术奖，2018 年改革开放三十年"改革先锋"称号，2021 年"全国优秀共产党员"称号。2016 年经国际小行星中心命名委员会批准第 9221 号小行星命名为"吴良镛星"。1980 年当选中国科学院学部委员（院士）。1995 年当选中国工程院院士。

> 回顾自己的一生，我感到一名知识分子要有所贡献，对科学孜孜不倦的追求和殷殷的报国之心是两个最重要的条件。
>
> ——项海帆

我的大桥情怀

1935 年 12 月，我出身上海一户民族资本家的家庭。我的童年正值日本帝国主义入侵中国的年代，1931 年"九一八事变"，日军强占了东三省，全国爆发了抗日声援活动，一些爱国的民族工商业者号召抵制日货，那时父亲在原籍杭州三友实业社工作，也积极参加了游行和宣传活动。1941 年"珍珠港事件"后，日本占领军进驻租界。我就读的工部局小学被迫停止英语课，改由汉奸翻译官来上日语课。父亲对我讲了他当年抵制日货的故事，在我幼小的心灵中埋下了仇恨日本侵略者的种子。

1943 年，作为小学四年级的副班长，在爱国的级任老师策动下，我和班长一起带头抵制日语课。事后，我和班长受到了校方的警告处分。这是我年仅 8 岁时的一次爱国行动，也是我思想中民族自尊心的萌芽。

在工部局小学的教室中，按不同年级所置有一排书橱中，陈列着包括科学家传记、世界著名儿童文学丛书和自然科学丛书等内容丰富的课余小读本。我从三年级起一直担任副班长，我的职责之一就是管理这些书籍，负责借还登记手续，这使我花了更多的心思畅游知识的海洋，在拓宽知识面的同时，也启蒙并培养了一种初级的管理能力。

项海帆　院士
（作者提供）

小学毕业后，我考入了市立晋元中学，它的前身是租界工部局创办的第一所"华童公学"。学校重视英语和自然科学的教学，配有一流的师资，形成了严谨的学风，为我今后的工科学习也打下了较扎实的基础。

父亲跟我讲述钱塘江大桥的故事
（叶雄绘）

1947年清明，我第一次回故乡杭州扫墓。父亲带我去看了钱塘江大桥，并很详细地告诉我，中国桥梁专家茅以升先生负责设计的这座大桥的历史背景。面对宏伟的大桥，我非常兴奋，说："这么大呀！"童稚的心灵被强烈振动。正是父亲的话语和亲眼所见的钱塘江大桥的雄姿拨动了我的心弦，促使我日后很坚定地选择了桥梁工程专业，并成了我一生为之奋斗的事业。

16岁那年，虽然高中还没有

毕业，我却以同等学历考入了同济大学，当年就是瞄准它的造桥专业。1955 年毕业时，又有幸成为李国豪教授的第一位研究生。恩师严谨的学风和强调独立思考、自学为主的独特指导方式，使我获益匪浅，一辈子受用。从此，我在桥梁振动的研究方向上迈出了第一步，也成了我毕生耕耘的天地。

1957 年，正当我开始进入论文研究阶段，作为一名新党员，又是研究生部的团支部书记，为响应党的"帮助整风"的号召，参加了鸣放会和提意见的活动，结果被打成团委青年教师工作部反党集团的一员，遭到了开除党籍和研究生学籍的严重打击。从此，陷入了长达 20 年坎坷与曲折的人生道路，直到 1978 年才得到改正。我为自己在当时没有屈从于压力而违心地"反戈一击"陷害别人而感到坦然。虽然吃了苦，却保持了心灵的纯洁和人格的尊严。

在1959年第一批"摘帽"后，虽然我不能随李国豪教授参加"三线"的国防科研工作，但在教学和教材编写工作中，作为他的助教我还是得到了恩师很大的关注，他依然心无旁骛地培养我。那时，我成了学校图书馆的常客，在阅览室里继续在桥梁振动的领域默默耕耘，心系最新的造桥科研成果和国外各类桥梁建筑的发展动态。我所钟爱的桥梁振动学专业科研也并没有因为头戴"摘帽右派"的灰色帽子而被剥夺。当然，我是绝对不舍得放弃自己热爱的专业。因此，依然静静地努力着、坚守着。

十年浩劫之后，改革开放的春天终于来临。1977 年李国豪教授复出，担任了同济大学校长，我也成了他领导的科研组的一员，参加了唐山大地震后的桥梁抗震研究。1978 年，我才有机会在《同济学报》上发表了人生第一篇科研论文。那年，我已

43岁了。

1980年底，李校长又推荐我去申请德国洪堡基金会的奖学金赴德留学。在德国的一年多时间里，我像海绵一样吸收着结构工程的最新理论成果，开阔了眼界，增长了胆识，为回国后参与国内重大桥梁工程做了准备。

上海南浦大桥的建设是我一生中的一次重要机遇。1982年我刚回国，当时兼任上海市科协主席的李校长，交给我的第一项工作就是为南浦大桥做一个结合梁斜拉桥方案的可行性研究，这是市科委下达的任务。同时，帮助指导李先生的第一位博士研究生，题目就是以南浦大桥为背景的斜拉桥风致振动理论。到1986年，我们完成了结合梁斜拉桥方案的风振分析和风洞试验，证明了它的抗风安全性。

1987年初，在访问日本时，日方向我介绍了他们正在做南浦大桥的方案，我才吃惊地得知大桥已委托日方进行设计了。回国后，我马上向李先生作了汇报，他听了十分焦急。那时他已任上海市政协主席了，就向时任市长江泽民呼吁自主设计南浦大桥的意愿。1987年8月，江市长亲临同济大学视察，了解了我们为大桥所做的一系列可行性研究。同时，我也致函江市长力陈"我国已建成了14座斜拉桥，完全有能力自己设计和建造像黄浦江大桥这样规模和技术难度的大跨度桥梁。如果由外国人在国际桥梁讲坛上宣读有关中国黄浦江上大桥的论文，将是多么令我国桥梁界难堪……"不久，江市长就在我的信上作了批示"我看主意应该定了，就以中国人为主设计，集思广益……"，宣告了自主设计大桥的重要决策。经过专家会议审定，最终选用了李国豪教授提出的结合梁斜拉桥方案，为开辟我国桥梁自主建设的道路和赶

李国豪与项海帆在南京航空学院低速风洞实验室做南浦大桥的抗风实验（项海帆提供）

超国际先进水平起到了重要作用。

南浦大桥使用了亚洲开发银行的贷款，他们聘请的专家组对大桥设计，特别是抗风问题进行了重点审查。我们研究组按国际要求写出的报告，得到了专家组的认可和好评，使他们相信中国人完全有能力建造好世界级大桥。应该说，南浦大桥的自主设计和建造是一个突破，通过实践取得了进步，增强了信心，带来了全国范围自主建造大桥的高潮，提高了我国在国际桥梁界的地位，也赢得了国际同行们的普遍尊敬。

在李校长强烈的爱国主义情怀的影响下，我深切地体会到：以前落后并不可怕，重要的是要有不甘落后、发愤图强的民族责任心。中国一定要开放，要吸引外资和先进的科学技术来加速发展我国的经济，同时又要像孙中山先生所说的那样"保持自主权"。我们要反对狭隘的民族主义，同时也要警惕买办主义的诱惑。"科

教兴国"的国策要依靠独立自主的民族经济和科技的不断创新和
发展才能实现。近年来，中国桥梁建设跨越式的进步，已经成了
走强国之路的成功范例。

南浦大桥建成以后，在同济大学建立了土木工程防灾国家重
点实验室，建成了居世界第二位的风洞设备，承担了国内绝大部
分大跨度桥梁的抗风研究工作。

项海帆荣获国际风工程协会 Davenport 奖（2013，作者提供）

回顾自己的一生，感到一名知识分子要对国家建设事业有所
贡献，对科学孜孜不倦的追求和殷殷的报国之心是两个最重要的
条件。我的长期从事小学教育的母亲对我踏实做人的督促和父亲
爱我祖国的情感启蒙与教育，对我一辈子做个好人是很关键的。
中学和大学给我打下扎实的知识基础，以及在跟随李国豪大师攻
读研究生阶段养成的独立思考和自主学习的习惯、恩师的身教言
传的榜样与教诲，都使我终身受益。

最后，还要聊及我的妻子，是对古典音乐的共同爱好使我们
相识相知。在 1964 年，她不畏人言毅然和我结合，使我在发奋

学习和工作中倍添动力。

在世纪之交，我深感自己肩负着为国家的繁荣富强培养更多接班人的历史使命。开放的中国更需要呼唤民族自尊自爱的精神，年轻的一代首先要学会做一名堂堂正正的中国人，才有可能通过几代人的不懈努力，在 21 世纪把我们的祖国建设成既繁荣富强，又健康祥和的强国，使东方文明重放光彩。

（本文写于 2001 年 5 月，改定于 2022 年 6 月 5 日）

项海帆 桥梁结构工程学家、风工程学家。1935 年 12 月 19 日生于上海，原籍浙江杭州。1955 年毕业于同济大学桥梁专业，1958 年同济大学桥梁专业研究生毕业。1980 年至 1982 年获德国洪堡基金奖学金资助，在德国波鸿鲁尔大学任客座教授。现任同济大学结构工程学院教授，上海同济桥梁设计院名誉院长，土木工程防灾国家重点实验室名誉主任，土木工程学院顾问院长。曾任同济大学桥梁工程系首任主任、土木工程学院首任院长、土木工程防灾国家重点实验室主任、中国土木工程学会副理事长和桥梁及结构工程分会理事长、国际桥梁与结构工程协会（IABSE）副主席。长期从事桥梁工程的教学与科研，主要方向为桥梁结构的稳定与振动。1979 年起在国内率先开展了大跨度桥梁抗风理论及工程的应用。在桥梁颤振、抖振分析、全桥气动弹性模型试验研究以及桥梁风振控制理论等方面建立了一整套抗震计算方法，纳入我国桥梁抗震规范。对斜拉桥抗震研究的一系列成果，在多座大桥的抗震设计中被采用。主编的《高等桥梁结构理论》获首届全国优秀教材建设奖一等奖。曾获 1995 年度国家科学技术进步奖一等奖等多项奖励，相继获国际桥协 Anton Tedesko 奖，美国土木工程师学会 Robert H. Scanlan 奖，国际桥协结构工程终身成就奖，国际风工程协会 Davenport 奖等。1995 年当选中国工程院院士。

科技人员应有一点"冒险"精神。
冒险不等于蛮干，而是在充分作了科学
分析基础上去干有意义的事。没有冒险
就很难有创新。"风险与机遇并存"的
名言对各行各业其实都适用。

——徐大懋

最聪明的方法

我成长于皖南一个鱼米之乡的小镇，家中世代务农，世代文盲。7岁时，父亲将我托付给任小学校长的舅父，"培养目标"很明确：识字，能写会算。1948年考入县立中学，一年后由于水灾和父亲去世而辍学，只能继续走"世代务农"之路。

人生伴随着各种偶然和机遇。1950年夏天，家中来了两位不速之客——我的中学同学，说学校动员辍学生复学，班主任李梦琴老师特别指定要我返校。姐夫、姐姐知道后，毅然决定担起养家重任。李老师的"指定"改变了我一生的道路。她对我在学习上的帮助，生活上的关心，经济上的支持已近乎母爱。如今，我每次回乡必去探望她。遗憾的是她在1975年病逝时我并不知道，一直感到未为她尽孝道而深深地内疚。

1955年考入清华大学，对五年半的大学生活八分满意，二分厌倦。满意的是紧张有序的学习生活，丰富多彩的文体活动，

徐大懋　院士
（作者提供）

同学间的真挚友谊；厌倦的是没完没了的政治运动。毕业后我希望能到生产第一线为人民做点实事，第一志愿选择了我国最大的汽轮机厂——哈尔滨汽轮机厂。在中国的"动力之乡"辛勤耕耘了 38 个春秋。

因此，我的履历可以简单地概括为"四个一"：一所小学，一所中学，一所大学，一家工作单位。这"四个一"使我养成了一些学习、生活和工作的习惯。

健身与时间

大学的第一堂课是清华园体育界权威马约翰教授讲健身，他要求同学们每天锻炼身体，用冷水、热水交替洗澡。蒋南翔校长提出了"为祖国健康工作 50 年"的口号。

其实，我并无体育运动的特长，只因锻炼比较积极，从二年级起一直任班级体育课的课代表，主要任务是下午 4 点后组织大家上操场。虽然每天占用了一个多小时，但活动后精神焕发，学习效率大大提高。久而久之，我不仅健康少病，运动技能也大有长进。游泳、长跑、撑竿跳高均达到了等级运动员的水平，撑竿跳高还在日后工作的工厂运动会上拿过冠军。

尝到了甜头，就能持之以恒。现在我每天坚持约 40 分钟的健身操，出差、在家都能坚持，一般在晚饭后收看新闻联播时进行，时间也得到了充分利用。我最喜欢的运动是游泳，出差时游泳用具是必带的。近年来的最好成绩是能在海水中一次连续游4200米。

20世纪70年代的知识分子负担很重。拿我来说，除本职工作外，还要下车间劳动，挖防空洞，另加繁重的家务劳动，诸如买煤、劈绊子等，在东北还要挖菜窖、备冬菜等。没有健康的体魄，很难担当起这些"能文能武"的角色。

冒险与创新

小时候常因冒险行为受到父母或老师的处罚，有些行动需秘密进行。9岁时我渡过了离家不远的一条河，近岸时已体力耗尽，是沉到河底爬过去的，但从此也进入了"会游泳"的行列。工作中"冒险"的事也不少。1965年至1975年设计汽轮机1米长的叶片，当时1米等级长的叶片国际上只有两种类型：一种很窄，宽度仅120毫米左右；另一种宽达300毫米以上。经过分析，对我国当时的情况均不合适。能否走"中间道路"？试算过160至200毫米的方案，均因一阶频率和二阶频率难以同时避开共振而失败。这就搞清楚了国际上没有"中间道路"的原因，真是"山重水复疑无路"，难道就此罢休？不能！于是，我对振动方程进行深入分析，发现如对某些几何特性作特殊设计，有可能"柳暗花明又一村"。按新思路计算后，果然奏效。于是提出了"分析调频法"，并将长叶片分成三类，即刚性、柔性和半刚性。半刚性就是我们所走的"中间道路"，宽度为180毫米。该叶片自1987年投运后，一直经受着运行实践的严酷考验。后来我们开发的多种长叶片均按半刚性设计，在国际上独树一帜。

看来，"冒险"有时是被逼出来的，成功了往往就是创新。

1982年，巴基斯坦古杜电厂21万千瓦火电机组进行国际招标，汽轮机指明要二排汽，而国内产品都是较落后的三排汽。不投标，失去一次难得的机会；投标，没有合适的机型，进退两难。从技术角度分析，新设计二排汽机型没有太大困难，但将未经运行考验的新机型参加国际投标，确有些冒险。当时我是总工程师，深感责任非同小可，反复权衡得失，还是决定投！不料，竟在六国八方的竞争中一举中标，又被"逼上梁山"。由于该项目关系重大，我们集中精锐之师，进行了精心设计，做了很多试验，结果运行很好。后来连续出口 8 台，在国内也替代了老机型。

我认为，科技人员应有一点"冒险"精神。冒险不等于蛮干，而是在充分作了科学分析基础上去干有意义的事。没有冒险就很难有创新。"风险与机遇并存"的名言对各行各业其实都适用。

理论与实践

"你要有知识，你就得参加变革现实的实践。你要知道梨子的滋味，你就得变革梨子，亲口吃一吃。"这一精辟而通俗的论断，成了我工作的座右铭。

工程设计离不开各种计算。没有计算机时，我常做的工作是推导公式，将复杂的公式分解成详细的计算步骤，然后列表算出结果。凡要做试验的，我都力争参加。

到哈尔滨汽轮机厂接到的第一项任务是计算燃气轮机的变工况，工具是计算尺和燃气热力性质表。计算过程繁杂，同样的过程要重复几百次。再好吃的梨子，吃多了也乏味。于是暗下决心，探求一种简单而精确的方法。想法一旦形成，自然就进入朝思暮想、废寝忘食的状态；虽辛苦，但有趣。得到一点新线索，就很兴奋，即使是半夜，也要起床写几笔；失败了，情绪就转入低潮。

经过多次"失败"的折磨，终于研究出了"比焓差"法。这种方法所需的时间只有传统方法的三分之一左右，而且精确度相同，为不少单位采用。在目前计算机很发达的情况下，仍不失其工程价值。我之所以能提出新方法，其一是我对传统方法很熟悉，知道问题在何处，能对症下药；其二是我饱尝了传统方法的"疾苦"，不革新就不能"解放"自己。一句话：实践出真知。

后来复杂的计算采用计算机，但如有可能，我还常常将计算机最后一次结果用手核算一遍。这样做对量与量之间的影响有清晰的概念，有助于抓住主要矛盾，提出改进意见；有助于编排合理的计算框图；有助于解决计算过程中的难点，使程序顺利通过。

无独有偶，1972年王仲奇院士参加我们长叶片设计时，也列了一个大表，用手核算计算机结果。不少人不理解，他却谦虚地说："我是笨鸟先飞。"实际上，这是最聪明的方法。不入虎穴，焉得虎子！

学习与迷信

怎样对待国外先进技术？无疑要学习、消化。但任何先进技术不可能完满无缺，因此千万不能迷信。

1989年，我遇到了两件难忘的事。第一件事是在英国GEC公司对大亚湾核电站常规岛进行技术核查，发现汽轮机转子安全系数不够。问原因，对方总工程师说："徐先生，我们是用最先进的断裂力学分析的！"口气有些傲慢。幸亏我略通断裂力学，便说："断裂力学是建立在线弹性假设基础上的，此转子主要部位已进入塑性，断裂力学分析就失效了。"看来正中要害，对方陷入混乱，提出休会，进行内部讨论。复会时宣告："徐先生，我们的回答错了。"通过这次较量以后，对方就谦虚多了。

第二件事是按引进技术制造的 60 万千瓦汽轮机，只能带 40 万千瓦。外商说："我们已有 100 多年的经验了，还会有设计问题？好好检查制造和安装质量吧！"经仔细检查，无任何问题，不得不怀疑这"100 多年的经验"了。我对原计算方法进行详细分析，发现有原则性错误。开始外商不承认，经过一个多月的论战，在科学分析面前，不得不同意了我们的观点。按我们的设计修改后，问题迎刃而解。

西方人有一个特点，争论问题时虽然有些傲慢，但一旦发现错了，就能不考虑面子坦然认输，而且按你的正确意见办。

我认为，我们科技人员应有自尊、自信、自强的精神。多少事实证明，中国人智商不比外国人低，只要我们勤奋努力，实事求是，团结一致，外国能做到的，我们也一定能够做到。

（本文写于 1998 年，改定于 2022 年 8 月 21 日）

徐大懋 热力涡轮机和热能工程专家。1935 年 10 月 17 日生于安徽当涂。1960 年毕业于清华大学，1987 年获工学博士学位。1980 年任哈尔滨汽轮机厂总设计师，1983 年任高级工程师、总工程师、技术副厂长。1999 年调至中国广东核电集团公司任科技委副主任、高级顾问。长期致力于热力涡轮机和热能工程的设计与研究。提出一系列新的设计概念和方法，形成了先进的设计体系：汽轮机长叶片气动设计准则、最佳余速分布、等转速模化、长叶片分类法、供热机组设计原则"比焓差"法等。主持开发的新产品和科研项目均达到当时的国内外先进水平。两排气 210 兆瓦汽轮机开拓了广阔的国际市场，在国内全面替代了老产品；在引进 300 兆瓦和 600 兆瓦汽轮机的国产化和优化过程中，解决了 600 兆瓦汽轮机因推力过大而不能满发的难题，性能超过了引进技术指标；降低火电煤耗的首批成果产生巨大的经济效益和社会效益。在国内外发表论文 20 余篇，获国家级和部级科技奖各 3 项。1997 年当选中国工程院院士。

解决了高炉煤气中所含的氟化物，使大草原上依然是一派风吹草低见牛羊的景象，黄河水也没有被高炉废水中的氟所污染。这恐怕不应该全是其科学技术含量的体现，主要是对有环保情怀冶炼人之人文理念的赞赏。

——徐元森

人文关怀促创新

冶炼要有环保意识

科研院所的任务是出成果、出人才。中华人民共和国成立后开始了"四个现代化"建设的进程，遇到了各种各样的科技与人文的新问题，这也为科技工作者提供了一个彰显人文情怀的大舞台和大显科技身手的好机会。例如，在 20 世纪 50 年代，钢铁建设是国家重点，要求利用包头和攀枝花铁矿各建设一个大型钢铁联合企业。包头矿中含有萤石和稀土矿物，其中最令人担心的是：萤石（CaF_2）会不会在高温下挥发、腐蚀炉体？高炉煤气中若含有氟化物会不会污染大草原，造成牛羊中毒？含氟废水排入黄河后，会不会再也看不到鲤鱼跳龙门？冶金界就此议论纷纷，莫衷一是，这就要求中国科学院回答上述问题。中科院则向我们研究

徐元森　院士
（2008，方鸿辉摄）

所下达了任务，进行高炉冶炼研究。

起初，我们也走了一段弯路，找不到问题的切入口。经过深思熟虑，我建议建造一座1立方米的微型高炉，在不同炉体平面安装取样设备，这样就可以研究氟在高温下的变化规律。此外，高炉煤气的除尘、清洗和废水处理等设备也必须齐全，以便于测定氟在煤气和水中的含量及研究处理方法。这个建议得到了多方支持。不久，便建成了当时最小的但也很现代化的一流实验高炉。

如何在炉内高温下取样，如何即时测定氟化物形态，却颇费周折。当时，我设计了一套即时快速过滤取样的方法，获得了上万个数据。综合各种冶炼参数，证实矿石中萤石（CaF_2）在1000℃以上时，同水汽反应可生成氟化氢（HF），而当煤气中氟化氢上升至炉子上部温度较低处时（例如500℃以下），又会被石灰石所吸收，再生成氟化钙（CaF_2）。实验表明，只有少量氟化氢和粉状氟化钙会随煤气被带出高炉，而大部分氟化钙均熔入炉渣中，在出渣时排出炉外。这些数据与化学热力学的理论计算非常符合。高炉煤气经过炉外除尘、水洗后，含氟量极微，与通常煤气一样可以回收利用。废水经石灰水处理后，含氟量便低于排放要求。炉内含氟气体和熔渣对炉体结构的腐蚀也得到了完美解决。只要在炉料中增加石灰石的比例，既可提高生铁质量，又可以吸收煤气中的氟化氢。这些都已成为冶炼包头矿的合理对策，研究结果早已成为包钢建设和生产的主要科学依据之一。

至今已 40 余年了，大草原上依然是一派风吹草低见牛羊的欣欣向荣的景象，黄河水也没有被高炉废水中的氟所污染。当初的许多疑问，从此销声匿迹，无人再议论了。后来冶金界的评论认为，这是一项"出类拔萃的科研成果"。我想，得出这种论断的着眼点，恐怕不应该全是其科学技术的含量，主要是对有环保情怀冶炼人之人文理念的赞赏。

冶铁史上开新篇

攀枝花铁矿是一种钛磁铁矿石，含有少量钒。这种类型的铁矿在世界上其他地方并不少见，却很少被利用，最大的难点是冶炼钛磁铁矿时，渣中钛超过一定量后，就会引起渣铁不分，搅成一缸"糨糊"。炉子就像犯了严重的"便秘"，要么动手术——拆开炉子，清除凝结的炉渣；要么快速转为普通矿的冶炼以洗炉子。以往为了获得钒，用小炉子冶炼并加入大量废砖，以冲淡渣中钛含量，获得含钒生铁，炼成高钒渣后，再从高钒渣中提取钒。但攀钢是大型高炉，用"冲淡法"既不经济，也找不到这样大量的废砖类资源。

我们研究所经过对各种冶炼方案的对比实践，以及对高钛炉渣物理化学和矿物结构的分析后，发现渣中四价钛已被还原成 TiC、TiN 和 TiO 等高熔点低价钛化合物，它们均不熔于高温炉渣中。稠如糖浆的渣，掺入大量的固体粒子，就会变成很稠的"糨糊"而不流动了。所以，若能抑制 TiO_2 被还原，熔渣就能变稀而自行流出。

为此，我们重新改造实验高炉，采取前人所不敢使用的冶炼

徐元森在实验室（2008，方鸿辉摄）

方法。经过多次改进，并在大型高炉试验得到成功后，证实这个方法可以达到炉况健康、渣铁畅流、钒回收率高、生铁质量好的效果。攀钢采用这项发明已 30 多年了，经济效益很好。中国也成了第一产钒大国，并在冶铁史上又添上新的一页。

自力更生不断创新

1964 年，我们科研组做了学科大跨越，又转入微电子领域，开始研制集成电路了。尽管学科跨度很大，但只要国家需要，科研转向是义不容辞的。当时，国内硅晶体管正处在初创阶段，集成电路研制的条件更加欠缺。又处于西方严密的技术封锁环境下，我们只能走"自力更生"之路。由于上海市委领导、全市有关单

已放大至整面墙壁的一块指甲般大小的集成电路芯片的线路图（徐元森提供）

位的大力协同，从成立小组到样品研制成功只用了 8 个月时间。以后又经历了不断改进，投入更大的人力与物力，创办许多新所、新厂，集成电路的集成规模也由中小规模，逐步变成大规模（LSI）乃至超大规模（VLSI）。近 10 年来，我们又引进了外资，上海也成了全球令人瞩目的微电子科研和生产的重要地区之一。诚所谓"社会需求促创新"。

　　回首已走过的科研历程，若没有当初的成果创新和人才辈出，就不会有今日上海微电子的繁荣景象。邓小平同志提出的"科学技术是第一生产力"的名言，在微电子领域内获得了令人信服的验证。

在光明中开拓生物科技促和谐

有一次，坐我对面的同事刚进门，我就闻到一股难闻的气味，就问他是不是有胃病，他很惊讶，说有呀。因为我分辨出那是幽门螺旋杆菌的独特气味，捕捉到了它的信息，所以作出推断。

现在是信息时代，接下来可能进入生命科学时代。1995年以后，我研究方向转到了生物学领域。当时很多人觉得诧异，因为微电子和生物科学看起来毫无关联性。其实，这两个领域有着相通之处，都是要弄清楚各自研究对象的信息，以及信息的载体。所谓"龙生龙，凤生凤"。我孩子的基因都是由徐元森遗传自父母，而DNA就是人的遗传信息载体。正如现在看病都是以计算机为载体来记录健康信息，就是这个道理。医疗技术飞速发展，有些癌症，比如肝癌可以提前发现病变信息并尽早治疗。但肺癌、肾癌等很多癌症，现在暂时还不能在早期就发现病变信息，以至于无法早期获得医治，以挽救患者生命。现在我所关注的，正是如何找出这些病症的标志物信息。

我虽然上了岁数，没有那么多精力扑在科研第一线了，但仍可以关注和发现新的问题。我每天要阅读多份报纸、杂志，关心时代进步，关注国家需要。比如，奥运会和世博会都要"防恐"，而恐怖分子搞破坏主要有两样危险物：一是炸药，二是生物毒品。利用反恐犬可以找出它们，正是由于它们都带有独特的信号。毕竟反恐犬数量有限，而且也需要休息。我想，应该可以用专业设备捕捉到危险物的信息。探测危险物或是否吸食毒品，都要靠捕捉信息来判断，酒精探测仪可检测酒后驾驶也正是这种工作。有了这些专业器材，一定会造福百姓，造福社会。

当初转到微电子领域，是很自然的。现在生活质量提高了，不必再为生计发愁，就希望可以更长寿。我今年82岁，不少人问我，有什么好的养生习惯，比如喜欢散步之类。说实话，我还真有个长寿秘诀，那就是要"健忘"。我跟信息打了一辈子的交道，但在生活中，并不是一个爱记录信息的人。"文化大革命"时，我被扣上很多帽子，受到了很大冲击。不过，生活中的烦心琐事发生了，过去了，就要忘记。人生在世不容易，要有乐观的心态。老想不开，免疫力会低下，抵抗力差了，疾病自然会找上门来。所以，要想健康和长寿，心态最重要。

作为科学工作者，应该研究国家的重大难题，要做"开天辟地"的探索与开拓。近 60 年的科研生涯，我没有遗憾。

（本文写于 2008 年 10 月，原标题为"社会需求促创新"）

徐元森　冶金学和微电子学家。1926 年 5 月 22 日生于浙江江山，2013 年 3 月 27 日逝于上海。1950 年毕业于浙江大学化工系，同年进入中国科学院上海冶金所（现改名为上海微系统和信息技术研究所）。上海微系统和信息技术研究所研究员、华东师范大学信息科学技术学院名誉院长。兼任国家自然科学基金会评委。1950 年开发成功球墨铸铁制造方法。20 世纪 50 年代在包头和攀枝花等复杂铁矿石冶炼及超纯金属提纯等项目中，应用冶金学和物理化学原理，出色完成国家重大建设中的科研任务，解决了炼铁史上含钛和含氟铁矿冶炼两大难题，丰富了炼铁学和冶金过程的物理化学。作为我国集成电路事业开拓者之一，从 1965 年开始转至集成电路的设计和工艺，包括研制存储器、逻辑电路、微处理器、线性电路、门阵列等。这些设计和工艺技术大部分已转移至多家工厂生产，取得很好的经济效益。在国内外刊物发表论文 50 多篇，专著 2 部。曾多次获国家、上海市和中国科学院各种自然科学方面的奖励和荣誉称号。1995 年当选中国工程院院士。

朗读者　陆安琪

傅鹰先生的书不但教给我们化学热力学的基本知识，还教给我们治学方法，他认为学而致用就要学习"如何入手以及为何如此入手"。

——薛群基

学会读书与思考

当院士评选结果在报上公布之后，有同事问我："你觉得同以前有何不同？"我随口而出："没有什么不同。"的确，除了有些压力之外，学问上没有什么"跃迁"。想一想自己从上学到工作的经历，与同辈人比较自己确实没有什么过人之处。

1957年秋天，我进入了山东省临沂一中。这是当时临沂地区唯一一所有高中部的中学。开学后第一次上外语课——俄语课，老师带我们读字母的发音，我就遇到了麻烦，我发不出卷舌音"P"的音，只能发出"得"。班上四十几个同学只有两个人不会，我是其中之一。面红耳赤之后就是自卑，不大的一件事对我这个农村来的学生还真有点压力。课后，老师找到我们两个人，说这个音只要多练习就能学会，即使不会也完全可以学好俄语。对一个高一的学生，老师的话无疑使我轻松了许多。按老师教的要领，白天黑夜地练了十多天终于发出了这个卷舌音。事情不大，但也教育了我做任何事都要刻苦，没有捷径。

薛群基 院士
（中国工程院提供）

中学的各门学科中最令我着迷的是化学，与生物课上老师用电刺激青蛙腿相比，化学老师演示的变化多端的实验真的使人想象无穷。所以 1960 年报考大学时，我毫无异议地选了化学专业。从本质上讲，化学是一门实验科学，大学的老师们特别强调要上好实验课，接受良好的实验训练。在大二的一次实验课中有一件小事令我至今记忆犹新。一天下午的实验课上，实验已进行了一个多小时，我对面的同学说："我的油浴加热有毛病了，怎么温度一直升不上去呢？"同实验室的 6 位同学都过来帮他找原因，加热是好的，但温度确实无变化，谁也找不出原因，大家都很纳闷。天色渐暗，当开灯的时候，我看见他的三口瓶上面有一闪光，原来是他把温度计上下位置放反了，也难怪"温度不变化了"。这件事至少说明，我们都不够细心，大家在"笑话"之中也吸取了教训，做实验时要步步为营，小心细致，这个"教训"使我一直受益。20 多年后，当我也要指导研究生做纤维复合效应时，与学生一起很仔细地在显微镜下操作，将很细的纤维一根根定向排列，在纤维取向的影响作用方面，居然做出了国际上同行认可的研究结果。

1981 年我在美国密歇根大学摩擦学实验室做访问研究时，研究软金属的胶合失效，其中需要在不同运转间隔测量摩擦轨迹上同一位置的形貌变化，这个实验很难操作，重复性很差，也就凭在国内实验工作中的训练，我提出了重新定位的方法，终于完成了这项研究。合作教授知道这个实验很难做，为了验证结果的可靠性，又请两位学生重复，他们做了近两个月终于重复结果出来了。这项研究成果发表之后得到有关专家的肯定。

在山东大学学习的 5 年中，遇到的第一个大的困难是想读书而不会读书。到了学校图书馆一看，一排排放满了书的书架，很想多读一些，随便抓着一本就觉得新鲜，囫囵吞枣，似是而非，还很着急。当时的校长是著名教育家成仿吾先生，他一直倡导要多读书，在他的支持下，学校专门为理科学生开设了阅读与写作课。就是在这种教学安排下，我开始学到了一些读书的方法，实际上也是学习的方法——包括粗略浏览与重点精读相结合，通过比较不同参考书上对同一知识的论述而加深理解，以及多反问几个"为什么"的阅读方法等。这些训练还纠正了我刚入学时，上课不分主次拼命赶记笔记的习惯。学习不分主次，抓不住重点，不但使学的东西杂乱无章，不易消化巩固，也使自己学得疲惫不堪。

给我印象很深的是在学习傅鹰先生的《化学热力学》一书时的收获。傅鹰先生的书不但教给我们化学热力学的基础知识，还教给我们治学方法，他认为学而致用就要学习"如何入手以及为何如此入手"。当然，多问、多比较、多思考会给自己出难题，甚至留下不少当时根本回答不了的疑问。

从不会读书到逐步学会了一些，这是大学生活中很值得回忆的一部分，在自己以后的研究工作中一直能回味这种训练的必要和温馨。直到现在，我还经常跟自己的研究生讲，要学会读书，掌握方法是关键，对于同一篇参考文献"会"读的人的体会和"不会"读的人得到的启发是不一样的。

读书是人生不可缺少的生活内容，要热爱读书。读文艺作品，通过作家对自然的描述和对其所在社会百态的精雕细刻，可以陶冶人的性格、提高素养和观察社会的能力；读科学著作可以开阔我们对社会和自然的认识，使人有跨越时空的感觉；读专业论文，可以让我们举一反三，佐证自己的工作方向和不足。

1965年大学毕业后，我考取了中国科学院兰州化学物理研究所陈绍澧先生的研究生。9月14日第一次见到陈先生，他第一句话就是："你的政治这门课考得不好。"他看到我很窘，就说其他课程考得还可以，但政治这门课对科研人员也很重要。当时的体会并不深，在后来的学习和工作中我逐渐有了认识。除了特定的政治环境对科研工作的影响之外，作为自然科学工作者虽然不能像做社会科学研究的人那样深入研究政治，但仍然需要有事业心、爱国心和职业道德，更要学会思考，明辨方向，尤其是技术科学要服务于国家发展的需求。同时，关心政治和大局能使自己以更高层次和更宽阔的视野去做好自己的专业研究。比如我所从事的特种润滑材料这个领域，早在20世纪50年代末，从美、苏等大国在空间军事科技领域中的竞争，启发了陈绍澧先生和他的同事们，前瞻性地思考并开拓了这方面的研究。在此基础上，后来一批老专家为我国航天技术研制成多种关键润滑部件和技术。从80年代到90年代，我们又开展了以探讨材料作用机理为目标的摩擦化学的研究和以信息工业为应用背景的纳米摩擦学的研究，这两方面的研究大体上都是在相邻学科进展的推动下，并从国家社会发展需求得到启示，能与国外同行同步开展，我们才能在这个领域的研究中在国际上占有了一席之地，尤其像单分子膜的研究及其在航天机构上的应用还走在了前面。

上面拉拉杂杂地回顾了一些往事，充其量只能说我还比较注意吸取教训，而绝对不是要显示我有什么过人的才华。开头说到当选院士之后有了压力。有了压力怎么办？唯有在今后工作中更加努力，更快地从一些失败或遗憾中吸取教训，变得更"聪明"些，像中国科学院院长路甬祥院士在贺信中所吁嘱的那样："今后继续努力，为中国科学院的发展，为中国科技事业的繁荣，为社会主义现代化祖国的强盛做出新的更大的贡献！"大贡献说不上，但一定要尽自己的绵薄之力。

（本文写于1998年，改定于2022年8月17日）

薛群基 材料化学专家。1942年11月28日生于山东沂南。1965年毕业于山东大学。1967年获中国科学院兰州化学物理研究所硕士学位。1980年至1982年在美国密歇根大学做访问学者，从事润滑失效研究工作。中国科学院兰州化学物理研究所研究员，自1986年起任该所副所长、所长。长期从事特种润滑材料和摩擦化学的研制工作。参加和领导研制成功了多种航天和航空工业所需的特种润滑材料。主持建设了特种润滑材料研制实验室。领导并参加研制了在海洋环境中应用的新型润滑和防护材料，以及有显著经济效益的稀土润滑材料、节能润滑材料。所研制的材料与技术为国家重点工程的实施作出重大贡献。多次获国家及省部级自然科学奖励。发表学术论文300多篇(SCI收录86篇，EI收录149篇)，出版专著3部。授权专利60多项。1997年当选中国工程院院士。2019年当选亚太材料科学院（APAM）院士。

只有自己尊重自己，才有可能赢得别人的尊重。在科学研究上的闭锁自卑与狂妄自大一样，只会使我们更加落后。

——薛禹胜

懂得尊重事实、自己与别人

1985 年，未敢梦想能有机会出国深造的我，被改革的春风送到了西欧的高等学府。像久旱的土地尽情吮吸每一滴春雨，我把能挤出来的每一分钟，都花在了研究上。经过两年半连做梦也在与公式数据打交道的努力，我成为在这所世界上最古老的电气工程学院获得博士学位的第一位中国人。在此期间，我从外国导师和同学处得到了很大的帮助和鼓励，在科技情报和科研方法方面也得到了不少教益，这是我没齿难忘的。但同时，我也品尝到中华民族近代耻辱史酿成的苦酒。

在抵西欧不久的一次饭后闲聊时，谈到了现代科技的发展。外国朋友问我，为什么中国的历史这么长，人口这么多，却未能像西方一样涌现大量杰出的科学家？

我反问他："您知不知道祖冲之和杨振宁？"

可他认为祖冲之生活在我们的国家还不存在的年代，而杨振宁是西方教育培养出来的，现在又是美国人（2017 年 2 月他已放

薛禹胜 院士
（作者提供）

弃美国国籍成为中国公民）。

我一时不知如何回答，而最大的难堪在于这个问到我们痛处的问题本应该由每一个中国人来问自己的。

发一通感叹也许比麻木不仁要好。但是，如果不把自己放在应该为改变此状态负责的地位，并问一下自己准备怎么办的话，同样是可悲的。对我来说，这位朋友的潜台词就是"你不也正在西方接受教育吗"。

我认为，互相交流和学习永远是需要的。目前，中国学者基本上单向地向西方学习。正是为了尽快地走向平等的互相学习，我花了半年的时间看资料、思考和作综述，并选了电力系统暂态稳定的定量分析作研究方向。不仅因为这是当时电力界最热门的话题和难题，而且也是中国电力工程界迫切需要解决的实际问题。我在极度兴奋状态下，开始埋首于计算机房。研究工作对我的回报是如此之迅速和慷慨，以至于在整整一周的日日夜夜里，我一直怀疑是在梦幻之中。一个月后，我终于确信已走上了成功之路，并把推导的公式和仿真的结果写成报告交给了教授。教授的兴奋丝毫不亚于我，并叮嘱我不要告诉任何人。

大约又过了半个月，在教研室的一次学术讨论会上，我的民族自尊心被无情地践踏了，一位当地籍的博士生报告了他的"研究成果"。毫不心虚地写在黑板上的公式，竟和我报告中的一模一样。长期以来对西方平等、自由的憧憬像大浪冲击下的沙堡一样突然崩溃了。

讨论会在赞扬声中结束后，我立刻找到教授，非常激动地告诉他："我十分珍惜在这里学习的机会，但是我更看重人的尊严。如果我是一名美国学生，今天的事会发生吗？你有两种选择，要么公平地对待我，要么同意我马上就回中国。"教授立刻对此道了歉，并承诺不会再发生这样的事了。此后的 10 年中，我俩保持着良好的师生和朋友关系，并在我们两个国家的研究小组之间建立了合作关系。

其后，由于一些十分遗憾的因素，相似的故事竟又重演了一次。这件事再一次提醒我们：只有尊重自己，才有可能赢得别人的尊重。在科学研究上的闭锁自卑与狂妄自大一样，只会阻碍我们的前进。

在与国际电力学术界的多年的交往中，我体会到西方科研体制的一系列优点，从高素养的研究人员那里学到不少知识。但也看到了西方电力学术界同样存在的不良学风，以及西方的平等、法制、知识产权中的虚伪一面。仅从这一点，我就坚信我们中国的研究小组必将成为国际电力界最好的研究中

薛禹胜在书房（作者提供）

心之一。

事实上，只有自强才能自立。一个经济落后国家的公民，不论个人才华如何出众，也难以在国际学术界真正被承认。

科教兴国，匹夫有责。我的最大愿望就是献身于一个迅速走向真正强大的中华民族，一个不卑不亢，真正懂得公平竞争的神州学术界。只要我们尊重事实、尊重自己、尊重别人，我们就能做到这一点。我将按此信念，在科研战线上奋斗终身。

我坚信中国成为科技强国这一天的到来不会太久。但在其后，我们是否还能保持对事实、对自己和对别人的尊重，将是更严峻的考验。

（本文写于 1998 年，改定于 2022 年 8 月 17 日）

薛禹胜 稳定性理论及电力系统自动化专家。生于 1941 年 2 月 7 日，江苏无锡人。1963 年毕业于原山东工学院。1981 年获电力科学研究院工学硕士。1987 年获比利时列日大学博士。现任国网电力科学研究院名誉院长。主要研究方向为非自治非线性动力系统稳定性、电力系统动态分析与控制、实验经济学在电力市场中的应用、能源转型及双碳变革等。作为电力系统暂态稳定定量分析的开拓者和学术带头人，开创了非自治系统运动稳定性的量化理论和电力系统暂态稳定的定量算法，发现了多种新的动态行为并揭示其本质。EEAC 发现了电力系统全局稳定性的充要条件，是唯一得到数学证明及工程验证的理论，其对应的算法及软件是中国电力界一项独创的高技术，已成了向欧美输出的范例，至今仍是国际市场上该领域唯一的商品化软件。作为时空协调大停电防御体系的奠基者，所设计的大电网停电综合防御系统WARMAP，防御范围覆盖中国约 90% 的电网，是国家首批 243 项自主创新产品之一。还提出了能源领域信息－物理－社会系统的研究框架。已发表《运动稳定性量化理论》《新能源与可再生能源》等 5 部著述和 600 多篇论文。曾获国家科学技术进步奖一、二等奖及国家技术发明二等奖共 6 项。1995 年当选中国工程院院士。

回首几十年的科学生涯，从 30 年代的"科学救国"到 90 年代的"科教兴国"，其间尽管有不少起伏，但觉得有一条主线，即为国民经济的发展，为国家的强盛服务，这是我毕生的责任和动力。

——严东生

责任和动力

我于 1918 年出生于杭州的一户书香家庭。家父严治 1908 年以第一名的成绩毕业于北洋大学，正逢詹天佑兴建我国第一条铁路，即受聘于铁路局任工程师。据说他技术过人，两袖清风，身居肥缺职位，各种"礼品"都一概拒收，单领一份工资，铁路建成后，不少同仁发了财，他却依然故我。家母朱渊毕业于杭州女子师范，知书达理，生育了四男二女。一家人憩居北京，平和温馨。但为时不久，不测风云降临，家父终年辛劳于铁路工作，不幸染上伤寒辞世，从此家境一落千丈。我排行老二，又是长子，虽年仅 7 岁，却已能体察慈母的艰辛。她身体纤弱，经常咯血，但性格坚韧，倾注全部心血于子女教育。严格的家教给了我发奋图强、正直做人、勤奋做事的道德规范和立身之本。几十年来母亲的教诲使我对她的怀念与日俱增，终生铭记。

严东生 院士
（中国科学院提供）

1935 年从北京崇德中学毕业后，我考入清华大学，1937 年转入燕京大学化学系，1939 年以全校排名第一的成绩获理学学士，1941 年获理学硕士并获当届唯一的金钥匙奖。在学时，受到张子高、蔡镏生、吴有训、萨本栋及美籍教授威尔逊等多位老师的启蒙与栽培，渐渐树立起"科学救国"的志向。1946 年获奖学金赴美，在伊利诺伊大学研究院主修材料学，辅修化学。于1949 年以全 A 成绩获得博士学位，并入选 SIGMA XI 等四个荣誉学会，因而获得四枚金钥匙奖。毕业后留校，签订了三年研究工作合同。

此时，国内解放战争风起云涌。我在参加旅美科技工作者协会的活动中，读到解放区的文件与毛主席的著作，此后又兴奋地得知新中国诞生的消息。我当即考虑回国问题，得到导师的理解，提前终止了合同。在办理手续时，遇到移民局和当时港英政府的种种刁难，但终于在 1950 年春踏上归途，从此开始了我与新中国发展联系在一起的科学生涯。

1977 年对我来说，是特别难忘的一年。历经十载的"文化大革命"以粉碎"四人帮"而终告结束之后，是年 8 月初接到一个紧急通知，要我去人民大会堂参加重要会议，就宿于北京饭店。我按时来到会场，见到几十位科学界、教育界的老朋友，大家都预感到会议不同寻常。会议第一天上午九时正，邓小平同志出现在会场，他神采奕奕，开门见山地说，中央要他出来工作，但还没有明确他的任务，他自告奋勇首先来抓科技和教育。今天请了15位科学界和15位教育界的朋友，大家可以畅所欲言。（大意如此）

就这样，座谈会顺利开了整整9个半天，大家终于有机会将憋在心里达10年，想说而不能说的话向他老人家倾心而述。记得我也作了一个上午的中心发言，小平同志不断插话、提问，会议十分生动、活泼。10年阴霾，一扫而空。第9个半天，8月8日上午，邓小平同志作了重要讲话，首次提出"科学技术是生产力"。以后又进一步提出"科学技术是第一生产力"的英明论断，体现了小平同志实现"科教兴国"的战略思想，讲话涉及科教发展的一系列历史性变革。（现已收录在《邓小平文选》中，也在纪录片《邓小平》中得到充分展现）

大家首先谈到10年来科技工作受到的严重摧残和扼杀，与国际上科技发展拉大了差距，在当时国内经济面临崩溃边缘的紧要关头，也难以出力，迫切需要迅速恢复科研工作，树立信心，迎头赶上。小平同志十分赞赏大家的意见，果断地说需要开一次科技大会，人少了不行，一两千人不够，至少5千人，造成大的声势，消除10年影响，形成一个万马奔腾的局面。于是，次年3月在北京召开了"全国科学大会"，5千人出席，气氛空前热烈，郭沫若院长发表了热情洋溢的讲话，称之为"科学的春天"。我有幸参加了那次大会，过去的科技工作也在这次大会上一一得到承认，并获得"全国科学大会奖"。

关于高等教育，座谈会上谈到有必要恢复高校招生考试，而当时有个别人主张延续"文革"后期的推荐招生办法，但抵不住

严东生参加《中国科学院院士自述》首发式
（左起：严东生、刘东生、谢希德，1996，方鸿辉摄）

与会众多专家恢复高考的呼声。不过，这时离高校秋季开学仅 1 个月，时间来不及，怎么办？小平同志当即决断，1977 年高考后移半年，1978 年招春、夏两季。从此，我国的高等院校呈现出勃勃生机。同时，大家提出教育和科技应当打开国际交流的大门，可以送留学生和访问学者出国。小平同志十分支持这个意见，并强调说必须大量选派，不是少数，而是成千上万，不要怕有些人不回来，大部分人是会回来的。封闭起来，没有出路，我们不能再吃封闭的苦头了。此后，从 1978 年起，高教部和中国科学院就开始向国外派遣访问学者和留学生，形成规模越来越大的国际交流。

　　不知是巧合还是偶然，1977 年座谈会之后，我被选为党的第十一次代表大会代表，随后被选为第十一届中央纪律检查委员会委员。1982 年又被选为党的第十二次代表大会代表，还当选为第十二届中央委员。同时，我于 1980 年又当选为中国科学院学部委员（院士），随即当选为化学部主任，又于 1981 年当选为中科院副院长，主持常务工作；1984 年初被任命为中国科学院党组书记兼第一副院长。从此，我从科技第一线转至科学院领导岗位，更多地注重从国家科技发展全局来考虑科学院的工作。

就我个人的经历而言，几十年来，在从事科研工作的同时，我有幸直接参与了国家几个重要阶段科技政策、规划的制定。1955 年至 1956 年，参加了由周总理、陈毅副总理、聂荣臻元帅等主持的我国第一个《十二年科技长远发展规划》的制定；60 年代初，先后参加了《科技十四条》和《十年科技规划》的研讨和起草工作。1984 年开始，由院党组主持，调研、起草在科学院进行改革的文件，多次向中央书记处、国务院领导汇报，得到及时的指导，并形成"关于中国科学院改革的汇报提纲"，经国务院批准在全院范围内试行，使中科院早于其他系统，率先迈出了改革的第一步。科学院改革的基本思路和内容主要包括两个方面：第一是加强科技工作和经济建设的联系，改革过去两者脱节的现象，使科学院的大部分科研力量为经济发展的主要任务服务，与经济建设相结合；有些科研成果，可考虑继续进行开发，形成以科学院为主或有科学院单位参加的产业，培育带有高科技含量的企业。第二是科技单位和高校系统的联合，打破过去很少往来的状态，使科学院的实验室，特别是从事基础研究的实验室成为面向全国的、开放的、交流的实验室。

科学院的改革从 1984 年起，已经持续了十几年。回首往事，作为科学院改革起步的"汇报提纲"，其基本思路经受了时间考验，起到了奠基作用。从这里也可看到邓小平的"科学技术是第一生产力""科教兴国"和改革开放战略思想的强大作用和辐射力量。

严东生一生不负科研，也不负爱情（中国工程院提供）

弹指一挥间，而今我已年过八旬。不过，我仍带着好几名博士和博士后，还参与一些国际大科学的合作项目。1999 年 9 月 18 日白天，我还在北京出席中央召开的"二弹一星"功臣表彰会，当晚坐八点多的飞机赶往上海，第二天早晨，我又兴致勃勃地与欧洲核子研究中心（CERN）的科学家探讨超级对撞机的合作项目了。按大爆炸理论，世界由大爆炸开始。大爆炸起始的瞬间，产生这些物质的基本粒子的质量从何而来？这是人类最感兴趣的。按标准理论，认为应该存在一种最基本的粒子——希格斯粒子（Higgs，别称"上帝粒子"），但至今还没发现。科学家预见：目前欧洲核子研究中心正在建造的超级对撞机，在其能量范围有望找到希格斯粒子。为此，在 CMS 探测站他们设计了新的探测器——电磁量能器，而这种探测器的关键材料便是我们研究所研制的钨酸铅晶体。倘能找到希格斯粒子，就为揭开宇宙起源的奥秘跨出了关键的一步，也是中国科学家对人类的非凡贡献。（2012

年果然找到了 Higgs）

　　回首几十年的科学生涯，从 30 年代的"科学救国"到 90 年代的"科教兴国"，其间尽管有不少起伏，但觉得有一条主线，即为国民经济的发展，为国家的强盛服务，这是我毕生的责任和动力。在这段历程中我做了一些工作，得到国内、国际科学界的接受和肯定，并相继被选为或授予若干学术组织及大学的院士及名誉博士，这里就不列举了。

　　在科学发展与经济建设相结合的进程中，技术科学与工程科学有着更多的用武之地，中国工程院应运而生，我荣幸地参加到这个集体之中，并为此而付出过微薄的力量，祝愿她在我国现代化建设中，发挥越来越多的重要作用。

　　（本文写于 2019 年 12 月）

　　严东生　材料科学家。1918 年 2 月 10 日生于上海，原籍浙江杭州。2016 年 9 月 18 日逝于上海。1941 年在燕京大学获硕士学位；1949 年在美国伊利诺伊大学获博士学位。1950 年回国后历任中国科学院冶金陶瓷研究所研究员，上海硅酸盐研究所所长、名誉所长，国家高性能陶瓷重点实验室主任，中国科学院副院长，中国科学院特邀顾问，中国科学院化学学部主任。兼任中国化学学会理事长，中国硅酸盐学会理事长，《中国科学》与《科学通报》主编及其他五份国际刊物的主编或编委。作为我国无机材料科学技术的奠基人和开拓者之一，长期致力于材料科学研究和国际大科学合作项目，研究成功高温熔烧及扩散涂层、碳纤维增强陶瓷复合材料等，均成功地应用于飞机发动机、人造卫星和远程运载火箭等领域。曾获日本陶瓷学会"百年国际奖"、美国陶瓷学会"杰出终身会员"称号等荣誉。1980 年当选中国科学院学部委员（院士），1994 年被选聘为中国工程院首批院士。还先后当选美国纽约科学院院士、第三世界科学院院士、国际陶瓷科学院创始院士、亚洲各国科学院联合会主席。

> 我国科学技术在整体上是落后于世界的。但落后并不可怕，只要我们积极对待，承认落后可以将其作为我们追赶的动力。即使经过一段时间的努力，我们在某些领域赶上或超过了世界水平，但总还会发现有不足，还必须不断充实自己，更新自己，永远要谦虚谨慎，永远要兢兢业业。

——殷 震

人生的价值与追求

我原名叫殷之士。1949 年 5 月上海解放时恰好大学毕业，为了赶个时髦，改了一个革命化些的名字殷震，一直沿用至今。

我出生在江苏苏州的吴县。苏州是有名的江南文化之乡，据说历代考中状元的人，三分之一出自苏州。我的父亲早年肄业于复旦公学，文化素养较高，写得一手好字，是吴县比较出名的文人学士。我与我的四个兄姐，都是大学以上文化水平。大哥殷之文、大嫂闵嗣桂早在 20 世纪 40 年代就赴美留学，在中华人民共和国成立的第二年的 1950 年 5 月就辞去已获得的美国工作，双双启程回国，报效祖国，为我的冶金陶瓷研发作出了巨大贡献，大哥于 1988 年获得"献身国防科技事业"荣誉证章，并于 1993 年当选为中国科学院院士。出生并成长在这样的社会和家庭环境中，我从小受到热爱祖国、尊师重教的影响，不仅文化科学的底蕴比较厚实，而且养成和树立了矢志苦学、奋进攀登的追求和志向。

殷 震 院士
（中国工程院提供）

我从小喜爱生物，特别是动物，既好养花栽树，更爱狗猫鸡鸟。可以说，家里什么都养，甚至养过蜘蛛和蜈蚣。蜈蚣养在瓶里，丢进一只活蚱蜢，蜈蚣就会猛蹿上去，紧紧咬住猎物，犹如腾龙扑珠，煞是好玩。

1945年考大学时，究竟选择哪个专业呢？因为大哥大嫂都是学理工的，不少人，包括我父母在内，当然也希望我学理工，我却一心要学畜牧，因为我就喜欢动物嘛！好在我父亲比较开明，他同意了我的选择。我报考南通学院畜牧兽医系。这个学校原来在江苏省长江以北的南通市，由于抗日战争期间日寇的侵入，暂时搬到上海办学，我就在上海这座繁华的大都市里学起了我的畜牧兽医专业。当年，周围不少人对我选择学畜牧兽医专业很不理解，甚至不无遗憾地说："老五（我排行第五）顶聪明的，怎么去学了兽医？"这也难怪，因为兽医在我国学科历史上一直是被人瞧不起的"下九流"。全国解放后，"下九流"的帽子虽被摘掉了，但总还有些人对这个行当存有偏见。

我对这个问题的看法很坦然，关键是要自己看得起自己。既然各个国家都有有关畜牧兽医的行政领导机构和研究单位，而且所有的农业院校里都设有这个专业，甚至成立专门的学院或学校，那就说明这是人类社会的客观需求，也是国家和社会的需要。事实上，也的确如此，畜牧兽医科学现在愈来愈发展了，已日益受到重视了。在一些发达国家中，兽医的地位是很高的，大学里的兽医专业甚至比医学专业更加难考。

几十年时间内，我做了一点工作，略作出一些贡献，所获的奖励和荣誉不少，特别是还当选了中国工程院院士。之后，又有人发话了："毕竟是三百六十行，行行出状元么！"

对于人生的价值，我相信"天生我材必有用"这句箴言。既然苍天让我们到世界上来走一趟，那么，不论干什么行业，不论是在物质生产上，还是在精神财富上，也不论奉献大小和职位高低，总得在有限的一生中，对社会作出点贡献。用数学语言来讲，正值应该大于负值。如果只向社会索取，消耗社会的财富，自己却没有任何作为与奉献，那岂不白白浪费了人类的粮食？工人、农民、教师、科学家、公务人员和领导干部，虽然工作性质不同，职位也或许有高低，但是只要能够尽心尽职，做好自己的工作，同样都是建设国家、造福人民的功臣，都理应受到尊重。职业与价值没有比例关系。

人生的价值也不能集中在其生活上的吃喝玩乐与衣食住行的多寡与档次。在社会经济日益发展和好转的今天，日子过得好一些，吃点好的，穿些好的，是完全应该的，因为提高物质生活水平本身就是我们奋斗和争取的一个重要目标。但是必须有个前提，那就是不能脱离自己的经济条件，不能脱离周围群众，不能盲目追求奢侈。

对于人生的追求，我崇尚"奋进拼搏，开拓创业"的精神。作为中国的一名科学工作者，任务和压力远远大于发达国家的科学家。因为我们是发展中国家，科学技术的基础比较差，经费投入也比较低，但又迫切希望迅速赶上世界先进水平，可谓是任重而道远。因此，我们必须正确定位我们的奋斗目标：在落后和困难中崛起。

殷震是典型的"工作狂""学习狂"（中国工程院提供）

由于历史和其他的一些原因，我国科学技术在整体上是落后于世界的。但落后并不可怕，只要我们积极对待，承认落后可以将其作为我们追赶的动力。再者，即使经过一段时间的努力，我们在某些领域赶上或超过了世界水平，但对科学家个人来说，无论是在广度、深度和高度上，总还会发现有不足，有缺陷，有落后之处，即使是在已领先的领域中也是如此。因此，领先只是暂时的、相对的，落后和不足却是绝对的和永久的。毕竟大家都在拼搏向前么。所以，我们必须不断充实自己，更新自己，永远要谦虚谨慎，永远要兢兢业业。这也就是为什么我们必须努力学习、再学习的道理。

对于人际关系，我信守"以诚待人"的原则。百姓者，百性也。这就是说，人性各异，一百个人可能会有一百种各不相同的性格。有的人温良恭俭让，有的人粗暴又急躁；有的人慷慨而豁达，有的人吝啬且猜忌。在学校内或工作单位里，我们都会与各种不同性格的人相处。在14亿多的中国人中，就你们这几个人或几十个人碰在一起，共同学习或工作，成为同学或同事，可以说是一种大"缘分"。既然这样，又何必钩心斗角，搞窝里斗呢？有的人可以交心，可以成为真正的知心朋友；有的人虽然不能交心，但也可以相互交往嘛！只要彼此以诚相待，团结为重，宽宏大量，相互理解，完全可以和平共处。我们不必像耶稣基督提倡的那样："有人打你的右颊，就连左颊也转过来让他打。"但也应该记住我们先哲郑板桥的一句名言：难得糊涂。来个"大事清楚，小事糊涂"吧！

对于生和死，我是很想得开的。我今年已71岁了，又是从事生命科学研究的，当然懂得生物学上生老病死规律的不可抗拒性。应该不回避地考虑这个问题。在希望健康地多活几年，继续

殷震对学生以"诚"为基，以"严"为主（中国工程院提供）

享受人生乐趣，发挥余热，在为社会做一些工作的同时，也得做好充分的思想准备和后事安排，如接班人的培养……一旦上帝召唤了，那就勇敢地前去向它报到便是了。只是希望走时能够痛快一些，不要倒霉地得癌症病痛或半身不遂而身不由己，既自己遭罪，也拖累家庭、单位乃至社会。

至于愿望，我希望我们这个泱泱大国在不太远的将来，能够成为全世界的科学技术中心、全世界的经济中心和全世界的文明中心。如果愿望没有达到而人先死了，那就叫作遗愿。我的遗愿也还是这些。

（本文写于 1997 年，标题为编者所加）

殷　震　兽医学家，教育家。1926 年 6 月 28 日生于江苏吴县，2000 年 7 月 18 日因公牺牲。1949 年从南通学院畜牧兽医系毕业后任华东军区兽医学校教员。1953 年进入中国人民解放军兽医大学工作，1956 年正式加入中国人民解放军。历任解放军兽医大学、农牧大学、军需大学的助教、讲师、副教授、教授、校专家组组长、解放军基因工程实验室主任等职。作为中国人民解放军农牧大学教授、中国兽医病毒学开拓者之一，长期从事兽医微生物学和动物病毒学的教学和研究，在动物病毒的分离与鉴定方面取得卓越成就。主持建立了国内农业院校中具有领先水平的分子病毒学实验室，在转基因动物研究领域已形成特色和优势，并达到国内领先水平。在国内同类院校中率先开展了基因工程、细胞工程研究，首次在实验室内实现了不同属病毒基因的细胞内重组，转基因家兔的自体植入等技术，均为国内外首创。先后取得科研成果 20 多项，其中 8 项获国家级或军队级科学技术进步和教学成果一、二等奖。创立"培养高科技人才群体立体式教学法"，为培养高水平的梯队和结构合理的跨世纪人才群体作出杰出贡献。主编我国第一部系统全面的《动物病毒学》巨著，撰写了 4 部专著，参编和译著 10 多部，并在国内外发表学术论文 60 多篇。1995 年当选中国工程院院士。

> 如今我已年逾八旬，还在不停地工
> 作，毕竟忙碌工作的人是充实的，充实的
> 人是幸福的，幸福的人是永远充满活力的。
>
> ——郁铭芳

忙碌、充实与幸福

梅花香自苦寒来

我出身于上海一户小商人家庭，祖籍浙江鄞县。身为长子，父母把家庭的希望全寄托在我身上。因此，他们对我的学业抓得很紧，一有空便给我指点和教导。善良贤淑的母亲常常给童年的我讲述美丽而浪漫的神话与星空，将我带入神秘莫测的天文世界，朦朦胧胧中曾幻想长大要当天文学家。读高中时，我又迷上了神奇变幻的化学现象——两种无色的液体混在一起怎么就变成了红色，再加进第三种液体怎么又没有颜色了？这一切都激发了我的探索兴趣，并向往日后能成为一名化学家。

1944年高中毕业时正值抗日战争后期，政局动荡、百业萧条，我考入了梦寐以求的华东联合大学化工系。该校是由原苏州东吴大学、杭州之江大学、上海圣约翰大学等教会大学的老师们在十分困难的情况下联合创办起来的。在颠沛流离的战争年代，学校

迁移到上海，借一所中学校舍授课，学习和生活条件之艰苦可想而知，既没有像样的教科书，也没有图书馆、实验室和宿舍。但是，艰苦的环境也催人奋进，并激发了我的自尊心和爱国心，唯有发奋学习，增长才智，才能将来为国出力，使国家早日强大起来。

郁铭芳 院士
（2011 年，方鸿辉摄）

宝剑锋从磨砺出，梅花香自苦寒来。1948 年我以优异的成绩获得了化工专业的工学学士学位。

当时，面临着"大学毕业即失业"的现状，毕业生都为找工作而担忧，谈不上选择自己理想的职业。我从报上看到原上海纺织建设公司招考技术人员的广告，虽然从事纺织不是我的意愿，面对现状也就报名应考并闯进了纺织行业。1949 年 1 月，我被分配到上海第十七棉纺织厂化验室工作。后来学习了周恩来总理所作的关于知识分子问题的报告，使我受到了很大的鼓舞，产生了技术归队重返化工的想法。化工领域很大，究竟入哪一行呢？考虑到我在纺织厂已工作了五六年，对纺纱织布的基本工艺已有粗浅的认识，若能归入与化工有关的纺织行业，将是最佳的选择。考虑再三，我希望技术归队能到新兴的化学纤维工业部门工作。

由于当时上海还没有发展化纤的具体计划，1956 年 4 月我被调到上海第二印染厂工作。直到 1957 年底，上海准备发展化纤工业时，我才有机会被上海纺织局作为第一批技术人员调到化纤筹建办公室工作，跨出了我人生中改变命运的重要一步。

钟情合成纤维研发

1958 年的"大跃进"，虽然由于头脑发热、浮夸成风，我国的经济建设受到重大损失，但是"破除迷信、解放思想"和"自力更生"的思想与精神，确实也鼓舞着广大群众的积极性。经过艰苦奋斗，涌现出一批高、精、尖的新技术和新产品，合成纤维就是其中的一项。

当时上海纺织系统决定建立上海合成纤维实验工厂，从数十家纺织厂、印染厂和机械厂调集起来的干部、技术人员和工人，没有一个人具有化纤生产的基本知识和实际经验。于是，就在一所干部学校的简陋教室里，开始了困难重重、边实验边学习的筹建与攻关。没有实验设备，就自己设计制造。在试验锦纶聚合体（聚酰胺）时，需要一台 10 升的耐压耐腐蚀的反应釜，一时拿不到不锈钢材，就用白银打成薄片作为内胆。纤维后加工需要拉伸加捻机，就用纺织厂淘汰下来的纺纱机上加装拉伸区而凑合。改装机械所需的零部件，就由机械设计人员将设计的图纸带回老厂，请老师傅们协助，还美其名为"回娘家"。原来的教室都是平房，安装纺丝机高度不够，就捅破屋顶，上面加建一间小屋。在试制腈纶时，当我们从针筒里抽出第一根纤维时，别提有多兴奋，既增加了攻关组成员对纺丝的感性认识，又鼓舞了研发团队的士气。大家齐心协力，克服了一个又一个困难，逐步掌握了当时世界上最主要的三种合成纤维——锦纶、涤纶和腈纶的生产技术，终于在 1958 年建成了一个日产 10 千克的锦纶试验车间，又相继在 1959 年建成了一个年产 100 吨的腈纶试验车间以及涤纶试验车间。由我厂生产的锦纶长丝织成的一具 5 千克重的渔网，在国庆 10 周年的全国科技成就展览会上耀眼地展示。

郁铭芳阅读善于思考
（2011，方鸿辉摄）

正当我厂试制成功锦纶长丝时，中苏关系日趋紧张，原由苏联提供制造降落伞的纤维原料——卡普纶丝（苏联商品名）供应发生困难，降落伞制造厂的领导来我厂访问，要求提供三种不同规格的锦纶长丝替代卡普纶丝。经过攻关，我们采用降低卷绕初生丝的取向度，提高后加工拉伸倍数的方法，试制成功了高强度低伸长的锦纶长丝，完成了配套供应的任务。接着根据纺织工业部的指示，经过两年的努力，由我厂负责建设的我国第一套自己设计，自己制造设备，自己建设的年产 100 吨长丝、500 吨短纤维锦纶的生产车间（原上海第九化纤厂），于 1962 年正式建成并顺利投产，满足了当时降落伞生产的需要，有力地支援了国防建设。

1964 年，国家科委下达了由我厂负责建设一个涤纶短纤维的中试车间的指令。当时国际上合成纤维熔法纺丝大量使用炉栅纺丝技术，根据技术情报资料，我决定花 20 万美元在国内首次引进一套日产 1 吨的国外先进的螺杆挤压纺丝设备。设备到厂后，完全由我厂技术人员和工人负责安装、调试和开车，并结合我厂小试成果，采用热水浴和过热蒸汽加热两道拉伸的创新工艺，对流程进行适当改进。经过一年多的努力，全套设备顺利投产。纺织工业部即组织上海、郑州和邯郸等纺织机械厂分工负责测绘制造真空干燥、螺杆挤压纺丝、卷曲和切断等关键设备，经过各家纺织机械厂的努力，现在已发展成适用于生产锦纶、涤纶和丙纶等品种的系列产品的成套设备。我国熔法纺丝技术从原来的炉栅纺丝，从此升级为螺杆挤压纺丝新技术平台。其后上海纺织设计院采用我厂试验成果，设计建设涤纶生产工厂（原上海第十化纤厂）。

我厂在实验工作中得到了国家、纺织工业部和上海市各级领导的支持和关怀，当年朱德总司令、董必武副主席和陈毅副总理等老一辈领导先后来厂视察，董老在视察后还欣然题词勉励我们。为制造合成纤维摸索到门路，可喜可贺！扩充战果，继续跟进，总结经验，力争上游，这是我国建设社会主义，自力更生的一个好榜样。

1964 年夏，国家科委主任聂荣臻元帅来厂视察后，建议上海市领导将我厂改组为上海市合成纤维研究所。研究所成立后，先后承担了国家、纺织部和上海市多项重大科研项目并取得成果，如碳纤维原丝和碳纤维、芳纶、聚酰亚胺纤维、高强涤纶、涤纶高速纺丝、丙烯腈水相聚合和纺黏法非织造布等，为百姓日常生活必需的"衣食住行"中的第一项——"衣"的改善作出了大贡献。因此，我们的科研团队相继取得了多项国家科技大会奖、国家和上海科学技术进步奖。

1990 年，正当我年过花甲准备退休之际，被上级组织——上海化纤总公司借调到上海纺织涤纶总厂参加筹建年产 7 万吨聚酯工程项目，担任总工程师，全面负责技术工作。1994 年 6 月该工程顺利投产，当年取得经济效益。面对该工程从国外引进的全套生产设备，不觉感慨万千，作为从事合成纤维科技工作，曾担任上海合成纤维实验厂、上海合成纤维研究所主要负责人、30 多年的化纤科技工作者，我深感自己国家仍缺乏化纤生产核心技术，靠引进技术和设备来生产，确实是一大憾事。好在党的十七届五中全会强调"以科学发展为主题"，最根本的是依靠科技的力量，最关键的是提高自主创新能力。我深受鼓舞，老骥伏枥，该发挥余热，为培育化纤技术新人尽自己的微薄之力。

培育化纤研发新人才

2001 年 12 月，我应东华大学（原中国纺织大学）的诚挚邀请，赴校任教，走上培育新人的岗位，期望我国化纤研究与制造技术能够人才辈出，并尽可能从世界观、人生观、价值观等多个层面，影响莘莘学子，指引他们树立正确的人生航向。

其实，我从来没有想过为荣誉而老当益壮，但鲜花和掌声却不停地施予我，令我深感不安。尤其是 2002 年，当我在人民大会堂从中国工程院院长宋健手中接过光华工程科技奖奖章时，我袒露心声："我只是一位普通的科技工作者，在过去的 50 多年中，只是做了我应该做的工作；对国家和人民做了很小的贡献，而且这些贡献也不是我一个人做出来的，而是在党和人民的教育培养下，和一起工作的同志们共同努力完成的。都是因为得到了老一代科学家的指点引路、同代杰出科技工作者的鼎力相助、后起之秀的无私奉献，也都是众人拾柴火焰高的合力效应。"

如今，我已年逾八旬，所获得的荣誉和嘉奖都属于过去。能为国家和人民继续尽绵薄之力，才是我唯一的追求。因此，眼下我还在不停地工作，毕竟忙碌工作的人是充实的，充实的人是幸福的，幸福的人是永远充满活力的。

（本文写于 2011 年 3 月）

郁铭芳 化纤专家。1927 年 10 月生于上海市，祖籍浙江鄞县。2020 年 4 月 12 日逝于上海。1948 年毕业于东吴大学。东华大学教授，博士生导师，兼任中国纺织工业协会科技顾问、中国纺织工程学会高级顾问、上海纺织工程学会顾问委员会副主任、上海科技成果转化促进会专家、《纺织学报》编委、《合成纤维》编委主任、中国纺织出版社编委等。作为我国化纤领域的学科带头人之一，1957 年参加筹建我国首家自行设计的上海合成纤维实验工厂，纺出了我国第一根合成纤维。1962 年参加领导我国第一条自己设计与制造设备的年产 600 吨锦纶的生产装置，生产出我国第一批军用降落伞丝。1964 年起先后主持多种化学纤维的研制，其中主要有芳香族聚酰胺纤维、聚酰亚胺纤维、碳纤维、涤纶高速纺丝、高强涤纶、纺黏法非织造布等项目。20 世纪 90 年代参与领导了上海市重大工程项目"年产 7 万吨聚酯切片"的建设工作，为根本改变上海纺织化纤原料依靠外来供应的局面作出了贡献。2002 年获中国工程院"光华工程科技奖"。1995 年当选中国工程院院士。

我深信，随着科学技术特别是高、精、尖技术的向前发展，再加上国人的努力和追求，中国人能够依靠自己解决吃饭问题。

——袁隆平

为民谋稻粮

中国人自己解决吃饭问题

1953 年，我从西南农学院农学系毕业，被分配到偏僻的湖南省安江农校任遗传育种教师。搞教学的同时，我常常喜欢在校实习试验田从事一系列农作物的育种科研实践。

1960 年 7 月，我在常规早稻品种试验田中发现了一株"鹤立鸡群"的水稻，我把这株水稻的种子收集起来，第二年春天，把它播在试验田里。满以为它们会成为有希望的新一代，可是事与愿违，它们的表现很不一致，迟的迟、早的早、高的高、矮的矮，而且没有一株的性状能超过它的前代。我非常失望，但经过思索，我又马上意识到：这会不会是遗传学上讲的分离现象呢？从孟德尔的分离规律看，纯种水稻品种，它的第二代是不会分离的；只有杂种第二代才会出现分离现象。既然我上一年发现的"鹤立鸡群"稻株第二代发生了分离，那就可以断定是一株"天然杂交稻"！

通过调查和运算，证明这的确是一株地地道道的"天然杂交

袁隆平 院士
（中国工程院提供）

稻"。我深受启发，既然自然界客观存在"天然杂交稻"，那么探索其中的规律，就可以通过人工培育出杂交稻来；且水稻杂种优势的利用，能大幅度提高粮食产量。对此，我已经坚信无疑了。就这样，我选择走研究杂交水稻的科研之路。

我设想了像高粱和玉米杂种优势利用一样，利用水稻杂种优势，通过雄性不育系、保持系、恢复系"三系"配套的方法，来代替人工去雄杂交、生产杂交种子的路子。

1964年6月20日这天，我头顶烈日、脚踩污泥，开始在实习稻田中寻找那神奇的"不育稻株"。整整找了13天，却什么也没找到。直到7月5日这天，我来到一丘洞庭早籼的稻田，把全部注意力集中到正在开花和刚开过花的稻穗花药上。突然，目光在一株雄花花药不开裂、性状奇特的植株上停住了。"这不正是退化了的雄蕊吗？"我采集了花药并在显微镜下观察检查，进一步证实了这确是一株天然雄性不育株。

从1964年6月至1965年7月，我前前后后共检查了1.4万多个稻穗，分别在四个水稻品种中，找到了六株珍贵的天然雄性不育株。经过两年的观察试验，获得了大量实验数据。经分析整理，我写出了《水稻的雄性不孕性》的文章，发表在中国科学院出版的《科学通报》杂志1966年第四期上。

杂交水稻的研究时期，正遇上了"文化大革命"的暴风骤雨。

我也被扣上了"搞资产阶级盆盆钵钵""走白专道路"等帽子，科研和试验遭到阻挠和破坏。但是，当时国家科委九局局长赵石英同志看了我发表在《科学通报》的那篇文章以后，认识到这项研究工作的重要意义，并以国家科委九局的名义，分别向湖南省科委和安江农校发出便函，保护了我的杂交水稻的研究。

我常想，如果当时不是有国家科委赵石英等这样的在险恶环境中仍不忘尊重知识、尊重科学的领导部门和同志的关怀和重视，杂交水稻也许就没有今天了。

1968年起，为了加快育种的步伐，我考虑把科研战线向南延长到云南和海南岛。每年10月，当寒风席卷洞庭湖畔时，我便带着助手李必湖、尹华奇到南国育种去了。南繁期间，我们发现了"野败"，为杂交水稻研究打开了突破口，带来了新的契机。"野败"的发现，是我们在科研探索中的一个重要转折。由于南繁加快了科研步伐，缩短了育种周期，到1973年"三系"配套获得了成功。1974年，第一个具有较强优势的杂交组合"南优2号"育成了。1975年，全国多点示范杂交水稻5600多亩，1976年迅速扩大到208万亩，在全国范围开始应用于生产。

从1976年至1996年的20年间，累计种植杂交稻30亿多亩，增产稻谷3千亿千克。近几年，我国杂交水稻的年种植面积已近2.4亿亩，约占水稻种植总面积的50%，产量则占稻谷总产量的59%，取得了巨大的经济效益和社会效益。

杂交水稻的应用虽然取得了巨大的成功，但我认为，从育种的角度看，水稻种植仍蕴藏着很大的产量潜力，进一步提高它的产量具有广阔前途。现行的杂交水稻属三系法品种间杂种优势利用的范畴。1986年，我们提出并开展两系法杂交稻研究的新课题，

袁隆平在田间观察杂交水稻（资料图片）

很快得到了党和国家的高度重视和大力支持。这一课题被及时列入国家高科技"863计划"之中，我被任命担任生物领域第一专题组组长。我们通过10年的努力和协作攻关，两系法品种间杂交稻选育已基本成功，现正在向生产过渡，比现有三系杂交稻同熟期组合要增产5%至10%，"九五"期间正在大面积推广。而我们现在正在攻关的是两系法亚种间杂交水稻的选育。如果说，60年代初矮化育种的成功和70年代三系杂交水稻的成功，均使我国的水稻产量取得了突破的话，而当前，我国的水稻育种正在酝酿着第三次突破——利用水稻亚种间的杂种优势。

我国许多水稻科学家通过近10年努力和协作研究，技术上的难题已基本解决，育出一批很有希望的亚种间苗头组合，在试验田进行对比，产量比品种间杂交稻高约20%。预计亚种间杂交稻可在"九五"后期应用于大面积生产，并将在21世纪初发挥巨大增产作用。以年种植面积2亿亩，亩增75千克计算，每年能增加150亿千克粮食，相当于一个中等粮食生产省的全年总产。

　　通过多年的分析研究，我认为水稻育种更高层次的发展是通过生物技术，利用远缘杂种优势。1995 年，我们利用分子标记的方法，结合田间试验，在野生稻中发现了两个重要的 QTL 基因，分别位于 1 号和 2 号染色体上，每一基因具有比杂交稻增产 20% 的效应。目前，我们正计划建立分子育种室，将改进育种手段，把常规育种手段与分子育种技术结合起来，利用水稻的远缘杂种优势，预计在 21 世纪初将会取得又一次重大突破。

　　美国经济学家莱斯特·布朗散布了悲观的论调，认为中国今后粮食不能自给，需要大量进口，从而会引起全球性的粮食短缺和粮价暴涨。我认为，布朗的观点在某些重要方面很片面，其中最主要的一点就是低估或轻视了科技进步对提高生产力的巨大潜力。事实上，通过育种科学技术的进步和运用，水稻的产量可跳跃式地不断登上新台阶。水稻如此，其他粮食作物同样具有美好的发展前景。例如，受到两系法杂交水稻的启示，我国的两系法小麦、高粱和油菜已研究成功，先锋组合的产量比现有的良种可增产 20% 至 30%。

　　提高农作物产量在技术上的潜力很大，而每一项技术进步都能对增产起一定的作用。我深信，随着科学技术特别是高、精、尖技术的向前发展，再加上国人的努力和追求，中国人能够依靠自己解决吃饭问题。

梦想靠科学实现

　　我有两个梦：一个是"禾下乘凉梦"；另一个是"杂交稻覆盖全球梦"。

　　"禾下乘凉梦"是我真正做过的梦，梦见试验田里的水稻，植株长得比高粱还高，穗子有扫帚那么长，籽有花生米那么大。我和助手走过去，坐在稻穗下乘凉。

袁隆平捧着超级杂交水稻的得意劲（资料图片）

梦想能否成真，终归要看科学技术发展。2014年超级杂交稻登上了亩产超过1000公斤的高峰，这是世界水稻生产史上的一个新的里程碑，也意味着向"禾下乘凉梦"迈出了坚实一步。这一方面说明中国杂交稻水平在世界遥遥领先，中国人有志气、有能力创造世界奇迹；另一方面也说明中国人有能力将饭碗牢牢端在自己手里。下一步将建议国家立项，启动以每公顷16吨（每亩1067公斤）为目标的超级稻第五期攻关计划。如果这个目标实现了，下一个目标就是每公顷17吨……一直攻关到每公顷20吨。

这样，有人就要问：水稻的产量到底有没有顶？

科学技术发展是无止境的。随着育种技术等集成技术的进步，水稻亩产的潜力等待着科研人员持续挖掘。但这和"人有多大胆，地有多大产"是完全不同的，是遵循科学规律的创新发展。水稻亩产提高的潜力到底有多大？在理论上，水稻的光合作用对地表太阳能的利用率可以达到5%。目前，我国水稻平均亩产为800公斤左右，只相当于利用了1%至2%。通过科技进步，把光能的利用率提高到理论水平的一半，即意味着亩产翻番；开展分子水平的育种，达到3%的光能利用率也是可能的。因此，尽管"禾下乘凉梦"的实现还有很长的路要走，但它是有科学依据的梦。

科学技术改变着人类社会面貌，推动着人类文明进步，塑造着人类生产生活形态，更新着人类的思维方式，我们要相信并敬畏科学的力量。未来，当全球人口达到百亿的时候，解决粮食问题也许要靠人造食物：用水、阳光、二氧化碳加上人工光合作用来制造食物。科学家要勇攀科学高峰，科学进步更要发扬科学精神、讲究科学方法。超级稻的高产不是一亩两亩地，而是几个百亩地片的平均亩产都要达到1000公斤，要实现就得靠科学方法，做到"四良配套"：良种是内在、核心；良法是指有好的栽培技术和方法，是手段；良田是基础；良态是要有好的生态环境。

"杂交稻覆盖全球梦"怎么实现？要靠开发好品种，让好种子走出国门。目前，世界一半以上的人口、中国60%以上的人口以稻米为主食。可以自豪地说，中国的杂交稻在世界上具有绝对优势，遥遥领先。前年，在菲律宾召开过一个杂交水稻国际会议，世界五大种业公司在会上展示自己的杂交稻新品种，前3名都是中国的杂交稻。现在全世界有22亿多亩水稻，而包括中国在内只有3亿多亩是杂交稻。如果都能改种杂交稻，增产的粮食就可以多养活5亿人。

科技进步需要开放的眼界和走出去的胆识。有人担心，我们把良种输出到国外，被人学去了怎么办。这种担心大可不必。良种输出是分批次进行的，适当输出相对成熟的品种，不会影响我们在这一领域的优势。圆"杂交稻覆盖全球"之梦，一要推进改革开放，把我们的好品种拿出去，不要保守；二要扶持我们的种业，国家给予优惠政策，让国内的种业企业走出去与国外企业交流过招，锻炼并壮大自己。"杂交稻覆盖全球梦"既能为世界粮食安全作出贡献，又能大大提高我国的国际地位，自然也能带来可观的经济效益。当前，我国杂交稻研发已走在了世界前列，小麦也已跟了上来，超级小麦、超级玉米、超级马铃薯正在不断攻关。中国的科学家就应该不断攀登世界科学高峰。

（本文"中国人自己解决吃饭问题"篇选自上海教育出版社1998年12月版《中国工程院院士自述》，"梦想靠科学实现"篇选自2015年3月16日《人民日报》第7版）

袁隆平 农业科学家、作物育种专家、中国杂交水稻事业的开创者和领导者。1930年9月7日生于北京，祖籍江西九江德安。2021年5月22日逝于湖南长沙。1953年毕业于西南农学院。国家杂交水稻工程技术研究中心主任研究员。1964年开始从事杂交水稻研究、应用与推广，发明"三系法"籼型杂交水稻，成功研究出"两系法"杂交水稻，创建了超级杂交稻技术体系。提出并实施"种三产四丰产工程"。探讨超级杂交稻技术的专著已出版中、英文6部，发表论文60余篇。1999年中国科学院北京天文台施密特CCD小行星项目组发现的一颗小行星被命名为"袁隆平星"。2000年获国家最高科学技术奖。2004年获沃尔夫农业奖。2006年当选美国国家科学院外籍院士。2010年获澳门科技大学荣誉博士学位。2013年获第四届"中国消除贫困奖"终身成就奖。2018年当选中国发明协会首届会士，同年9月获"未来科学大奖"生命科学奖；12月被党中央、国务院授予"改革先锋"称号和奖章，并获"杂交水稻研究的开创者"称号。2019年被授予"共和国勋章"。获2020年度经济新闻人物。1995年当选中国工程院院士。

人的生命毕竟有限，以有限的生命来瞻望无限的大自然和社会的发展，我只有一个期望，那就是让好医德代代相传，后人更比前人强！

——张涤生

朗读者　王尚杰

矢志整复外科

童年回忆

屈指算来，自1947年大学毕业，我已从医执教60多个年头了。

回首科研历程，坎坷曲折，酸甜苦辣；追忆人生九十多年的往事，哪堪回首，真是"剪不断、理还乱"。奉《上海画报》"名人自述"专栏之命题，趁机梳理一番，向读者畅述人生轨迹，作为纪念。

1916年6月，我出生在长春二道口一户小四合院里。家父是从老家江苏无锡来到吉林长春大清银行，靠当练习生起家的。由于钱币贬值，股市大跌，居然把我父亲搞得"倾家荡产"，只能在我10个月大的时候，跨上回无锡老家的旅途。长春折翼而归后，父亲最后在荣德生先生开办的无锡商业学校当上了一名会计财务的专职老师。在我读小学四年级时，父亲又带着全家四口（加上了我弟弟张养生）去天津一家私立银行当会计主任，两

张涤生 院士
（2009，方鸿辉摄）

年后又因银行倒闭，重返无锡。一家人几经颠沛流离，北去南归，生活并不舒坦。但在我读中学的六年还算安定。

中学求学时期，既有父亲殷切厚望、严加督促，又有幸得到语文和英语名师的谆谆教诲，为我打下了厚实的人文基础。尤其是高中所读的中学是当时江南水乡知名的高践四先生毁家兴学而办的，高先生是上海交通大学创办人之一。整个高中阶段除国语、中国历史、地理课程之外，其他学科均用英文课本。老师大部分毕业于上海交通大学，他们虽不用英语教课，但教科书是全英文的，课后温习也只有英文课本。"别人行，我为什么不行？"我只能这样来激励自己。至今仍记得教我们英语的温文尔雅的徐承谟先生能说一口流利的英语，他采用国外短篇名著作教材，诸如安徒生的《卖火柴的小女孩》、莫泊桑的《项链》和大仲马的《三剑客》，等等。环境逼得我英语长进很快，中学时代打下的英语基础，令我一辈子受用。

读中学时，除了英语课的文章须背诵外，物理学、化学等只要能记住规律和原理就行，考试时也无非是按理推论，迎刃而解。我的课余生活倒是热衷于装矿石收音机，周末晚用耳机听广播以娱乐，忘记了何时入梦。不久，又装成电子管收音机，能接收更多电台，声音也更洪亮与清晰，最后居然装成了四管机，接上一只小喇叭，让全家人共同享受来自上海的音乐和新闻。父亲也开始赞赏，给予鼓励。我的这种动手动脑活动，为我日后从医搞外科带来了方便。

高中三年苦读，不仅打下了英语基础，更重要的是培养了我对生命的认识，建立了做人的理念。从高中二年级开始，我便当上了班长，后来考入了中央大学读医又连续当了六年班长。这也许是因为我愿为大家多做一些公益事或是"爱管闲事"吧？

高中时代，我最爱读韬奋先生在上海创办的《生活周刊》，朦胧中意识到进步与落后，知道在中国大地上还存在着一支工农红军……在高三行将毕业时，由田汉作词、聂耳作曲的《毕业歌》刚开始唱起，"同学们大家起来，担负起天下的兴亡……"，尽管我只是一名中学毕业生，但同样激情满怀，好像马上要做一名奔赴疆场的爱国战士。

机遇和选择

在我还是中学生时，就喜爱文学和艺术了，除老师介绍的各国文学名篇外，我还喜欢读《小朋友》杂志、冰心的《寄小读者》等名作。但对自己长大后学什么、干什么，自己胸中尚无大志，尽管家父常关照："安分守己，找一份牢靠的工作，有邮政、银行、铁路等铁饭碗就行了！"但我从不领会。

高中就读的学校重外语和工程学，故我一心向往考上海交通大学，将来能当一名电机或机械工程师。谁料1935年高中毕业后，上海交通大学没有录取我，而南京中央大学却接受了我，将来当一名医生倒是我始料不及的。六年学医，直到毕业。

毕业后一个偶然机会，去了贵阳图云关，在中国红十字会救护总队当医生，并走上了抗战之路。幸运的是我遇到了恩师张先林教授，在他领导下当上了一名外科住院医生，更巧的是张教授是当时北京协和医院的外科主任，他在留美时，曾学习了一些整形外科技术，故在贵阳开展了为抗战前线伤残病员修残补缺的手术，我对此深感兴趣，热衷整形外科并获得张教授应允。谁知道我从此一辈子从事这门专业。

1943年深秋，我突然收到老友薛庆煜的来信，他早已随我们总队长林可胜将军去了印度远征军总部担任医疗后勤部负责官员。他邀请我也去参加印缅远征军工作。考虑了两天，我决定应邀前去印度参加中国远征军工作，这无疑是我一生中不可多得的机遇。我那时不甘心老在大后方安静地工作和学习，很希望到战斗的环境中去洗练。更何况我已有三年多的普通外科基础，能有上前线的机会，多理想！我没有征求父母的同意，毅然踏上征途，飞到了印缅战区第一线。因为我有外科和外语的实际基础和能力，一到前线就参加了美国第43流动手术组，去营部前线地带开展救死扶伤的实践工作。这无疑是一场生与死的考验，胆识与知识的较量！在战争前线，我挽救了不少在死亡边缘的伤员，经历了惊心动魄的战斗场面。这段战斗经历令我一生难忘，时间虽然不长，但记忆常新。它不但提高了我在创伤外科方面技术水平，更培养了我敢于拼搏，不怕困难的胆识和个性，使我在以后医疗生涯中，敢于克服困难，勇于接受挑战，不懈从事探索，努力为伤病员解决疑难杂症。

抗战胜利后，我曾参加了在广州举行的日军投降仪式，老队长林可胜教授为了奖励我们这批随他在抗日战争时期对医疗救护作出贡献的百名医务人员，得到美国医药助华会（ABMAC，American Bureau of Medical Aids to China）的资助，随即送我们去美国参观、访问或进修。张先林老师在获悉我想去美国学习整形外科时，欣然安排我入宾夕法尼亚大学医学院进修整形外科，导师是著名的美国整形外科教授 Robert H.Ivy。对我来说，这又是一个最佳的学习机缘。我有幸在 Ivy 教授身旁工作了近两年，他知道我曾在"二战"中参加过美军流动手术组，故对我更为关照，为我安排了较好的学习规划和临床实践，指定了参考书和听课，并参加他的手术组。

学习期满后，得到国内解放战争已取得决定性胜利，上海很快会解放的消息，为迎接全国解放，我顾不得继续随 Ivy 读博士学位的打算，于 1948 年匆匆回国。

回国后，我就职于上海同济大学医学院附属的中美医院，从事颌面整形外科工作。1952 年又参加了第一批上海市"抗美援朝"医疗手术队，在鸭绿江畔为前线下来的许多烧伤、冻伤病员进行康复手术，并在东北建立了我国第一个烧伤整形中心。

1957 年同济医学院内迁汉口之初，我得每年轮流去武汉参加教学工作，一连 5 年搭乘长江轮来往于沪汉之间。

半个世纪中，我亲历了我国整复外科从无到有，从小到大，从溪流成江海，从国内推向国际。现在想来，我的出国留学与及时回国的选择都是正确的。要不然，错走一步，结果就会大不一样。

锲而不舍于整复外科

在抗日战争和"抗美援朝"时期，由于机遇和个人兴趣的巧合，我把整形外科这门刚处在播种时期的专业作为自己今生的事业，遇到任何险阻都决不言弃。正是这种执著，才让我取得日后一系列成功。

　　从贵阳到美国费城，我从两位整形大师那里获得了进入整形外科专业大门的钥匙，但如何登堂入室，探索室内珍藏，还得靠个人的能耐和造化。从20世纪50年代始，我先从大块切除象皮肿组织以治疗丝虫病象皮腿开始，继而在60年代发明了烘疗机，并引微波新技术入整形外科，这些创新工程都获得令人满意的效果。

　　1958年5月我有机会参加大面积烧伤病人邱财康的抢救小组，成功的治疗令我扩大了知识面，提出了如何应用皮肤组织移植来修复创面的技术，并加深了整体和局部创伤的治疗理念，深深体验了"实践出真知"的道理。而全

我国"整复外科之父"张涤生"桃李满天下"
（资料图片）

国因大炼钢铁而发生的烧伤事故，带来的是大批因烧伤造成的遍及全身多部位的后期疤痕挛缩病员，他们集中于上海第九人民医院整形外科，但我们医务人员和病床毕竟有限，登记欲住院治疗的病人数量与日俱增，估计5年内都没法给予治疗。这种揪心的难受和必须紧迫施治的情况，也给我们带来了发展的契机——整形外科必须扩大病床并增加医务人员。我无奈地准备了一本病例照片簿，多次走访上海市卫生局和北京卫生部的多位领导，陈述这门专业的实际发展需要，急需扩大规模和集中人才。我们的努力终于获得了卫生部的批复，由中央和地方，共同资助我科260万元人民币，在九院建造了一座八层的整复外科大楼。新大楼建成后，给整复外科专业带来了更大的发展

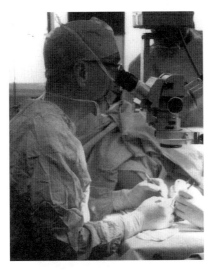

张涤生在做显微整复手术
（1972，张涤生提供）

契机，我们把病房分成四个专业区：烧伤疤痕、颅颌面外科、显微外科、淋巴水肿，当然也包括急症创伤和美容外科。另设几个诊疗室：康复医疗、烘绑治疗和激光治疗室。这样的分工和专业细化，也许可以说是开了世界整形外科风气之先。这也是我梦寐以求和锲而不舍的成果。

医学学科的发展，除在积累常见病的诊治经验基础上，获得提高和普及外，还贵在能够处理个别疑难病例，勇于和敢于克服凶险杂症，挽救病人生命，同时使学科得到开拓创新。

整形外科临床上最常见的是烧伤后遗症，先天性唇腭裂畸形以及体表肿瘤，面部缺损或手足畸形的修复等，但在临床治疗过程中又常遇一些罕见的先天性畸形或多年难治的一些杂症，他们常因求医无门或被拒多年。既然整形外科是从事修残补缺，恢复形态和功能的一门专业，我们就应该对病人赤诚，敢于承担责任，勇于探索求证，为病人解除病痛，恢复健康。在20世纪70年代，我曾先后收治了多例疑难杂症病人并获得良好的治疗效果，被传媒广泛报道，使医院名声大振。诸如曾切除了 35 千克重的背臀部大肿瘤（1969 年），进行了中国第一例眼眶增宽症的矫治（1971 年），应用显微外科进行肠段移植食管重建（1976 年），发明了应用前臂皮瓣一期阴茎再造手术，被国际上称为"张氏阴茎再造术"（1982 年）……以后又曾为一例心脏在皮下跳动的胸骨缺损病孩重建胸骨壁（1996 年），让一名严重烧伤病人恢复视力，避免终身失明（2004 年），等等。

张涤生年逾九旬依然天天到医院上班（2008，方鸿辉摄）

改革开放的 30 年，确确实实给我带来了第二个春天。新时代为我搭建了一个施展才能的新平台，使我国整形外科信心百倍地走上整复重建外科的康庄大道。我们九院的整形外科已在世界上获得了广泛的赞誉，也证明了"创新就有力量，坚持就是胜利"。

进入耄耋之年，我胸中依然存在要继续奋发的壮志，不断策划如何把学科内涵扩大，如何培养青年才俊，如何细化和提高专业……近年来，我还出版了多部著述，以加强国际交流，普及医学科学。我想，这也是我作为一名老医务工作者对人民、对国家的一份爱心。

　　人的生命毕竟有限，以有限的生命来瞻望无限的大自然和社会的发展，我只有一个期望，那就是让好医德代代相传，后人更比前人强！

　　（本文写于 2008 年 12 月）

　　张涤生　医学家、整复外科专家。1916 年 6 月 12 日生于吉林长春，原籍江苏无锡。2015 年 8 月 19 日逝于上海。1941 年毕业于国立中央大学医学院。1946 年赴美国宾夕法尼亚大学医学院进修。自 1952 年起相继任同济大学医学院教授，上海第二医学院附属广慈医院颌面外科主任，上海第二医科大学附属第九人民医院院长，上海交通大医学院教授，上海市整复外科研究所名誉所长；美国整形外科学会通信会员，国际整形再造外科学会会员，国际显微外科学会荣誉会员等。作为亚太地区颅面外科学创始人和开拓者，毕生致力于整复外科事业的开创和发展，使中国整复外科医学跻身于国际先进行列。提出将“整形外科”更名为“整复外科”，以扩大医治范围。70 年代起应用显微外科技术，开创了前臂皮瓣一期再造阴茎术；开创跖趾关节移植重建颞颌关节术；创新微波烘绑疗法治疗肢体象皮肿；首创游离肠段移植再造食管和大网膜游离移植治疗颅骨暴露坏死及颅面外科、胸骨裂心脏外露等手术。被誉为中国“整复外科之父”。作为第一作者发表论文 130 余篇，主编《整复外科学》《显微整复外科学》《颅面外科学》《整形外科手术图解》等专著 12 部，参加编写中外专著 30 余部。专注医学教学事业，培养大批整复外科骨干。先后获国家及省部级科学技术进步奖 28 项，发明奖 1 项。1999 年获上海市医学荣誉奖。2000 年获何梁何利基金“科学与技术进步奖”。2008 年获第七届“光华工程科技奖”。1996 年当选中国工程院院士。

安静下来，我总结了个人修身之道
以戒晚风。一共四句话：一生努力，两
袖清风，三餐饱暖，四邻宽容。

——张金哲

我的修身之道

我生于乱世。1920 年降生于冀东宁河县（现属天津市），几乎每两年就要逃兵乱。直奉战争、军阀混战，"九一八"后冀东 22 县被日军侵占，随父母逃至天津上中学。1937 年华北沦陷，在日军刺刀下，1938 年我考入燕京大学，1941 年考入协和医学院。仅半年又因美日太平洋战争只身逃至上海。以后因为战乱东跑西藏，先后转学同德医学院、圣约翰大学及上海医学院。直到 1945 年日本投降，才到北京定居至今。

解放前，虽在医院当外科医生，但是几乎天天都有政治斗争。1949 年解放后，也是不断的各种政治运动。直到十年动乱平息之后，我才真正感到安定下来。庆幸的是我吉人天相，任何灾难我都平安度过，生活能保证，学习也不延误，仍能保持进步。

我生性好动，手脑都不肯闲，对什么都有兴趣，并且不满足于欣赏，总要自己试试。例如，喜欢看画，更喜欢自己画。喜欢听戏，更喜欢自己登台唱两场。凡是学生该会的，我都会一点，什么老一套的诗、词、歌、赋、琴、棋、书、画，新时代的打球、跳舞、游泳、滑冰、划船、骑马、开摩托车、打桥牌、摄影也都曾经着过迷。特别是京戏，当过多年业余京剧团团长。现在老了，只能偶尔画一张国画，出国访问时权当礼品；也常常能表演一些小魔术，在晚会上用于应付局面。我从小就喜欢手工，我的玩具总要自己修理拆改。"七七事变"后我考上了三所大学，一所

张金哲　院士
（中国工程院提供）

是辅仁大学美术系，另一所是工商大学建筑系，还有一所是燕京大学医预学。我选修了医学，当然是想做外科医生，能动手术，并且喜欢自己设计手术，自己制造器械。我开始在北京开展小儿外科，从无到有，什么都要自己设计自己创造。这样既克服了我国当时的条件困难，又在世界上创出一些新路。人们提及的小儿先天性巨结肠手术的"张氏钳"、先天性胆道扩张手术的"张氏瓣"以及先天性无肛门手术的"张氏膜"，都包含了我国的特点。这只是几项被国外认可的技术。事实上，对我国小儿外科发展起过作用更多的，是国外所看不起的各种简易手术改进。这一切自然和与我喜欢自己动手有关。然而如果说我在小儿外科工作中有些成绩，主要还是党和人民给了我特殊的机遇，而我抓住了机遇。

首先是"天时"。20 世纪 50 年代，人民政府加强妇幼保健。当时我国尚无小儿外科专业，国际上帝国主义对我国封锁。我占了这个特殊的时机，才使我成为开展小儿外科的先驱。

耄耋之年不忘坚守门诊（资料图片）

第二是"地利"。我生活在北京，是新中国的首都，在国内外都很容易成为新中国的代表。何况还靠近卫生部、医学会、卫生出版社等诸多便利条件。尽管当时外地也有能人志士，我在北京当然条件更优越，成绩容易突出。

第三是"人和"。老师们鼓励我勇于开拓，同事们支持我承担风险，学生们尊重我的成效。特别是卫生部委托我开办小儿外科医师培训班，学员遍布全国，多数已成为当地小儿外科学科的带头人与骨干。我比别人交友更广泛，交流机会更多，技术提高条件更有利。

这次我能在同行中首先被选为院士，主要是因为我国小儿外科 50 年来的发展，能在国内外有一些声誉，引起不同行业的院士们的注意，才有可能讨论到某人的某些成就。我有得天独厚的条件，被推为上述这些成绩的代表，被选为院士，实在是小儿外科全体的荣誉。当然也是来之不易，欢庆之余难免忘乎所以。一次静下来，我总结了个人修身之道以戒晚风。一共四句话：一生努力，两袖清风，三餐饱暖，四邻宽容。

一生努力。努力就是手脑不闲，力争上游，有关的事就想，有用的事就做。做不成也不后悔，尽力争取就是乐趣，顺境逆境都不动摇。从小上学时就争取考第一，几经转学也常考前三名，做了医生就争取当总住院医生，以后也一直不断学习，发表论文，研究改进技术，争取按时晋升，升不上去也不损努力的劲头。凡做一事就要做好，行医要有个拿手活。在"抗美援朝"中就曾立过大功，"十年动乱"中扫了 4 年地，也发明了清洁工具。至今老伴还是喜欢用我绑的拖把。现在我已年近八旬，仍然满负荷工作。两天门诊，两天手术，一天教学查房，周末两天工作查房，下午是学会工作、研究生工作、教学研究、写书、改稿，有求必应，来者不拒。不少人劝我休息，我想，我一旦停止了紧张的工作，大概就要愧见马克思了。生命在于运动。

我幼年上学之外受家教，读过《论语》《孟子》和一些古文，受到孔孟道德教育，乱世之中常思报国。投考燕京大学的国文试题为《个人志愿》，我便写了《良医良相》一文，表明为社会贡献之志，得了高分，免读两年国文必修课。入党后，坚信社会主义奉献精神的高尚情操。不少老师对我影响很大，最佩服的是中国儿科奠基人褚福棠院士，90 多岁时，听不见、看不见，仍孜孜不倦地修改《实用儿科学》；我的外科老师——心胸外科奠基人吴英恺院士，70 岁后还挂帅亲诊，另起炉灶，创建了安贞医院心肺中心……他们的一生不愧是无私奉献。我总结自己一生努力的动力也在于为"社会奉献"，而努力的方法就是"博思勤动"。

两袖清风。我不是官员，也没有受贿之事。所谓"清风"就是"正派"。工薪阶层的收入是有限的，你的开支大了就必须是有来源的。其他的享受也是如此，超出你的收入及你的级别，不是财路不正就是违章违纪，总之是不正之风。我行医50余年，小有名气，收入是可算的，存款是有数的，生活条件是合群的。面临经济浪潮的冲击，虽已晚年，仍须警惕。

三餐饱暖。新中国的高级知识分子，生活待遇高于一般工薪阶层。不管什么时候也优于"温饱"水平。当然比国外高薪医生相差霄壤。然而三餐有鱼肉，会客有西装，一套宽松的两居室，办事公家有车接送。两个老人还有何求？自己忙于业务，老伴忙于家务，其乐融融。更高的待遇，实无必要，反要分心处理高收入带来的麻烦。

四邻宽容。从字面看就是居家处事大家和睦。然而邻里之间矛盾难免，有时因误会而得罪人，只好要求对方宽容。首先是自己先能容人，然后诚恳相待，礼貌平等，多能得到谅解。在工作中"四邻宽容"就更重要了，上下级同事、兄弟单位间都要以诚相见。遇事以礼（理）服人，善意实心，背后不讲别人坏话。争取每个人都能宽容别人的错误，才能团结大多数人共同合作。否则您选上院士，自己单位就不服，周围人都不服，同行也不服。荣誉再高也不能领导事业发展。

以上四条虽是我个人总结的修身之道，但是绝非我一个人能做到。几十年首先是老伴必须完全理解、情愿，一切为了我的工作发展。不羡慕洋房、汽车、巨额存款，她能尽心教育孩子们别无奢求。特别是四邻宽容常唱主角，不但远近邻居都对她尊重，科内同事、外地同行，还有国外朋友都能友好团结，这样的四邻宽容绝非易事。我于战乱中成长，半生漂泊，学未辍，艺未荒。

年高不忘学新知（资料图片）

今已 78 岁，仍在一线工作而身体健康，精力不衰，才有奉献余热的根本。老伴身边 50 多年，亲密合作，默默之功不容讳言。

（本文写于 1998 年，改定于 2022 年 9 月 22 日）

张金哲　小儿外科学专家。1920 年 9 月 25 日生于天津，2022 年 12 月 24 日逝于北京。1946 年毕业于上海医学院。现任首都医科大学附属北京儿童医院外科教授。曾历任中华小儿外科学会主委、名誉主委、中国健康促进协会名誉会长、英国皇家外科学院荣誉院士等。作为我国小儿外科主要创始人之一，首先发现了当时死亡率最高的新生儿皮下感染，并命名为"婴儿皮下坏疽"，通过及时切开引流手术，使该病得到有效控制。20 世纪 50 至 80 年代在以创伤、感染、急腹症为主的小儿外科急症的诊断、治疗及肛肠外科与胆道外科手术设计方面均作出突出成就，为我国小儿外科迅速发展并在国际上享有特殊地位起了巨大作用。至今已发表论文 150 多篇，专著 20 余部。2000 年获国际小儿外科最高奖项的英国皇家学会"丹尼斯布朗金奖"（Denis Brown）， 2002 年获"2002 年印度小儿外科甘地金奖"。1997 年当选中国工程院院士。

一个人有高尚的情操，有明确、坚定的目标而又能为之奋斗就是幸福的。这样的人会不畏艰苦、不惧孤寂。当年梁思成先生夫妇俩从大洋彼岸回来，为发掘和总结祖国的传统建筑遗产而奔走于荒山野林，不也是很神圣、很幸福的吗？

——张锦秋

访 古 拾 零

五台山佛光寺

1981 年 5 月，为西安青龙寺工程设计，我们进行了一次古建筑调研。此行主要目标就是山西五台山中的两幢千年唐殿——南禅寺大殿和佛光寺大殿。

在太原借汽车无着，我们决定乘公共汽车分段而行。5 月 8 日清晨出发，当夜投宿于东冶汽车站，次日由此搭车直奔南禅寺。南禅寺大殿果然名不虚传。它是我国现存最古老的木结构建筑，建于公元 782 年。虽然只是个三开间的殿宇，但造型端丽，结构简洁，是典型的唐式建筑。平缓的屋顶、深远的挑檐、舒展微翘的翼角、简明受力的斗栱、侧角的木柱、升起的梁枋、高昂的鸱尾、两端升起的叠瓦屋脊、叉手、直棂窗……我们这一行人就像小学生认字母一样逐一识别。以前从书本上学得的抽象概念一一得到印证，唐代建筑如此洒脱地展现在我们眼前，我简直心花怒放。很快，我们按照分工，摄影的摄影，测量的测量。我们不仅要带走它古老而又清新的形象，还要掌握它一系列相关的数据。既要定性，又要定量，这样才是比较扎实的设计参考资料。结束工作时已夕阳西下，返回东冶的班车已经没有了。大家

张锦秋　院士
（中国工程院提供）

带着丰收的喜悦，徒步一个半小时回到东冶车站。晚餐时，车站食堂的炊事员热情地为我们供应了一顿刀削面。

　　9日晨，我们告别东冶，乘公共汽车去阎家寨。车在干得尘土飞扬的山路上盘旋。就在快到目的地前，老天不作美，竟然下起了瓢泼大雨。我们就近到农村生产大队部避雨。12点半，雨势稍减。老乡说，寺就在前面那座绿茸茸的山里。大家迫不及待地冒雨登山。正当我们在上山的陡路上被行装、资料、相机压得气喘吁吁时，山回路转，佛光寺的山门豁然呈现在我们面前。厚重、硕大的山门向我们预示这是一座巍峨的寺院。顿时一路的疲劳消失殆尽。快步进入山门，眼前景观给我的第一印象是：古朴、恢宏。寺庙依山就势坐东朝西。前面是二十多米进深的前院，有名的金代建筑文殊殿处于北配殿的位置。相对的南侧没有房宇，仅是一道砖墙。院子尽头是一重高台，台上南北两侧有对称的厢房。其正西是一排券洞式的平房，正中一孔大券洞内是通宽的石级，

直通第二重高台。高台上挺立着一对茂密的古松。在它们浓荫掩映下屹立着巍巍大殿。这就是梁思成先生多次对我们讲述过的那座佛光寺大殿，那出檐深远、斗栱宏大的国宝。一种神圣的感情油然而生。这是我学生时代就仰慕并向往的所在，20多年后的今天，终于有缘登门造访这座不朽的殿堂了。

法号湛瑞的师傅接待了我们。当他知道我们是为修建青龙寺而来取经时格外热情。他说："你们修庙真是功德无量，一定会子孙万福。"我们一行九人被作为寺庙的贵客分别安置在第一层高台的南北厢房住下。按照计划，我们在这里只能停留两天半。年轻的小姜、小刘找来了木梯，他们不仅测量了外檐的木构尺寸，还上房测了屋脊和鸱尾。大家摄影、速写、笔记，忙得不亦乐乎。湛瑞法师看见大家工作那样认真，特别当他听说我是清华大学建筑系毕业的学生时，高兴地告诉我，他就是梁思成先生在此发现唐代建筑的见证人。他说，1936年他还是个年轻的小和尚，亲眼看见梁先生一行骑着毛驴来到佛光寺。是他去为他们牵毛驴、卸行李的。湛瑞法师指着我们女同志住的北厢房说，梁先生他们就住在这排房子北边的后院。他形容了梁先生和林徽因先生、莫宗江先生如何爬高下低地艰苦工作。他说："是梁先生他们发现和鉴定了这座大殿是唐代建筑，这个功劳可不得了。他们是了不起的专家呀！"说到这里，法师苍老瘦削的脸上显出一种光彩。"从此以后我们这个佛光寺才有了名气，才受到了重视，国内外来看的人真不少。"他还高兴地告诉我，前几年莫宗江教授曾带领年轻人来佛光寺。他感慨地说："莫先生也见老了……"暮色降临，皓月当空，我独自一人在群山环抱的寺院内徘徊，隐隐听见有轻轻的木鱼声和吟诵声。我踏着月光循声而去，但见空荡荡、黑沉

张锦秋主持设计的大唐芙蓉园的雪景图（中国工程院提供）

沉的文殊殿中闪耀着微弱的烛光，湛瑞法师独自一人正在诵经。据说，这是他每晚必做的功课。这时，我深深感佩法师是位有虔诚信仰的人。一个人有高尚的情操，有明确、坚定的目标而又能为之奋斗，就是幸福的。这样的人会不畏艰苦、不惧孤寂。当年梁思成林徽因夫妇俩从大洋彼岸回来，为发掘和总结祖国的传统建筑遗产而奔走于荒山野林，不也是很神圣、很幸福的吗？建造佛光寺大殿的匠师们，如果知道他们的劳动成果千年后还焕发着强大的吸引力又该何等自豪呢？

　　5月11日下午，我们与湛瑞、悟正等三位法师合影留念，晚饭后又前往法师处告别。第二天黎明起身，5时整坐上预约好的大车出发前往豆村，由那里转乘公共汽车经五台县向台怀进发。

敦煌莫高窟

　　1981年仲夏，我自兰州乘友人便车沿丝绸古道西行千里，经武威、张掖、酒泉，出嘉峪关来到敦煌石窟考察。

　　大漠一展无垠，夕阳轻洒余晖，唯有一尊土塔矗立着，是它使这单纯得不能再单纯的视野具有了画意。徐徐下沉的落日不像往常诗人们形容的那般色彩绚丽，而只是泛着淡淡的、微弱的白色。在这万籁俱寂的时候，我独步在鸣沙山上，举世闻名的敦煌莫高窟就在我的脚下。在这里回顾着几天的工作。我得到保管所的惠待，每天由王师傅为我打开预约的若干唐代洞窟，我可以一个人自由自在地在窟内参观、琢磨、勾画、记录。我置身于这座积累了一千六百多年的宝库，真有头晕目眩、应接不暇之感。凭借着借来的大口径电筒，戴上了那付平时不戴的近视眼镜，我在黑暗中摸索、寻觅。我本是为收集唐代建筑资料而来，但在这些洞窟里我感触到了中华民族历史文化的脉搏。这些冰冷的洞窟、凝固的佛像、斑驳的壁画，散发着如此震撼人心的艺术光辉，表达着如此强烈的民族感情，笼罩着如此虔诚的精神信仰。想把一切都装进脑子里、记在本子上简直是痴人妄想。每离开一个洞窟时我都有"挂一漏万"的心绪。

　　莫高窟始建于公元366年，经过河西人民世世代代不断开凿，形成了栉比相连、长达1600米的石窟群。现存有塑像、壁画的洞窟492个，壁画5万平方米，据说可布置成一个长达25千米的画廊。敦煌是我国古代国防重镇，是佛教传入中国内地的前哨，是丝绸之路南北两线的交汇点。由于种种历史背景和原因，这里出现了名扬海内外的艺术奇迹。莫高窟的意义远远超出了宗教艺术的范畴。它是一部史书，记载着从魏晋南北朝直到元代的许多重大历史事件和历史人物；记述了古代丝旅贸易的场景；刻画了西陲征战的史实；表现了古代的风俗民情，乃至音乐、舞蹈、城市、建筑、衣着、服饰……说这些壁画不是艺术家的信手之笔，而是史实的具体写照，是有根据的。我国在吐鲁番阿斯塔那墓出土的当年运往海西的图案织锦实物竟与莫高窟中所画很多佛像袈裟和菩萨衣裙的"联珠飞马纹""联珠狩猎纹""菱形团花""棋格团花"等图案锦缎无异。难怪与我同时住在莫高窟招待所的客人中有研究音乐史、纺织史、美术史等各方高人与名士。敦煌建筑研究专家萧默同志也正在那里撰写他的巨著。

保管所规定不许在窟内拍照，我不能方便地搜集资料，只得用徒手速写来记录。洞窟内的建筑形象资料是画不尽的。几乎所有的佛像、经变、传统神话无不处于一定的建筑环境之中。由此，我不禁自豪起来：无论古今，无论人神，都离不开建筑。它作为人们的活动环境无处不在。建筑师的工作因此而意义重大、丰富多彩。

几天来进出于琳琅满目的洞窟，看到佛教这个原本来自印度的宗教是多么明显、多么自然地被中国化了。无论佛像还是供养人乃至飞天的形象都从印度风、中亚风而转为中国风，并进而从西域型渐变为中原型。洞窟壁画上的建筑、陈设、服饰、装饰纹样都明显地显示出东西方文化艺术的交流与融合。璀璨恢宏的敦煌艺术表现出它的生机勃勃、博采各国之长的包容性。我们的祖先就是开放的、善于吸收的。

"嚓嚓嚓"的流沙声把我从沉思中警醒。那是两位游人也来这里捕捉鸣沙山的黄昏。一位少女陪伴着一位长者，像是父女二人。姑娘热情地和我打招呼，并问道："你看过画工洞吗？""在哪里？""就在窟区北边，河道的西岸。人家说古代石窟的画工就住在那里。"

于是，第二天，也就是我在莫高窟停留的最后一天，披着朝霞晨风，带着相机和速写本，沿大泉河东岸北行。隔河望去莫高窟在西岸的鸣沙山陡壁上一字排开，我像是在与它们一一道别。窟区以北就是秃秃的山壁。继续前行，我看见山壁上出现了大片斑斑黑点。当我走到这片山壁正对岸时才看清楚，原来那些黑点是一个个洞穴。就是它们！就是"画工洞"！据说，敦煌的工匠们长年在洞窟中雕琢着、塑造着、描绘着他们的理想和信仰，每天晚上就回到这些直不起身的洞穴就寝。日复一日，就这样创造出了东方艺术的宝库。我伫立着、凝视着，眼睛模糊起来。我想数一数有多少洞，但哪里数得清啊！是穴居在这里的"卑贱者"创造了莫高窟的文明。他们是被迫的？还是自愿的？我不知道。但我坚信，莫高窟内那些充满生机的艺术珍品必然出自满怀创作热忱和信仰虔诚的人。我们的祖先为我们留下了不可泯灭的艺术之宫。那么，我们又能为后代留下什么呢？

在大泉河畔我徘徊了良久、良久。

西安碑林

世上有百去不厌的场所吗？有，西安碑林就是这样一个去处。这是一座灿烂的石刻艺术宝库，向来以碑石精英而驰名于世。我到这里究竟有多少次，连自己也说不清楚了。可是每去一次，总是多多少少有新的收获。

西安碑林中保存的历代碑刻凝聚着我国古代许多书法艺术大师的心血和才华，具有巨大的艺术价值和文物价值。我国的书法源远流长，有篆、隶、真、行、草多种书体，百花齐放而经久不衰。每当我盘桓于碑群之间，在一块块名碑前不禁肃然起敬。仅就真书的艺术风格观之，每个时代都有所不同，就在一个朝代之中也是风格各异。欧阳询体以点指用笔，而非绘画，精细、结构端庄劲挺见称于世。虞世南的书法则"得大令宏观""若行人妙选，罕有失辞"。前者外露筋骨，后者内含刚柔。褚遂良的书体兼收欧虞两家之长，而又独具风格，不为前人束缚，以疏瘦劲炼著称。在碑林中颜真卿的书法很多，真可谓一碑一貌面目各异。加以对照，可以看出一个书法大师的艺术发展道路。《颜氏家庙碑》书法造诣达到炉火纯青的地步，丰美健壮、气韵醇厚，成为颜体的代表作。而那时颜公已垂垂老矣！与颜真卿一起开创了我国书法艺术史上一代新风的柳公权有"颜筋柳骨"之称。他的代表作之一《玄秘塔碑》用笔果断、结构聚劲、神韵刚建，那是我孩提时学习书法的模板。如今年过半百，站在这通螭首方座、3 米多高的巨碑面前，不由得想起了我习字艰难的少年时光。

每一次学习碑林的书法都引起我许多联想：书法大师的为人处世无不勤奋好学、刻苦求精、锐意求新。偶尔也联想到我们为之献身的建筑艺术，建筑布局如同书法的间架结构，都是空间艺术。建筑风格如同书法的神韵。建筑处理如同书法的用笔。如果我们建筑师也能像书法家学习书法那样学习传统建筑，掌握它的空间构图、造型特点、神韵风格，从中提炼并概括一些带有规律性的东西，进而创新，那么，十几年乃至几十年积累下来，我们从传统之中是可以获得更为丰厚的果实，并进入新的境界。

碑林的石雕也是十分杰出的。可惜的是展厅太拥挤，连合理的观赏距离都保证不了，更不要说艺术效果照明了。那一年，我设计阿倍仲麻吕纪念碑，第一次想要在设计上表现具有唐风的雕刻。我便来到了碑林石刻陈列馆。这里唐代珍品中的佛像，昭陵六骏及许多莲座都充分反映出唐代石刻丰满圆润的特色。为了能多看一些，我又转到了碑林的偏院。在一个隐蔽的小院里，我看到露天堆置着许多石刻。有无头的佛像、残缺的石兽，更多的是形形色色的佛座和柱础石。也许是因为它们残破，或许是因为它们受到显然不公正的待遇，我竟感到它们焕发着比展厅中的珍品更为古朴淳厚的艺术芳香。我看到那些唐代佛座上的莲瓣竟是如此硕大、丰满。花瓣圆润肥厚，瓣尖微微翘起，活脱是鲜美的莲花，但它们是石质的。同是莲座，艺术处理又各不相同。有图案单纯的，有丰富变化的。然而它们的风格相同，这相同的气质大概就是唐风吧。我似乎感受到了什么。于是，我拿出钢卷尺——测绘了它们的尺寸，画下它们的图形。这种对唐代莲花覆盆的感受，后来在敦煌壁画上又得到了验证。

为了更深入了解掌握唐代图案的特色，我还得到碑林博物馆的特许进入文物库内调看李家村出土的唐代金银器。这些稀世珍品虽有一千多年的"高龄"，但仍金光灿烂，宛如新作。一次只能调出一件，我看完并画毕，再换出第二件。我沉浸在探宝的喜悦之中，简直被那些栩栩如生的图形陶醉了。银底金花的器皿堂皇而素雅，金器则富丽辉煌。蔓花纹样枝条柔美，每个叶片的脉筋与叶尖的曲线都与之处于同一动势之中，似随风摇摆，似水中荡漾。成对的鸳鸯有的同向静立、有的相对展翅，似欲同飞。就在那薄薄微凸的厚度中竟刻画出如此丰满、多层次的羽毛。盘底的金龟似可脱出，金熊昂首颇具动态。就在这些小小的器皿上我看到了唐代艺术的勃勃生机和高度纯熟的技巧。虽然过去我见到过这些金银器的照片，但当我面对这些珍品时才真正享受到它们内在的美。由于现代摄影技术和印刷技术的发达，许多人过分相信这类资料的真实性。其实纸面上的东西往往没有尺度、没有空

在"张锦秋星"命
名大会上，张锦秋
即席发言（中国工程
院提供）

间、缺乏质感、色彩亦不尽准确。所以，后来对许多艺术珍品我
宁愿多花代价也要一睹真品为快。

　　就个人爱好而言，我更喜欢的是汉代石刻。碑林石刻艺术馆
内每一件汉代石刻艺术品都具有强烈的震慑力——它们太有气势
了。昆明池的石鲸，长约5米，圆形断面，中间粗两端细，呈梭形。
表面除了石材纹理别无雕饰痕迹。汉代石虎昂首挺胸呈阔步行走
之势，造型简洁，轮廓流畅，没有多余雕琢痕迹。汉画像石是另
一别开生面的艺术品类。其表现手法之简约超过了其他任何雕刻
形式。仅仅利用毛面与光面的互衬构成图案效果，所有图形呈剪
影式。画像石的题材各有不同。拙朴的农耕，欢乐的狩猎，疾劲
的飞禽走兽，奔腾的水浪，飞翔的流云……这一切都构成了一种
强烈的感染力，似青春少年的虎虎朝气，似早春万物的勃发生机，
使人豁然心动，神驰天外。从汉代石刻，我看到了一个开拓、建树、

蓬勃的时代。每当我看到这些古拙的艺术珍品就不由得联想到与之异曲同工的许多现代雕塑,人们常说"返璞归真",这是否也是一个规律呢?应该说,艺术的发展并不像科学技术那样永远是今胜于昔的。中国的建筑艺术与雕刻艺术都从汉唐的雄浑、质朴转向了明清的华丽、繁缛。以希腊、罗马建筑与雕刻著称的西方艺术不也是到了 17 世纪和 18 世纪走向了"巴洛克""洛可可"之风吗?艺术的技巧、技术手段是一回事,艺术的品位是另一回事。这就是一些具有现代美学意识的艺术家为什么要到传统艺术中去寻求灵感或借鉴的原因吧。

(本文写于 1998 年,改定于 2022 年 9 月 13 日)

张锦秋 工程建设设计专家。1936 年 10 月 7 日生于四川成都。1966 年清华大学建筑历史与理论研究生毕业。同年进中国建筑西北设计研究院从事建筑设计。所设计的西安大雁塔景区三唐工程、陕西历史博物馆、西安群贤庄小区,均获国家优秀设计奖,建筑学会创作大奖,被誉为"新唐风"。后创作理念还扩展到城市设计,代表作有西安钟鼓楼广场、陕西省图书馆和美术馆、黄帝陵祭祀大殿、大唐芙蓉园、曲江遗址公园、中国佛学院教育学院、扬州中国大运河博物馆、西安国家版本馆等。以坚实的专业知识和深厚的理论修养,在建筑创作上不断创新,多元探索。1991 年获首批"中国工程建设设计大师"称号。1996 年被母校清华大学聘为双聘教授,1999 年和 2004 年当选为中国城市规划学会常务理事,2001 年至 2005 年担任中国建筑学会副理事长。曾获中国建筑学会建筑创作奖、国家优秀工程设计奖等多项。2001 年获首届"梁思成建筑奖",2010 年获何梁何利基金"科学与技术成就奖"。在建筑理论方面有独到见解和追求,已发表《从传统走向未来——一个建筑师的探索》《大唐芙蓉园》《现代民居群贤庄》《盛世伽蓝》《天人古今》等多部专著。2015 年经国际小行星中心命名委员会批准将国际编号为 210232 号小行星正式命名为"张锦秋星"。1994 年当选中国工程院首批院士。

遥望大海，我们强大的核潜艇在日夜守卫着祖国的海疆，我们的心随着海军战士们在大洋中共鸣激荡，共同祝愿全国人民在安详和平的环境中，为祖国的繁荣、富强、昌盛，不断地作出贡献。

——赵仁恺

朗读者 邵嘉敏

为祖国研制潜艇核动力

1958 年秋，我从苏联列宁格勒参加军用生产堆的联合设计后回到北京，正在紧张地为在国内全面展开核动力研制而工作时，设计院院长冯麟同志忽然通知我，中央决定自力更生研制核潜艇，部里决定调我去参加核动力的研究设计，任命我为设计组组长。第二天上午，到部大楼刘杰部长办公室开会。从此，在我的工作上又翻开了一页新的篇章。

1958 年 9 月开始的核潜艇动力研制，经过头三年的艰苦开创时期，经过大量的调研分析、探索研究、分析计算、方案论证、筛选试验，完成了初步设计草案，迈出了第一步。在此基础上，展开了全国大调研，结合国内科技、工业的水平，调整参数后，全面推进研制工作，并开展全国大协作。正当此时，苏联撤走了专家。为了集中力量先搞出原子弹，核潜艇的研制工作暂缓。

赵仁恺 院士
（中国工程院提供）

1961年秋，部里决定调我回到"一线"作为技术负责人之一，去完成军用生产堆的研究设计和建造。1964年原子弹爆炸后，1965年核潜艇的研制工作再度上马，我又被调回，继续进行潜艇核动力的研制。

1966年初冬，为三线建设，我率领设计队奔赴祖国大西南。地处西南山区，在山谷带中沉睡千年的南安公社，仍保持着原来自然的生态与面貌，青山、绿水，散发出深谷幽兰的清香，显得那么宁静、安详、朴实、美丽。我们这一批"外来者"的闯入，给山谷带来了时代的气息，也搅动了山谷的宁静。而我们这批来自北京、长年工作在研究室与实验室的年轻人，从"文化大革命"的喧闹声中骤然来到这么宁静、安详的环境，有一片清新之感，像是又回到了自然，无不称道是进入了现代的"桃花源"。

中央决定潜艇核动力陆上模式堆要在1970年建成，潜艇动力研究所设计基地和陆上模式堆的建设，定点在四川西南山区，任务十分紧迫，为了争速度抢时间，陆上模式堆的建设是以"革命"的形式进行的，一切打破常规。首先进驻这个新点的是设计队。当时，对外连接的道路正在修建，点上是一片自然原始状态。设计队以农村小学作为立足点，男同志全部住在小学礼堂，竹片床，打统铺，与鼠蛇共住；女同志则住在公社的木角楼上。我们借了两间小学教室作为设计室，点煤油灯做设计，伙食自己办，粮食自己下山到镇上去扛，用水自己井中挑，烧柴自己上山打。夏秋虫咬蚊叮，寒冬陋室四面通风，不蔽风寒。每天蒙蒙欲晓之际，乡村小学女教师用纸制话筒向山谷、盆地周围农村土广播，在万籁俱寂的晨曦中，女高音悠悠传遍山谷，宁静而清脆，睡梦中听来像是一曲动人的吟唱，这般意境，感人至深。地质队进点，带来了柴油发电机，晚上可放电影，引来了满山火龙，老乡们打着火把下山来看电影，这也算山谷中的千年盛事。

生活在这样一个艰苦又美好的环境中，时光像是倒退了20年，但我们设计队年轻人满腔热血，为国防现代化，为了不辜负国家和人民的期望，不怕苦、不怕累，发扬"一不怕苦，二不怕死"的精神，日夜奋战在山谷中。不久，道路通了，电送来了，施工队伍也进来了，整个山谷沸腾了，一场基础建设的战斗打响了。

当时我才43岁，可谓年富力强，再加上我青年时代，正值抗日战争时期，在四川江津就读于抗日流亡中学——国立九中，在吃不饱、穿不暖的环境下，也磨炼了意志，能奋发苦读。毕业后，在激烈的竞争中考取了国立中央大学机械工程系，实现了我自幼喜爱机械工程的夙愿，而且也是在四川度过了我的大学时代。因此，对四川的环境我是习惯的，也是有感情的。尽管如此，由于农村中饮用水的不洁，每年春后即拉肚子，入冬方止，如此连续三年后才渐渐适应了。

我们全体科研人员，也都是保持了从1958年研究潜艇核动力一开始就树立起来的高度政治责任感和荣誉感，发扬"不计较个人得失、献身国防军工、甘当无名英雄"的精神，把整个身心都投入科学技术的攻关中，苦苦钻研，精雕细刻，大胆开拓，科学求实，勇于负责。对我们来说，谁也没有搞过潜艇核动力，而国际上对这样一项涉及国防尖端的技术是严格保密的。因此，一切只能靠自己，凭着我们特有的顽强钻劲，在老一辈科学家的指导下，在全国大力协同下，以大无畏的精神，向这个国防尖端领域发起了猛攻。

毛主席和党中央对潜艇核动力这项国防尖端课题十分重视，毛主席曾为此作了"718"批示，中央军委为此发了"特别公函"，并且全国也都动员起来了。中国人民解放军、中国科学院、高教系统、工业系统、各省市都动员了主要力量，为攻克这项国防尖端作出了重大贡献。我们的科研设计人员也都下到研究单位，到工厂、到部队搞"三结合"，得到全国各地协助，大家夜以继日地共同奋战在各条战线上。在研制现场，解放军、科研人员、施工队伍更是万众一心，争分夺秒，日夜拼搏。

1970年7月25日，核动力装置陆上模式堆的两台发电机组发电并网，在我国首次实现核能发电。8月30日，核动力装置达到满功率，圆满地、一次性成功地完成了任务。

我作为技术负责人之一，紧张而又兴奋，深感责任重大。以科学求实、严肃认真、一丝不苟、周到细致而自励，与整个团队共同努力，勇往直前，兢兢业业地做好本职工作。

陆上模式堆成功了，又经过近10年的运行，完成了数百项试验，取得了全寿期内各种运行工况下的全部数据，这些数据都是为指导海上服役艇运行的可靠依据，也是为核动力进一步研究发展的重要反馈。

1970年以后，我们又立即从内陆转向海洋，为核潜艇装备海军和在海上进行各项性能试验而努力。直到最后全部完成深潜、全速、发射等各项试验，才圆满地向中央军委交了卷。海上日夜

第一代核潜艇工程四位总师合影（左起赵仁恺、彭士禄、黄纬禄、黄旭华，资料图片）

战斗的景象，我这辈子终身难忘，而南海优美的风光更令人神往。

遥望大海，我们强大的核潜艇在日夜守卫着祖国的海疆，我们的心随着海军战士们在大洋中共鸣激荡，共同祝愿全国人民在安详和平的环境中，为祖国的繁荣、富强、昌盛，不断地作出贡献。

（本文写于1997年，标题为编者所加）

赵仁恺 核动力工程专家。1923年2月16日生于江苏南京，2010年7月29日逝于北京。1946年毕业于重庆国立中央大学机械工程系。中国核工业总公司高级工程师。作为核动力科学与工程技术研究设计的奠基人和开拓者之一，历任中国核工业总公司核动力研究设计院副院长兼总工程师，中国核工业集团科技委副主任，原中国国防科工委潜艇核动力装置总设计师，中国国家核安全局专家委员会副主席，国家"863计划"能源技术领域第二届专家委员会首席科学家。1956年至2010年期间从事核动力的研究和设计工作，相继主持并参加完成中国第一座军用钚生产反应堆的研究设计和试验，参加和主持中国潜艇核反应堆的研究设计及试验运行，也为秦山二期60万千瓦核电站的立项和先期技术做了研究与组织工作。曾获国家科学技术进奖特等奖、一等奖多项。1991年当选中国科学院学部委员（院士），1994年被选聘为中国工程院首批院士。

> 没有一位科学家是不热爱科学的，这无须解释。但怎样才能热爱科学呢？从我的经历来看，热爱科学的兴趣是在儿童时代养成的。
>
> ——赵梓森

儿时兴趣　创新潜能

现在回顾我的青少年时代，可能有一点经验值得借鉴，特别对希望子女成为一名优秀科技工作者的家长。

我原籍广东中山，1932 年 2 月出身于上海一个百货公司的职员家庭里，兄弟姐妹 8 人，家庭负担较重。母亲怀孕 7 个月生下我，所以我幼年身体很差，个子很小，疾病很多，差点死掉。

初中时爱玩。我兴趣广泛，美术、雕刻、集邮、做模型飞机、装收音机、打乒乓球、踢足球等。特别是踢足球入了迷，在暑假里，几乎每天踢，有时从早踢到晚，在烈日暴晒下，变得又黑又瘦，像一个小黑人，但很结实，被称为"铜皮铁骨"。从此，我的身体倒变得结实起来，再也不生病了。

我曾在上海模型飞机比赛中得了个小名次，当年是国民政府上海市吴国桢市长颁的奖。当他看到模型飞机比我个头还大，问这飞机是你自己做的吗。在 20 世纪 40 年代，我和弟弟一起自己组装矿石收音机，因矿石很难买到。于是，和弟弟一起自制检波氧化铜。用火加温使铜氧化。我们带着自制的氧化铜收音机爬到屋顶上去接收信号，但什么也没收到。原来，能用于检波的是氧化亚铜。从此，我对化学产生了浓厚兴趣。用零花钱买了一些试管、酒精灯，并向化学老师要了一些化学药品，自制氢气、氧气等。化学老师很喜欢我，甚至写信给我，鼓励我长大后要成一名科学家。我还喜欢制作各种小玩物，如电磁铁、小马达等。

赵梓森 院士
（作者提供）

　　没有一位科学家是不热爱科学的，这无须解释。但怎样才能热爱科学呢？从我的经历来看，热爱科学的兴趣是在儿童时代养成的。要引导青少年参与各种科技制作活动，要培养他们对科学的兴趣。我经常从早到晚不停地工作学习而并不感到累，这是因为热爱我的专业，工作学习已成了我的乐趣。

　　1937年起抗日战争全面爆发，给我的童年带来了苦难。

　　"八一三"日军发动了淞沪会战，占领了上海虹口区，父母带着我们在枪林弹雨下逃到了英租界。我的虹口区老家已被日本人占用了，我们只好在英租界租下一小阁楼，这是一间很低的隔层间，大人不能站直，晚上9个人睡在地板上。当年，经济拮据，生活上十分困难，只能吃些杂粮，拌盐油代菜。兄弟姐妹多，学费更付不起了，也只能向亲戚借，甚至辍学了。为了谋生，后来父母想方设法开了一家小铺子，经营毛巾、肥皂、童装等小百货，位于英租界与日寇占领区的交界处。小铺子正好在日军岗哨的旁边。一天，我的亲戚（是售货员），对日军岗哨恶作剧。在日军岗哨进店时，有意要他蹲下看柜台下部的商品，结果使他从老乡家中抢来的鸡蛋在口袋里被挤得粉碎。第二天，该岗哨的两个日军士兵，在持枪上插了刺刀进了店堂，见人就打，要我全家跪在马路上。我母亲忍无可忍，逃入厨房，准备拿菜刀拼了。趁日军还未发现，被亲戚迅疾阻拦，才避免了一场灾难。

1941年珍珠港事变发生后，在上海的日军冲入英租界与英驻军交战。我正在学校上课。老师突然喊叫："日本鬼子打进来了，大家快逃！"我带领我的读一、二年级的两个弟弟外逃。只见路上人山人海，前拥后挤，日军装甲车从东面开来，机枪连续扫射，人们纷纷倒地。我家在日军行进的方向，但我们只能往反方向逃。我机智地穿小巷，避过日军的装甲车，向亲戚家里逃。在过西藏路桥时，英军与日军在桥的两端对垒，我和两个弟弟在枪弹呼啸下匍匐过桥，逃到了亲戚家里。三天后，日军占领整个上海。我们三兄弟回到家里，母亲和亲戚们很惊喜，莫不称赞我的机智勇敢。那年我才9岁。日军侵华战争使我们深受苦难，激起我的爱国之心，立志长大了要"科学救国"。

我的求学经历不很顺利。初中时偏科，喜欢的课程成绩好，不喜欢的课程成绩不好，甚至不及格。化学、物理学、几何、美术是100分或优等。英语、日语、代数不及格，语文、历史勉强及格。因有几门不及格，几乎考不上高中，最后考入一所较差的高中。由此，我也吸取了教训，在高中求学时再也不敢偏科了。当时，我的业余爱好已改为拉小提琴了。无钱买琴，就自制一把小提琴。我几乎每天要练琴，拉练习曲大概已经可达中级水平。

拉小提琴成了青年赵梓森的业余爱好
（作者提供）

赵梓森的书艺（资料图片）

现在发现拉小提琴的爱好不但可陶冶我的情操，还培养了做事的毅力。至今，我还是经常拉小提琴，只是自娱自乐罢了。

　　我高中毕业的 1949 年正是上海解放那年。中华人民共和国的诞生使青年学生欢欣鼓舞。由于我有初中考不上理想高中的心理阴影，所以不敢报考名牌大学的理工科。我母亲尽管出身贫民，但一直抱有宏大的愿望，一定要让她的全部子女都能上大学。我的三个姐姐都上了学费昂贵的私立大学。我排行老四，为了减轻家庭负担，只有报考国立大学。又认为共产党是从农村来的，一定重视农业。后来，我果然考进了国立浙江大学农业化学系。当年我高中同一班级只有两人考入国立大学，我是其中之一。然而，在浙大农化系读了一年，发现自己对农化专业一点兴趣都没有。按照我的个性，对没有兴趣的东西是学不好的。于是，我请求母亲让我转学到私立大同大学电机系。

1952 年全国院系调整，取消私立，我们被合并到上海交通大学电信系，这才是我理想的志愿。由于对所学的课程都很有兴趣，成绩自然较好。

大学毕业后，我被分配到武汉电信学校教书。那时我才发现，自己在大学中已学得的知识实在太肤浅了，尤其是在与苏联的教材相比之后。于是，我花三年时间将微积分、电工原理都重学了一次，又进一步自学了数理方程、概率论、场论、线性代数、信息论、英语、俄语、日语等，当然还有其他各门有关专业的基础课程。我认为，要在科学上有所作为，必须要有良好的数理基础。当时，我也想去考中国科学院的研究生，但领导不允许。由于这三年刻苦地坚持学习，尽管没有成为研究生，但我的基础理论与教学水平已大大提高了。

1958 年由于国家发展的需要，武汉电信学校升级为武汉邮电学院。我既担任教学工作，又投入科研工作。领导长期让我担任实验室主任，甚至同时担任好几个实验室的主任。这下，我就有了在实验室中随心所欲地做各种研究和实验的条件，也大大提高了我理论联系实际的能力，我自然如鱼得水，既很乐意也很投入。

我的弟弟是复旦大学教师，他要我帮他推导信号流图的梅森（Mason）公式，我思考了两个星期，终于发明了"0-∞法解网络"，相关论文刊于 1965 年《电子学报》第四期上。利用这种方法不需求解行列式，就可直接写出任意一个网孔的复杂无源网络任意支路的电流、电压和阻抗，并在该论文内定义了 0 阶行列式等于 1。1966 年的《电子学报》第一期刊登读者来信（航天部总工程师蔡金涛）说："包括克希霍夫、麦克斯韦在内，在国内顾毓琇等都曾不断努力寻求简捷的解法，已知方法也不少，但都不太合乎理想，赵梓森所提出的 0-∞ 法原理简单明了，它不与任何已知的方法近似，而运用起来却比较简单。这方法是比较成功的。"我弟弟的同事看到此论文说"你哥哥有了一项世界冠军"。这可能是我一生中最有创造性的作为之一，我当然为此感到自豪。

"文化大革命"后期，武汉邮电学院改为电信总局 528 厂，由军代表管理。当时有一个大气传输光通信的课题，军代表要我去搞一下，并提升我为研究室副主任了，我们不到两年就完成了。可是，发现大气传输光通信不能实现全天候的通信，有雾或下雨就不行。我们知道，邮电通信是一刻也不能中断的。于是，不得不开始寻找全新的方法。

利用光纤传输信号早就听说过了，但当时衰减太大，没被采用。后来从文献和各方面调查，得知光纤的衰减已降至 4db/km。我核算了一下，发现这个效率已完全超过电缆传输了。而且光纤工作于光频段，估算一根光纤可传输几十万路电话。若能实现，可能引起一场通信技术的革命。其实，这也是早就意识到的。

1973 年，我勇敢地组织了一些人马开始研究光纤通信。当时，世界通信界也还在探索之中，光纤通信尚未实用。其中，光纤的制作方法有多种，有的采用玻璃的，有的采用石英的，有的采用液芯的或塑料的。通信用的光源也有多种，有固体的，有气体的，有半导体的。光通信系统的制式也有多种，有增量调制的，有数字的。当时，用模拟体制还是用数字体制还在争论之中。由此可见，采用什么技术路线是决定光纤通信成败的关键。因为技术路线中都涉及工艺、材料与装备，定下来之后不能任意更改。那时，国内有两条不同的技术路线，其中一条是我们主张的——采用石英光纤、半导体激光器、数字通信制式。经过国务院科学技术办公室组织的"背靠背"的辩论。最后,国务院科学技术办公室采纳了我们的技术路线,能使我国的光纤通信发展少走弯路。这也说明在科研中,洞察力和前瞻性也是十分重要的。

20世纪70年代初,由于"文化大革命"的原因,我们几乎与国外隔绝,去国外考察或做技术引进根本不可能,正是无鉴可借。我们只能从外文杂志中了解一些国外的学术动态。当年,大多数年轻人又不懂英语,我在高中和日后的工作中曾自学过一点,所以我还能给大家讲解或翻译一些文献与资料。那时物质条件也很差,我们在清洗间里做化学实验,几乎是赤手空拳。虽然,我们不是发明光纤通信,然而在这种条件下研究光纤通信这门尖端技术,其实也是十分艰难的。

光纤制作的主要难点是研制纯度超九个9的石英,以及能拉制误差小于1微米高精度光纤。光纤衰减的降低主要是要把化学原料提纯,这对化学界也属尖端。我是项目负责人,我制订了总体方案和全盘计划,组织大家共同攻关。毕竟我在浙大农化系曾经学过一些化学,包括分析化学,所以我与化学教师有了共同语言。我就组织武汉邮电学院的化学教师,并请教武汉大学化学系老师来共同攻克超纯石英研制的难关。由此看来,我在浙大农化系那一年也没有白学。科研人员的知识面要广,对事业是很有帮助的。

因为"十年动乱"期间与世隔绝,几乎所有设备制作与工艺也都要靠自己解决。我们自制了熔炼设备来炼石英,自制了几米高的拉丝塔来拉丝等。我们协同攻关,克服重重困难,终于把较理想的光纤研制出来了。有了光纤,要测量光纤的性能,还要研究光纤参数的测量方法,并研制相关仪表……如果要说填补"国内空白",恐怕远不止百项。

　　研制光纤是一项有毒、有危险的化学过程。我曾经为此中毒而住院。我和同事们都曾经历过氢气回火的爆炸，幸而未发生重大事故。尽管科学研究不像上战场打仗，但确实也要有献身精神。

　　光纤通信需要用激光光源，然而研制半导体激光器的困难也绝不亚于光纤研制。70 年代，我们先组织研制了半导体发光管，初步满足光纤通信的需要。1978 年改革开放后，我们与美籍华人合作研制并生产了半导体激光，满足了工程的使用。

　　光纤通信的成果体现在一个由光纤、器件和电子线路结合在一起的光纤通信传输系统上。不过，这对电信技术人员来说是本行。在 70 年代初，我们做了几个光纤通信实验系统。1976 年，我们与中科院联合做了我国第一个用光纤传输黑白电视信号的实验。与其说这是科学试验，还不如说是为了使领导信服光纤通信的表演。因为当时绝大多数人并不知道或者不能相信玻璃丝居然能用来通信。在邮电"工业学大庆"的展览会上，邮电部钟夫翔部长看到这个表演，大吃一惊。他亲自把光纤移开，看到信号消失了，放回光纤又看到信号恢复了，光纤确实可以实现通信，他相信了。于是，就把光纤通信列为重点科研项目了。在国家和邮电部的支持下，我国的光纤通信得以飞速发展。

　　70 年代末 80 年代初，世界发达国家和中国的光纤通信技术都已成熟，可供工程应用了。我们开始做了 120 路光纤通信系统，以后继续做了 480 路、1920 路、7680 路的光纤通信系统，都属全国首创。这些都是很大的系统工程，当然不是我一个人能完成的，我只不过是一名总工程师。现在，国际上商用的最高速率是 2.5Gb/s，相当 30000 路电话。国产的 2.5Gb/s 系统于 1998 年已在海南省安装了。

邮电部恢复不久的 1974 年，528 厂又被改为武汉邮电科学研究院，主要研究光纤通信技术。80 年代中，又成了国家光纤通信技术工程研究中心。光纤发明人美籍华人、诺贝尔奖获得者高锟先生在参观了我院后说："中国的光纤通信有一个良好的开端。"日本 NTT 代表团说："武汉院像一个小 Bell 实验室，样样都有。"国家计委领导说："高新技术中，光纤通信是我国与国外差距最小的项目之一。"

光纤通信的潜力确实很大，一对光纤现有的能力就可传输20000 千兆赫，相当于上亿路电话。近代的信息事业爆炸性的发展，可以说是由光纤通信和电子计算机的诞生而引发的。现在看到光纤通信已在全国普遍应用和由它引起的信息时代的前景，我感到无比欣慰。

（本文写于 1997 年，改定于 2022 年 8 月 10 日）

赵梓森　光纤通信技术专家。1932 年 2 月 4 日生于上海，籍贯广东中山。2022 年 12 月 15 日逝于武汉。1953 年毕业于上海交通大学。曾任武汉邮电科学院研究院总工程师、副院长，现任高级技术顾问。长期从事光纤通信技术研究。1973 年就开展光纤通信技术的研究，并提出具体技术路线，参与起草了我国"六五"至"九五"光纤通信攻关计划，为光纤通信发展少走弯路起了决定性作用。作为光纤通信项目技术负责人、总体设计人，先后完成了我国第一条实用化 8Mb/s、34Mb/s 和 140Mb/s 通信等六项国家、邮电部光缆通信重点工程，其中有的工程获国家科学技术进步奖二等奖。领导开发的光纤通信产品 20 世纪 90 年代已大面积推广应用，取得显著社会效益和经济效益。是我国光纤通信公认的开拓者，为"我国光纤通信高新技术成为与国际先进水平差距最小的领域之一"而作出杰出贡献。已出版《光纤通信技术概论》等专著 6 部，在国内外发表学术论文 100 余篇。1995 年当选中国工程院院士。1997 年当选 IEEE Fellow。

悟性是对事物有深切的分析和理解，善于总结教训，善于从优劣比较中探索新路；勤奋则是进步的根本，就悟性而言也是要勤于思考、勤于探索。

——钟训正

悟性与勤奋

在我浑浑噩噩的中小学时代，唯一表现得有点灵性的是绘画。家人开始是惊异和赞扬，继而为我的沉迷和对其他功课的偏废而担心，怕我走火入魔。在考大学选择志愿时，我报了一个可圆通我与家人愿望的专业——建筑学，它能集工程与艺术为一体。终于得到了家人的认可与支持。

我是满怀激情和遐想踏入建筑学大门的。在此之前，从介绍艺术的书籍中得知，建筑也隶属于艺术范畴，与绘画、雕塑并列，既是创作，就有一定的随意性，也需有几分灵感。

一迈进建筑系的门槛，清规戒律便接踵而至，老师竟像对待幼儿园小孩和小学生似的教我们如何削铅笔，如何裱纸、写字、用笔、使用工具等，特别是还要学那些与"灵感"相抵触的物理学、微积分、力学、结构等令人晕头转向的课程，天真的遐想因此黯然失色。原来，建筑学竟是那么复杂，那么实际和理性，会受那

钟训正 院士
（中国工程院提供）

么多的限制。

回想刚进大学时，给我当头一闷棍的是投影几何学。当年投影几何是工学院的大班课，老师先讲一小时，然后当堂做习题，第三堂下课时收卷，每次都是考试。我到校时已迟到了一个多月，一进课堂就遇到"丈二和尚"，解题靠蒙，得分自然惨不忍睹。待有起色时，正逢淮海战役后南京吃紧，不得已休学回家，待翌年解放后返南京复学时，又是迟到了一个多月。因前车之鉴，在每次课前我必先预习，将新内容领悟透彻，这种笨鸟先飞的方法倒也收效神速，几乎每次总是不出差错地第一个交卷。由此，也鼓舞了我后来学习的信心。

在专业基础课中，杨廷宝先生教我们素描。先生教学严谨，一板一眼，教我们画的是单调的几何体和残破的砖瓦石刻，使我们兴味索然。后来得知，先生那些娴熟功深、趣味盎然的作画竟也是源于这种根基，不禁惊异万分。记得设计初步的第四次作业是渲染希腊多立克柱式，当时我们野性未改，一心追求大师们一挥而就的名家气度，不耐心细磨慢琢，结果全班只有两人勉强及格。杨老当着全系同学的面，对我们大加训斥。设计初步最后一次作业是西方古典建筑构图（Composition），我想省略希腊额枋中的卷草纹，杨老说："想省事就不必学建筑。"挨了批评，我就老老实实地认真对待了。最后，我总算取得了最高成绩，全班也都取得长足的进步。杨老请刘敦帧先生来看图，看后满意地说我们这个班很有希望。一年级下的第一个设计是"桥"，指定要运用西方古典手法，遇此创作良机，又是处女作，自然就使出浑身解数，挖空心思，东添西补，尚嫌不过瘾，而杨老改图时删去的偏偏是我的得意之处，我心有不甘仍想固执己见，以致杨老指责我"画蛇添足"。经过诸如此类的锤打磨炼，我慢慢觉悟自己的幼稚无知和创作的艰辛。在设计中常有自己苦思冥想所得的"巧妙"构思，经老师一点破，反变得幼稚可笑。当自己的得意之作受到尖刻的评议，特别是被击中要害时，心绪往往难以平服，甚至难过得不堪忍受。尽管如此，事后我总要反躬自省，痛定思痛，待到柳暗花明时，不由得喜悦万分。听逆耳忠言而三思，对我来说也是必要的锻炼。

虚怀若谷、集思广益是使创作趋向完美的一种手段，即使是圣人，他的认识和立论也难免有时失之偏颇。"听君一席话，胜读十年书"，虽然这句客套话过于夸张，但很可能就是一席话中的某一点，会给你莫大的启示，使你茅塞顿开。所以"三人行必有我师"这句成语不无道理。凡是妄自尊大，孤芳自赏，一意孤行的人，在竞争中成功的概率是不大的。

在设计过程中，自己搜寻枯肠得出的一个构想，往往在书刊中是早已有之，而且更为巧妙。我无意在书刊中寻找"黄金屋"和"颜如玉"，但书刊至少为我开拓一个浩瀚深邃、富丽多彩的世界，会给我无穷的启迪。我常常浏览各种书刊，一旦发现有立意新颖的，就着手抄描或以简图记录在册，即使是走马观花，也会留下一个粗浅的印象。抄描虽属手工业方式，倒也印象深刻，复印机问世虽然省时省事，但在记忆库中却淡薄得多。

钟训正与自己设计的南京长江大桥桥头堡合影（作者提供）

初出茅庐时，最不能忍受的是设计过程中无休无止的折腾，最后还可能一切皆空，且我总以为这是中国特有的现象。从国外书刊上，我欣羡建筑师们似乎进入了自由王国，无拘无束，什么奇思怪想都能得以实现，特别是那些大师们，简直是随心所欲，业主们迎奉唯恐不及，感叹唯独在我国偏多坎坷。后来我有机会访美，并在建筑事务所工作了一段时间，发现书刊上的怪诞作品在那里也只是凤毛麟角，业主不会轻易让建筑师为所欲为地畅想任意挥霍他的财产，除非为了商业宣传效果，一般仍讲究实效。在那里我所参与的多项工程，其重大者几乎都"饱经沧桑"，或易主，或投资更改，或业主三心二意，或受舆论制裁而更改再三，可称得上"胡子设计"，到头来不少还是竹篮打水。

年轻时，我总相信真理只有一条，看问题常绝对化、简单化，自以为是非分明，果敢决断。对杨老模棱两可的口头语——"也许""可能"等不以为然。日久天长，慢慢理解到影响建筑创作的物质、精神和社会各因素的复杂性，孰轻孰重，会带来迥然不同的结果，没有绝对准确的答案。如果只认定走一条常规的真理之路，只会产生千篇一律的平庸之作。对设计创作而言，本来就"条条道路通罗马"。出其不意，甚至反其道而行之，有时反而带来非凡的效果。当然，为此得付出数倍于常规的艰苦劳动。

我自知没有很高的资质，但有一股傻劲，一经投入，必然全力以赴。我认为在事业上取得进展必须具备两个条件——悟性与勤奋。悟性是对事物有深切的分析和理解，善于总结教训，善于从优劣比较中探索新路；勤奋则是进步的根本，就悟性而言也是要勤于思考、勤于探索。

在艺术领域中，据我所知，没有一位伟大的画家不是从千万张习作中建立自己丰碑的，也没有一个不是以忘我的狂热全身心地投入。对我而言，更需要比常人多花些功夫。在建筑设计上，我多看书，多动手，多汇集资料，广收信息，以此来丰富自己的"词汇"量，提高自己的素养。在建筑画上，听从了杨老的规劝，不囿于仅学习一家的技法，而是尽量吸收各家之所长，加以融会贯通，特别是学习近现代的各种表现手法。以建筑技术而言，我认为它也是建筑师立业的根本。其实，建筑技术也是建筑设计的一部分，也有很大的创造性。我在联系实践时，曾在技术上深感知识和经验的匮乏。因此，一段时期狂热地抄录各种建筑构造大样达 800 余幅，后来出版的《国外建筑装修构造图集》即源出于此。在 20 世纪六七十年代，除了不得不参加的政治运动和劳动外，我为这些付出过无数日日夜夜。我后来的创作实践因此而得益匪浅。

在建筑设计领域里，我度过了 50 个春秋，教训可算不少，经验还说不清，成绩与花费的力气相比还不成比例。现在侥幸地戴上了院士的桂冠，可心却虚得很，好在我不认为这是事业的终结和圆满的句号，不会就此歇手去享受正果，还有机会和时间去补虚。我将尽力不辜负党和国家对我的期望和信赖，为祖国的建设和人才的培养作出更多的贡献。

（本文写于 1998 年，标题为编者所加）

钟训正　建筑学家。1929 年 7 月 9 日生于湖南武冈。1952 年毕业于南京大学。现任东南大学教授。长期致力于建筑教学、创作和研究工作。早年所作的北京火车站综合方案及南京长江大桥桥堡方案均经周总理选定而实施。主持设计的无锡太湖饭店新楼、甘肃画院及海南三亚金陵度假村，在建筑传统与创新、建筑与自然环境以及建筑技术与艺术的辩证统一关系上创出特色，分别获建设部和国家教委优秀设计奖。在南京古城区中华、雨花两路的改建任总建筑师期间，为古城区市容和环境的改善作出有效的贡献。杭州胡庆余堂中药保健旅游中心设计获竞赛第一名。《建筑制图》《建筑画环境表现与技法》等著作多次在国内外出版并获奖。已培养硕士研究生 60 余人。2010 年获得第四届中国建筑学会建筑教育特别奖。1997 年当选中国工程院院士。

现在细细想来，年少时培养的广泛兴趣，养成了我能不停地去追求新事物的个性，这对日后我所从事的染整技术的创新确实是十分有益的。

——周　翔

像海绵一样吸取科技养分

从小重视动手能力的养成

我出身于一个知识分子家庭。父亲毕业于上海交通大学，是一位土木工程专业的给水专家；母亲毕业于苏州景海女子师范学校，长期从事幼儿教育。这样的家庭氛围，很自然地向我灌输了要从小认真读书的意识。

早在学龄前，父亲就开始训练我对数字的敏感性，还经常为我画小鸟、汽车、轮船……抽象思维和形象思维并重，科学与艺术并举，让童年的我打下了认识客观世界的基础。

至今，我仍清晰地记得：一天，幼儿园老师让每位孩子带一个容器，来观察种子是怎样发芽的。这天我忘带容器了，着急之际，母亲急匆匆赶来，拿了一个很好的玻璃烟灰缸给我做观察种子发芽的实验……母亲从小重视培养我的智力发展与动手能力。同时，母亲能镇静地面对困难的美德也对我的成长产生了深远的

周 翔 院士
（2003，邓明摄）

影响。父亲在抗日战争时期从上海经香港辗转到重庆后，任小学教师的母亲，默默地挑起了抚养教育我们三姐妹的重担。一次，姑妈的孩子因玩火柴，不慎引燃了蚊帐，母亲在阳台上看见楼下房间蹿起的火苗，不慌不忙地下楼扑灭了火，避免了一场灾祸。这一切，我都看在眼里，不由得对母亲十分敬佩，也使我逐渐养成了遇事沉稳、不怕困难的性格，身处逆境仍泰然处之并能坚持读书。

兴趣广泛有益科技创新

我是在上海市立第一女子中学读的中学。喜爱阅读课外书籍，尤其爱读翻译小说。家庭的熏陶以及课外广泛阅读打下的基础，令我对语文课的作文构思布局、遣词造句的能力提高得很快。至今我还清晰地记得，我的两篇习作成为全班范文，至今回想依然觉得很受鼓励。其中一篇是为一位因患骨癌不幸病逝的同班女同学写的悼念文章，写得真挚动人，被老师用红笔一圈到底；另一篇写的是去吴淞口远足，描写了晚霞笼罩下的海与天的美景，写景抒情，一气呵成，词汇优美，语句动人，也被老师一圈到底。

我喜欢听轻音乐，尤其爱听多声部和声的重唱歌曲。学生时代经常打开收音机，把乐声放得很轻，就这样可边听音乐边做作业，效率还特别高呢！我也喜欢各类体育活动，譬如打排球、爬绳、

学习与思考（作者提供）

踢毽子、跳马、跨栏、打乒乓球、骑自行车、打羽毛球等，我都会积极参与。尽管篮球运动有点儿剧烈，相对来说参加得少一些，但是，立定投篮还是我的拿手，投得特别准。当然，我还是个抢篮板球的好手。现在细细想来，年少时培养的广泛兴趣，养成了我能不停地去追求新事物的个性，这对日后我所从事的染整技术的创新确实是十分有益的。

从上海市立第一女子中学高中毕业后，由于崇敬父亲在给水工程中的成就和贡献，也很向往成为一名工程师。因此，报考大学时，选择了工科。按考分我完全可以被上海交通大学造船专业录取，但由于我自身比较喜欢化学，最终选择了华东纺织工学院的染化工程系，成为该校创建后的首届学生。

像海绵一样吸取科技养分

1981 年至 1983 年，我被教育部公派赴美国农业部南方研究中心合作研究，在那里我迎来了可以集中精力进行科学研究的两年时间。

　　这两年的实验研究聚焦于实践中所产生的问题。也就是说，在应用基础研究方面取得了不少成果。当时的研究工作主要是探究合成某类化合物的反应历程，以及这类化合物与纤维结合后的逆反应，旨在弄清纤维释放甲醛的原理。因此，除用现代设备和仪器外，测定纤维上释放甲醛量的实验是绝不可少的，我熟练的操作技术，令美国同行看到我曾受过的良好教育。访学期间，我还与几位美国合作者在有影响力的学术会议以及期刊上合作发表了5篇论文，其中一篇被美国"AATCC 1983'国际学术年会"接受，让我有机会在大会上宣读了论文——《用核磁共振研究氨基甲酸甲脂的 N-羟甲基化反应历程》。除了学好课题中运用的当时最强有力的测试手段——核磁共振和高效液相色谱外，我还有机会学习了透射电镜和扫描电镜在纤维材料上的应用技术，并进行超薄切片试样的制备和电镜观察等。

　　在美国工作期间，我有机会与不少美国学者交谈，从中领悟并借鉴他们的研究思路以及学习他们的技术和思考方式，如纺织

学习与思考（作者提供）

品阻燃技术和阻燃中的阻熏烧概念和测试方法、热分析仪的应用、限氧指数仪的应用；低温等离子体刻蚀与电子发射光谱分析技术结合测定某种元素在纤维中的分布情况；核磁共振仪的应用；反相凝胶渗透色谱法测定纤维微细结构……与此同时，我还搜集了各类前沿测试手段的信息。这些都对我回国后的科研选题、仪器设备的添置、把握学科发展的方向……起到了很大的作用。

　　我的科研合作伙伴曾说："周翔就像海绵一样在吸取先进科技的养分。"其实，我心里明白，为振兴祖国的纺织业，我必须不懈努力。

　　（本文写于 2003 年 8 月，改定于 2022 年 8 月 3 日）

周　翔　纺织化学与染整工程专家。1934 年 9 月 26 日生于上海市。1955 年毕业于华东纺织工学院（现为东华大学）染化工程系。现任东华大学教授，国家重点学科"纺织化学与染整工程"的学科带头人，生态纺织教育部重点实验室学术委员会主任。曾任国家染整工程技术研究中心工程技术委员会主任，上海市欧美同学会副会长，兼任中国纺织工业协会科技顾问、中国纺织工程学会高级顾问、中国印染行业协会理事等。主要研究领域为纺织品功能整理、新型纺织化学品、染整加工与环境（生态纺织、低碳纺织品、纺织化学品的风险识别与替代）。主持完成中国工程院科技咨询项目、科技部 863 计划重大项目（课题七）、国家"十五"攻关计划项目、纺织工业部重大科研项目和上海市科委科技攻关项目等 50 多项，在科研成果向生产力转化使之成为商品进入市场等方面成绩显著。主要研究成果包括免烫功能整理剂系列、阻燃剂系列、硬挺剂系列等的研制、应用和产业化。在国内率先提出纺织生态学概念；开展将近代技术如紫外激光等物理方法用于纤维材料表面改性研究；纺织工业与气候—温室气体排放（碳足迹）的关系、对化学品的风险评估与替代等。从事纺织高等教育 60 多年，培育了大批创新人才，2013 年获"上海市教育功臣"提名奖。1995 年当选中国工程院院士。

成功就需要在困难面前再坚持一下，找到了发生困难的原因，也就发现了问题，成功也就有了希望。

——周邦新

科研转战　不懈奋斗

1935年12月29日我出生在湖北武昌，祖籍苏州木渎。祖父是前清的秀才，后来一直在苏州女子师范学校教书。父亲在苏州工专学习土木建筑毕业后，一生从事道路建设、房屋建筑。抗日战争爆发后，我家搬到了成都郊区的簇桥镇，在那里度过了我的童年。

1946年春天，全家回到了故乡。那是一座祖传老房屋，位于木渎镇的西边，离灵岩山很近，夏日晚饭后常到山脚下闲逛，上山可以眺望太湖美景。在通往灵岩山的路上，用青砖砌成整齐的小道，传说是乾隆下江南时走过的"御道"。家门前的小河上架着石桥，河中有成群的小鱼和不时划过的小渔船……这些构成了江南独特的景色，也成了我儿时的回忆。

当年秋季，我考入了镇上民办的初级中学，第二年转入苏州城里的吴县县立中学（现苏州市第一中学），开始住校生活，跨出了我人生独立生活的第一步。学校的房舍虽简陋，但环境十分优美，学校的隔壁是县图书馆——可园，对面是脍炙人口的风景点——沧浪亭，里面有迂回的长廊和层层叠叠的假山，每逢考前复习，我成了那里的常客。回到故乡后，父亲一时找不到工作，靠母亲在木渎附近的农村小学教书养家，经济的拮据和生活的艰苦可想而知。为了节省一点路费，节假日回家经常是沿着河岸步行两个多小时从学校走回木渎。生活的艰辛给我留下了深深的记忆，这也养成了我一生节约的习惯。

周邦新　院士
（2010年，方鸿辉摄）

1949年4月苏州解放了，姐姐们相继进入了华北革大、华东军政大学、北京俄专学习，参加了革命，离开了家，这对我家来说是一个很大的变化。解放后，我家从木渎搬到了苏州城里，1950年夏又搬到了上海。

在苏州市第一中学建校95周年和100周年之际，我曾两度回到母校，从心底深处感到，如果能够让我重回到中学时代，我一定会加倍努力学习，因为中学时代太值得珍惜了。

1950年，国内掀起了"抗美援朝"和学生"参干"的热潮，在接受了爱国主义教育后，我才逐渐认识到需要将个人前途和祖国的命运紧密联系在一起。高中毕业时，考虑到国家建设需要钢铁，我就报考了北京钢铁学院（现在的北京科技大学）。那是北京钢铁学院招收的第一届学生，校舍刚开始建造，第一年只能在清华大学上课。1956年从北京钢铁学院毕业后，我被分配到中国科学院物理研究所（当时的名称是中国科学院应用物理研究所）。

在物理所工作期间，曾先后得到颜鸣皋、李恒德和陈能宽等几位从国外学成归来的科学家指导和关怀。他们后来都成为科学院和工程院的院士。从老师们那里学习到的严格的科学态度和严谨的科研作风，使我受益匪浅。在刚开始工作时，颜先生把相关的英文资料一边念一边为我讲解的情景；李先生将碘化法提纯钛实验时如何把零点零几毫米细的钨丝和粗的钨电极连接到一起的方法，画在纸上交给我时的情景，现今仍历历在目。刚到物理所，我有幸被分配在颜鸣皋先生和李恒德先生手下工作，从事铜板中织构问题和碘化法提纯钛的研究。两位先生当时在物理所是兼职的，每星期五下午到所里来半天，这对我来说是非常宝贵的时段，除了汇报一星期的工作之外，更重要的是聆听老师的指导以解决实验中遇到的问题。

1958年"大跃进"年代，课题组的同志们不分昼夜努力工作。那时，我和其他两位同志一起承担了研究硅钢片中如何获得立方织构（也称"双取向"）的问题，并取得了成功。要在铁硅合金中获得立方织构并不像在铜、铝金属中那样容易，因为它们的原子排列规律不同。从得到单取向硅钢片后，人们一直都想获得制作双取向硅钢片的方法，但存在一定的难度。由于我跟着颜先生做了一年多铜板中的织构问题，自然成了研究铁硅合金中立方织构的主要力量。经过半年多的努力工作，我们在铁硅合金中获得了集中的立方织构。这激发了我对科研工作的极大兴趣。总结了失败的教训和成功的经验后，我认识到实验工作要认真，观察分析要仔细，实验结果要能多次重复。1965年我到英国纽卡斯尔大学冶金系访问，第一次与系主任见面时，他问起我做过一些什么研究工作，我回答说做过织构方面的研究工作，他马上问道：你能在铁硅合金中生长立方织构吗？我很有信心地回答：能够。由此可见，那时在从事研究金属形变和再结晶问题的科学家心中，对体心立方结构金属中如何获得立方织构的重视程度。

1960 年陈能宽先生带领了我们 30 多人从北京物理所调动到了沈阳金属研究所。为了进一步研究立方织构形成机理，我认为应该开展多种体心立方金属单晶体的形变、再结晶和织构的研究。在物理所时，曾看到许多老同志都在从事生长单晶和研究单晶体的变形，因而我也选定钼单晶为研究对象，后来又研究了铌、钨和铁硅合金的单晶，由于这些金属的熔点都很高，要生长它们的单晶体，比生长铝和铜的单晶体要困难得多。钼单晶的形变和织构方面的研究结果后来在全国学术会议上作了报告，得到了前辈们的好评，钱临照先生会后还找我询问了工作中的一些细节，并将文章推荐到《物理学报》上发表。这是对我独立进行科研工作后做出一点成绩的肯定，也帮助我树立了能够做好科研工作的信心。

回想这段科研工作的历程，我深深地感谢当时金属研究所张沛霖、郭可信等前辈的鼓励，也感谢所领导对我工作的支持和关怀。

为了国家的需要，1961 年金属所成立了铀的化学冶金和物理冶金两个研究室，从事核燃料的基础研究和应用研究工作，并由两位所长兼任研究室的主任。我参加了由张沛霖先生领导的物理冶金室工作，从那时起，核燃料及核材料成为我一生中主要的研究方向。

1964 年接近年底时，所里突然通知我去英国访问学习两年，我们派去的人不读学位，只做研究工作，双方之间不发生费用的支付问题。我去了纽卡斯尔大学冶金系，选择了研究金属变形时屈服前的"微屈服"现象。"文化大革命"结束后，我重新翻阅了在纽卡斯尔做的那些研究结果，虽然时隔多年，但仍觉得很有意义，因此又补做了一些实验，写成文章后发表在1983年的《金属学报》上，这与开始工作的时间已经相隔了18年。在英国的第二年暑假，为了能够多了解一些国外的科研工作情况，在向系主任汇报了将近一年来获得的研究结果后，我联系了剑桥大学冶金系，选择了低合金钢中合金碳化物析出过程的研究。从那时起，我接触到电子显微镜，并开始用它来研究材料中的一些问题。

1970年，由于沈阳市环境保护的需要，金属所停止了核燃料方面的科研工作，我们一批人又通过集体调动来到了四川"三线"——中国核动力研究设计院，这也是我连续工作了28年的地方——峨眉山下青衣江边。这是一个十分美丽的地方，江水清澈见底，冬日还可以遥望峨眉山顶上的皑皑白雪。来到"三线"后，投入了实验室的建设工作，接触到了生产和工程应用中出现的各种材料问题，这不像在实验室中自己构思出来进行研究的那种问题。抱着认真负责的态度，带领了组内同志深入现场了解情况，并进行实验室的模拟实验，通过观察和分析，解决了不少生产中出现的材料问题。同时，我自己也学到了很多知识，积累了不少经验。当时我们实验室已经装备了电子显微镜、电子探针和X射线衍射仪等材料分析必备的仪器，条件算很优越了。在这段时间中，一件比较重要的工作是：核燃料元件生产厂由于生产质量问题而濒临停产，问题出在元件的包壳表面，由于产生了不均匀腐蚀的小白点而报废。这种包壳是锆合金，内部装有可发生核裂变的二氧化铀芯块。由于核燃料元件在反应堆中运行时的工况极为苛刻，为了安全性和可靠性，对生产过程中的质量控制和要求十分严格。在问题提交给我们之前，生产厂的技术人员已经做过一番努力，但问题并没有能够解决，看来难度不小。由于制造一件产品需要经过许多生产工序和环节，每一个环节又有许多影响因素，当产品最终出现质量问题时，要追查究竟哪一道工序的哪一个因素出了问题，这的确是一件非常麻烦且棘手的事情。我在采用电子光学仪器对样品进行分析后，找到了解决该问题的突破口。用这类分析仪器得到了大约只有 0.1 毫米大小"白点"中物质的晶体结构，并且了解到其中的化学成分与周围金属基体间存在微小的差别。通过生产现场的实际调查，并结合锆合金专业知识的综合分析，设想了"白点"形成的可能途径，通过实验室里的模拟实验，终于揭开了"白点"形成之谜，解决了生产中的问题，挽回了经济损失，也赶上了所要求的生产进度。

这件事让我深深感到：成功就需要在困难面前再坚持一下，找到了发生困难的原因，也就发现了问题，成功也就有了希望。通过这项工作，我进一步认识到显微分析方法在材料研究工作中的重要性，从那以后，自己非常注意学习和应用一些新的显微分析方法，并努力创建一个能够从事显微分析的工作平台，这样可以从更深的层次来研究材料中的问题。

从 20 世纪 70 年代开始，锆合金也成了我后半生一个重要的研究方向。锆合金是核电工业中一种重要的结构材料，核电的发展需要性能更加优良的锆合金，研究开发高性能的锆合金，这也是从事核材料研究工作者的责任。

在中国核动力研究设计院工作期间，我先后担任过组长、室

参加在美国 Sunriver 举办的第 15 届锆合金国际学术会议
（作者提供）

主任和所长，无论行政工作如何忙，我都没有脱离过实验室，许多实验我都乐于亲自去做，尤其是用电子显微镜观察材料中的显微组织以寻找影响材料性能的原因。尽管这种观察有时需要持续数天，但我觉得离开了实验、观察、分析和思考，就会失去发现问题和解决问题的灵感。直到现在，虽然年龄和体力上受到不少限制，但我还是坚持亲自做一点实验观察和分析。除了核材料方面的科研工作之外，我还进行了核燃料和燃料元件方面的研究开发。1990 年 6 月与国外签订了提供两批研究反应堆所需的 60 个燃料组件的供货合同。这是一种新型低浓缩铀的板型燃料组件，当时只有几个核技术先进的国家才能生产。我们研究所虽然对这种燃料元件的制造技术进行过多年的研究，但还没有形成批量生产能力，有许多制造工艺环节还需要完善，有多台主工艺设备还需要购买、调试和安装，生产时所需的质保体系还需要建立……面临着 14 个月后就要交付第一批 30 个燃料组件，不仅有困难，还有相当大的风险。这是在我担任所长后签订的合同，我不容推辞指挥员的角色，如果指挥员没有敢于冒风险的精神，就无法指挥队伍作战。生产的产品是用在核反应堆中的燃料组件，绝不能出半点差错。我们的主力是具有高级职称以上的科研人员，这是完成任务的保证。另外，我们还有一批过硬的无损检测技术力量和设备，只要对产品进行百分之百的无损检测，可以将不合格品剔除。当然，我们必须提高成品率。我在组织好一支骨干力量以后，没有停留在"开会"指挥的模式上，通过深入生产现场，了解问题和解决问题，不仅做好组织协调工作，并且充分发挥自己在材料方面的知识与经验，使生产中出现的技术关键问题能够及时得到解决。经过与同志们的日夜奋战，第一批 30 个燃料组件终于提前 10 天完成了任务，放入反应堆中运行数年后的反馈信息非常理想。在第二批燃料组件交货大约 10 年后，又接到了国外第三批燃料组件的订货……

　　1998 年，我回到了离开 46 年后的上海，成为上海大学的一名教师。我的工作重心也转向以培养自主创新人才和建立科研团队方面了。尽管在上海大学没有条件从事放射性核燃料的科研工作，但是可以研究不带放射性的结构材料，这也是核工业中的重要材料，可以统称为"核材料"。为了满足国民经济的快速发展，需要大力发展清洁能源，迎来了我国核电事业的大发展，也为从事核材料研发的科研人员提供了机会，高等院校理应在基础研究方面发挥自己的优势，作出贡献。

　　来到上海大学后，从建立相关的实验室到建立一支科研队伍，我花费了好几年的时间。目前，需要研究的问题不少，负责的课题仍然很多，除了组内的几位老师之外，还招收了不少硕士生和博士生共同来完成这些课题。从学生的成长过程，从他们得到的研究结果和写出的论文中，我也找到了自己的乐趣。

如果说我这一生中做了一点工作和出了一点成绩，我应该首先感谢我的老师，感谢他们在我学习和工作各个阶段中对我的教育、帮助和鼓励，使我得到成长。还应该感谢在各个阶段中与我共事的同志们，因为许多工作都是经过集体的努力才能完成的。

（本文写于 2010 年 7 月，改定于 2022 年 8 月 19 日）

周邦新　核材料及核燃料学家。1935 年 12 月 29 日生于湖北武昌，祖籍江苏苏州。1956 年于北京钢铁学院（现北京科技大学）毕业后先后在中国科学院物理研究所和金属研究所工作。1965 年至 1967 年赴英国纽卡斯尔大学及剑桥大学冶金系学习访问。1970 年至 1998 年在中国核动力研究设计院工作，曾任室主任、所长。1998 年调入上海大学材料研究所工作。曾任中国核材料学会副理事长、中国材料研究学会理事、四川省电子显微镜学会理事长、上海市显微学学会理事长、国务院学位委员会第四届学科评议组成员、国家自然科学基金委工程与材料学部评委等职。长期从事核材料及核燃料的研究和开发工作，20 世纪 90 年代初领导主持了研究反应堆用低浓缩铀板型燃料元件的国内首批生产，同时期组建了核燃料及材料国家重点实验室。曾获得 1978 年全国科学大会"先进科技工作者"、1979 年第二机械工业部"劳动模范"、1990 年中国核工业总公司"突出贡献专家"、2020 年中国核工业集团有限公司颁发的"核工业功勋人物"等荣誉称号。2000 年和 2012 年分别获得国家科学技术进步奖一等奖和二等奖。已发表论文 200 余篇。1995 年当选中国工程院院士。

> 人的一生，可能会碰到许多机遇，
> 能否抓住它，完全取决于平时的为人和
> 知识的积累。否则，只有向隅兴叹，能
> 怪谁呢？
>
> ——周后元

以"国家需要"为科研目标

"我要读书"

我是一位轻度残疾人，贫农的孙子，地主的儿子。母亲是文盲，父亲不识几个字，靠种几亩薄地维持生计。家境贫寒，以至于我患了小儿麻痹症，他们也不知晓，直到三四岁走起路来才发现，为时已晚，也无钱医治。

1939年进初级小学，因贪玩好动，不用心读书，四年级留级重读。为此，挨了父亲一顿臭骂与毒打。天啊！我哪里会理解父亲对我的期望。看到小伙伴们升入高级小学，好多人又歧视我的身残、留级，我心里真不是滋味。但毕竟是重读，成绩变得良好，常得到老师的夸奖，毕业时还得了第一名。老师笑了，父亲也笑了，我也主动要读书了。

不久，父亲弃农经商，家境好转，还买了几亩土地，当起小地主来。邻里们称呼他为"周老板"，并称我为"周大少爷"。由于父亲没有多少文化，常受乡里一些有势力人物的轻视和欺

609

周后元 院士
（2010，方鸿辉摄）

侮。1943年春节后，他们伙同保长，在我家周围布置了一些人，欲抓父亲去当壮丁。得到风声后，父亲连夜出逃，躲了起来。后来，他们还是把我的小叔抓去了。日后，父亲常对我说："你要好好读书，我就是不识几个字，受别人欺侮与凌辱。"我理解了父亲的意思，也确实用功了。1944年考入高级小学，成绩出众。

同年秋，日本侵略者到了我的家乡湖南衡阳，烧杀掠夺，奸淫妇女，无恶不作。一天日本兵把我家的房子放火烧了，全家人痛哭不已。不久，一场饥荒和流行性疟疾，又死了不少人。贫病交加，惨不忍睹。我也染上了疟疾，差点送了命。这一切，让我真正体会到国破家亡的悲哀。

抗战胜利后，跳级读完高级小学，考入衡阳市立中学。原以为可以顺利读书了，不料天灾又来了。1948年一场汹涌洪水，将我家的房子和土地全部冲刷得精光，生活的阴影笼罩全家。父亲不得不到处奔波，重操旧业，做点小生意；我和一个同学摆小摊，卖点肥皂、牙

周后元摆小摊，赚点钱补贴家用
（叶雄绘）

膏之类东西，赚点钱补贴家用，以减轻父亲的负担。生活窘困，自然没钱读书了，但"我要读书"的希望始终没有泯灭，不知哪一天能实现？

梦想当科学家

1949 年家乡解放了！我这个经受了多灾多难的年轻人总算有了安定读书的社会环境。考入设在茶陵的湖南省立第二中学（现茶陵中学）时，欣喜万分，心底"我要读书"的火焰被点燃了。除完成作业外，我对数学产生了浓厚的兴趣，认真自学《三 S 平面几何》和陈建功先生的《大代数》，演算书中一些难题。虽然放松了其他一些科目，却锻炼了我的思维方式和推理能力。老师在讲课时，还介绍了钱学森、华罗庚等著名科学家的事迹，我对他们的崇敬之心油然而生，做起了当科学家的梦。

1952 年全国统一高考，我本打算报考数学专业，既符合我的兴趣，也符合我的身体条件。一个偶然的机会，翻阅一本《人民画报》，介绍了中国医科大学各院系的学制设置和仪器设备情况。我马上想到自己的小儿麻痹症就是因缺医少药造成的，毅然改变初衷，报考了沈阳药学院（现沈阳药科大学）的化学制药工程系。我想，学成后能减轻别人的病痛也是一件大好事。随着课程的深入，兴趣日增，我深深地爱上了这个专业。当年全靠国家对大学生各方面的优厚待遇，否则仅靠父亲的微薄收入，我是绝不可能读完大学的。

四年大学生活似平淡，也不平淡；多的是批评、指责，缺的是同窗友爱、师生情谊。课余，我全浸在书海中，诸如《资本论》《斯大林传记》和《毛泽东选集》等，其中《钢铁是怎样炼成的》

使我震撼不已。保尔·柯察金带着伤残的身躯回到老家,躺在树林里想到,人的一生应该是这样度过的:当他回首往事时,不致因虚度年华而悔恨,也不致因过去碌碌无为而羞愧;在临死的时候,他才能够说,我的整个生命和全部精力,都已献给世界上最壮丽的事业——为人类的解放而斗争。

自然,我难以与保尔·柯察金相比,但他的言行始终鞭策着我,激励着我。在人生的道路上,能够无怨无悔就可以了。

"国家需要"是目标

大学毕业后,来到上海医药工业研究院,从事化学药物合成工艺研究。研究院的研究条件很好,前辈学者们都知识渊博、作风正派、严格求实。在他们的熏陶下,我迅速成长起来。先后在糖精、维生素A的生产工艺改进方面作出了一些成绩,也使我认识到:一名科研工作者当然应该掌握必要的专业基础理论知识和先进技术,但在科学实验中还必须"多思善察"。这是叶圣陶先生给我女儿宁宁题写的四个字,实则也是对我的教诲。

作为医药工业研究领域的一名科技工作者,我选择的研究方向大多来自国家的需要。可以严格地说,我的每一项科研成果背后都很清晰地贴上了"国家需要"的标记。

我的第一项成果是研究开发糖精合成新工艺。1959年我国进入三年困难时期,白糖太少,以糖精代替也供不应求。这年4月份,上海市政府下达了必须在国庆节前提高糖精产量、降低成本的命令,以解决吃甜食的江、浙、沪民众在10周年国庆能吃到甜食的问题。既然是国家的需要,责无旁贷,我欣然接受了改进糖精合成工艺的科研任务。任务急,时间紧,在现有设备上增加产量，其难度对于年轻人的我是可以想象的。我日思夜想，整天满脑子都是化学方程式、新合成路线设计，试探性实验以及所遇到的种种困难。一天晚上躺在床上，我突然想到新合成路线所产生的酸味问题或许可以用氯气转化成甜味的糖精，立即起床赶到10千米之外的实验室。因为氯气是有毒气体，当时我的实验室没有通风设备，只好在没有灯光的楼外草坪上自行制取氯气，一直工作到天亮，取得了成功。最终将原糖精合成工艺中 Gattermann 反应引入亚磺酸的方法改为 Sandmeyer 方法，在厂方大力协助下，放大到生产规模，取得预期的效果，产量提高一倍，成本下降一半。也终于赶在国庆节前投入生产，上海市每户能购到15克糖精（相当于11斤白糖），如期完成了任务。更让我感到自豪和欣慰的是，该合成方法至今仍是我国生产糖精的通用工业生产方法，使产品得以大量出口。

三年"自然灾害"期间，由于营养不良而造成的夜盲症患者增多，民众体质下降，急需大量维生素 A 治疗。当时我国还不能生产维生素 A，只能依靠进口。由于国外的封锁和售价高昂，国家决定组织科研攻关，采用化学合成法生产维生素 A。1961 年，指派我负责维生素 A 化学合成方法和中试工作。三年间，我们查阅了大量的资料，进行了无数次的对比试验，最终研究出了 C_6-醇与 C_{14}-醛的联结、选择性氢化、酰化脱水等方法，在中试及其后的生产中得到了结晶维生素 A，各项指标均符合英国药典的规定，这是我国工业上首个高收率的结晶性维生素 A 合成工艺，它不仅填补了国内空白，而且技术与经济指标也接近国际先进水平，且目前仍为国内生产厂采用。1964 年，该成果获得国家工业新产品奖二等奖。

周后元院士在实验室（2002，作者提供）

随后的"文化大革命"10年，浪费我们太多宝贵的时间，在轰轰烈烈搞运动的时期，虽受到不公正待遇，我仍持续地埋头读书，调研医药领域，发现20世纪60年代国外一些制药企业采用噁唑法合成维生素 B_6，收率大大提高，售价大幅降低，垄断了国际市场，使我国出口受阻。1979年，我主动请缨开展维生素 B_6 新合成工艺研究。一些有机物的合成实验相当复杂，关键中间体的合成和工业化条件，往往要进行上千次的实验操作。那时，试验非常艰苦，从设备的图纸设计到安装、三废处理、设备调试、操作工人培训，到原料质量检验和核对，我都坚持亲自参与，同大家一起解决遇到的各种实际问题，争取在最短的时间内完成任务。1982年，我们终于完成了实验室研究，并投入批量生产，取得了国家发明专利，使我国的维生素 B_6 产品重新进入国际市场。1993年，仅一家厂用该方法生产的维生素 B_6 就节约成本两千多万元，而且这种工艺与方法现在仍是我国生产的通用的工艺与方法。维生素 B_6 新工艺的发明，在满足自己成就感的同时，也赢得了不少荣誉，我先后被评为1985年上海市劳动模范和全国医药系统劳动模范，1991年国家专利局还颁发了专利银奖。

90年代后期，我一直在思考作为一名医药科研工作者的社会责任，应该尽己所能地解决影响国家、人民利益的难题，国家的需要就是我的追求。同样，作为辐射全国医药企业的技术创新基地——上海医工院，要通过做大课题来体现它的能力与地位。当时，国内外对麻黄素的需求量非常大，国内都是从麻黄草中提取麻黄素，而提取1000克麻黄素要破坏5亩草地。由此，被称为"沙漠上最后卫士"的麻黄草遭到疯狂采割，造成极大的生态破坏。人工合成麻黄素的研究和生产成为当时国家和社会的迫切需求。为此，国务院曾发通知，要求"加快化学合成麻黄制品的研制进度"。从2000年起，我负责的科研组把目标瞄准了化学法合成麻黄素。经过我和小组成员黄成军、应瑞芬等人的不懈努力，历时4年，终于用化学合成法成功合成了麻黄素，发明了不对称转化法和不对称还原法，取得了两项发明专利，为我国治理西部地区沙化提供了技术支持。2004年8月16日，合成麻黄素新的合成工艺正式在浙江康裕药业股份公司投产。现在，该公司年合成麻黄素的生产能力达到500吨，不但可以满足国内需要，还可以出口，获得了良好的社会效益和经济效益。

"基层院士"

我常向年轻科研人员讲述自己的经历，以启示和激发他们健康成长。科研工作特别是开发性科研工作，是一种群体行为。不损人、不夺利、不抢名，才能协同开展科研，才能受到别人的尊重。人的一生，可能会碰到许多机遇，能否抓住它，完全取决于平时的为人和知识的积累。否则，只有向隅兴叹，能怪谁呢？一些青年朋友常说：周老师喜欢做大课题，一旦成功不得了；就是说话直来直去，少了点书卷气。

一褒一贬，何其相似乃尔！这倒也是我的真实写照。

是啊，生长在农村的一个"谈笑无鸿儒，往来尽白丁"的家庭，少年时期接触的又都是社会底层人物，这样的环境造就了我坦诚、直率的性格。至今秉性难改，给我带来了不少麻烦，但也受益匪浅。我们的研究成果都要落实到生产中去，厂里的工人、技术人员并没有把我当"工艺大师"式的大人物，彼此间都能做到无隔阂的交流。我要求工人做的事，自己首先做到、做好，取得他们的信赖。这样才能发现试验工作的问题，解决问题。在襄樊湖北制药厂推广"萘普生新工艺"研究成果时，与该厂工人、技术人员、管理干部结下了深厚情谊。告别时我写了一首诗：

汉江日月汉江水，三载功成始夺魁；

待等他年花满地，与君欢畅共举杯。

取得中国工程院院士"头衔"后，我再到湖北制药厂，朋友们戏称我为"基层院士"。

好得很，基层院士！

（本文写于 2010 年 2 月）

周后元　药物化学专家。1932 年 12 月 22 日生于湖南衡阳，2013 年 10 月 29 日逝于上海。1956 年毕业于沈阳药科大学。上海医药工业研究院研究员。长期从事药物合成研究工作，先后主持并研发糖精、维生素 A、环己亚硝脲及卡氮芥、维生素 B_6、萘普生、麻黄碱、伪麻黄碱等重大产品的合成工艺和工业化生产，取得了显著的经济和社会效益。所完成的麻黄碱和伪麻黄碱工业化合成研究并实现规模化生产，为国家减轻西部地区土地沙化提供有力技术措施。曾发表论文 20 余篇。培养博士研究生 10 余名。研究成果曾获国家及省部级奖励 4 项。1994 年当选中国工程院首批院士。

所谓妙手仁心，"妙手"是医术，"仁心"就是对病人的关怀，只有从这点出发，才能做一名好医生。

——周良辅

好医生关注的永远是病人

高科技与基本功

在外科领域，神经外科是最依赖于高科技的。因为神经外科是一门很年轻的学科，是 20 世纪初才从大外科中分离出来的，至今仅 100 多年的历史。由于神经外科的年轻以及学科初创期医学科技自身发展并不快，因此在 20 世纪五六十年代以前，神经外科是很落后的，不仅中国落后，国外也很落后。检查手段很粗糙，往往都是带创伤性的，而且还不很准确。譬如，气脑造影和脑室造影，那时用得很多，它们分别是把空气打入脑室（先要在颅骨上打洞）内或腰椎蛛网膜下腔内。由于空气在 X 光片上呈黑色，可把颅内病变如肿瘤衬托出来而显影。可是，脑瘤患者通常颅内压很高，都有头痛，如果再把空气打进去就像火上浇油，病人会痛得更厉害。这种检查因为有创伤性，不仅很痛苦，而且准确率不高，所以检查中要经常反复拍片子，有时打空气打得不巧会造成脑疝，病人就昏迷过去。可见，连检查时的风险都很高。这当

周良辅 院士
（2010，方鸿辉摄）

然使医生很着急，病人更着急。

20世纪六七十年代以后，高科技推动了神经外科的快速发展，在医学诊断方面出现了CT、磁共振、DSA（数字减影血管造影）以及PET等，这些技术都是无创检查或微创检查，而且对肿瘤、血管的诊断都很清楚。这样，病人不痛苦了，医生也节省了大量的检查时间，可把更多的时间用于手术研究与操作。

原先，神经外科医生做颅脑手术，只要能把患者的肿瘤摘除或把动脉瘤夹掉，医生的本事就算很大了。虽然病人瘫痪了，残废了，患者家属不仅不埋怨，依然会感谢医生，因为医生把病人的命保住了，那时能达到这个水平已经不错了。现在不同了，病人对医生的要求高了，不仅要保命，而且要功能，要生存质量。因为残疾对家庭、社会的负担都增加了。由此可见，现在的脑外科医生压力确实大了，不仅要保病人的命，还要做到保住脑功能。

不过，高科技影像学检查的本事也确实大了，不仅能显示出肿瘤，而且能显示功能结构；过去只能显示出肿瘤究竟是在左边还是在右边的位置，现在可以把管手脚的、管语言的、管视觉的功能皮层都显示出来，除了皮层的，连皮层下面的传导束也能显示出来，而且与解剖是一模一样的，这就叫功能影像，这是21世纪后才有的。有了这个条件，医生才有本事做到保住脑功能。有了高科技的保驾护航，医生的能耐与病人的要求渐渐接近了，保住病人术后的脑功能才有了可能。

以前的脑外科手术，经验丰富的医生，定位定得准，肿瘤就能切除得多，功能保留得多；反之，没有经验的医生，定位不准确，肿瘤找不到也切不干净。现在有了神经导航仪、有了显微镜等先进的工具，大大改观了以前脑外科手术光凭主观经验的现象。

话又得说回来。那么，神经外科医生光靠高科技行不行？那肯定不行！

现在有种倾向，认为脑外科医生好当了，检查靠CT、磁共振，开刀靠导航仪就可以了，本事差也能开刀。这又是很大的偏见。我们现在还是强调年轻医生必须掌握"三基"（基本理论、基础知识、基本技能）。毕竟对病人做什么检查，检查什么部位，还都要靠基础知识来定位，缺乏这些基本功必然会误诊。脑外科手术同样如此，也必须扎实掌握基本的解剖知识、显微外科的技能。尤其是在三级医院、教学医院里，还要承担科研、教学工作，更需要有扎实的"三基"。我们医院碰到一些转诊过来的病人，就是因为诊断不清楚，找不到病变的确切部位，所以病变组织拿不干净或者做过头了。其实，这些都是"三基"差造成的后果，是高科技下产生的低能医生。

现在很多医生在看门诊中，锤子忘记带了，或者根本就不查了，这不应该，这是对基本检查方法的不重视。因为高科技手段不等于说就不要基本技能了。

20世纪80年代，我曾去美国做访问学者，碰到过这样一件事：一位美国的总住院医生面对脑外伤病人束手无策，为什么呢？因为医院的CT坏了，无法对病人进行诊断。因为他平时就完全靠CT检查病人，现在CT坏了，他就束手无策了。过去我们没有

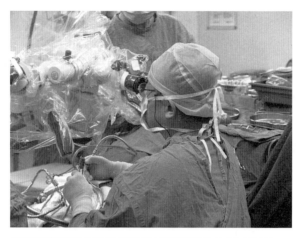

周良辅在聚精会神地做神经外科显微手术（作者提供）

CT，没有磁共振，脑外伤照样可以诊治，依靠小锤子敲敲、手电筒照照瞳孔，就可以判断病人是否有脑疝，伤在什么部位。现在有些年轻医生一旦没有 CT 就不会当医生了，连简单脑外伤也诊断不掉了。这就是高科技下产生的低能医生，他把做医生最基本东西都忘记了，这个问题应该引起充分重视，尤其对年轻医生。

创新克难治疾患

颅脑结构精细复杂，当病变所处的位置特殊（如脑功能区、脑深部、脑干、海绵窦）时，因涉及生命中枢和重要神经、血管，术后致死和致残率高，严重影响患者生命及生活质量。此类"难治部位的病变"一般会达到 30% 至 40%，其手术治疗曾是世界神经外科领域的一大难题。

我们的团队以代表性的病变（海绵状血管瘤 CCM 和血管母细胞瘤 HB）为研究对象，历经 12 年，建立了 4 项新技术：

（1） 当病灶位于支配手足运动的功能区时，仅凭术者主观经验，无法精确定位功能区，术中易将其损伤，导致术后肢体瘫痪。我们通过头模实验，首次论证了多影像融合图像的配准精度可被临床接受。据此，在临床上首次建立一个可视化的术中三维定位模型，能同时显示病灶和功能区，可指导术者避开功能区，选择安全路径到达病灶，既能全切除病灶，又能保留功能区。70例手术，100%地完好保留功能区，无术后肢体瘫痪。

（2） 因重力作用，开颅之后脑组织会发生移位，位于脑深部或多发病灶的位置也随之改变，导致术中找不到病灶。我们通过研究脑移位规律，首次发现脑组织浅表部位的移位大于深部，周边部位的移位大于中央部位的移位。据此，在术中预先对深部病灶进行微导管定位标记，该导管能与病灶发生同步位置改变，实现移位病灶的跟踪定位，然后先切除浅表或周边部位的病变，再循微导管找到和切除深部或中央部位的病变。使一次手术切除多个病灶成为可能。50例手术，100%地找到所有目标病灶。

（3） 脑干是手术禁区，术后致死和致残率极高。我们通过电生理检测和手术探查，首次确定了"上下三角区"两个新手术安全区，由该区域进入，能有效避开脑干重要神经核团；又采用"棉片原位牵拉""水下电凝"和"二次剪断"三项创新技术，能充分显露病灶，确切保护神经核团和有效控制出血。142例脑干 CCM 和 33 例 HB 由"不治"变成"可治"，切除率分别达100% 和 94%，死亡率为 0，术后并发症分别降至 4% 和 6%。

（4） 海绵窦也是手术禁区，通常采用"硬膜内手术入路"，不仅病变难以全切除，且易引起致命大出血和严重神经功能障碍。我们通过解剖发现，海绵窦外侧壁硬膜有内外两层结构，手术打开外层即可直接进入海绵窦。据此，首次采用"硬膜外手术新入路"切除病灶。62 例海绵窦 CCM 全切除率达 94%，死亡率为 0，术后并发症降至 10%。

上述新技术又被扩大应用于相同部位其他病变（如胶质瘤、神经鞘瘤等）的手术治疗，由此解决了颅内难治部位病变手术治疗这一国际性治疗难题。

经查新，这 4 项新技术均为国际首创，各疗效指标优于国内外同类报道。国际神经外科权威杂志 *Neurosurgery* 和 *Surgical Neurology* 的评价是：多影像融合技术是一项重要的里程碑式的研究，显著减少术后并发症和提高患者的生活质量，象征逐步崛起的中国神经外科的力量；微导管定位能有效跟踪定位发生位置改变的深部病灶，值得推广；提出切除脑干 HB 的独特外科诀窍，是令人瞩目的成就；极好地解决了海绵窦内 CCM 切除这一外科手术面临的挑战。

我们的这一系列创新技术曾荣获 2009 年度国家科学技术进步奖二等奖。

医德与医术

无德不成医。我对年轻医生的要求，除医术之外，首先要求的是医德。不讲过高的道德或伦理，治病救人毕竟是做医生的基本医德，学了半天就是为了治病救人。但不应该对病人有什么要求，这很要紧。所谓妙手仁心，"妙手"是医术，"仁心"就是对病人的关怀，只有从这点出发，才能做一名好医生。现在少数医生还会有拿"红包"的现象，这个也有受社会大环境不良的因素影响所致。我一再告诫我们团队的医生们，绝不可以拿病人的

"红包"。当然，医院也有制度约束，查出来要开除的，这个约束是对的。如果满脑子想着钱，就不要当医生了，因为当医生可以保证有不错的生活，不过是发不了财的。只有在这个基础上，我们才能探讨医术。谈医术要求刨除满脑子的杂念，这样才能静下心来治病、搞研究。我想，这是做医生最基本的操守，也就是我们常说的先要学会"做人"，然后才是"做事"与"做学问"。

医患关系是当前不容忽视的大问题。从做医生的角度来讲，处理医患关系确实很复杂。我认为：医生和病人不能成为对立面，医生和病人是伙伴关系，是合作关系，是同一条战壕里的战友，这样才能合力战胜共同的敌人——疾病。两个战友要团结起来，首先要相互尊重。病人对医生不尊重，或者医生对病人不尊重，那怎能处理好相互之间的关系呢？其实这也是做人的起码条件。你要别人尊重你，你首先要自律自重并尊重对方，那人家才会尊重你。如果病人老是找医生的"茬"，医生就不敢给你看病，病人也就觉得医生对他不负责任，不关心他。这是一个相互的关系。对医生来讲，还有一个很重要的"自律"问题，如果医生连这个基本问题都没处理好，那怎能将自己的知识、才华和能力奉献给患者，去为病人服务呢？

除此之外，医患关系紧张还有不能低估的外来因素。现在的医患关系比过去差很多，过去医院里也死人，也有医疗差错或事故，但没有闹得像现在这样。这些外来因素，就是近年来我们一直都在谈论的，首先是国家对医疗卫生的投入。通俗地讲，以前看病费用国家全包，所以病人看不好病，也就损失了身体，但没有破财。现在不同了，国家投入减少了，相对个人的付出就多了。往往病人为了治病，把家里的牛卖掉，房子卖掉，但最后病还没看好，甚至闹得家破人亡，所以病人或其家属就要找医生出气，要你赔偿。

第二个因素恐怕就是媒体的无端炒作。有些记者就是语不惊人誓不休，把小事夸大甚至无中生有。媒体反映事件是对的，但不能违背新闻良心，这和我们做医生一样，要有良心，要尊重事实，反映事实，不能无限夸大，甚至捏造事实。媒体应该从医生和病人要互相配合、互相体谅、互相尊重等正面来予以正确引导，不要热衷于负面报道。

还有就是法律滞后。譬如，新公布的侵权法，其中有些条例对医疗纠纷的处理增加了很多难度，因为侵权法中有许多很抽象的东西，但缺乏具体条文，法官、法院很难判。又如，到医院来看病，能保证你救活，一点不留后遗症？这是不科学的。有一点后遗症就是侵权，就要赔偿，那医生怎么敢做？过去医疗事故处理条例里都写得清清楚楚，什么情况下要赔，什么情况下不要赔，什么是并发症，什么是医疗事故，都有具体的条例，可操作性较强。现在的侵权法中就没有了，这就出现了新的问题。这就是法律的滞后，缺乏具体的、细化的、可操作性的法律条文。

从医生主观愿望来说，总希望把患者的病看好，而在具体个案和处理过程中又很难。因为医学是门科学，但是跟一般的科学又有不同，它是一个高风险学科，医生所从事的也确是一个高风险的职业。尽管医学在不断发展，现在治疗手段比过去进步了很多，但不等于说医生能包治百病，医学科学毕竟还有很大的局限性，还有许多病现在并没有搞清楚，还需要不断研究，不断寻找更好的办法，这会有一个过程。

那么，现阶段该怎么做得更好呢？我们首先要从思想、品德和自律上对医生加强管理。从医生本身讲，要按照国家的法律法规、严格按照规章制度办事，对病人的服务态度要好，多与病人进行沟通、交流，改善服务环境，尽心尽责地为病人服务。应该在得到病人知情同意后再做相关的治疗，尽量避免意外事件的发生。

我们还应该从制度上给医生一个保障，保证医护人员能有个安静、安全的工作环境。作为一个组织、一家医院，若要马儿跑得快、跑得好，就要给它吃草。若不给吃，还老打，那怎么行呢？这是一个因果关系，不难理解。

（本文写于 2010 年 12 月，改定于 2022 年 8 月 2 日）

周良辅　神经外科专家。1941 年 7 月 27 日生于海口市，原籍福建古田。1965 年毕业于上海第一医学院医疗系。现任国家神经疾病医学中心主任、复旦大学附属华山医院神经外科主任、上海神经外科临床医学中心主任、上海神经外科急救中心主任、复旦大学神经外科研究所所长、中华医学会神经外科分会荣誉主任。曾任美国 *Neurosurgery*、*Surgical Neurology*，日本 *Neurologia Med. Chir*，欧洲 *Neurosurg Rev.* 等多本国际神经外科杂志的编委。作为我国显微神经外科、颅底外科和微侵袭神经外科主要开拓者之一，在 50 多年临床中对神经外科三大主要领域：脑肿瘤、脑血管病和颅脑创伤均作出开创性贡献，把华山医院神经外科建设成"世界最好的神经外科中心之一"。已培养博士生和博士后 35 人，硕士生 40 人。发表第一作者或通讯作者论文 400 余篇，SCI 收录 150 余篇，主编专著 7 部。获国家科学技术进步奖 4 项、省部级一等奖 5 项，获光华医学奖（1997）、上海市医学荣誉奖（1997）、上海市科技功臣（2011）、华夏医学奖（2013）等多种荣誉。世界神经外科联盟官方杂志 2011 年度人物以及 2015 年世界神经外科联盟荣誉奖章和奖状。2009 年当选中国工程院院士。

　　一名真正的技术人员没有理论是盲目的，没有实践也只能空谈，新中国需要的是既有理论又有实践的真正人才。

——周勤之

平凡的真理

难以实现的梦想

1927年我出生于浙江上虞一户资产阶级家庭。抗日战争前，我祖母开了一家机器厂，制造柴油机与农业机械，可谓家道殷实。祖母对我要求十分严格。白天读小学，晚上到一个前清举人的家去读《论语》《孟子》等。幼小年龄弄不明白古文的含义，只能死记硬背得过且过。寒暑假我也不休息，在自己家办的工厂做学徒，学干金工活。每个月的零花钱是二角小洋。祖母告诉我，一般开工厂的是老一辈艰苦创业，第二代坐享其成，第三代一败涂地。因此，对我的严要求在于"传财不如传德"，将来可以不做败家子。

"八一三"日寇轰炸上海，我家被迫从南市逃到租界里。南市的工厂被日本人烧光，今后生活堪忧。当年，祖母用手中尚剩的积蓄，在租界内再开了一家工厂，规模比原先的要小得多。我则继续读书，可能是受到了战争的影响，看到不少原来殷实的人家，一下子变得连吃饭也成了问题，年幼的我竟莫名地觉得人生无常和前途渺茫。眼下，虽然有大人挡着，那么将来又会如何呢，茫然而不可知。眼下虽能读书，说不定一旦大难临头，连书也会读不成。因此，从那时起我突然变得很懂事，主动地拼命读书，并尽可能跳级，到 1944 年我已一连跳级到沪新中学读高二了，高中未毕业又跳入了圣约翰大学读医科。

周勤之 院士
（2009，方鸿辉摄）

我从小对医生特别有好感，能济世救人，心向往之。可我又受到家庭的长期熏陶，认为要"工业救国"，机器制造是必由之路。因此，对机械也很有感情。那年月看到许多人身体内某一器官损坏，治不好死了，我会想当然地冒出一种想法：如能采用制造机器这种办法，制造出形形色色的"人造器官"来代替已损坏的器官，岂不是能达到治病救人的美满效果？可是，医生不懂机械，而搞机械的又不懂医学，上述愿望其实是很难实现的，两门学问很难沟通啊！当时，我并不知道有什么"生物医学工程"的概念。因此，在我读初三年级时，就在一家夜校里读机械工程。那家夜校是五年制，用的是交通大学的课本。以后进了圣约翰大学，就变成白天读医科，晚上读机械。天真地以为等我两者都掌握并毕业后，变成既懂医学又懂机械的人，到那时大概我的"人造器官"的愿望就可以实现了。

可是，命运又捉弄了我。祖母去世后，父亲接管了工厂。真是应了祖母的预言，不到第三代，那家工厂就倒闭关门了，连吃饭也发生了困难，我也只能辍学在家。

文凭与学问

1945年抗战胜利，由舅父当家，把工厂再度恢复起来，而我一再要求继续读书，得不到允许，只能在本厂劳动。于是，设计、工艺、金工、装配、进料、送货集于一身。舅父每月给我的津贴只有工人工资的一半，理由是人家拿了工资要养家糊口，你吃饭住房都有了，再拿这些钱已经够多了。权不在手，无话可说。我不喝酒也不抽烟，还不爱看电影，把大部分津贴都花在买书上。

抗战胜利后百废待兴，经济似乎兴旺了一阵子，接下来外国机器大量涌入，中小工厂哪里挡得住，都被压得奄奄一息。眼见工厂都要倒闭，哪儿说得上"工业救国"？那时，市场萎缩，物价飞涨，工人都灰心丧气，深感前景暗淡。我突发奇想：既然在私营厂发挥不了作用，何不去公营企业发挥作用？当时中央、中国两大航空公司登报招聘飞机维修工程师，共招10名，待遇十分优厚，条件是大学毕业，有三年以上工作经验。我在厂里曾干了很长时间，三年经验不成问题，可是我中途辍了学，没有文凭，这能行吗？但我还是报了名，声明文凭后补。由于航空公司待遇好，有300多人报了名。足足考了三天，两天考机械专业，一天考外语。过了半个月来了通知说是已被录取了，约我去面试，我如期前去。先是一位外国人跟我对话一个多小时，看来是考我的英语口语，最后他提了个问题："你喜欢哪几位美国电影明星，为什么？"我一听心中就火了，我是搞机械的，与美国明星有什么相干，因此就顶了回去，声明我不看美国电影，因此对明星全无概念。那洋人说我不够幽默。接下来又由一名管人事的问了我几个问题，提出要我交一份大学文凭。我理直气壮地回答：没文凭，是自学的，既然已经考取了，再要文凭有何用？可是，这位搞人事的坚持要文凭，不然不录取。无奈最后只能落选。

这是我第一次认识到文凭的重要性。回家后，再次恳求舅父让我去读书，可是还是不同意。我只能利用几乎所有业余时间，抓紧读书，数学、物理、外文、无线电等，几乎把上海几家有点名气的夜校都读遍了。心烦意乱，近乎疯狂，真有点屈原《离骚》所述："汨余若将不及兮，恐年岁之不吾与。"

后来，有人把我介绍给交大的叶蕴理教授，他很同情我的处境，答应给我补课，主要是数学、物理，每周两次，不要我付钱。由于我在叶教授面前唠叨我没有大学文凭，叶教授开导我：古今中外不少科学家，没有大学毕业的文凭，照样也出大成绩，你只要能刻苦学习，持之以恒，将来也会学有所成，不一定非大学毕业不可。叶教授的这番话，重新点燃了我几乎熄灭的希望之火。到1949年，黄炎培先生办的中华工商专科学校从重庆迁来上海，设有机械系，高中毕业后读二年，可相当于大专，且是当时唯一的一家政府承认学历的夜校。于是，我就马上去报考。因为所有的课程都已陆续读过了，几乎是再重复一遍而已，当然学得十分轻松。1950年就毕业了，我第一次拿到了梦寐以求的文凭。

我想现在有了文凭，何必再在私营厂干。解放初期上海各工厂都在招人，我便报考了虹江机器厂（上海机床厂前身）。初试通过后，总工程师雷天觉先生面试了我，问了一通话，再领我去车间参观了一下，然后说你被录取了，下个月上班。当时，我很纳闷，怎么他没有要我出示文凭，我小心地取出文凭，口将言又嗫嚅，可雷总连看也不看地说："文凭有何用，主要看你今后工作的表现，这才是真正的才能！"我一下子感到如雷轰顶。回想解放前那家航空公司"没有文凭不行"的话又在我耳际响起。我头一次体会到新旧社会的思维方式确实不同。

脚踏实地的努力

进厂后，雷总问我愿意干什么，我回答由组织安排。他就安排我去工具车间做研磨工，任务是学会研磨手艺，钻研技术资料，开发精密加工技术，培养精加工工人。他说一名真正的技术人员没有理论是盲目的，没有实践也只能空谈，新中国需要的是既有理论又有实践的真正人才，并指定了不少专业书，让我学习后定期向他汇报。可不少资料是德文的、法文的，我只能硬着头皮再学德文、法文。就这样，一步一步对精密加工、精密测量有了一点体会，也渐渐产生了兴趣。

当时，我从资料中看到美国 VanKuren 的精密加工水平举世无双，羡慕不已。雷总说，他去这家厂看过，水平的确很高，世上无难事，只要你刻苦钻研，总有一天可以把 VanKuren 搬到中国来。这确是我第一次受到的鼓励，并憧憬着：只要脚踏实地，中国人完全有能力、有可能赶上世界先进水平。

1959 年，国家组织精密机床考察团去西欧考察。团长是邹家华，团员是张代侠与我，共三人。在瑞士一家工厂中看到了镜面磨削，当时还十分神秘，全世界只有瑞士有此技术。我分析了这项技术，主要有机床、砂轮、磨削工艺三大要素。我想，机床可以自行设计，工艺可以自己摸索，而特殊砂轮国内一时还供应不上。于是在回国时，我就买了两个砂轮。回厂后马上在科研室布

周勤之侃侃而谈"平凡的真理"（2009，方鸿辉摄）

置试验，组织了一名磨工、两名大学生，进行原理试验，先把老机床改装并摸索磨削工艺，可是搞了很久，工件光洁度只能达到12级。又攻了一年关，才达到14级镜面。在实验的基础上，再布置设计半自动镜面削外圆磨床。由于科研基础扎实，镜面磨床与镜面磨削技术终于在上海机床厂诞生了，同时也培养了一批技术人才与劳动模范。

20世纪60年代，上海机床厂已掌握了电磁分度技术，这是一种动态测量齿轮传动链的技术。我想既然可以测量齿轮误差，为何不可以补偿其误差？如在用蜗杆砂轮自由磨削一个齿轮时，同时用电磁分度测量砂轮与工件齿轮间的传动误差，再把此误差信号进行反馈补偿，无疑可以提高磨齿精度。由于蜗杆砂轮是连续磨削，同时也可大幅度提高加工效率。于是，我提出了开发一种"没有齿轮的齿轮磨床"，并组织人马设计试制了原型机。"文化大革命"开始后，科研工作受到了干扰，断断续续地进行，直到80年代末才正式变成了商品化的电子挂轮蜗杆砂轮磨齿机。当时瑞士也推出了类似的磨齿机，由于原理新、性能好，此机几乎是它们独占世界。一打听瑞士是70年代才开发的，比我们起步晚了整整10年，可是由于我们中途停顿，发展缓慢，瑞士反而后来居上。由此可见，在开发新技术、发展新产品中竞争是十分剧烈的，再好的想法如不及时把它开发出来，最后还是落后。这就是通过切身体会才悟出的一个老生常谈的"平凡的真理"。

（本文写于 2009 年 3 月）

　　周勤之　机械制造工艺与设备专家。1927 年 11 月 23 日生于上海，祖籍浙江上虞。2022 年 6 月 7 日逝于上海。1950 年毕业于中华工商专科学校。历任上海机床厂工艺试验室主任、科研室主任、磨床研究所主任、上海机床厂有限公司副总工程师，东华大学机械工程学院教授、磨削研究所所长。曾任上海市机械工程学会名誉理事长。作为我国静压轴承开创人之一，所开发的动静压轴承在高精度外圆磨床用卡盘夹磨工作圆度小于 0.08 微米，研制并开发的镜面磨削外圆磨床开创了我国镜面磨削的先河。还直接参与并组织研究开发了精密分度技术、接长丝杆技术、双薄膜反馈双边随动阀、磁分度技术、电子全闭环磨齿机、平面智能研磨技术等，均分别达到当时国内外的先进水平，为我国精密机床的发展作出突出贡献，成果获得国家科学技术进步奖二等奖、三等奖、国家发明奖三等奖和上海市发明奖一等奖多项。在产学研合作方面，为学院和企业之间搭建交流平台，为中青年教师策划课题，培养大量理论与实践结合的人才。1995 年当选中国工程院院士。

　　李政道为科学，为自己血脉、亲情
所系的故土工作时的快乐感的心声，蕴
含在他十分喜欢的杜甫的诗句之中：细
推物理须行乐，何用浮名绊此生。

——朱光亚

李政道物理生涯五十年

　　我和政道之间的友谊是在 50 年前昆明西南联大时开始的。
当时，我们曾一起听吴大猷教授讲授量子力学。1946 年秋，
我们一起坐船去美国留学，同行的还有华罗庚、曾昭抡两位教
授和唐敖庆、王瑞酰、孙本旺三位同学。到美国后，政道进入
芝加哥大学，我随吴大猷先生去密歇根大学（The University of

在 2006 年 11 月 24 日，
李政道从事物理研究 60
年学术思想研讨会前，时
任总理温家宝握着他和朱
光亚（右）的手，步入人民
大会堂（中国高等科学技术中

朱光亚 院士
（中国工程院提供）

Michigan）。两地相距不远，政道常来 Ann Arbor（安娜堡，美国密歇根州的一座城市，1837 年密歇根大学搬至安娜堡），或是看望吴先生夫妇并研讨科学上的热点问题，或是参加密歇根大学每年夏季举行的高层次讲座和研讨会。那时候，杨振宁先生也常来密校。

1950 年我回国后，与政道的联系曾一度中断。1972 年起，我们又在北京经常相聚。半个世纪过去了，而今政道也已古稀之年了，但当时的情景仍历历在目。因此，我非常高兴在此把我所知道的政道青年时代的经历和学习情况，和经柳怀祖、庞阳等几位朋友帮助，整理的政道 50 年来在物理学上的成就，及他 20 多年来对祖国的贡献，作一简要介绍。

1926 年 11 月 25 日，政道诞生于上海。他自幼喜爱读书。父母对他爱看书的习惯也非常支持。在以后的岁月中，他一直保持这一幼年养成的习惯。在青年时期博览的群书中，他对爱丁顿（A.S. Eddington）的《膨胀的宇宙》留有深刻印象，唤起他的想象力，使他对科学更有兴趣，同时博览群书也使他对艺术和历史有很大兴趣。给我有深刻启示的一点，他每读一本专著，知道提出的是什么问题后，要先看最后得到的是什么结论，再通过自己的独立思考，提出自己对该问题可以如何解决的见解，与作者的论述进行核对与比较。

1941 年 12 月，日本侵略军进入上海租界。当时，政道刚满

少年李政道（江苏理工学院物理实验中心提供）　　恩利克 · 费米教授（资料图片）

15 岁，便只身离家从上海去浙江求学。在此后的 3 年里，流浪的求学生活，由浙江经福建、江西、两广，抵贵州进入浙江大学。不久，狼烟流至贵州，他又去了四川，最后到达昆明，转入国立西南联合大学求学。从浙江至贵州的途中，衣食全无保障，疟疾、痢疾等流行。他时而单独，时而和其他爱国学生结伴，主要靠徒步跋涉，运气好时就搭一段"黄鱼"车。途中还遇到一次车祸而受了重伤，半年多卧床不起。

　　国立西南联合大学在昆明时条件很差，学生宿舍、教室都很简陋，图书馆照明也不好。当地茶馆晚上有汽灯，而联大校舍中没有，很多学生便在茶馆买一杯茶，这样可以占一位子坐一个晚上甚至一整天。李政道入联大属二年级转学生，由于他学习超前，所以学校同意他上大三和大四的课程，对大二的课程，则只需参加考试。

当时浙江大学和国立西南联大的物质条件都很差，可是有王淦昌、束星北、吴大猷、叶企孙、赵忠尧、王竹溪等一流的老师，学习气氛是很浓的。当年同学们对祖国未来充满信心。

日本投降后，1946年吴大猷老师得到一笔经费出国研究，可有两名研究生随行。吴先生选了政道和我。当时政道虽已具备很好的经典和近代物理基础，但名义上还只是大学二年级学生。到芝加哥大学后，他因没有大学文凭（其实因抗战，他甚至连中学和小学也没毕业），不能当正式研究生，只能先当非正式生。但进入研究生院不久，由于他的天才和勤奋，得到了物理系费米（E.Fermi）、泰勒（E.Teller）和扎克赖亚森（Zachariasen）等教授的赏识，很快成了正式研究生。

芝加哥大学物理系由于有费米等一批杰出物理学家，而成为当时世界活跃的物理中心。当费米要政道跟他做博士论文时，政道很觉兴奋。此时，费米除有理论方面的学生政道外，还有两位实验方面的学生——斯坦伯格（J. Steinberger）和加文（R. Garwin）。费米每星期和政道单独讨论半天时间。每次讨论，费米教授会提一些问题，要政道在一周内向他报告，并共同讨论，这些问题往往很快就变成研究项目。

当时的恒星演变理论认为，恒星都是从小而热的白矮星开始的，这意味着白矮星的主要成分就该是氢。但政道从新的星体结构稳性角度考虑。他证明，其氢的含量不大于1%。因此，白矮星只能是恒星演变的后期，而不是开始。这一工作，改变了当时对星体演变的基本观念，后来成为他的博士论文。

他和费米的讨论涉及广泛的物理领域，诸如天体、流体、粒子、统计、核物理等。在流体力学里，政道发现，要产生湍流，必须在三维空间。这是流体力学和湍流学中的一条重要定理。

关于弱相互作用普遍性假设的论文，也始于同费米的讨论。政道与泰勒的两位学生罗森布鲁斯（M. Resenbluth）和杨振宁一起，对 β 衰变、μ 介子的衰变及俘获进行了整体分析，发现这些过程都具有相同的强度。他们同时预言，这类相互作用可以由重的中间粒子来传递。之后，政道成功地预言了这中间玻色子的存在，并取名为 W（借用英文 weak 一词的首字母）粒子。

费米严格的科学态度、公正的待人方法，一直伴随着政道。他对实验观测的一贯重视，也来自费米。

政道对物理学的贡献可以分为两个方面：理论物理方面的工作和对实验物理的推动。

1951 年他到普林斯顿大学后，与杨振宁共同发表了两篇统计物理方面的论文，首次给出不同相热力学函数的严格定义。在此基础上，他们发现不同的热力学函数在有相变情况下是不可解析延拓的。相变是统计物理中最基本的问题。这一发现推翻了统计力学迈耶（M.Mayer）、玻恩（M.Born）和乌伦贝克（G.E.Uhlenbeck）等建立的相变基本观念，对后来稀有气体的实验起了很大作用。这两篇论文标志着统计力学对相变问题严格处理的新开端。著名的李、杨单元定理就是在那时候证明的。1952 年他和 Low、Pines 对固体物理的极化子（polaron）构造作出基本性的理论分析。

"李模型"是政道 1953 年到哥伦比亚大学任教后的第一项工作，这是场论中少有的可解模型。政道证明，在该模型下，重整化可以严格推导出来。由此可以验证在微扰论中，重整化不一定正确。这篇论文对以后的场论和重整化研究有很大的作用和影响。

不久，政道兴趣转向粒子物理。由于达立兹（R.Dalitz）等人的工作，有关奇异粒子的 θ-τ 谜成为当时粒子物理的主要问题。政道先后提出几种解释这一现象的模型。实验观测又使他意识到，必须对不同粒子反应过程中所有对称性的证据做仔细分析。

政道和杨振宁于 1956 年合作完成的论文《宇称在弱相互作用中是否守恒的问题》，给出了实验测量离散对称性C（电荷共轭）、P（宇称）和 T（时间反演）的严格条件，指出已有的弱相互作用的实验并未验证这些对称性，并在此基础上提出了几种检验弱相互作用宇称是否守恒的实验途径。1957 年，他们又提出二分量中微子的理论，对宇称不守恒做出了定量的预言。在另一篇论文中，他们对 T 和 CP 不守恒问题，特别是在中性 K 介子做了系统研究，也提出了如何可以实验证明。

1957 年 1 月，吴健雄小组通过 β 衰变实验，得到弱相互作用中宇称不守恒的明确实验证据。紧随吴健雄实验之后，有近百个不同实验得到同一结论。为此，政道和杨振宁荣获 1957 年度的诺贝尔物理学奖。这是中国人第一次获此殊荣。

在此后几年里，政道将在弱相互作用研究中新的思想推广到其他物理过程中。以对称性原理为出发点的研究成为 20 世纪 60 年代粒子物理研究的主流。

1957 年至 1960 年，政道和杨振宁对量子统计力学进行了新的开发。他们和黄克孙研究了玻色硬球系统的统计。同时，政道和杨振宁建立了统计物理中多体问题通用的理论框架。他们发现有相互作用的玻色系统可以导致超流现象，从而对氦 –2 的奇特性质有了进一步了解。

政道较早强调了高能中微子实验的重要性，并对早期实验作了理论上的促进。1961 年，他在题为"高能中微子实验"的论文中，基于弱电统一的可能性，给出 W 粒子质量的上、下限分别为 300 和 30 吉电子伏。在另一篇与杨振宁合作的论文中，计算了 W 粒子在高能中微子束实验中的产生截面。这些计算是 60 年代寻找粒子的依据。这一时期受政道影响的一批实验，至今仍是弱相互作用的主要信息源。

1964 年，政道和诺伯格（M. Nauenberg）对零质量粒子理论中的发散作了进一步分析，并引入一套解决该问题的系统办法，有关结论被称为 KLN 定律。这是目前强相互作用实验中一个不可缺少的定律，也是用高能喷注去发现夸克和胶子的理论基础。

同年，CP 不守恒的发现，证明了当时（1957 年）李、杨和 Oehme 的理论建议之后，政道提出一系列 CP 不守恒的模型，并验证这些模型和当时的实验测量是相容的。几年后，他又在自发破缺的基础上提出另一模型，该模型至今仍是解决 CP 问题的可能性之一，也是目前建造 B 介子和 τ 轻子－粲夸克等大型加速器的主要研究目标之一。

1969 年至 1971 年，政道同威克（G.C.Wick）提出一个解决量子场论中紫外发散的方法——在希尔伯特空间引入不定度规。他们发现，这类理论和已有实验结果并不矛盾。

1974 年，政道和威克开始研究自发破缺的真空是否可能在一定条件下恢复破缺对称性。他们发现重离子碰撞中，在原子核大小的尺度上可以局部恢复对称性，而且造成可观测效果。相对论重离子碰撞这一领域，可以说是由政道一手创造的。

政道与弗里德伯格（R. Friedberg）、希林（A. Sirlin）在 70 年代末找到一批场论中的经典解及其量子化解。政道称其为"非拓扑孤子"，建立了场论的一个新的领域。接着，他和弗里德伯格又将这种解用来建立强子模型。

从1982年起，政道对格点规范产生兴趣。为解决格点规范中的费密子谱倍增和平移、转动对称性破坏两大问题，政道和克里斯特（N. H. Christ）、弗里德伯格提出随机格点的理论。他还进一步提出一个问题：时间和空间是否可以是离散的？他们发现，已有理论都可以在离散的时空上描述。这套称为离散力学的理论可以是经典的，也可以是量子的。它是今后统一场论的可能途径之一。

1986年，收入了政道近200篇论文的三卷《李政道文集》出版。此后的10年，政道的研究课题包括孤子星、黑洞、凝聚态物理、多体物理、相对论重离子碰撞、粒子物理和场论等，这方面的70多篇论文将收入《李政道文集》第4卷。

孤子星是非拓扑孤子和广义相对论结合的产物，该领域是政道1986年创立的。他和弗里德伯格、庞阳详细研究了孤子星的特有性质，发现它们可以有各种大小质量。最大质量远远超过钱德拉塞卡极限，因此是暗物质、类星体等的理论模型之一。

1986年以来，政道和弗里德伯格、任海沧在高温超导的研究中，探讨了凝聚态物理、多体统计等方面的问题。基于高温超导材料相干长度短的特性，政道对空间关联的库珀对作了分析，并和弗里德伯格一起提出玻色子–费密子超导模型，该模型结合了玻色–爱因斯坦凝聚和BCS理论。接着，他又和弗里德伯格、任海沧一起对理论的实验观测作了预言。

关于理想带电玻色子的玻色–爱因斯坦凝聚，早在1955年沙弗罗斯（Schafroth）就作过相当的有影响的工作。但政道、弗里德伯格和任海沧发现沙弗罗斯的结果由于忽略了静电交换能，存在大的错误。对这一基本性问题，他们给出了新的正确解：理想带电玻色系统，在低密度下并非超导体，当密度超过某一临界值后才成为第二类超导体，其临界磁场远高于沙弗罗斯给出的值。

政道在超导研究中，提出了一个场论的基本问题：什么情况下一个复合粒子（比如库珀对）可以被看作是基本的自由度？是近似的还是严格的？政道对这些问题作了解答，并和弗里德伯格、任海沧合作证明了一个严格的等同定理。根据这个定理，可以把任何纯费密系统当作费密子和基本玻色子，两者之间有短距离的排斥势。该定律为政道的玻色子－费密子超导模型确立了坚固的理论基础。

目前，政道正在研究量子色动力学真空和夸克禁闭的关系。这项研究与正在美国布鲁克海文国家实验室建造的相对论重离子加速器有直接关系。

总之，50年来他的研究课题，除高能、粒子物理外，还广泛涉及天体物理、流体力学、统计物理、凝聚态物理、广义相对论等领域。对于自己的每项研究，他都从基本的原理和假定出发，推出所有必要的公式；对于别人的工作，他则着重了解其中的未知与未能之处，并常以别人尚不知或不能解的难题作为自己新的研究方向。所以，一旦进入一个领域，他便能不受已有方法的束缚，常常很快得到别人没有的结果，彻底地改变这个领域的面貌。对政道，科学研究的路总是自己重新开拓的，结果又是别人过去没有得到的。

政道从事的是理论物理工作，但他的理论物理生涯一直与实验物理工作有着密切的联系。作为一位在美国的物理学家，他十分热心为美国的物理学的发展而努力，每当美国物理学（尤其是高能物理）研究遇到困难时，他总是挺身而出，向国会和政府据理力争。政道还十分关心并尽自己能力支持和帮助其他国家的科学发展。在国际物理学界，他不仅是一位勤奋而有成就的学者，而且是一个杰出的勇士和活动家，受到普遍的尊敬。全世界高能物理实验的发展进程中都有他的足迹，高能实验物理学家都与他有很深的友情。

随着 21 世纪的临近，"细推物理"半世纪之久的政道，又把目光投向下一世纪物理学的发展。正如政道常说的："物理学是我的生活方式。"

1972 年，中美关系开始走向正常化，政道和夫人秦惠䇹女士有机会回国访问。看到当时国内科学、教育的状况，他心中十分担忧。在见到国家领导人时，多次坦陈己见。当他在各地参观时，看到为样板戏训练人才的少年班，觉得这也许是当时环境下培养科学人才的一条可行之路。政道的意见遭到"四人帮"反对。为此，他还跟"四人帮"有过一场激烈的辩论，后来毛泽东主席接受了他的建议，促进了教育的部分恢复。

"四人帮"垮台后，国内百废待兴。振兴教育更是其中一项要务。政道便利用暑假回国为中国科技大学研究生院师生讲课，全国各校组织了约千名师生在北京友谊宾馆听讲。一个夏天，开了"场论与粒子物理"和"统计物理"两门课，每天讲 3 个小时。他由浅入深地讲授，系统地介绍了当代物理学的最新发展。

国家开始选派年轻学生出国读大学，并派遣教师、科研人员出国进修。政道在美国专门设立了一个高能物理实验领域的中国访问学者项目，在美国称为"李政道学者"。在他的安排下，这些访问学者都进入了高能物理的前沿领域，为以后北京正负电子对撞机的建设和高能物理研究培养了人才。

针对当时中国的情况，为培养一流科研人才并为高校建立国际联系，政道认为，最有效的方法是挑选优秀大学生出国攻读博士学位。那时，国内尚未开设雅思（GRE）和托福（TOEFL）考试。由于缺少一个客观可行的办法来评价中国学生，美国的一流研究生院难以录取中国学生。为此，政道亲自设计了中美联合招考物理研究生项目（CUSPEA），每年约有100名中国物理系高年级学生通过考试进入美国一流的研究生院。

这一形式很快也被化学、生物学等学科采用，所有通过CUSPEA考试的学生都得到美方的全额奖学金。CUSPEA和美国的入学手续有些不同，为了使中国学生能在大学毕业后立刻进入研究生院，政道教授和他的助手特拉梅（Tramm）女士，每年都要花很多精力和时间，向70多所美国院校的招生部门作解释和安排，有关国内事务则由吴塘、沈克琦等先生协助组织。从1979年开始到1989年结束，通过CUSPEA考试共培养了915名学生。这些学生，在美国的学业大都在各校各系中名列前茅，为祖国和母校争得了荣誉。其中不少人在学业有成后，又在各自的研究领域内取得了杰出成绩。他们当中有些人已回国工作，成为所在单位的骨干；更多的则周期性回国讲学，成为沟通国内和国际学术联系的重要桥梁。

1979年1月，在美国斯坦福直线加速器中心，政道和帕诺夫斯基（Panofsky）一起组织了第一次中美高能物理会谈。会谈后，两国正式成立了中美高能物理合作项目，至今已有17年了。通过这一合作渠道，在政道的精心安排下，美国高能物理实验室和

1979 年，李政道访问中科院高能所（中国高等科学技术中心提供）

科学家为北京正负电子对撞机（BEPC）的设计、建造提出了大量技术上的支持。

建造能区为 3 至 6 吉电子伏的北京正负电子对撞机（BEPC）的建议是 1981 年提出的，在这项有关中国高能物理研究和科技发展的关键决策中，政道起了十分重要的作用。他力主整个加速器和探测器都在中国建造。BEPC 于 1984 年动工后，在 4 年内建成了。现在，它是世界上这一能区最先进的实验装置，已有 50 多位美国及其他国家的科学家来进行合作研究。1992 年，BEPC 上有关 τ 轻子质量的精确测量，被称为当年国际粒子物理实验中最重要的结果。

1985 年和 1986 年，经政道建议，中国建立了博士后制度。政道还帮助设计了博士后制度。在博士后制度实行前，国内青年科研人员对研究单位选择余地很小，不同单位间研究人员也很少流动。博士后制度的建立从根本上改变了这一状况。现在博士后的规模已扩大了好几倍，最初只有 250 名，而 1996 年博士后名额已过 3000 名，每年的新博士后就有近 1200 名。政道还积极推进我国自然科学基金的设立，并帮助提出自然科学基金的具体实施方案，在中国首次将同行评审引入科研经费的分配。10 年来，它已成为促进中国基础科学发展的有效手段。

让自己钟情的现代科学技术在中国的土地上生根开花结果，是政道的一大夙愿。为了创造一个良好的学术环境，促进科研人员（尤其是青年科研人员）在国内的工作和交流，组织海外中国青年学者回国短期工作和讲学，在他的努力下，1986 年成立了中国高等科学技术中心（CCAST，China Center of Advanced Science and Technology）和北京近代物理中心（BIMP）。CCAST 的主要经费来自瑞士的世界实验室，政道为主任，原中国科学院院长周光召为副主任。CCAST 每年约组织 25 个工作日，有来自全国各地的近千名科研人员参加研讨，讨论的课题除物理学外，还有环境科学等内容。BIMP 则几乎每天都有学术报告会，内容包括物理学、化学、生物学和各种交叉学科。

政道曾在 10 年前，60 岁生日时写的《六十回忆》一文中谈到：

40 年前，经吴大猷教授的推荐，我获取了中国政府的一笔奖学金赴美留学，在物理学方面继续深造。这一难得的机会改变了我的一生。一个人的成功有着各种各样的因素，其中"机遇"也许是最重要的，也是最难驾驭的。尽管成功的机遇不可预定，但它的概率可以大大增加。通过吴教授，我方能得到这一机遇。我对这一机遇的珍视，是促使我近年来组织 CUSPEA 考试的主因之一。希望更多类似的机遇能够光顾年轻人。

政道多年来为祖国、为科学所做的一切，正是在给年轻一代创造机遇。

近20年来，政道为祖国的科学和教育事业倾注了诸多心血。今天，北京正负电子对撞机已做出世界公认的一流高能物理实验；博士后流动站设立愈益普遍；国家自然科学基金逐年大幅增长；经中美联合考试赴美学子学业有成，逐步回国工作和定期回国讲学；中国高等科学技术中心已在国际上享有相当威望；北京现代物理研究中心、浙江近代物理中心、复旦大学李政道物理实验室先后成立，在这些世人有目共睹的进步当中，无不包含着政道的建议、推动和辛勤操劳。

政道不仅对物理学的研究有很大成就，而且还对艺术和祖国的历史文化有很浓的兴趣和很深的造诣，在科学和艺术的关系上有着很深的研究。他常常和艺术家一起研讨，是很多艺术家的好朋友。

特别要指出的是，政道几十年的所有科学成就和为祖国科教事业所作的贡献，无不是在他最亲爱的夫人秦惠箬女士全力帮助和支持下取得的。政道的所有成就和贡献包含了惠箬这位贤妻良母近48年对政道个人和家庭乃至科学和祖国的奉献。正如政道常说的，他事业上的成功是和惠箬分不开的。

使我们十分痛心的是惠箬夫人已在1996年11月29日被病魔夺去了生命，永远离开了我们。这对政道是一个极大的打击。但他没有被打倒，他坚强地、更加全身心地投入了科学事业，以此来寄托他对最亲爱的惠箬夫人的哀思。

年已古稀的政道是科学上有很大成就的名人，仍经常一天工作十七八个小时，每次回国更是繁忙，但看到国内关于自己的报道每每冠以"著名物理学家"的称号时常说，"如读者不知此人，这'著名'二字就是虚的，反之则是多余的"。国内熟悉内情的人常用"呕心沥血"来说明他为物理科学和祖国科教事业的辛劳，可他为科学，为自己血脉、亲情所系的故土工作时的快乐感的心声，蕴含在他十分喜欢的杜甫的诗句之中："细推物理须行乐，何用浮名绊此生。"

（本文是1996年中国高等科技中心和北京近代物理中心成立10周年大会上作者所作的演讲）

朱光亚　核物理学家。1924年12月25日生于湖北宜昌，2011年2月26日逝于北京。1945年毕业于国立西南联合大学，1950年获美国密歇根大学博士学位。早期主要从事核物理、原子能技术方面的教学与科研。20世纪50年代末，负责并组织领导中国原子弹、氢弹的研究、设计、制造与试验工作，参与领导了国家高技术研究发展计划的制订与实施、国防科学技术发展战略研究，组织领导了禁核试条件下中国核武器技术持续发展研究、军备控制研究及武器装备发展战略研究等工作，为中国核科技事业和国防科技事业的发展作出重大贡献。代表作有《原子能和原子武器》《原子弹的突破和武器化》等。作为中国核科学事业的主要开拓者之一，1980年当选中国科学院学部委员（院士），1991年任中国科协主席，1994年被选聘为中国工程院首批院士并任中国工程院首任院长、党组书记，1996年被推举为中国科协名誉主席，1999年任总装备部科技委主任。相继获"两弹一星功勋"奖章和"感动中国"2011年度人物，被誉为"中国工程科学界支柱性科学家""中国科技众帅之帅"。

> 长江后浪推前浪，培养后继者永远是一项不能间断的任务。"十年树木，百年树人"，身处高校，培育人才是我的天职。
>
> ——庄松林

我就是那束可见光

（一）

我出身于一户教师的家庭。才 2 周岁时，母亲已开始教我认"方块字"。初小时父亲已出"四则运算"题训练我了。现在想想，这些早期的启蒙都是父母对孩子的舐犊情深，以至于我在上学前就能认识 800 多汉字，4 岁就能入小学求学，四年级时已能熟练求解"鸡兔同笼""流水问题"……这其实并不是我天资聪颖，

庄松林（左）与父母及妹妹们合影（1948，作者提供）

而是如今已年逾百岁的父亲当年注重对我早期教育的结果。毕竟父母都是教师，他们深知对孩子早年启蒙教育的重要性，还懂得该怎样培养孩子有正确的逻辑思维能力。父亲从小就对我说："凡做习题，以至于其他的事情，都要动脑筋，不要照搬公式。即使别人做过上百次的事，你再去做时，也要做得与别人不一样，要做出新意来……"

庄松林 院士
（2009，方鸿辉摄）

父母还注重培育我的人生态度。他们为我提供的课外读物都是健康向上的。少年欲成才，榜样的力量极关键，心目中有怎样的榜样，脚下的路就跨向何方。我青少年时代的榜样就是物理学家李政道和杨振宁。他们于1957年荣获诺贝尔物理学奖的消息传来，这对于当年17岁的我来说，无疑也为他们的成就欢欣鼓舞，用当今时髦的语言来说，我也成了他们的"粉丝"。李政道和杨振宁所献身的物理学科，也成了充满激情的我所心驰神往的科学领域。

（二）

也就在1957年，我如愿地考入了复旦大学物理系。然而在四年级专业分配时，却无缘我所向往的理论物理学专业，而被分配到了光学专业。也就是这次专业分配，决定了我日后所从事的学科和人生的道路。

复旦大学光学专业有国内著名的学者和先进的实验设备，在那里我同样学到了扎实的基础理论，并培养了我的专业兴趣和技能。应该说，复旦的求学时代是我人生一段最美好的时光，至今仍然无法忘怀周同庆教授、章志鸣、毛清献老师等儒雅的学者风度、对学子的谆谆教诲和学术熏陶。

人生总会有许多无奈，由于我在大学五年级时患肺结核，虽然在毕业时已经是"吸收转好期"，却还是与报考王大珩先生研究生的机会失之交臂。

复旦毕业后，我进入了上海光学仪器厂，对于一个热爱理论物理专业的我来说，还是需要一段时间来适应的。好在我能及时调整心态，在现实的技术工作中发现科学问题、寻找乐趣。我所从事的光学设计是很繁杂的工作，除了对透镜系统要有深刻的了解和设计经验外，在很大程度上还是一种技巧。不过，它的科学问题乃是一个多变量的、在一定边界条件下的最优化问题。

机遇总是垂青有准备的头脑。我在两年时间内运用复旦大学的602计算机，编制出光学系统初级像差的自动平衡程序，并应用到光谱仪的光学系统设计中，使原本需半年的工作在几天就完成了。1966年长春光机所的一位留法老教授前来我所参观时，不免吃惊："我们花了4年时间看文献，你们居然已经在应用了。"其实，这只因为我们毕竟是一群年轻人，对先进的科学技术比较敏感而已。对我来说，也是受惠于父母在我孩提时的教诲，得益于复旦求学时打下的扎实基础，以至于有幸能在1964年的华东物理学年会上，在许多前辈面前，作了大会报告。那年我才24岁。

（三）

在"文化大革命"风暴席卷中国大地的时候，知识分子难逃厄运。我是当时的业务尖子，又喜爱古典音乐，对外语学习也从没放松，我被"造反派"斥为"走白专道路""封资修的孝子贤孙"……白天只能在单位从事打扫厕所和金属切削等工作，晚上回家还有写不完的"检查"和"交代"，但我依然等闲处之。在"文革"期间，我们几位志同道合的同学组成一个研究小组，进行总极值最优化方法、成像理论等课题研究；还不忘学习英语，提高语言沟通能力。真可谓"未雨绸缪打根基"，这为我们日后有机会留学美国打下了良好的基础。1979 年底，我们全部通过国家公派出国访问学者的考试。

那年我 39 岁，已近"不惑之年"了。当然，我十分珍视这来之不易的机会，出国两个多月，就发表了七八篇论文，第一年在《美国光学会志》和《美国应用光学》等权威杂志上发表了二十几篇论文。我的美国导师希望我攻读博士学位，然而从访问学者转为攻读学位的学生，不仅需要大使馆同意，也注定会拖延与家人、妻女的团聚。幸运的是，我妻子十分理解并支持我。如果说我曾取得一些成绩的话，有一半应该属于她的。在宾夕法尼亚州立大学的两年半中，我以 70 个学分和 3.95 的平均积分，于1982 年获得宾夕法尼亚州立大学的博士学位。

（四）

长江后浪推前浪，培养后继者是我人生一项不能间断的任务。

"十年树木，百年树人"。身处高校，育人成了我的天职。从 1988 年起，我们研究所和上海理工大学合作，培养硕士研究生，为学生开设多门有关光学课程和指导论文的工作。10 年后，上海理工大学光学工程博士点也获得批准。

　　每年大一新生开学，我总会给他们上第一堂课，帮助新同学尽快适应大学生活，建立正确的专业思想，确立职业发展的目标。作为上海理工大学"未来光学超级团队"的队长，除了学术能力与视野这一基本条件之外，我对团队发展还有两点感悟：一是要公平，要对每一个小团队公平；二是要无私。这样，才能更好地扶持团队的良性成长与运转。我还对学生们提出了16字的团队文化精神——心比天高，脚踏实地，坚持耕耘，必有收获。

　　本着对每一位学生负责任的态度，作为导师，我决不允许自己以及学生在做人与做学问上有半点弄虚作假，强调凡事要亲力亲为，以身作则。以撰写论文为例，我会在很早以前就和学生多次商讨论文的内容和范围，结合学生自身的兴趣爱好和发展方向，来确定课题的研究方向。在论文的撰写过程中，我更会亲自指导，严加把关，并用认真严谨的态度来对待论文答辩，并尽力使每一位学生都有能力在国际权威光学学术刊物上发表论文。为此，我总是推动学生到科研前沿去叱咤风云，强调科研要与国民经济发展的大目标相贴合。我经常跟我的学生讲，搞科研就像是去开宝库，我们要努力去做开宝库的人。虽然要成功打开门很困难，但要有这种勇气与毅力，并尽力去做到。因为最先打开宝库的人，往往可以最快地发现有价值的东西。譬如，2019年年底，武汉突现新冠肺炎疫情，感染人数不断增多，各家医院超负荷运转。疫情防控初期，核酸检测的效率较低，作检测时医护人员也有很高的被感染风险。直面这道难题，我带领团队承接了中国工程院的应急项目——研发新冠病毒的快速全自动检测系统。经过3个月的刻苦努力，终于完成了可24小时检测4800个样本的全自动检测系统，实现了从样本输入到检测结果输出的自动化核酸检测过程，大大减少了医护人员的工作量，提高了检测效率。同时，该系统还具有 P2+ 生物安全防护等级，极大地降低了医护人员因样本检测而被感染的风险。很欣慰的是，多年来，我所指导的硕士生和博士生都已在国内外光学工程领域作出了不小的贡献。

从青丝到白发，人生的追"光"脚步从未停歇。如果用光学术语来表达：我希望自己就是那束可见光。因为看得见，感到很实在。

庄松林　光学专家。1940 年 8 月 14 日生于贵阳，祖籍江苏溧阳。1962 年毕业于复旦大学。1982 年获美国宾夕法尼亚州立大学电子工程博士学位。现任上海理工大学光学与电子信息工程学院教授、院长，中国兵器工业集团有限公司科技委委员，中国兵器北方光电集团有限公司研究员、华太极光光电技术有限公司董事长，兼任上海交通大学、复旦大学、浙江大学教授，中国仪器仪表学会名誉理事长。作为国际光学工程学会和美国光学学会资深会员，长期从事光学工程和光电子学的研究，设计了百余种光学系统及仪器，主持完成国内最大的光学仪器设计软件，是国内率先开展光学系统 CAD 的研究者。在统计试验总极值最优化方法及公差的非线性模型等方面取得独创性成果。在国内首创光学像心理物理实验研究。对非相干光学信息处理及彩虹全息技术做了系统研究。在梯度折射率光学材料、光栅衍射矢量模态理论、高速光学多通道模 / 数变换、光通信无源器件和高密度光存储技术等研究中均取得重要成果。所领导的重点实验室在太赫兹技术、光学超分辨成像、微纳光学工程及医用光学工程等方面及产业化中作出突出贡献。已在国内外重要学术刊物发表论文 140 余篇，著有《光学传递函数》等专著。多次获部级科学技术进步奖及多项荣誉奖。指导了 70 多名硕士生和博士生。主持的"光信息技术"获 2008 年国家精品课程。2018 年被评为"上海市教育功臣"。1984 年被评为国家级有突出贡献的中青年专家。1995 年当选中国工程院院士。

图书在版编目（CIP）数据

中国工程院院士述情怀 / 方鸿辉编. — 上海：上海教育出版社，2023.2
ISBN 978-7-5720-1683-7

Ⅰ.①中… Ⅱ.①方… Ⅲ.①中国工程院－院士－事迹－现代 Ⅳ.①K826.1

中国国家版本馆CIP数据核字(2023)第029450号

责任编辑　徐建飞
美术编辑　金一哲

中国工程院院士述情怀
方鸿辉　编

出版发行	上海教育出版社有限公司
官　　网	www.seph.com.cn
地　　址	上海市闵行区号景路159弄C座
邮　　编	201101
印　　刷	上海中华商务联合印刷有限公司
开　　本	890×1240　1/32　印张21　插页4
字　　数	470 千字
版　　次	2023年2月第1版
印　　次	2023年2月第1次印刷
印　　数	1—5,200 册
书　　号	ISBN 978-7-5720-1683-7/I·0136
定　　价	120.00 元

如发现质量问题，读者可向本社调换　电话:021-64373213